"十四五"普通高等教育本科部委级规划教材

天津美术学院科研资助项目

Zhongguo Shiku Diaosu
Zaoxing Yishu Gailun

配套电子资料

黄文智 编著

中国石窟雕塑造型艺术概论

U0747575

中国纺织出版社有限公司

内 容 提 要

本书主要是为高等院校艺术学专业中古代石窟寺艺术考察课程而撰写。与以往论述石窟寺造像不同的是，本书立足于石窟造像的雕塑实践，分析各时期主要窟龛造像的造型特征及其变化规律。窟龛造像的造型特征包括了造像的人物样貌、着衣形式、衣褶雕刻样式等内容，构成了某一时期、某一区域造像的特点（风格），但这种特点（风格）会随着政治背景的变化或审美的转变而发生迁移，呈现极为复杂多变的造像风貌。

本书的阅读对象，主要包括艺术学专业师生以及从事雕塑行业的艺术创作者、古代艺术爱好者，本书也可以为考古文博专业学生提供一定的参考作用。

图书在版编目（CIP）数据

中国石窟雕塑造型艺术概论 / 黄文智编著 . -- 北京：
中国纺织出版社有限公司，2023.5

"十四五"普通高等教育本科部委级规划教材

ISBN 978-7-5229-0450-4

Ⅰ.①中… Ⅱ.①黄… Ⅲ.①石窟－石刻造像－中国
－高等学校－教材 Ⅳ.① K879.3

中国国家版本馆 CIP 数据核字（2023）第 054263 号

责任编辑：华长印 石鑫鑫 责任校对：高 涵
责任印制：王艳丽

中国纺织出版社有限公司出版发行
地址：北京市朝阳区百子湾东里 A407 号楼 邮政编码：100124
销售电话：010—67004422 传真：010—87155801
http://www.c-textilep.com
中国纺织出版社天猫旗舰店
官方微博 http://weibo.com/2119887771
北京通天印刷有限责任公司印刷 各地新华书店经销
2023 年 5 月第 1 版第 1 次印刷
开本：787×1092 1/16 印张：20.75
字数：360 千字 定价：79.80 元

　　本书以阐述中国古代石窟雕塑艺术的造型特征和文化内涵为主要内容，是一本主要面对艺术高等院校师生艺术考察课程撰写的专业教材。习近平总书记在《建设中国特色中国风格中国气派的考古学，更好认识源远流长博大精深的中华文明》一文中指出：在历史长河中，中华民族形成了伟大民族精神和优秀传统文化，这是中华民族生生不息、长盛不衰的文化基因，也是实现中华民族伟大复兴的精神力量，要结合新的实际发扬光大。要实现这一宏伟目标，需要我们脚踏实地做好基础研究工作，认认真真阐述古代物质文化中的艺术之美，如此才能在新的历史时期，结合实际将优秀传统文化发扬光大。

　　石窟雕塑在中国古代物质文化中极为重要，且作为魏晋以后中国古代雕塑史的核心内容而广为人知，但多数人对其具体内容所知有限，且学界就造像造型研究方面的著作也不多见。实际上，石窟雕塑中蕴含着古人的造物智慧，承载着先民的美好祈愿，传承着先民的工匠精神，因此，深度考察石窟雕塑，不仅契合了继承和发扬古代优秀文化遗产的文化理念，还能构建当代多元文化语境中的文化自信，彰显东方审美和中国气派，这既是本教材撰写的初衷，也是课程思政建设的核心所在。

　　对古代雕塑的考察，包括了多方面的内容。中国古代雕塑按照功能和文化属性的不同，可以划分为五种类型：器物、石刻、俑、佛教造像、杂项。其中佛教造像一项，占据了中国古代雕塑的大部分内容，更是艺术考察的重点所在。佛教造像随着佛教的传播而兴起，是表现佛、弟子、菩萨、罗汉及附属图像的造型艺术（一般指雕塑）。这种带有偶像崇拜内涵的具象艺术，在南北朝战乱之时，于大江南北迅速生根发芽，尤其是在以北魏帝王为主导的统治阶层支持和推动下，佛教与政治建立了紧密关系，促成了佛教造像的空前发展。不同于墓葬石刻或俑，佛教造像承载了信众的祈愿和对美好来世的向往，因此，佛陀在人物形象上大多表现出超乎世俗人物的品格，而菩萨则将慈悲与温婉的气质融合在一起，佛、菩萨的附属图像（例如背光及伎乐飞天）更以华美的装饰示人。佛教造像在南北朝成为中国古代雕塑的主体部分，在隋唐至宋金元时期也各有发展，依然是古代雕塑史中最为菁华的存在。到了明清时期，随处可见的寺观造像，（礼拜）甚至已成为人们生活中的一部分。佛教造像兴起于战乱不断的浊世，慰藉着世人痛苦的现世记忆；佛教造像也繁荣于太平盛世，承载着信众对来世的美好期许。理解了佛教造像深刻的文化内涵，也就能够进一步体会这种艺术形式的感人魅力。

在考察佛教造像时，要区分两种基本形式：一种是开凿于崖壁窟龛、以石刻造像为主的窟龛造像；另一种是可移动、材料多样、造像形式丰富的单体造像，后者多为博物馆或研究机构收藏。本书讨论对象集中于窟龛造像。窟龛造像，是洞窟造像和崖壁浅龛造像的合称，前者早于后者，源头在印度。印度早期佛教石窟模仿草庵茅舍的结构，窟内圆形主室中间有一座覆钵塔，这种极为简洁但有神圣气息的建筑结构，是当时修行者所居环境的真实写照。覆钵塔在古印度就是坟冢的意思，称为"窣堵波"（译经者将其译为"浮屠"），是埋藏佛舍利之所，也是佛法的象征。后来，佛教徒将石窟平面改为长长的马蹄形，中间靠里设置（雕刻）有覆钵塔（塔中并不一定埋藏佛舍利），塔周边及窟内壁面上，往往雕刻佛像和佛教故事。在石窟侧壁和环绕覆钵塔内侧布置廊柱，信众可以从廊柱外侧绕塔礼拜。此外，还有一种僧房窟，是供僧人坐禅休息之所。僧房窟一般围绕石室大厅四壁开凿，大厅是僧人们集体活动的空间。这两种石窟都随着佛教美术在古代中国的兴起而传入内地，并对中国的开窟造像事业形成深远影响。

如何考察这些广布于各地、不同时期的窟龛造像？在不同的研究领域，就有不同的侧重点，其中就考古学层面而言，研究内容包括窟龛开凿年代（次第）、窟形结构、造像分期、造像的文化内涵（宗教思想）、衣装形式、附属装饰纹样等内容，艺术学也多有关于窟龛造像方面的书写，但远不及考古学研究的深入。本书阐述的内容，立足于造像的雕塑实践，分析各时期主要窟龛造像的造型特征及其变化规律。窟龛造像造型特征，包括了造像的人物样貌、着衣形式、衣褶雕刻样式等内容，这些内容综合在一起，构成了某一时期、某一区域造像的一般特点（风格），但这种特点（风格）会随着政治背景的变化或审美趣味的转变而发生迁移。信众的造像热情和造像自身样式的变化，在中国古代的南方和北方、东部地区和西部地区同时发生，期间多有交织和相互影响的情形存在，呈现极为复杂多变的造像风貌。

中国境内窟龛造像数量众多，是极为重要的物质文化遗产。这些石窟的开凿时间跨度长，其中最先开凿者早至3世纪，相关遗存见于新疆（西域）地区（造像实物不存）；中国古代南北朝时期开窟造像事业最为兴盛，期间以敦煌莫高窟造像、大同云冈石窟造像、洛阳龙门石窟造像最为重要，尤其是后两者，代表了当时皇家和都城造像样式，包括河西石窟、陇东石窟在内的其他地区窟龛造像，大多是在这些大石窟影响下的继续发展；唐代开窟造像事业遍布全国各地，除了当时两都（长安、洛阳）的窟龛造像外，川蜀地区成为新的开窟造像集中地，其维持高水准造像的优势，延续发展到两宋时期；宋金时期陕北地区的石窟造像，与大足、安岳为中心的两宋窟龛造像一起，呈现了中国古代开窟造像最后的辉煌。本书在梳理这些窟龛造像时，不可能面面俱到，因此，笔者按照窟龛开凿年代的先后关系，选取一些重要的和有代表性的窟龛造像进行分析，那些皇家窟龛或都城造像样式，更是重点阐述的对象。

本书的写作方法，使用了考古类型学和艺术史样式论相结合的方法，也就是说，书中有关窟龛造像的造型分析，是以考古类型学为框架、造像样式论为枝叶展开的。考古类型学将纷繁复杂的多个实例，按照年代先后、着衣形式和衣褶雕刻样式的不同排序分组，艺术史样式论则着力于具体造像微观样式变化的发掘与梳理。两种研究方法结合起来，试图对古代窟龛造像的造型特征形成客观和有效的认知。在阐述各处窟龛造像时，并不是按照朝代的先后划分，而是以石窟群的形式形成章节，这种方法的长处是将石窟群当作一个整体来考察，其间造像样式的演变具有一种内在的关联性，例如，洛阳龙门石窟初唐龛像就不同程度地带有北朝造像元素，两个时期的龛像有内在的关联性，不能简单予以分割。书中资料的来源主要包括两方面，一方面是学界披露的材料和刊印的画册，另一方面是多年田野调查所得，文中图片除了标注出处的，其他为笔者现场拍摄，线图为笔者所绘。

众所周知，每一处石窟的窟内建筑结构、图像组合关系、宗教内涵，以及窟内装饰纹样等内容，都是作为特定空间整体关系中的组成部分而存在，对其研究涉及很多方面的内容。然而笔者所学有限，难以作更深入和多元的综合研究，对于龛像背后宗教内涵的解读和历史图景的再现，也是力有不逮。这些不足，可能会影响到对石窟造像的综合理解，但就造像自身造型样式研究而言，笔者也算是抟心揖志，同时也借此请教于方家。

感谢师友和家人的支持。

黄文智

2022 年 6 月 30 日

目录

283

———————

第十一章
陕北石窟造像

315

———

附录

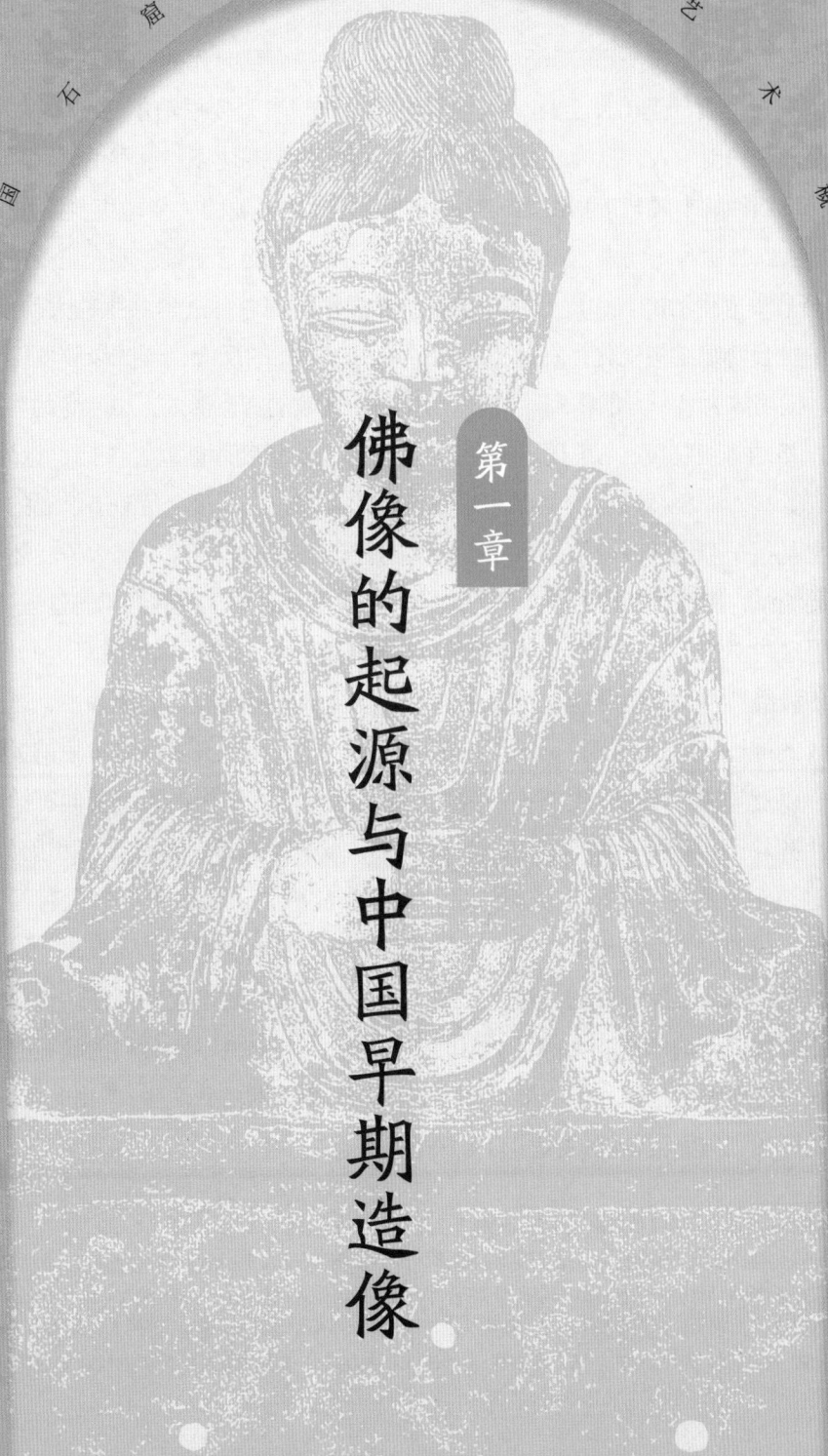

第一章

佛像的起源与中国早期造像

　　释迦牟尼大约生活在公元前565～前484年，与中国春秋时代的孔子为同时代人。释迦牟尼出生在古印度的迦毗罗卫国，其地理位置大致相当于今尼泊尔近北印度的区域。释迦牟尼是佛教的创始人，意为"释迦族的圣人"，本名为悉达多，姓乔达摩，释迦为种族名，在印度四种姓中属刹帝利种姓。印度种姓制是指由婆罗门（祭司和学者）、刹帝利（武士和统治者）、吠舍（商人、农夫等）、首陀罗（受奴役的劳动者）四个主要种姓构成的体系。释迦牟尼生活的古印度，是一个经济发展和列国兼并战争共生的大动荡时代，由此造成的社会阶级结构变化，在思想文化领域引起热烈的反应，形成以婆罗门教为一方，以诸沙门团体为另一方的格局。❶婆罗门教是印度教的古代形式，以吠陀经为主要经典，主张严格的等级制度，沙门思潮则主要是反对这一制度而创立。沙门，意为勤息、息心、净志，是对非婆罗门教的教派和思想流派的总称。古印度公元前6世纪的沙门思潮，实际上是指一个团体成分复杂、观点繁多的社会现象，其中除了佛教外，还存在其他六种重要流派，佛教将其称为"六师外道"。❷在佛经记载中，佛教经常与这些"外道"斗争，收服这些"外道"并将其变为佛教徒，以发展和壮大自身的生存空间。

　　一些佛教经典中，围绕释迦牟尼诞生前后，以及从成道到涅槃的历程中，充满了各种不可思议的神迹，这就是佛教美术中的佛传故事，此外还有很多释迦牟尼前世修行的本生故事，以及与佛陀教化众生相关的因缘故事。古印度人认为，人及其他有情众生处于不断的生死轮回中，前世的业会影响后世的果，要想脱离这一生死循环和因果报应，就必须要通过艰辛的修行才能达成愿望。在佛本生故事中，释迦牟尼前世有无数次轮回，以各种人或动物的形象出场，演绎诸如舍身求法、积聚功德的动人故事，以期摆脱生死轮回和最终达到成佛的目的。这些充满神学色彩的佛教故事美术创作，最初可能出现在阿育王时代以后的窣堵波（佛塔）信仰中，当时人们对供奉佛舍利的窣堵波进行膜拜，并在围绕窣堵波的栏楯和门上雕刻佛教故事，佛教美术由此诞生。❸由此可以看出，佛教美术的开始，与世俗信徒的信仰有很深的联系。

---

❶ 杜继文.佛教史[M].南京:凤凰传媒出版集团,江苏人民出版社,2006:4.
❷ 六师外道一般包括:其一,顺世论,其先驱人物是阿耆多·翅舍钦婆罗(Ajita Kesakambala);其二,耆那教,祖师是尼乾陀·若提子(Nirgranthajnatiputra);其三,怀疑论,代表人物删阇夜·毗罗胝子(Sanjaya Velatiputta);其四,七士身(提倡七要素说),创始人是迦罗鸠驮·迦旃延(Pakudha Kaccayana);其五,决定论,创始人为末伽梨·俱舍梨子(Makkhali Gosala);其六,无因果论,创始人富楼那·迦叶(Purana Kassapa).各派教义要旨参见杜继文主编《佛教史》.
❸ [日]宫治昭.涅槃和弥勒的图像学[M].李萍,张清涛,译.北京:文物出版社,2009:15.

第一节

窣堵波上的浮雕佛教故事

在窣堵波周围的栏楯、塔门等处出现的佛教故事及相关装饰性的图像，主要是表现与释迦有关的圣物，这些圣物叫作"支提"，包括释迦的舍利（遗骨），供养舍利的窣堵波（佛塔），释迦使用过的东西（衣、钵等），以及与释迦有关系的圣树（菩提树）。这种具有象征意义的图像，是佛教徒认证佛陀存在的一种表现方式。不直接表现佛陀形象，应该与当时的人们认为觉悟成道、进入涅槃的佛陀是不可见的思想有关。

巴尔胡特和桑奇大塔中现存的浮雕故事，生动地记录了这种早期佛教美术的形态。

巴尔胡特位于中印度的朱木那河北岸阿拉哈巴德附近，窣堵波今已不存，仅存东门和一些栏楯（图1-1），这些栏楯的石柱和隔板上以雕刻树女神、圆形区域内的本生、佛传故事而为人所知。其中一幅名为《九色鹿本生》的圆形构图本生故事浮雕可作为其中的代表（图1-2）。相同题材本生故事见于敦煌莫高窟第257窟北魏时期的壁画，故事讲的是释迦牟尼前世作九色鹿王时，在河里救了一位溺水的人，后来这个获救的人贪图富贵而违背了不告知九色鹿行踪的誓言，向国王透露了九色鹿的藏身之处。国王带领武士前去围猎九色鹿，但他在见到九色鹿并了解前后的缘由后，为九色鹿的善行感动，放弃了为王后谋求九色鹿皮的欲望。背叛者也获得了应有的恶报。同样的故事情节，在莫高窟壁画中以连环画的方式展开，而创作于公元前1世纪的巴尔胡特圆形构图浮雕，却是将不同时空发生的故事情节有机组合在一起。浮雕画面下部表现的

图1-1　巴尔胡特东门栏楯复原❶　公元前1世纪　印度加尔各答博物馆藏

图1-2　巴尔胡特《九色鹿本生》❷　公元前1世纪　印度加尔各答博物馆藏

❶ [日]肥塚隆,宫治昭.世界美术大全集:东洋编(第13卷)·印度1[M].东京:小学馆,2000:图版15.
❷ [日]肥塚隆,宫治昭.世界美术大全集:东洋编(第13卷)·印度1[M].东京:小学馆,2000:图版26.

是九色鹿下河将溺水者救起，中部则是九色鹿前蹄下跪，向其前方的国王陈述救人缘由，这位国王双手合十作礼拜状。国王左❶上方有一位持弓者，应是围猎九色鹿的武士。武士身后的画面边缘处有手指向九色鹿者，显然是那位溺水的告密者。圆形画面的右侧是几只悠游生活的小鹿，画面上端则是几棵树木，表示这个故事发生在树木繁盛的森林中。可以看出，古印度的巴尔胡特浮雕，在安排故事情节时，完全打破了时空的限制，将主要人物和场景置于同一画面中，形成既有故事情节，又有装饰效果的美术作品。

　　窣堵波大门和栏楯上的本生、佛传故事，在桑奇大塔上有更充分的表现。桑奇大塔位于中印度的博帕尔附近，现存三座佛塔（窣堵波），第1塔最大，该塔四门门柱和横梁的正背面上都雕刻有佛教故事、各种动植物和装饰图案。其中位于四门横梁上的佛传故事呈长卷式展开，人物众多，情节丰富，是桑奇大塔上最具代表性的美术作品之一。这些佛传故事中的主人公——佛陀或成佛前的释迦太子，均以象征性的符号呈现，而不是以佛陀或释迦太子本人的形象出现。这种情形与早期佛教美术中不表现佛像的传统有关。

　　桑奇第1塔东门外侧第二横梁浮雕表现的是"太子出家"的佛传故事（图1-3）。在佛传故事中，太子出家是指释迦太子在经历过"树下观耕"和"出四门"等经典场面后而决然作出出家的举措。画面以连续发展的故事情节展开，各情节之间并无明显的分割，但每个场面均有易于识别的图像特征。画面右边是城郭，这是释迦太子在宫城生活

图1-3　桑奇第1塔东门外侧第二横梁"太子出家"　公元1世纪初

---

❶ 以物象自身为标准分左右，全书皆按此标准进行描述。

的地方。城郭左侧城门处有一匹马，这是释迦太子的坐骑犍陟，犍陟的四蹄有夜叉托着，其上方有一人手擎伞盖，下方有一人手持拂尘。值得注意的是，马背上的座位是空的，释迦太子并未被表现出来。这个场景的左前方，犍陟、手擎伞盖者、手持浮尘者及相关人物再次出现，不同的是，在犍陟前方出现了一棵有围栏的树，这就是太子树下观耕之所。树下观耕是释迦太子思惟人生是苦的命运转折之处。犍陟继续向前走，当行至画面左侧边缘时，犍陟与释迦太子告别。在犍陟的下方有双膝跪地顶首膜拜双足印的人，此人就是车夫车匿，双足印则是释迦太子的象征性表现。双足印的存在，既表示这是释迦太子与众人告别的驻停之处，也是他走向成佛之路的开始。以释迦足迹为界，其下方的犍陟和车匿开始往回走，其原本组合的伞盖、拂尘及其他相关人员皆已不在，寓意着释迦太子的离去。❶

　　桑奇第1塔北门西柱上段浮雕"猕猴奉蜜"的佛传故事，也是象征性表现佛陀存在的作品（图1-4）。与横幅展开的"太子出家"不同的是，该画面接近正方形，故事情节清晰明了。猕猴奉蜜的故事见于《中阿含经》《贤愚经》等经典，其大意是佛陀在舍卫国祇树孤独园弘法期间，有一名叫师质的婆罗门因为无子而烦恼，释迦佛告知他命当有儿，师质于是欢喜布施佛陀及众弟子。饭毕，佛陀一行回祇树孤独园途中在一有泉水的泽边休息，有一猕猴见释迦佛形容殊胜，便索得阿难的饭钵盛蜜以供养佛陀，佛陀去除蜜中杂质，和水后与众僧共饮。猕猴欢喜，但在欢呼腾跃中不慎坠入水坑而溺亡，其魂魄则转生于师质家，师质由此获子，两者皆得福报。其实，这个故事只是佛陀在修行弘法过程中一个很小的插曲，但在佛传故事中却常被表

图1-4　桑奇第1塔北门西柱上段浮雕"猕猴奉蜜"　公元1世纪初

现，其用意可能在于宣扬信众布施而获福报的宗教思想。需要提及的是，猴子及其他动物在印度自然环境中极为常见，猕猴奉蜜的故事既有宣扬佛法的宗教内涵，也为佛陀弘法之旅增添了些许趣味性。桑奇第1塔北门西柱上的这块浮雕的下端有两只健硕的猕猴，其中间者奉钵，左下角者右手举起，似乎在索钵，两者应为同一只猕猴的两个场

---

❶ 杨之水.读图：在桑奇（二）[J].紫禁城，2011：12.

面。佛陀的存在，是通过空置的台座和挂满花束的菩提树来象征性表现的。

这种以圣物象征佛陀存在的美术形式，一定程度上满足了人们对于佛陀礼拜的需求。然而，在世俗信徒中，随着佛传文学、赞佛文学的兴起，人们希望对人间姿态的释迦进行礼拜，并这种愿望日益强烈。[1]这一愿望，促生了佛像的诞生，但此时距释迦涅槃已有五百余年了。

第二节
佛像的诞生

佛像的诞生，主要有起源于犍陀罗和秣菟罗的两种说法，到底哪个在前哪个在后，学界至今还没有达成共识。其中，犍陀罗发掘出土的佛造像及相关文物数量惊人，相关考古和美术史方面的调查研究也已经历了大约一个世纪，在那些佛教寺院遗址的出土物中除了佛、菩萨像、守护神的雕塑外，还包括丰富的本生、佛传故事，以及各种装饰主题的浮雕。这些出土遗存中，可以看到佛像由象征性表现向人像制作的转变过程。日本学者官治昭认为，在犍陀罗美术中，从象征性表现、故事性表现与人像表现的发展过程存在错综复杂的关系，其中佛传故事中成道以前的释迦太子形象最先得到僧团方面认可，然后就是诸神邀请释迦说法的"梵天劝请"以及"初转法轮"的场面得以正面呈现，反映了象征性、故事性、人像这三者之间的关系。[2]

同样是释迦太子出家的场面，犍陀罗造像风格的逾城出家更真实表现了主人公骑马出城的场景（图1-5）。这件作品画面中间的骑马者就是释迦太子，他身着古印度贵族装束，马蹄由夜叉托着。马的前方有一戴冠者和一束发者，应该是帝释天和梵天。画面上部右侧是三位礼赞者，马后有手执伞盖者。在太子后方，还有一位上身赤裸、手执金刚杵者，他就是执

图1-5 罗利亚坦盖出土的逾城出家 约公元2世纪犍陀罗 印度加尔各答博物馆藏

[1] [日]官治昭.犍陀罗美术寻踪[M].李萍,译.北京：人民美术出版社,2007：66.
[2] [日]官治昭.犍陀罗美术寻踪[M].李萍,译.北京：人民美术出版社,2007：4.

金刚神（金刚），是释迦太子（佛）的终身保镖。可以看出，这件带有古希腊、古罗马雕刻特征的佛传故事浮雕，不仅在人物表现上较桑奇大塔同一题材作品要生动得多，还正面表现了释迦太子的人物形象，这是一个造像观念上的重大转变。

日本学者宫治昭先生认为，犍陀罗佛教美术中，从释迦菩萨到释迦佛的转变，在梵天劝请的故事情节中体现出来。据《贤愚经》记载，释迦太子在菩提树下觉悟成道后，思惟五浊恶世众生难以教化，心生迁世无余涅槃的想法，梵天知佛所念，劝请佛陀入世说法。"今日法海已满，法幢已立，润济开导，今正是时。又诸众生应可度者，亦甚众多"。❶释迦佛在梵天的劝说下，决定初转法轮，为世人说法。宫治昭先生指出，梵天劝请故事场面是一种与不表现佛陀的规定达成妥协的结果，其在犍陀罗造像体系中有两种表现方式：一种是释迦接受梵天的请求，表现为在菩提树下结跏趺坐的佛陀像；另一种则表现为释迦决意转法轮（说法），用日轮作为象征。

梵天劝请场面中，释迦佛结跏趺坐于菩提树下的方形台座上，主尊位处画面中间，可以说是完全意义上用于礼拜的佛像了（图1-6）。佛像面容坚毅，身着通肩式袈裟，左手握衣角，右手施无畏印。台座两侧分别站立一束发的修行者，其左侧者左手持净水瓶（修行者标志），右手扬起；右侧者面向释迦佛，双手合十礼拜。左右两个人物应为同一个人礼佛的两个场景，这个人就是梵天，寓意梵天劝请释迦佛说法的过程颇费周折。❷释迦佛头光后是一棵大树，树两侧有合掌礼赞的天人。相似的场景，在日轮象征释迦佛存在的作品中出现，不同的是，后者未直接表现释迦佛，台座左侧的合掌者则换成了帝释天，形成梵天与帝释天的组合（图1-7）。

直接表现释迦佛的观念获得僧众的认可后，佛像大量出现在佛传故事中。大英博物馆藏犍陀罗阿育王施土因缘浮雕，画面中间释迦佛身着通肩式袈裟，身体微向前倾，左手持饭钵向下，在接受一小儿手中捧着的泥土（图1-8）。阿育王施土因缘，大意是说释迦佛与众弟子行乞路过某地，有两童子在路边做抟土游戏（有的故事版本中是三童子），其中一童子见佛陀神采奕奕，心生敬仰，便将泥土作为粮食献给佛。以此因缘，佛陀寓言这个小孩来世作转轮圣王（阿育王），统御四方。这件作品中的释迦佛形象比较接近现实中的人，佛像还只是作为故事情节中的主要人物登场，其大小比

❶ 大正藏·第4册：贤愚经（卷一）[M/OL].CBETA中文电子大藏经集，2014：349上.
❷ 佛陀初成道时，思惟五浊恶世众生迷惑颠倒，难可教化，久住世间，实无益处，而欲入无余涅槃。当时，梵天劝请佛陀慈悲住世，大转法轮。佛陀认为一切众生皆为尘垢染污，愚昧无知，若住世说法，皆是徒劳无功。梵天再次礼拜恳请，列举佛陀无数前世所发无上菩提心，为众生求菩提妙法以及寻求正法令诸众生得以解脱的种种苦行。如今法海已满、法幢已立、法鼓已建、法炬已照，度化众生的时机已然成熟。由于大梵天王的劝请，佛陀便前往波罗奈国鹿野苑中说四谛法，化导众生。

图1-6　梵天劝请　公元2世纪犍陀罗　印度德里国家博物馆藏

图1-7　梵天劝请　公元1～2世纪犍陀罗大英博物馆藏

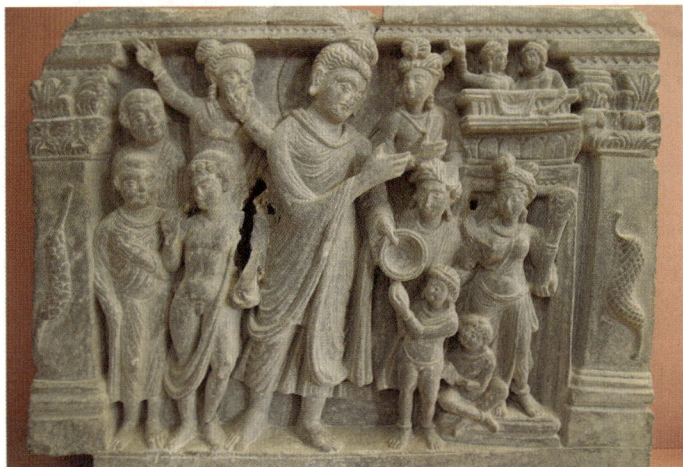

图1-8　阿育王施土因缘　公元2～3世纪犍陀罗　大英博物馆藏

例和其他人物的差别还不是很大，与突出偶像礼拜性质的单体造像区别明显。犍陀罗佛像外在形态包括行、住（立）、坐、卧四种，这是佛教戒律中的四威仪，其中行走的动态一般出现在佛传故事中，卧像则见于涅槃场景，较为常见的单体造像是立像和坐像。

　　藏于德里国家博物馆的一件单体释迦佛立像，可以说是一尊标准型的犍陀罗风格佛教偶像（图1-9）。该像头后为无任何装饰的头光，发髻呈波浪状（近乎螺发），面部长圆，高鼻深目，双目低垂，双唇紧闭，呈现一种沉思冥想的神情；左手握衣角，右手上扬，但手掌已残，推测原为施无畏印；两腿略为分开，左腿直立承重，右腿弯曲，这种站姿在古希腊、古罗马的雕刻中较为常见。佛像身披厚实的通肩式袈裟，但仍然能看到其健硕的躯体结构，这一视觉效果的取得，得益于衣纹缓急深浅的变化与躯体结构有机结合在一起，既表现了衣装的形式与质感，还突出了释迦佛的神格化和超人的偶像特质。学界普遍认为，体现在这尊佛立像身上的雕刻样式，来自古希腊的雕刻传统，而主体人物形象的独立造型，更增加了佛教信众对佛陀的偶像崇拜意识。

图 1-9　佛立像　公元 2 世纪犍陀罗　印度德里国家博物馆藏

　　犍陀罗位于印度次大陆西北部，其范围相当于今巴基斯坦白沙瓦及其毗连的阿富汗东部一带，是连接南亚与中亚的枢纽之地。公元前 326 年，犍陀罗被马其顿国王亚历山大征服。约公元前 190 年，巴克特里亚人（大夏，古希腊人的一支）占领了犍陀罗，加深了该地希腊化进程。其后，中亚游牧民族斯泰基人和伊朗北方的帕提亚人先后统治该地，直至公元 1 世纪左右，月氏人建立的贵霜朝成为犍陀罗地区的新主人，开始大兴佛教，佛像在该地正式诞生。古希腊人的持续统治，使源自希腊本土的高超雕刻技巧在该地得以传承，加之犍陀罗特殊的地理位置，使佛像融合了包括古希腊（后期包括古罗马）、中亚和印度在内的多种造型元素，其中那种波纹发髻、高鼻深目和厚重的通肩式袈裟，显然是深深受到古希腊、古罗马雕刻艺术影响所致。

　　同样的造像题材，贵霜朝马图拉的佛立像在人物形象和雕刻特征上均体现出不同的造型特征，如马图拉博物馆藏的贵霜朝马图拉公元 2 世纪佛立像（图 1-10），其身后有硕大的头光，发髻作磨光表现，但肉髻上有横向的细密阴线刻；面部丰圆，鼻子已残，双目圆睁，嘴角微上翘，呈现一种雄赳赳的大丈夫相；左手握拳置于腰胯部，右手上

图 1-10　佛立像　公元 2 世纪马图拉　印度马图拉博物馆藏

扬；两腿并拢直立，但可惜小腿部已残。该佛像身着袒右肩式袈裟，与上述通肩式袈裟不同，这是一种印度本土的着衣披搭方式。袈裟完全贴身表现，衣褶只作微起伏的圆棱状和阴线刻表现，人体造型特征由此得以清晰展现，那种壮实和充满张力的肌体感给观者留下了深刻的印象。这种造型特征与犍陀罗佛像中那种来自古希腊雕刻造型特征明显不同，学界认为马图拉贵霜朝佛立像是在印度古风药叉式立像基础上发展起来的，显示出印度本土佛像造型注重张扬的气质和健硕的肉体相结合的特点。❶

图1-11　罗利亚坦盖出土释迦说法像　约公元2世纪犍陀罗　印度加尔各答博物馆藏

来自罗利亚坦盖的贵霜朝释迦说法像也是一件成熟的犍陀罗风格单体造像（图1-11）。这件造像由一佛二菩萨组成，主尊佛像跏趺坐于从大地长出来的莲台上，波浪发，面部特征与上述德里国家博物馆藏的释迦佛立像相似。双手作说法印，跏趺坐双腿向两侧盘曲，与头部形成稳固的三角形构图。该像身着袒右肩式袈裟，衣褶的雕刻技法，依然是吸收古希腊、古罗马的造型特征。在主尊佛像两侧各有一尊胁侍菩萨，左侧者束发，为弥勒菩萨；右侧者戴冠，是观音菩萨。两像均上身裸露，下身着裙，有项饰、璎珞和帔帛。在莲座两侧，还有两位单膝跪地合掌的供养人。

可与罗利亚坦盖出土的释迦说法像相对应的马图拉实例，是一件来自北方邦阿希切特拉的说法像（图1-12）。这件保存完好的印度传统造像中，硕大的头光依附于佛像背后近方形的背屏，发髻依然作磨光表现，肉髻则雕刻为盘起的粗线状。面部造型特征与上述马图拉佛立像高度相似，左手握拳置于跏趺坐左腿膝盖上，右手亦上扬。与上述马图拉佛立像明显不同的是，这尊佛坐像张开手掌和脚心朝上，双足均线刻有车轮的图案（千辐轮相），这是佛三十二相❷中的特征之一。佛像依然身披袒右肩式袈裟，衣褶表现亦与前例大体相似。另外，该佛坐像两侧还雕刻有左手持莲花、右手举拂尘的胁侍菩

❶ 赵玲.印度秣菟罗早期佛教造像研究[M].上海：上海三联书店，2012：172-173.

❷ 三十二相又称三十二大人相，是佛陀所具有的庄严德相，与八十种好合称"相好"。三十二相在不同经典中的名号和顺序各有不同，其中东晋天竺三藏佛陀跋陀罗译《佛说观佛三昧海经》中提到了三十二相的观想和基本特征。在佛教造像中，三十二相是佛陀外在造型特征的重要依据。

萨。在头光的周边还线刻有菩提树的图案，背屏顶端表现两位持花环的天人。在底座下方的长方形区域内，中间立柱上端有寓意佛法的法轮，其两侧是合掌礼赞的供养人，再两侧是护法的狮子，传达出鲜明的偶像崇拜思想。

图1-12　北方邦阿希切特拉出土释迦说法像　约公元2世纪马图拉　印度加尔各答博物馆藏

可以看出，在同样的造像题材上，西北印度犍陀罗的古希腊、古罗马造像特征与靠近中部印度的马图拉造像传统，在人物的外在特征与内在气质上存在明显的差异，两地人物的衣褶刻画与肌体表现也难以找到契合之处，反映了早期佛造像的两个中心，在自身不同文化传统作用下对同一种宗教艺术表现的不同理解和表达。这两种迥异的造型特征均对中国早期佛造像产生影响。不过，两地造像传统在此后的笈多王朝趋于融合，从而造就了佛造像黄金时代的到来。❶ 在早期佛像盛行时期，西北印度还流行宣扬佛陀前世修行的本生故事，最著名的有四处，分别是割肉贸鸽的尸毗王本生处（斯瓦特）、施眼的快目王本生处（犍陀罗）、施头的月光王本生处（呾叉始罗）、舍身饲虎的萨埵太子本生处（西北印度，详细地点不明）。关于这些圣迹，法显和玄奘等求法高僧都有所记载。实际上，释迦佛生前并没有到过这些偏远之地，但佛教信仰的盛行，使人们迫切需要一种能与佛陀相关联的佛教圣迹以进行礼拜，这些宣扬释迦牟尼前世惨烈故事的发生地，就成为他们信仰的精神支柱。藏于大英博物馆的一件尸毗王割肉贸鸽本生浮雕是这类本生故事的经典之作（图1-13）。这个故事讲的是释迦佛前世作尸毗王时，乐善好施，信仰佛法。有一天他救了一只被老鹰追逐的鸽子，老鹰就对尸毗王说，你救了这只鸽子，我就得饿死，这也是在杀生。尸毗王就提出在自己腿上割下和鸽子同等重量的肉喂鹰，但最后割完国王全身的肉还是不及鸽子的重量，于是尸毗王整身坐到秤盘上。这时，天地动摇，老鹰和鸽子都不见了，帝释天以神力恢复了尸毗王的身体原状。浮雕中右侧坐于椅子上的王者就是尸毗王，在他的脚下有一只鸽子，他的左腿正在被人用刀子割肉。在画面中间是一个手持秤的人，他的上面就是老鹰（已残缺）。

---

❶ 印度笈多王朝时期处于社会发展的上升期，统治者对待宗教较为包容，佛教艺术在此期间获得了很高的成就，在人物造型和着衣形式上创作出了经典的造像样式。笈多早期造像在犍陀罗造像基础上融入马图拉衣装贴身表现的造型特征，成熟期发展出马图拉表现衣褶的"湿衣佛"和萨尔纳特不表现衣褶的"裸体佛像"。

图1-13　割肉贸鸽本生故事浮雕　公元2~3世纪犍陀罗　大英博物馆藏

图1-14　穆罕默德·那利出土大光明神变❶　公元3世纪　拉合尔博物馆藏

持秤者的左侧是戴冠的帝释天，画面最左侧人物则是束发的梵天。这件杰出的犍陀罗美术作品，真实表现了佛经中所述惨烈的舍身布施场景，充满了宗教意义上的神学色彩。

此外，在犍陀罗美术作品中，还有一种表现佛陀说法或显现神通的多人物组合作品值得关注，比如一件穆罕默德·那利出土的名为大光明神变的浮雕作品（图1-14）。该浮雕中的释迦佛跏趺坐于浮雕中心莲花座上施转法轮印，在其周围配置众多佛、菩萨、供养人的复杂画面，构成一种净土变相的宏大画面。学界对于这种人物众多的图像有多种猜测，宫治昭先生认为这是一种表现佛陀进入禅定三昧，发出大光明，照亮佛国的"大光明神变"场面。这件作品人物众多，雕刻极其精美，可算是犍陀罗佛教美术作品中最杰出的作品之一。《法华经》的序品中描述，在众多比丘、菩萨、神围绕的盛大集会上，释迦进入"无量义处三昧"，深入冥想，自白毫发出大光明神变，《法华经》又云："尔时佛放眉间白毫相光，照东方万八千世界，靡不周遍，下至阿鼻地狱，上至阿迦尼咤天。于此世界，尽见彼土六趣众生，又见彼土现在诸佛，及闻诸佛所说经法。并见彼诸比丘、比丘尼、优婆塞、优婆

❶ 孙英刚，何平.犍陀罗文明史[M].北京:生活·读书·新知三联出版社,2018:图7-124a.

夷，诸修行得道者。"❶ 释迦放出的"大光明"，遍照从地狱到天上的佛国世界，映出佛陀及菩萨们的身姿，幻化出神学色彩的奇迹。

佛教造像在贵霜朝达到一个鼎盛的状态，其造像样式对周边国家佛教美术产生深远影响，并通过丝绸之路东传至中国。就中国早期佛教美术而言，犍陀罗造像特征显然多于马图拉元素，但不可忽视的是，后者也一定程度地发挥着影响。

佛教传入中国的最早记载在汉哀帝元寿元年（公元前2年），大月氏王使伊存口授《浮屠经》，此事见于三国时期魏人鱼豢《魏略·西戎传》，晋陈寿著《三国志》中又有裴松之引注这一事件。❷ 不过，在当时人的眼里，这种外来的宗教是众多方术之一。东汉明帝夜梦金人，于永平八年（65年）使人求法，其在诏书中称浮屠（佛教）斋戒祭祀为"仁祠"，言"与神为誓"。东汉时楚王英好佛，亦与阴阳道家的方士交好，制作图谶，佛教祠祀则仅作方术之一。可见，东汉时人们对佛教的了解很有限，多将其附会神仙道术之流。❸ 此后虽不断有新的经典来华，但多与黄老并谈，甚至直到魏晋时期，佛教在民间传播也是借助方术推进的。《牟子理惑论》中载："牟子曰：佛者号谥也，犹名三皇神五帝圣也……恍惚变化分身散体，或存或亡，能小能大，能圆能方，能老能少，能隐能彰，蹈火不烧，履刃不伤……欲行则飞，坐则扬光，故号为佛也。"❹ 这样一个神通广大的神灵，怀着拯救众生的心情，指示解脱的道路，大概就是那个时代的信仰者心目中的佛。❺ 不过，这种认识随着佛经的不断翻译和传播而逐渐改变。东晋道安法师西入长安，受到前秦苻坚所重。道安极力奖励译经事业，以他为中心聚集了一大批熟悉华戎音义的翻译家，为当时佛经的翻译和普及作出了极大的推动作用。鸠摩罗什于姚兴弘始三年（403年）至长安，被苻坚待以国师之礼，译经三百余卷。由于鸠摩罗什的贡献，长安十数年间的译事可称为极盛。不过，随着关内战乱不断，名僧四处分散，佛学亦由此流布至更大的范围，人们对佛教的理解渐趋深入。

❶ 大正藏·第9册：妙法莲华经(序品第一)[M/OL].CBETA中文电子大藏经集，2014：2中.
❷ 汤用彤.汉魏两晋南北朝佛教史[M].武汉：武汉大学出版社，2008：34-36.
❸ 汤用彤.汉魏两晋南北朝佛教史[M].武汉：武汉大学出版社，2008：38.
❹ 大正藏·第52册：弘明集(卷一)[M/OL].CBETA中文电子大藏经集，2014：2上.
❺ 葛兆光.中国思想史(第一卷)[M].上海：复旦大学出版社，2001：379-380.

第三节
墓葬中的佛像

据考古发现，中国汉末墓室画像石与墓葬随葬品中，出现了神仙与佛教图像混合配置的情形。例如沂南北寨汉墓中的线刻项光人物，该人物位于中室八角柱上方南、北两面，共有两身，均两脚外撇，与东、西两面上方东王公和西王母相对应，两者具有对等尊格。研究者认为，项光和两脚外撇均非神仙人物特征，大体可界定为佛陀造像。在四川地区，出现的神仙与佛教混合图像的墓葬如乐山麻浩1号墓和乐山柿子湾一区1号墓，其中前者石刻画像多是当时流行的祥瑞、忠臣孝子形象、历史故事及神仙图像，中后室入口门楣上则浮雕一尊东汉佛坐像（图1-15）；后者的图像配置大体与前者相似，佛像表现在中后室、南后室入口门楣上。只

图1-15　乐山麻浩1号墓东汉浮雕佛坐像[1]　公元2世纪末

是，这些墓葬中尺寸矮小、雕刻稚拙的人像，与后世偶像性质的佛像造型相去甚远。显而易见，在汉末墓葬浓厚升仙语境下出现的造型尚不成熟的佛陀形象，反映出当时人们只是将其作为死后彼岸世界神仙中的一员。

汉魏时期以四川为中心的西南地区墓葬中出土了数量可观的摇钱树[2]，有的摇钱树上表现佛像。这些佛像多数位于摇钱树树干部位，少数出现在树顶。不过，摇钱树上的佛像并不是造型的唯一主体，而多与神仙图像混合配置，或两者造型上相互影响。摇钱树与佛像关联主要存在三种表现形式：其一，佛像还没完全脱离神仙而独立，如绵阳何家山1号东汉墓摇钱树干上铸造一列五尊佛像，树枝铸造仙人，树座塑造仙人骑鹿；其二，佛像取代西王母主尊位置，出现在摇钱树干位置，个别出现在树顶，如城固第一中学砖墓出土的摇钱树，佛像取代西王母；其三，西王母受佛教造像因素影响，如绵阳何家山2号墓摇钱树上的西王母饰白毫相（佛三十二相之一，显著的外在特征），显然是

❶ 胡文和,胡文成.巴蜀佛教雕刻艺术史(上)[M].成都:巴蜀书社,2016:图2.
❷ 据何志国研究,以四川为中心的西南地区目前发现的摇钱树接近200株。(何志国.汉魏摇钱树初步研究[M].北京:科学出版社,2007:85.)

来自佛教造像的影响。❶

　　这些汉末佛像或带有佛像特征的实例，显示出佛教传入内地之初在民间传播的情形，也如实反映当时人们对死后彼岸世界的憧憬与祈愿。就造型特征而言，这些佛像除了体量小外，还体现出制作粗糙、细节含糊的特点，尚不是真正意义上供信众膜拜的佛像。

　　魏晋时期神仙思想在墓葬中继续流行，但不及前代繁盛，东王公、西王母图像明显减少，佛教图像则有增多之势，不过，后者仍然与羽人、仙禽瑞兽等神仙类图像混合，实例多见于长江中下游墓葬明器、堆塑罐及铜镜中。

图1-16　南京雨花台长岗村5号墓出土三国（吴）青瓷釉下彩羽人盘口壶　公元3世纪　南京六朝博物馆藏

　　南京雨花台长岗村5号墓出土三国（吴）青瓷釉下彩羽人盘口壶是一件神仙图像与佛像混合表现的典型实例（图1-16）。这件盘口壶通体绘褐色图案，在肩部贴塑四个衔环铺首、两尊佛像和一对双首连体比翼鸟，腹部绘有两排持节羽人。贴塑的佛像着通肩式袈裟，跏趺坐于莲花座上，施禅定印，高肉髻，有头光，莲花座两侧有护法的狮子，完全具备了一般意义上的佛像造型特征，只是细节塑造较为含糊。该盘口壶以持节的羽人作为壶体背景，说明这件墓葬出土明器中的佛像造型特征虽已基本完备，但仍然是神仙信仰背景下的产物。

　　堆塑罐是吴晋时期长江中下游地区随葬明器中的典型器物，罐体外部装饰一般由上下两部分组成，上部分堆塑各种装饰物，下部分则是素面。装饰部分人物有胡人、神仙、汉装者三种，一般与楼阁建筑和鼓吹、杂耍、宴饮等场景的人物组合，以此为死者营造地下灵魂栖息之所或象征升仙场景。杭州钢铁厂墓出土西晋太康八年（287年）越窑青瓷堆塑罐（图1-17），为双层盘口壶造型，上

图1-17　杭州钢铁厂墓出土西晋太康八年（287年）越窑青瓷堆塑罐　浙江博物馆藏

❶ 杨莹沁.汉末魏晋南北朝时期墓葬中神仙与佛教混合图像分析[C]//石窟寺研究(第三辑),北京:文物出版社,2012:50.

层捏塑有以四角楼阁建筑为主的装饰物，下层是素面的罐身，两层之间的罐肩部两侧各有4尊和3尊坐于莲座上的禅定佛像。佛像着通肩式袈裟，高肉髻，依稀能看出螺发造型，有头光，袈裟衣褶为规则的U字形。莲座上有两层的仰莲瓣，座两端各有一头狮子。相似的佛造像在长江流域的多处墓葬堆塑罐中均有所见❶，但这些佛像造型比较单一，且均与其他元素组合在一起，并共处于捏塑的特定建筑空间中，与后世那种供人膜拜的佛教偶像存在差异。

此外，在吴晋时期流行的铜镜中也出现了佛像造型，一般称为佛像镜，其性质与图像配置情况与上述摇钱树中的情形大体相仿，如鄂州鄂城钢厂五里墩工地出土的佛像镜。该佛像镜主纹为四组相对的双凤，双凤间有线棱界画出来的四个桃形空间，其中三个空间内有跏趺坐于龙虎座上的佛像，有背光，龙虎座下有莲瓣。还有一个桃形空间内有一尊侧身作思惟状的佛像，有背光，也有莲座，佛像前方是一屈膝礼拜者，后方则是一持伞的侍者。佛像出现于这种日常生活用品中，可能是墓主生前作供养之用的，但作为随葬品出现，则不符合佛教礼仪，而且在图像配置上也不具备独立性，反映了佛教发展过程中的早期性。

第四节
早期金铜佛像、造像塔

金铜佛像一般是指铜质铸造、表面饰金的佛教造像。《三国志》载："笮融者，丹阳人……乃大起浮屠祠，以铜为人，黄金涂衣，衣以锦彩，垂铜槃九重……悉课读佛经，令界内及旁郡人有好佛者听受道……每浴佛，多设酒饭，布席于路，经数十里，民人来观及就食者且万人，费以巨亿计。"❷根据这则文献，可知中国大约在2世纪末就已出现金铜佛像了。汤用彤先生在《汉魏两晋南北朝佛教史》中载笮融死于汉献帝兴平二年（195年），陶谦约于汉灵帝中平五年（188年）为徐州刺史，汉献帝初平四年（193年）为徐州牧，笮融兴佛起寺当在此时。❸笮融所铸佛像并无实物传世，但同期实

❶ 何志国.长江下游地区出土的汉晋佛像[J].中国美术研究(第4期),2013:1-16.
❷ [晋]陈寿.三国志(卷四十九)·吴书[M].裴松之,注.北京:中华书局,1999:876.
❸ 汤用彤.汉魏两晋南北朝佛教史[M].武汉:武汉大学出版社,2008:50.

例可见于东汉中期至蜀汉的青铜摇钱树中。目前尚不明确笮融所铸佛像造型特征及图像配置情况，但后者是作为墓葬中的明器出现，并与神仙图像混合，不是独立供佛教徒礼拜的宗教偶像。

据《汉魏两晋南北朝佛教史》观点，佛教入华，主要是陆路，佛教东渐，首由西域之大月氏、康居、安息诸国，通过丝绸之路进入中国，西汉时虽有海上交通，然尚不成熟。据考古发现，中国早期佛教遗迹主要集中于由西域经河西再进入内地的丝路沿线，其造像遗存年代越早，所呈现的西北印度犍陀罗佛造像特征越明显。

图1-18　金铜焰肩佛❶　哈佛大学福格美术馆藏

福格美术馆藏金铜焰肩佛坐像，就是一件典型的犍陀罗风格造像（图1-18）。该像着通肩式袈裟，施禅定印，结跏趺坐于台座上，头部有磨光肉髻，发髻作线刻的波状，双目微睁，嘴角略上翘，有胡髭。袈裟前端衣襟下垂部分覆盖台座，衣褶作贴身的线棱状。台座两侧各表现有一尊狮子，台座中央浮雕满瓶和供养的莲花。最值得注意的是，该像两肩后方各表现四条鳍状的火焰。一般认为，这种形式的佛像造型，是以迦毕试的焰肩佛为原型的。迦毕试在今阿富汗兴都库什山南麓，是贵霜朝迦腻色伽王夏都所在地，属于广义的犍陀罗雕刻涵盖地。焰肩佛，是对两肩发出火焰佛像的普遍称谓。在佛经中，佛陀或觉悟的阿罗汉进入禅定后，在肩部可发出火焰，称为"火焰三昧"或"火光定"。宫治昭先生指出，《现在贤劫千佛名经》和《十方千五百佛名经》中出现了"焰肩佛""炎肩佛"的名字，是中亚盛行千佛信仰中的一个固定佛名。另外，鸠摩罗什译《阿弥陀经》中也出现了"大焰肩佛"的名字。这种焰肩佛的名称，似乎从迦毕试到中亚广泛流行。❷这件福格美术馆藏的金铜焰肩佛坐像，传为河北石家庄出土，整体造型较为写实，与有纪年的十六国金铜佛像区别明显，很大程度上保存有迦毕试佛像造型特征，猜测其或来自中亚，也有可能为入华的中亚匠工所造。需要提及的是，该像的基本造型特征与上述汉魏摇钱树佛像大体相似，但在造像尺寸及细节表现上却是后者不可比拟的，是真正意义上的独立佛像。

❶ 林树中.海外藏中国历代雕塑(上)[M].南昌：江西美术出版社，2006：123.

❷ [日]宫治昭.犍陀罗美术寻踪[M].李萍，译.北京：人民美术出版社，2007：193.

东京国立博物馆藏十六国禅定金铜佛坐像，在造型特征上与上述福格美术馆藏金铜焰肩佛坐像颇为相似，明显不同之处在于该像台座没有狮子和莲花图案，肩上也未表现火焰（图1-19）。另外，该像除了五官相对粗糙外，袈裟衣褶的表现也较福格美术馆藏金铜焰肩佛简略，从年代上看，可能较后者晚。这件佛坐像胸部衣褶只作阴刻线表现，两臂及下垂至台座的衣襟皆为凸棱线，两种衣褶表现技法组合在一起并不协调。其中的凸棱线造型为对称构图，有简化和程式化的发展趋势。从这种变化中可以看出，来自中亚的犍陀罗风格造像，在东传过程中逐渐演变，并发展出适合当地雕塑技艺和审美需求的造型特征。

目前中国最早纪年的金铜佛像，是藏于旧金山亚洲艺术博物馆的十六国后赵建武四年（338年）金铜佛坐像，该像可以说是十六国金铜佛像断代的标杆之作（图1-20）。这件金铜佛坐像的着装及其他特征与上述东京国立博物馆藏禅定金铜佛坐像相似，皆为通肩式袈裟，施禅定印，结跏趺坐于方形台座上，高肉髻，发髻作线刻表现，双目细长。明显不同之处在于该像禅定印为双手叠加贴于腹前，五官清秀，没有胡髭。双手叠加贴于腹前的禅定印，与上述两件金铜佛像的双手重叠置于腿上存在差异，由此形成中国早期金铜佛像的两种禅定手印，而五官清秀、没有胡髭的面部特征，则是外来造像本土化特征的显现。这件金铜佛像还一个显著特征，那就是胸腹部及覆盖跏趺坐双腿的袈裟衣褶为U字形阶梯状。双手叠加贴于腹前的手印，见于犍陀罗造像❶，而衣褶表现为U字形，则是十六国绝

图1-19　十六国禅定金铜佛像　东京国立博物馆藏（王友奎　摄）

图1-20　后赵建武四年金铜佛像❷　旧金山亚洲艺术博物馆藏

❶ [日]栗田功.ガンダーラ美術Ⅰ[M].东京：二玄社，1990：130.
❷ 林树中.海外藏中国历代雕塑(上)[M].南昌：江西美术出版社，2006：122.

大多数金铜佛像的共同特征，其中后一特征，或许是本土工匠在表现这些体量较小的佛像衣褶时，出于制作简便和工艺程式化的目的而创。

　　与旧金山亚洲艺术馆藏后赵建武四年禅定佛像相似造型的十六国金铜佛坐像较多，其中西安博物院藏长安黄良公社石佛寺出土十六国金铜佛坐像（图1-21）、河北博物院藏石家庄北宋村出土十六国金铜佛坐像（图1-22）、故宫博物院藏十六国金铜佛坐像（图1-23）是代表性实例。三例金铜佛坐像皆为高肉髻，着通肩式袈裟，双手叠加贴于腹前施禅定印。除第二例为磨光发髻外，另两例发髻皆作阴线刻表现。三例佛像皆有长方形的台座，其中前者台座较为低矮，有菱形线刻图案，后两者台座正面近方形，两侧有狮子，中间阴线刻供养花卉，台座下方还有四足，形似板凳（俗称"板凳佛"）。另外，后两例金铜佛像皆有组合的背屏，上刻有供养人、飞天、化佛等，石家庄北宋村出土金铜佛像背屏上端还有一个伞盖。早期金铜佛像主体、背屏、基座等组成部分，都是分开铸造的，各部分修整完成后再组合在一起，但遗憾的是，在漫长的历史长河中历经法难和战争等因素后，能流传至今者甚为少见，其中完整者更是难得。

图1-21　长安黄良公社石佛寺出土十六国金铜佛坐像　西安博物院藏　　图1-22　石家庄北宋村出土十六国金铜佛坐像　河北博物院藏　　图1-23　十六国金铜佛坐像　故宫博物院藏

　　中国早期金铜菩萨造像所见数量不及佛像，其造型特征呈现出与同期佛像相似的时代气息。北京故宫博物院藏的一件金铜菩萨立像，有鲜明的犍陀罗菩萨造像特征（图1-24）。该像束发，双目细长，嘴角上翘，有胡髭；上身裸露，胸部有项饰和璎珞，帔帛自左肩斜向右腿再披搭于右前臂，两臂有臂钏，左手持水瓶，右手上扬施无畏印；下身着裙裳，双足已残。相对上述佛坐像而言，这尊菩萨立像的衣褶表现较为粗糙，且

图1-24　十六国金铜菩萨立像　故宫博物院藏

不作贴身的线棱表现，却与犍陀罗造像中那种较为厚实的特征相符。这件菩萨像与日本藤井有邻馆藏十六国金铜菩萨像大体一致，均为早期金铜佛造像。十六国时期单体金铜菩萨造像较佛像而言数量较少，直至北魏中期才逐渐多了起来，其衣褶造型样式多与石刻造像相似。

　　佛教东传至中国内陆地区，在丝绸之路沿线留下了诸多佛教造像遗迹，属于北凉时期的新疆吐鲁番地区和河西走廊，发现镌刻有造像的石塔共14座，其中明确纪年者7座，占总数一半。[1]这些石塔尺寸大多在高40厘米左右，其造型一般由八角形塔基、圆柱形塔身、覆钵形塔肩、塔颈、相轮、塔盖六部分组成，其中塔肩上开有八个圆拱形龛，龛内浮雕或线刻七佛和弥勒菩萨，塔基上每一面浮雕或线刻一人像，每像上方有一八卦符号。七佛是指包括释迦佛在内的过去七佛，弥勒菩萨则是未来佛，七佛与弥勒菩萨组合，旨在宣扬三世轮回和佛法永存的思想，而八卦符号和佛像的组合出现，则可能与当时的仙佛混合表现思想有关。

　　这些石塔中，敦煌市博物馆藏敦煌沙山出土北凉石塔造型古拙，是年代相对较早的实例（图1-25）。该石塔塔肩部浮雕的小龛内有七佛像和一菩萨像，皆跏趺坐，有头光，佛像中有两像着通肩式袈裟，余皆袒右肩式袈裟，菩萨上身袒露，胸部有项饰和璎珞，臂部有臂钏，表现帔帛。通肩式袈裟和袒右肩式袈裟皆为印度贵霜朝佛像的基本着衣形式，菩萨造型也保留了犍陀罗元素。可见河西走廊的北凉时期，基本延续了其源头的造像特征。

　　敦煌市博物馆藏三危山顶王母宫正殿出土的北凉石塔（图1-26）与甘肃省博物馆藏酒泉石佛湾子出土北凉承玄元年（428年）善穆造石塔（图1-27），是较有代表性的实例。两者中前者为敦煌地区出土石塔，但与上述沙山出土石塔差异较大，小龛内的佛像浮雕起位相对较深，造型特征更为清晰明确。该石塔现存7个龛中出现了两种佛像着衣形式，一为通肩式袈裟，二为垂领式袈裟，其中后者不见于印度本土，应是佛像样式在东传过程中初步本土化的结果，但其作为主尊佛像的情形却基本不见，而是多用于七佛、千佛图像组合。[2]这件石塔中的菩萨像残损较为严重，可以看出其装束与上述石塔

[1] 殷光明.北凉石塔述论[J].敦煌学辑刊,1998:1.
[2] 费泳."垂领式"佛衣的典型特征及其在北方佛像中的应用[J].敦煌学辑刊,2011:2.

图1-25 敦煌沙山出土北凉石塔 敦煌市博物馆藏（孙明利 摄）　　图1-26 敦煌三危山王母宫出土北凉石塔 敦煌市博物馆藏（孙明利 摄）　　图1-27 酒泉石佛湾子出土北凉承玄元年善穆造石塔 甘肃省博物馆藏

菩萨像大体一致，只是坐姿为交脚式。交脚式菩萨最初出现于犍陀罗❶，在河西地区的北凉石塔中与七佛组合呈现，说明其尊格为未来佛前身的弥勒菩萨，由此形成三世佛的佛教思想。这种交脚坐样式的菩萨在其后的北魏石刻造像中大量出现。两件石塔中的后者小龛造像配置与前者一致，亦作跏趺坐七佛和交脚弥勒菩萨组合，着衣形式上则皆为通肩式袈裟。另外，该石塔上的佛像禅定手印为双掌叠加贴于腹前，与前述金铜佛像保持一致，不过，这些石刻佛像的袈裟衣褶并不表现为程式化的U字形，而是更近于犍陀罗实例，只是由于体量较小，细节表现略显粗糙。

第五节
永靖炳灵寺石窟西秦造像

　　炳灵寺石窟位于甘肃省临夏回族自治州西北约40千米，永靖县西南35千米的小积石山中，石窟主体利用天然洞穴开凿而成，其中规模最大、内容最丰富、保存较好的就

---

❶ [日] 肥塚隆. 莫高窟第275窟交脚菩萨像与犍陀罗的先例[J]. 敦煌研究，1990：1.

是第169窟。难能可贵的是，永靖炳灵寺第169窟有西秦建弘元年（420年）题记，可知该窟开凿年代当不晚于此时，这是目前丝绸之路沿线洞窟中纪年最早者。炳灵寺石窟第169窟西秦造像以石胎泥塑为主，与此前所述石刻造像或金铜佛像材质均不相同。这些石胎泥塑造像尺寸相对较大，人物形象具备鲜明的外来特征，雕塑技法成熟，是真正意义上的用于礼拜供养的单体佛像。

永靖炳灵寺第169窟第6龛西秦无量寿佛坐像，结跏趺坐于莲座上，高肉髻，发髻作磨光表现，面型长圆，眉毛扬起，双目睁得较大，鼻梁高挺，在嘴唇上有墨绘胡髭（图1-28）。佛像身着右肩半披式袈裟，袈裟左领襟下垂，右领襟沿右臂下垂至前臂外侧，然后经腹部披搭于左前臂。佛像双手置于跏趺坐双腿上施禅定印，双足为袈裟所覆盖而不可见。不少学者认为右肩半披式袈裟是袒右肩式袈裟入华后的本土化特征之一，实际上这种着衣形式最初见于古罗马的世俗人物雕刻，后被运用于邻近犍陀罗的阿富汗哈达佛寺遗址佛像，该遗址出土了若干着右肩半披式袈裟泥塑佛坐像，袈裟与躯体结合紧凑，衣褶凹凸有致，应是贵霜朝犍陀罗雕刻影响下的产物，相似实例还见于库车库木吐喇沟口区第20窟5世纪初泥塑佛坐像。炳灵寺第169窟第6龛

图1-28　永靖炳灵寺第169窟第6龛西秦无量寿佛坐像[1]

西秦无量寿佛坐像高度继承了库车佛坐像的造像特征，由此将古代西域和河西走廊佛像东传之路紧密联系起来了。值得注意的是，这件石胎泥塑佛像的衣装贴身表现，特别是僧祇支（内衣）不表现衣褶，只在其上彩绘纹饰，外层的袈裟也有意塑造得较为轻薄，衣褶仅以线刻表现。

永靖炳灵寺第169窟上层西秦五佛坐像，结跏趺坐于台座上，头部特征与上述第6龛西秦无量寿佛基本一致，只是未见墨绘胡髭，应是年代久远风化所致（图1-29）。佛像着通肩式袈裟，施禅定印，双腿被衣装覆盖。五身佛坐像的通肩式袈裟皆贴身塑造，衣褶作阴线刻表现，两臂与躯干的空间分离关系清晰。很显然，五像的造型特征吸收了贵霜朝马图拉造像元素。马图拉佛像重在表现人物躯体的肌肤质感，衣装轻薄，衣褶多

[1] 甘肃省文物工作队，炳灵寺文物保管所.中国石窟·永靖炳灵寺[M].北京:文物出版社,1989:图版21.

以线刻表现，与同时期犍陀罗那种厚重的衣装质感有明显差异，不过这五身佛坐像衣褶线结构形式，却与前述三危山王母宫出土北凉石塔的通肩式袈裟佛像基本一致，后者显然具备犍陀罗造像特征。可以看出，佛教造像在沿着丝绸之路东传过程中，西北印度的犍陀罗和近中部的马图拉佛像样式，在中国早期造像中以融合之势呈现出来。

　　贵霜朝犍陀罗与马图拉两种造像样式融合的实例，在永靖炳灵寺第169窟北壁后部西秦佛立像中清晰体现出来（图1-30）。这尊佛立像跣足立于莲台上，头部特征与上述同窟第6龛无量寿佛大体相似，发髻风化明显，眉毛和嘴唇上的胡髭还残留有墨绘痕迹。佛像着通肩式袈裟，左手握衣角，右手上举置于胸前。通肩式袈裟完全贴身塑造，躯体与四肢的空间分离关系被有意强调，使衣装呈现近乎透明的视觉观感。不过，佛像袈裟表面有阴线刻的衣褶线，衣襟的边缘也有一定厚度，由此明晰了佛装的结构关系。这种注重人体躯体表现的雕塑手法，显然是受印度笈多朝造像样式的影响所致。

图1-29　永靖炳灵寺第169窟壁上层西秦五佛坐像[1]

图1-30　永靖炳灵寺第169窟北壁后部西秦佛像[2]

　　早期菩萨造像中的重要实例，还有永靖炳灵寺第169窟北壁无量寿佛胁侍菩萨立像（图1-31）。这尊泥塑菩萨像与印度贵霜朝实例相比也有较明显差异。菩萨像跣足立于莲座上，头戴宝冠（风化），面型圆润，嘴角含笑，五官特征似人间少女。戴胸饰和臂

[1] 甘肃省文物工作队，炳灵寺文物保管所.中国石窟·永靖炳灵寺[M].北京：文物出版社，1989：图版13.
[2] 甘肃省文物工作队，炳灵寺文物保管所.中国石窟·永靖炳灵寺[M].北京：文物出版社，1989：图版30.

钏，两臂及上身右胸部裸露，左手持花蕾，右手轻握下垂的帔帛，下身着裙。该像衣装显著特征，那就是表现自左肩斜向右胁下的宽大络腋，这在敦煌北凉菩萨造像中不多见。这件络腋覆盖了自菩萨腹部至右腿部，造型板滞，使整个人物的躯体形态显得僵直，与古印度菩萨像那种重在人体结构塑造和肌体表现的造型特征相去甚远。可以看出，此前那种带有印度式小胡子的外来菩萨形象，已经转变为女性化倾向的本土造像。

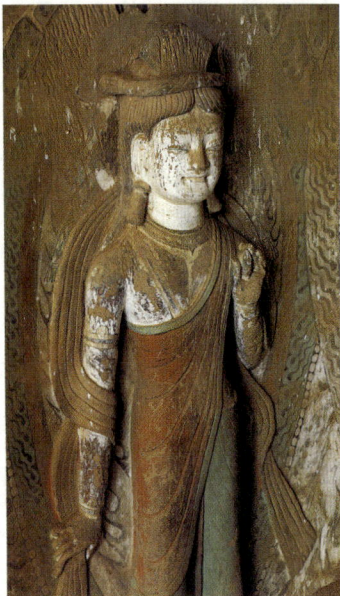

图 1-31 永靖炳灵寺第 169 窟北壁无量寿佛胁侍菩萨立像 ❶

第六节
河西石窟早期造像

    河西石窟，是指河西地区东西长约一千千米，南北宽几千米到一百多千米的狭长地带中开凿的石窟，这些石窟包括敦煌石窟以东、兰州以西的所有石窟。河西诸多石窟中，敦煌莫高窟因体量大、延续时间长、内容极为丰富等原因，需单独成章。

    武威天梯山石窟，学界认为其最初开凿于十六国北凉时期（397～439年）。该石窟位于武威城南四十多千米处的中路乡灯山村，在天梯山西北麓。武威天梯山石窟应是唐道宣在《集神州三宝感通录》中记载的北凉沮渠蒙逊开凿的凉州石窟，此后各朝都有兴建或重修，现存共19个编号窟❷，其中第1、第4窟具备早期洞窟特征，均为中心柱窟结构，但窟内造像几乎全毁，破烂不堪，仅有残存部分也多是后世重修，已失原貌。天梯山石窟第13窟主尊唐代倚坐佛像，高23米，为石胎泥塑造像，在唐代造像中颇为重要。

    张掖南山金塔寺石窟位于张掖市南60公里马蹄山的崇山峻岭中，属裕固族自治县马蹄区大都麻村，其开窟年代有北凉与北魏两说。金塔寺石窟今存两座中心柱窟，称东窟和西窟，两窟相距8米。金塔寺窟内造像保存相对完好，整体造型特征与敦煌莫高窟北魏时期实例高度相似，应为同时期遗存。

❶ 甘肃省文物工作队，炳灵寺文物保管所.中国石窟·永靖炳灵寺[M].北京：文物出版社，1989：图版7.
❷ 敦煌研究院，甘肃省文物局.甘肃石窟志[M].兰州：甘肃教育出版社，2011：219.

　　除武威天梯山石窟、张掖南山金塔寺石窟外，在河西走廊还有昌马石窟、文殊山石窟等多处遗存，但其窟内难有早期造像遗存，不再一一赘述。

小结

　　印度早期佛教美术并不直接表现佛陀的形象，而是以与释迦有关的圣物（支提）来象征性表现佛陀的存在。圣物一般包括释迦的舍利（遗骨）、窣堵波（佛塔）、足印、钵、圣树（菩提树）等。这些圣物形象充斥于早期的佛教美术中。佛像的诞生，大约是在释迦涅槃500年后才出现的，其诞生地有两个，一为西北印度的贵霜朝犍陀罗，另一为印度北方邦贵霜朝的马图拉，两处佛像造型特征区别明显，前者继承古希腊雕刻传统，注重肌肉与骨骼关系的结构，衣装厚实，衣褶写实；后者彰显印度早期雕刻传统，注重肌体的外在表现，衣装贴身，衣褶富于装饰意味。其中，犍陀罗佛教美术中的佛传故事浮雕，承载了佛陀自诞生至涅槃期间，教化世间时种种不可思议的神迹，在此基础上的单尊佛、菩萨造像，重在偶像礼拜观念的树立，对佛教造像的传播形成深远影响。

　　中国早期出土的造像多与墓葬相关，佛陀被当作外来的神仙对待，这是佛教教义尚未被世人所深入了解造成的。魏晋十六国时期，佛教美术获得独立发展，可单独供人礼拜的佛教造像不断被制作出来，像形式以金铜佛像为主，这些金铜佛像具备鲜明的犍陀罗造像特征。十六国北魏时期的金铜佛像造型渐趋程式化发展，衣褶多作阶梯形表现。同时，又有多件北凉石塔出现，这些石塔上的佛像为浅浮雕，也具备犍陀罗造像特征。这种背景下，以炳灵寺为代表的早期洞窟造像被开凿出来，窟内西秦佛像身着右肩半披式袈裟或通肩式袈裟，菩萨像的装束也为外来形式。这些早期造像无一例外都保留有鲜明的外来特征，大多体现出以犍陀罗样式为主、马图拉样式为辅的造像样式，但犍陀罗、马图拉的那种注重写实表现、突出肌体特征均被有意弱化，转变为一种人体结构含蓄、注重外在衣饰装饰化表现的视觉观感，这是外来造像本土化的直接表现。

第二章

敦煌石窟造像

敦煌石窟是指以莫高窟为主体的石窟群，包括今甘肃省敦煌市境内的莫高窟、西千佛洞，瓜州境内的榆林窟、东千佛洞、水峡口，肃北蒙古族自治县境内的五个庙、一个庙等石窟。敦煌石窟群所在地，是甘肃境内最重要的石窟群，均位于汉代所立河西四郡之一的敦煌郡内，故总称为敦煌石窟。

敦煌石窟中，以敦煌莫高窟历史最早、规模最大、造像内涵最丰富。据武周圣历元年（698年）立《大周李君莫高窟龛碑》载，前秦建元二年（366年），有沙门乐僔云游到此地，忽见三危山出现奇景，一片金光中，似有千万金佛显现，认为这里是一处圣地，于是在鸣沙山东麓开凿了第一个洞窟，后又有法良禅师开凿了另一个洞窟。文献中记载的洞窟早已不存，现存莫高窟中最早的洞窟为北凉时期完成的，此后北魏、西魏、北周、隋、唐、五代、宋、回鹘、西夏、元均有开凿，先后历时千余年，形成一处规模宏大的石窟群。在清朝至"民国"年间还有佛事活动，信众对莫高窟部分窟龛进行重修。经历岁月和历史的双重洗礼，莫高窟至今尚存七百多个洞窟，窟内共有两千多身彩塑，四万五千多平方米壁画。

对敦煌莫高窟进行调查与研究始于外国学者，先有英国人斯坦因于1907年来到敦煌[1]，随后有法国人伯希和于次年进入莫高窟[2]，两人均带走了大量经卷，在西方国家引起极大反响，并对此后敦煌石窟的研究产生重要影响。俄国人奥登堡[3]、美国人华尔纳[4]、日本大谷光瑞探险团也先后来到敦煌莫高窟[5]，开展探险和考察活动，期间不同程度窃取了窟内壁画及文书、卷轴等文物，并将这些珍贵的宝藏带到世界各地，引起国际上对敦煌莫高窟的高度重视，后续形成敦煌学热潮。

中国学者对敦煌石窟的关注，先有张大千等画家于20世纪40年代初去莫高窟临摹与考察[6]；又有1940年成立的"西北艺术文物考察团"[7]，王子云任团长，带领团队集中考察敦煌石窟，临摹壁画，拍摄照片，考古性地记录洞窟；1944年，中国政府设立敦

---

[1] 郭海成，沙武田.斯坦因与敦煌文物的劫难[J].寻根，2007：2.
[2] 耿昇.伯希和西域探险与中国文物的外流[J].世界汉学，2005：1.
[3] 李梅景.奥登堡新疆与敦煌考察研究[J].敦煌学辑刊，2018：4.
[4] 刘进宝.华尔纳及其敦煌考察团述论[J].中国边疆史地研究，2000：1.
[5] 修斌，陈琳琳.大谷光瑞与日本敦煌学[J].新丝路学刊，2018：3.
[6] 管小平.张大千临摹敦煌壁画系年录[J].敦煌研究，2021：2.
[7] 王慧慧."西北艺术文物考察团"在敦煌考察时间考[J].敦煌研究，2017：3.

煌艺术研究所，隶属教育部，常书鸿任所长。此后，研究所对敦煌石窟开展考古和美术方面的研究。中华人民共和国成立后，中国学者在敦煌壁画图像的考证、石窟考古与分期、石窟艺术研究等方面取得大量成果❶，推出了多部大型图录，出版数量可观的研究成果，使敦煌学成为一门极具影响力的学科。这一期间，日本学者在敦煌研究方面也取得了令人瞩目的成就。

第一节
敦煌莫高窟窟形

敦煌莫高窟的窟形多样，几乎囊括了石窟寺中出现的各种窟形。这些洞窟类型包括禅窟、殿堂窟、中心柱窟、覆斗顶窟、大像窟、涅槃窟等。

一、禅窟

禅窟是僧人日常参禅之处，一般由多个僧房组合而成。禅窟源于印度的毗诃罗窟，这种窟由僧院、僧房组合而成，也称精舍，是僧人日常起居之处，也是他们修行的场所。毗诃罗窟一般在中央有一个大厅，是聚会、集体活动的场所，大厅后壁及两侧壁各凿出几个小室，僧人在小室里坐禅和休憩。敦煌莫高窟中较早的第268窟（北凉），就是一个多室组合而成的禅窟。该窟中央是一个长方形的廊厅，在后壁上开凿有一个大造像龛，两侧壁各开凿两个小室，造像龛内的交脚佛像是供僧人礼拜用的，小室用于僧人禅修。这种禅窟在莫高窟还有第487窟（北魏）、第285窟（西魏），以及北区的B133窟、B132窟，数量不多。

二、殿堂窟

殿堂窟的字面意思，就是石窟内空间如同地面建筑的殿堂，洞窟平面一般作近方形，窟顶为覆斗顶，顶部中央有藻井，正壁开龛造像或直接塑较大佛像。这种洞窟年代

❶ 赵声良.百年敦煌艺术研究的贡献和影响[J].中国社会科学，2021：8.

早，数量少，只见于敦煌莫高窟北凉三窟中的第272窟和第275窟。

三、中心柱窟

中心柱窟是敦煌莫高窟北魏时期最流行的洞窟，并在西魏、北周、隋代、唐代时一直被沿用。中心柱窟主室一般呈纵向长方形，在主室中央靠后位置，雕凿有象征佛塔的方柱，该方柱连接地面和窟顶，四面开龛造像，正面龛较大，其他三面龛较小，有时分上下层。信众在洞窟内，可围绕中心柱右绕观像和礼拜。洞窟前半部一般有人字披的顶棚结构。一般认为，中心柱窟源于印度的支提窟，但与后者那种复杂的廊柱空间结构差别明显，尤其是中心柱塔和人字披组合的结构，完全是外来建筑汉化后的结果。

四、覆斗顶窟

在敦煌莫高窟，覆斗顶窟开始出现于西魏，其典型特征是平面呈方形，正壁开龛造像，四壁顶部向中间斜向聚合，聚合中心处内收为方形藻井，整体结构犹如倒覆的斗，故名覆斗顶窟。莫高窟中典型的覆斗顶窟有西魏的第249窟、第285窟，其中第285窟正壁开龛造像，两侧壁各开凿有4个小室，供僧人禅修之用，因此该窟可看作是覆斗顶窟和禅窟的结合体。北周的覆斗顶窟发展出前后室的布局，主室有彩塑造像，这种布局沿袭到唐代，并成为唐代最流行的洞窟形制。有研究者认为，覆斗顶窟的形制是对古代斗帐的模仿。汉末到两晋的墓室流行这种覆斗顶结构，内中多有神仙图像，早期洞窟采用这种洞窟结构，应是建造者参照了神仙思想来理解佛教思想的结果，但很快就脱离了这种局限向佛教建筑空间的内涵转化。

五、大像窟

大像窟就是以开凿大型造像为中心的洞窟，代表性洞窟如莫高窟第96窟（唐），该窟内有35.5米高的倚坐弥勒佛像，俗称北大像。第96窟内大像已突破了窟内空间的限制，只能在窟外另建木质结构的窟檐来保护佛像。"民国"时期，洞窟的窟檐在原来历次重修基础上加至九层（九层楼），形成现在面貌。与北大像对应的有南大像，也就是莫高窟第130窟内的倚坐大像，像高26米，窟顶为覆斗顶。此外，榆林窟的第6窟也是大像窟，窟内有24.7米的高大佛像。

六、涅槃窟

涅槃窟，就是以表现佛涅槃为主的洞窟。这种洞窟在敦煌莫高窟盛唐后期出现，即编号第148窟，在窟内1米高的佛床上雕塑有长14.5米的涅槃像，窟顶为券顶。最大涅槃窟是开凿于中唐的第158窟（吐蕃占领敦煌时期开凿），窟内1.55米高的佛床上，雕塑长15.6米的涅槃像，窟顶为盝形顶。

第二节
敦煌莫高窟第一阶段造像

综合学界研究成果和石窟发展历史，可将莫高窟分为三个发展阶段，其中前两个阶段是北凉至隋代和唐代，先后约五百年时间，窟龛内多有雕塑存世；第三个阶段包括五代至元的四百余年时间，以壁画为主，少有雕塑遗存。本节内容阐述前两个阶段窟龛雕塑。

敦煌莫高窟位处酒泉系沙砾岩上，这种砾岩无法进行精细雕刻，因此莫高窟内鲜见石刻造像。洞窟内的较大造像先在砾岩上雕刻大形，然后在大形上敷泥深入塑造，完成后表面施彩；较小造像多为木质骨架的泥塑，即先搭建木架，在完成的木架上绑缚草绳等物以固定泥质材料，再在草绳等物上完成泥塑，最后表面着色。

敦煌莫高窟造像第一个发展阶段以十六国北朝为主体，包括北凉（397～439年）、北魏（386～534年）、西魏（535～556年）、北周（557～581年），隋代（581～618年）是在北周的基础上建立的，其政治形制和佛教造像特征均与北周相近，故与北朝一起讨论。敦煌莫高窟第一阶段造像风格因朝代更迭而多有变化，但大体上与当时的政局关联，受到东部政治中心和西域造像理念的共同影响。

一、北凉造像

目前学界多数认为敦煌莫高窟中最早的三窟是第268窟、第272窟、第275窟，年代为北凉，合称北凉三窟，其中莫高窟第275窟西壁北凉菩萨交脚坐像，头戴化佛宝冠，面型丰腴，表情内敛平和，裸露上身，有腰带状项饰和简洁的璎珞，披帛自肩部

图2-1 敦煌莫高窟第275窟西壁北凉菩萨交脚坐像❶

沿两臂垂下，下身着裙裳，裙裳贴身表现，双腿轮廓尤为清晰（图2-1）。菩萨裙裳上的衣纹用泥条贴塑的方法表现出来，并在泥条上和两泥条间刻画阴线，这种衣纹塑造的基本特征与公元4~5世纪的犍陀罗雕刻相近，但衣装贴身、衣纹作浮起的线棱状，却是马图拉的造像传统。可见，这尊菩萨造像的粉本是以犍陀罗造像为主，还融入了马图拉造像传统。敦煌莫高窟第275窟西壁北凉菩萨交脚坐像造型具有浓郁的异域风格，身上表现璎珞等妆身是古印度王子或贵族青年的一般特征，尤其是裸露上身，更是未见于此前的本土雕塑中。不过，这尊交脚菩萨像上身不见肌体起伏关系，躯干和两臂皆作圆柱状表现，与犍陀罗那种有明显肌肉结构关系的表现方式区别明显，说明本地工匠在表现身体时，可能并不擅长这种写实的造型手法，也有可能是有意以含蓄的方式再现身体。

菩萨交脚坐姿多见于犍陀罗弥勒菩萨，表现弥勒菩萨居于兜率天宫说法。❷ 在莫高窟第275窟南北两壁的阙形龛内，也塑造了与主尊相同的菩萨交脚坐像（图2-2）。与后者明显不同的是，阙形龛内菩萨宝冠中央不塑造化佛，而是以"仰月"为装饰，有研究者认为这种仰月冠来源于古波斯（波斯银币王冠上有仰月冠），巴米扬石窟西大佛天井菩萨像的头冠上也有这种宝冠。此外，还有一些较小龛内塑造了思惟菩萨像（图2-3）。这种思惟菩萨像大多被认为是佛传故事中的释

图2-2 敦煌莫高窟第275窟北壁西起第1龛北凉弥萨交脚坐像❸

图2-3 敦煌莫高窟第275窟北壁东起第1龛思惟菩萨❹

❶ 刘永增.敦煌石窟全集(雕塑卷)[M].香港:商务印书馆(香港)有限公司,2003:图版1.
❷ 刘永增.莫高窟北朝期的石窟造像与外来影响(上)——以第275窟为中心[J].敦煌研究,2004:3.
❸ 刘永增.敦煌石窟全集(雕塑卷)[M].香港:商务印书馆(香港)有限公司,2003:图版5.
❹ 刘永增.敦煌石窟全集(雕塑卷)[M].香港:商务印书馆(香港)有限公司,2003:图版4.

迦太子，但根据一些铭文显示，思惟菩萨也可能是兜率天宫的弥勒菩萨。由于该窟主尊为菩萨交脚坐像，此为弥勒菩萨特有坐姿，因此龛内思惟菩萨像的尊格也应该是弥勒菩萨。

二、北朝佛像

敦煌莫高窟第257窟，是一座中心柱式洞窟，中心柱东向大龛泥塑北魏倚坐佛像，这种坐姿佛像在北朝时一般为弥勒佛（菩萨）专有坐姿（图2-4）。佛像跏足坐于方形台座上，高肉髻，面部丰腴，眼、鼻、手已损毁。身着右肩半披式袈裟，左领襟自然下垂，右领襟半披右肩后自肘部左转经腹部披搭在左肩上，其末端在左臂外侧下垂。胸部有僧祇支。该像衣装贴身表现，衣褶采用贴泥条和阴刻线相结合的表现手法，基本特征与莫高窟第275窟西壁北凉交脚菩萨像衣褶类同。与莫高窟第257窟中心柱东向大龛倚坐佛像采用相同雕塑样式的实例还有莫高窟第435窟中心柱东向龛北魏倚坐佛像（图2-5）、莫高窟第437窟中心柱东向龛北魏倚坐佛像[2]，说明这种面部丰腴、袈裟贴体、衣褶作棱线状并随身体流转的雕塑样式，主要流行于北魏时期，且皆是在犍陀罗佛像造像影响下的再发展。

敦煌莫高窟第259窟北壁东起第1龛北魏佛坐像，跏趺坐于方形台座上，高肉髻，波纹发，面部丰腴，眉毛舒展，双眼半睁，嘴角含笑，表情内敛喜悦（图2-6）。佛像身着通肩式袈裟，袈裟右领襟披搭在左肩上，双手叠加置于腹前，两臂及腹部下垂衣襟遮掩跏趺坐双腿并覆盖基坛。佛像衣装贴身，衣褶自左肩向右肩作阴线刻辐射。这尊佛坐像整体造型特征和衣褶雕刻样式，与永靖炳灵寺第169窟上层西秦五佛像颇为相似，应是基于

图2-4 敦煌莫高窟第257窟中心柱东向龛北魏佛坐像[1]

图2-5 敦煌莫高窟第435窟中心柱东向龛北魏倚坐佛像[3]

---

❶ 图片源自"数字敦煌"第257窟截图。
❷ 刘永增.敦煌石窟全集(雕塑卷)[M].香港:商务印书馆(香港)有限公司,2003:图版24.
❸ 刘永增.敦煌石窟全集(雕塑卷)[M].香港:商务印书馆(香港)有限公司,2003:图版21.

同一粉本制作的，由此可见丝路早期造像造型粉本的流通性。

　　同样作为跏趺坐禅定佛坐像，敦煌莫高窟第248窟中心柱西向龛北魏释迦苦修像却呈现另一种样态（图2-7）。该像发髻与五官特征与莫高窟第259窟北壁东起第1龛北魏佛坐像高度相似，只是面型极度消瘦，裸露的胸部可看到胸腔的肋骨。佛像身着垂领式袈裟，袈裟左领襟自然下垂，右领襟下垂至跏趺坐大腿处绕右臂自内而外翻转并覆盖禅定印的双手。垂领式袈裟佛像初见于河西北凉石塔，是早期佛像中常见的着衣形式。这种禅定苦修像在犍陀罗造像中颇为常见，表现释迦离家隐居于尼连禅河边丛林苦修的情景。释迦苦修期间日食一麻一米，如是六年后，已是身肉消尽，唯其皮骨存。六年苦修，可以说是释迦在菩提树下悟道的前期"试炼"，体现出其修行的坚毅之心。相对于犍陀罗造像而言，这尊苦修像的雕塑手法显得有些生疏，体现出工匠对人体结构多有主观感受，但仍然能够向观者传达出一种坚韧、强大的精神力量。

图2-6　敦煌莫高窟第259窟北壁东起第1龛北魏佛坐像❶

图2-7　敦煌莫高窟第248窟中心柱西向龛北魏释迦苦修像❷

　　北魏孝文帝于北魏太和十年（486年）推行服饰改革，此后的佛像开始穿上来自南朝的褒衣博带式袈裟，这种本土化的着衣形式在中原地区大致流行了半个世纪之久。❸敦

❶ 刘永增.敦煌石窟全集(雕塑卷)[M].香港：商务印书馆(香港)有限公司，2003：图版10.
❷ 刘永增.敦煌石窟全集(雕塑卷)[M].香港：商务印书馆(香港)有限公司，2003：图版18.
❸ 黄文智.试论褒衣博带式袈裟石刻佛像的造型演变[C]//天津市社会科学地十五届(2019)学术年会优秀论文集，2019：336-352.

煌莫高窟出现褒衣博带式袈裟佛像的时间明显滞后于中原地区，这是中原新佛像样式沿丝绸之路西传后所形成的。敦煌莫高窟第432窟中心柱窟东向龛西魏倚坐佛像，高肉髻，波纹发，面部丰腴，嘴角含笑，这些特征与前述北魏佛像并无二致，明显不同的是该像的袈裟形式发生变化，其左领襟下垂至腹前，右领襟下垂至同一位置后左转披搭于左臂肘部，两领襟围合成拉长的U字形（图2-8）。佛像胸部有僧祇支，表现有束带，束带两端结节后并置下垂；下半身袈裟外侈，衣边作S形内外翻转。这些造型特征与云冈第6窟中心柱下层西龛倚坐佛像高度相似，只是后者两领襟围合成V字形，显得很紧窄，而迁都洛阳后以后的龙门北魏褒衣博带式袈裟佛像领襟围合多近于U字形，较为舒朗。可见，这尊西魏时期完成的倚坐佛像，主要是依据北魏旧都平城造像样式开凿的，但领襟的围合形式，又与新都洛阳褒衣博带式袈裟佛像类同。

图2-8　敦煌莫高窟第432窟中心柱东向龛西魏倚坐佛像❶

　　与莫高窟第432窟中心柱窟东向龛西魏倚坐佛像相似的实例还有莫高窟第290窟中心柱东向龛北周倚坐佛像（图2-9）、莫高窟第297窟西壁北周倚坐佛像（图2-10），不过这两尊倚坐佛像较莫高窟第432窟中心柱窟东向龛西魏倚坐佛像晚，可知这种早在云冈第二期洞窟中出现的佛像，西传至敦煌莫高窟后持续发展，时间跨度比中原地区时间长。莫高窟第285窟西壁西魏倚坐佛像（图2-11）、莫高窟第438窟西壁北周倚坐佛像（图2-12），人物造型特征与衣装表现样式均与上述几尊倚坐佛像大体一致，差异在于两像的右领襟并不披搭

图2-9　敦煌莫高窟第290窟中心柱东向龛北周倚坐佛像❷

于左前臂，而是上升到了左肩部。褒衣博带式袈裟领襟披搭形式开始发生变化，首先见于青州龙兴寺遗址出土的北魏晚期佛像，主要流行于东魏时期，关中地区西魏、北周时也有少量实例存世。在中原北方东部地区（河北、山东），由于这种袈裟形式佛像实例

❶ 刘永增.敦煌石窟全集(雕塑卷)[M].香港:商务印书馆(香港)有限公司,2003:图版26.
❷ 刘永增.敦煌石窟全集(雕塑卷)[M].香港:商务印书馆(香港)有限公司,2003:图版39.

众多，与典型的褒衣博带式袈裟佛像和通肩式袈裟佛像存在差异，故单独命名为敷搭左肩式袈裟佛像。❶可见，敦煌莫高窟出现这种袈裟样式佛像，显然是受到东部地区的影响所致，但数量有限。

图2-10　敦煌莫高窟第297窟西壁北周倚坐佛像 ❷

图2-11　敦煌莫高窟第285窟西壁西魏倚坐佛像 ❸

图2-12　敦煌莫高窟第438窟西壁北周倚坐佛像 ❹

三、隋代佛像

隋代在敦煌莫高窟营建史上是一个很重要的发展时期。隋文帝杨坚在寺院里长大，深受佛教思想熏陶，因此他掌握政权后对佛教的支持力度很大，大写佛经，广造寺塔。隋炀帝杨广在佞佛方面不输其父，在敦煌莫高窟的营建上也着力甚多。在隋代皇帝的影响下，信众在开窟造像上的投入更是不可胜计。隋代对于河西丝路的经营也是不遗余力的，隋炀帝甚至还亲自出巡河西，沿途大肆铺张，这对当地的商业和佛教发展带来很大影响。在隋代短短的三十余年间，敦煌莫高窟开凿洞窟一百多个，并重修了不少前代洞窟。❺

敦煌莫高窟第412窟西龛隋佛坐像，是一尊造型特征尤为鲜明的造像（图2-13）。

❶ 黄文智.镂岩造像——中原北方东部北魏中期至西魏石刻佛像造型分析[M].北京:文物出版社,2017:137.

❷ 刘永增.敦煌石窟全集(雕塑卷)[M].香港:商务印书馆(香港)有限公司,2003:图版41.

❸ 图片源自"数字敦煌"第285窟截图.

❹ 刘永增.敦煌石窟全集(雕塑卷)[M].香港:商务印书馆(香港)有限公司,2003:图版33.

❺ 赵声良.敦煌石窟艺术简史[M].北京:中国青年出版社,2015:104.

该像跏趺坐于下部收缩的方形台座上，肉髻作半球形，波纹发，额头宽大，面部丰腴，嘴角含笑；身着敷搭左肩式袈裟，胸部有僧祇支，不见束带；跏趺坐双腿下有简洁的覆座悬裳，悬裳下缘呈两边大中间小，共三片半圆形。佛像的衣装贴身表现，衣褶作简洁疏朗的阴线刻。佛坐像的显著特征是人体造型丰腴。在中原地区北齐和北周时期，佛像发展趋势是衣装质感变薄并贴身表现，衣褶舒展，同时躯体渐趋丰腴饱满，这种变化也在河西地区造像中得到体现，但相对东部地区而言，莫高窟接受这一特征时间明显滞后。该像覆座悬裳下缘作半圆形表现，相似造型在陇东、陇南石窟群及造像碑中可以看到，后者年代偏早，因此这种佛像造型的局部特征，也可视作丝路东端造像样式西传至敦煌的例证。

图2-13　敦煌莫高窟第412窟西龛内隋代佛坐像 ❶

敦煌莫高窟第419窟西龛隋佛坐像的人物特征与着衣形式与莫高窟第412窟西龛隋佛坐像高度相似，唯覆座悬裳存在差异（图2-14）。该像覆座悬裳下缘起伏变化丰富，衣边的内外翻转形成花瓣般的层次感，装饰意味突出。这种相对紧窄和简短的覆座悬裳，是北齐、北周佛坐像的典型特征。

与上述佛坐像相比，莫高窟第420窟隋佛坐像非常明确地沿用了东部地区北齐佛像着衣形式（图2-15）。该像人物造型特征和衣装贴体样式同于上述隋代佛坐像，呈一体化发展趋势，但在衣装披搭上明显不同。佛像外层袈裟作右肩半披式表现，袈裟左领襟自然下垂，右领襟覆盖右肩后下垂至右臂肘部，再沿右胁左转披搭于左肩；中层佛衣左领襟同样垂于腹前，右领襟自右肩经腹

图2-14　敦煌莫高窟第419窟西龛隋佛坐像 ❷

部下垂至跏趺坐右腿上，反折披搭于右臂，再沿右腿向内穿插进外层袈裟右领襟内。这种复杂的着衣一般称为中衣搭肘式佛衣。❸ 佛像胸部表现有束带，覆座悬裳与莫高窟第

---

❶ 刘永增.敦煌石窟全集(雕塑卷)[M].香港:商务印书馆(香港)有限公司,2003:图版46.
❷ 刘永增.敦煌石窟全集(雕塑卷)[M].香港:商务印书馆(香港)有限公司,2003:图版52.
❸ 陈悦新.佛装概念与汉地佛装类型演变[J].文物,2007:4.

图2-15 敦煌莫高窟第420窟隋佛坐像 [2]

图2-16 敦煌莫高窟第244窟南壁隋佛立像 [3]

419窟西龛隋佛坐像相同。中衣搭肘式佛衣在北齐时的邺城地区（响堂山石窟）获得大发展，其更早源头可追溯至天龙山东魏洞窟造像。[1]

敦煌莫高窟第244窟南壁隋佛立像，是一件不多见的着中衣搭肘式袈裟佛立像（图2-16）。该像跣足立于三层叠加而成的台座上，低肉髻、螺发，面部圆润，头部比例显大。佛像外层袈裟左领襟自然下垂，右领襟自后背沿右胁下绕至前腹再披搭于左肩；中层佛衣左领襟自肩部斜向右胁，右领襟自肩部下垂至外层袈裟右领襟时插入其中，再反折出来披搭在右臂上。佛像下半身衣装紧贴身体，两腿间有条带状下垂的衣纹，这是关中地区北周佛立像的显著特征。该像袈裟披搭形式不同于莫高窟第420窟隋佛坐像，但在邺城地区颇为流行，关中地区也偶有所见。

敦煌莫高窟第292窟南壁隋佛立像（图2-17）和莫高窟第427窟北壁人字坡下隋弥勒佛立像（图2-18），皆为一铺三尊造像组合中的主尊佛立像。两像均是低肉髻，磨光发，面部丰腴，躯体壮实。佛像身着通肩式袈裟，袈裟领襟沿颈部围合成半圆形，余皆通覆全身，衣褶作极为简洁的阴线刻表现，两大腿间有条带状下垂衣纹。这种特征鲜明的通肩式袈裟，初见于关中地区北周初，并在该地广为流行，是典型的北周样式佛像。该样式佛像延续发展至隋代，初唐也有造型相似实例存世。这种衣装质感轻薄、贴身塑造的通肩式袈裟佛像，其更早源头应该是印度笈多朝马图拉造像，尤其是衣装贴身宛如裸体的造像传统，带有鲜明的外来特征。

❶ 黄文智.响堂山石窟东魏至北齐石刻佛像造型分析[J].艺术探索,2021:4.
❷ 刘永增.敦煌石窟全集(雕塑卷)[M].香港:商务印书馆(香港)有限公司,2003:图版60.
❸ 刘永增.敦煌石窟全集(雕塑卷)[M].香港:商务印书馆(香港)有限公司,2003:图版73.

图2-17　敦煌莫高窟第292窟
南壁隋佛立像 ❶

图2-18　敦煌莫高窟第427窟
北壁人字坡下隋弥勒佛立像 ❷

四、菩萨像

由于敦煌西接西域，莫高窟较早的窟龛造像因此带有西域造像特征，这点在菩萨造像上尤为突出。前述敦煌莫高窟第275窟北凉菩萨交脚坐像，身着犍陀罗菩萨特征的衣装，但这些装身具显得很纤秀。莫高窟第432窟中心柱东向龛外北侧西魏左胁侍菩萨立像，头戴有莲花纹的宝冠，眉毛舒展，五官精巧，嘴角含笑（图2-19）。该菩萨像赤裸上身，有项饰，两肩有垂下的披帛，披帛自然垂下后又反折披搭于前臂上；下身着裙裳，裙裳的衣褶样式与同窟佛像等同。这尊菩萨像虽然面容秀美并具有东方化审美意蕴，但大面积裸露躯体且省略了璎珞的做法，在西域（新疆）早期菩萨像 ❸ 中流行，与本土含蓄的审美趣味显然有距离感，不过这种装束很快被东来的中原菩萨造型所取代。

敦煌莫高窟第432窟中心柱北向龛外东侧西魏右胁侍菩萨立像的帽冠、面部特征与莫高窟第432窟中心柱东向龛外北侧西魏左胁侍菩萨立像相同，但装身具发生了明显变化（图2-20）。该菩萨肩部垂下的披帛变得宽大起来，并于腹前交叉穿壁后，披搭

❶ 刘永增.敦煌石窟全集(雕塑卷)[M].香港：商务印书馆(香港)有限公司，2003：图版68.
❷ 刘永增.敦煌石窟全集(雕塑卷)[M].香港：商务印书馆(香港)有限公司，2003：图版82.
❸ 实例如克孜尔第77窟左甬道外侧壁上方弥勒兜率天官说法图中的菩萨、天人像。(新疆龟兹石窟研究所.中国新疆壁画－龟兹[M].乌鲁木齐：新疆摄影出版社，2008：图版6.)

于对侧手臂上；衣装的衣褶，以简洁的阴线刻表现，这种披帛交叉和穿璧的造型在中原地区见于云冈石窟第二期窟龛补刻菩萨像和第三期窟龛菩萨像，典型实例见于洛阳龙门宾阳中洞西壁胁侍菩萨❶，后者的璎珞有更多细节，尽显中原北方都城新式造像的富贵。

敦煌莫高窟第420窟西龛内南侧隋右胁侍菩萨立像，是该窟多尊菩萨造像之一（图2-21）。该菩萨头戴低矮的帽冠，有宝缯自耳后垂至肩部。面部方中有圆，眉弓舒展，双目半睁，嘴唇上方以石绿色绘小胡髭，显得俊秀儒雅。菩萨赤裸上身，有项饰和披帛，其中项饰较此前实例复杂，披帛也一改交叉穿璧的样式，左侧披帛垂至大腿处右转披搭在右臂肘部，右侧披帛垂至腹部左转披搭于左臂肘部，形成更为自然的披搭形式。菩萨下半身着裙裳，衣褶雕塑技法同于佛像。有意思的是，腹部部分披帛以彩绘表现，使整段披帛出现了绘塑一体的视觉效果。这尊菩萨像还有一个显著特

图2-19 敦煌莫高窟第432窟中心柱东向龛外北侧西魏左胁侍菩萨立像❷

图2-20 敦煌莫高窟第432窟中心柱北向龛外东侧西魏右胁侍菩萨立像❸

图2-21 敦煌莫高窟第420窟西龛内南侧隋右胁侍菩萨立像❹

❶ 龙门文物保管所，北京大学考古系.中国石窟·龙门石窟（一）[M].北京：文物出版社，1991：图版134.

❷ 刘永增.敦煌石窟全集（雕塑卷）[M].香港：商务印书馆（香港）有限公司，2003：图版27.

❸ 刘永增.敦煌石窟全集（雕塑卷）[M].香港：商务印书馆（香港）有限公司，2003：图版30.

❹ 刘永增.敦煌石窟全集（雕塑卷）[M].香港：商务印书馆（香港）有限公司，2003：图版62.

征，那就是头部比例略大，颈部也有点过于粗壮，显得下身较短。这种失衡的比例关系似乎在西魏至隋的菩萨立像中比较明显。

敦煌莫高窟第244窟北壁东侧隋左胁侍菩萨像是一尊几乎为圆雕的高浮雕菩萨立像（图2-22）。该像头戴三叶宝冠，宝冠后有接近直线垂下的宝缯；发髻分组并刻画发丝，颇为精细；面部圆润饱满，眉弓（毛）舒展，五官周正，嘴唇上绘有小胡髭，端庄内敛中又有儒雅温润的气质。菩萨项饰以珠串的样式呈现，披帛的表现近于莫高窟第420窟西龛内南侧隋右胁侍菩萨立像，与后者明显不同的是，该像还表现有精致的璎珞，使菩萨全身充满了珠光宝气的富贵气息。

图2-22　莫高窟第244窟北壁东侧隋代左胁侍菩萨立像❶

第三节
敦煌莫高窟第二阶段造像

敦煌莫高窟第二个发展阶段是唐代，按照敦煌地区历史进程可划归为三个时期，即唐中央政府直接控制时期（618~781年）、吐蕃占领时期（781~848年）、张议潮统治时期（848~907年）。学界又从敦煌艺术发展角度划分，将第一个时期称为唐代前期敦煌艺术，造像数量众多，造型水准很高；第二、三时期称为唐代后期敦煌艺术，造像数量不及前期，造型略显呆滞。本部分内容以唐代前期造像为主展开阐述。

敦煌莫高窟唐代前期造像，指唐代初期和盛期的窟龛造像。唐王朝前期国力强盛，控制了今新疆全境及部分中亚地区，加之唐王朝对外实行较开放的外交政策，此举进一步促进了丝绸之路的繁荣，东西方的贸易和文化交流得以畅通，敦煌就是丝路上一个非常重要的城市。当时在长安和洛阳形成的新风尚会很快传入敦煌，而自西域传来的外来文化信息，也会通过丝路和敦煌被唐王朝所熟知。和前朝一样，唐王朝大多统治者也非

❶ 刘永增.敦煌石窟全集(雕塑卷)[M].香港：商务印书馆(香港)有限公司,2003：图版76.

常笃信佛教，尤其是武则天时期，佛教更是迎来了新一轮的大发展，作为文化重镇的敦煌，开窟造像事业也因此达到了极盛期，这一时期新建洞窟达到了一百五十多个，包括几座规模宏伟的大佛窟和涅槃窟，如榆林窟、西千佛洞。[1]这些洞窟较早者尚保留此前流行的中心柱窟形式，但数量最多、占据主流的是覆斗顶窟，此外还有少数特殊的大像窟和涅槃窟。敦煌莫高窟唐代后期造像，是指吐蕃占领敦煌期间和张议潮统治时期所造的龛像。据学者研究，这一时期新开洞窟约119个，重修和续修了约48个洞窟（包括盛唐未完成的9个洞窟）。[2]后期造像承袭了前期造像的题材与风格样式，但完整保存下来的彩塑较前期少。唐朝后期洞窟仍以覆斗顶窟为主流，还出现了影窟。影窟是指开凿在敦煌莫高窟第16窟甬道北侧的第17窟，该窟是纪念河西都僧统洪辩而开凿的，也是著名的藏经洞。

唐代窟龛佛像实例众多，下文按照佛像、菩萨像的形态分别阐述。

一、佛坐像

敦煌莫高窟第283窟西壁唐佛坐像是一尊初唐时期完成的造像（图2-23）。该像跏趺坐于方形台座上，双手残；有高大的半球形肉髻，磨光发，面部圆润，五官清秀，颈部上有三道圈；身着中衣搭肘式佛衣，其外层袈裟右领襟自右胁下左转经腹部披搭在左肩上，内层佛衣右领襟自右肩垂下至腹部插入外层袈裟右领襟内，再反折出来垂于跏趺坐右腿上后披搭在右前臂；跏趺坐双腿完全被袈裟所覆盖，其下表现覆座悬裳。佛像的衣装接近贴身表现，衣褶为浅薄的阶梯状。这种磨光发髻和衣装造型，尚保留有北朝晚期的造型特征。

敦煌莫高窟第322窟西龛唐佛坐像（图2-24）、敦煌莫高窟第328窟西龛唐佛坐像（图2-25），两像高度相似，均完工于初唐，已经脱离了北朝造像的基本特征，形成典型的初唐佛像样式。两像跏趺坐于多边形束腰的莲座上，高肉髻，螺发，面型长圆饱满，眉毛舒展，双目微睁，表情庄重内敛，嘴唇及下颌墨绘有小胡髭，颈部上有三道圆圈。这两尊佛坐像皆身着中衣搭肘式佛衣，外层袈裟左领襟斜向腹部，右领襟自右胁下左转经腹部披搭在左肩上，内层佛衣左领襟斜向右胁，右领襟覆盖肩部后下垂至跏趺坐右腿上，再反折向上披搭在右前臂并在其外侧下垂，跏趺坐双腿被袈裟包裹，其间能看到两小腿和双足的轮廓，这与莫高窟第283窟西壁唐主尊佛坐像完全不同。两像的覆座

❶ 赵声良.敦煌石窟艺术简史[M].北京:中国青年出版社,2015:130.
❷ 赵声良.敦煌石窟艺术简史[M].北京:中国青年出版社,2015:174.

图2-23 敦煌莫高窟第283窟西壁唐佛坐像❶

图2-24 敦煌莫高窟第322窟西龛唐佛坐像❷

图2-25 敦煌莫高窟第328窟西龛唐佛坐像❸

悬裳值得关注，莫高窟第322窟西龛唐佛坐像的悬裳较为简短，莫高窟第328窟西龛唐佛坐像的覆座悬裳则较长，质地较薄，贴莲座下垂，将莲座上莲瓣的轮廓清晰地映衬出来了，其写实技巧超越了以往佛坐像的覆座悬裳。两像还有一个显著特征，那就是佛衣衣褶为凸起圆棱和阶梯状相结合，形成写实性很强的视觉观感。凸起圆棱和阶梯状相结合的衣褶样式，在龙门宾阳南洞西壁（正壁）主尊佛坐像❹上就已经出现了，后者完工于贞观年间（627～649年），是龙门初唐重要的窟龛佛像。不过，莫高窟两像的袈裟衣褶样式并不一定是来自于洛阳，有可能是受西域新传来的佛像样式影响而创作出来，但中衣搭肘式的佛衣形式，无疑来自中原地区。

与敦煌莫高窟第328窟西壁主尊佛坐像相似实例还有不少，如敦煌莫高窟第71窟西龛唐佛坐像（图2-26）、莫高窟第205窟中心佛坛唐佛坐像（图2-27）。两像结跏趺坐，面部长圆形，和莫高窟第328窟西龛唐佛坐像不同的是，两像发髻作漩涡与波纹结合的样式。此外，这两尊初唐时期佛像的胸部内层佛衣表现束带，这是前述几例唐代佛像所不具备的特征。

敦煌莫高窟盛唐时期佛像大体延续了典型初唐时期佛像造型特征，这两个时期佛像整体造型相近，局部样式彼此有别。实例如莫高窟第45窟西龛唐佛坐像（图2-28），

❶ 刘永增.敦煌石窟全集(雕塑卷)[M].香港：商务印书馆(香港)有限公司，2003：图版91.

❷ 刘永增.敦煌石窟全集(雕塑卷)[M].香港：商务印书馆(香港)有限公司，2003：图版98.

❸ 刘永增.敦煌石窟全集(雕塑卷)[M].香港：商务印书馆(香港)有限公司，2003：图版117.

❹ 龙门文物保管所，北京大学考古系.中国石窟·龙门石窟(二)[M].北京：文物出版社，1991年：图版16.

跏趺坐于多边形束腰莲座上，高肉髻，螺发，表情庄重，身着中衣搭肘式佛衣，表现覆座悬裳，不同的是该像跏趺坐双腿结构特别清晰，不似前述实例那般有所弱化。此外，该像覆座悬裳衣褶也有一定程度简化，但整体变得修长。

图2-26　敦煌莫高窟第71窟西龛唐佛坐像❶

图2-27　敦煌莫高窟第205窟中心佛坛唐佛坐像❷

图2-28　敦煌莫高窟第45窟西龛唐佛坐像❸

　　敦煌莫高窟盛唐时期最有代表性的佛像是倚坐姿势的弥勒佛像。弥勒佛像的盛行与武则天的推动有很大关联。武则天想利用佛教为自己登基作女皇造声势，因此大力推行佛教。当时僧人造《大云经》时，说武则天为弥勒佛下世，当代唐为"阎浮提主"，在人间建立新的"兜率天宫"，而武则天也以弥勒转世自诩，在全国范围内兴建大云寺，

图2-29　敦煌莫高窟第96窟外景

塑造弥勒像。❹又因为佛经中记载弥勒佛是未来佛，身高有三十二丈，而五浊恶世的释迦只有一丈六，因此所造弥勒佛往往尺寸很高大，比如敦煌莫高窟著名的第96窟唐倚坐佛像，高达35.5米，是敦煌莫高窟第一大佛，俗称"北大像"，该窟外建有木构建筑，经历代多次后，现为九层，成为敦煌莫高窟标志性建筑，俗称九层楼（图2-29）。

　　与敦煌莫高窟第96窟唐倚坐佛像相比，莫高窟第130窟倚坐佛像更多保存了初塑时的造型特征（图2-30）。

❶ 刘永增.敦煌石窟全集(雕塑卷)[M].香港:商务印书馆(香港)有限公司,2003:图版111.
❷ 刘永增.敦煌石窟全集(雕塑卷)[M].香港:商务印书馆(香港)有限公司,2003:图版112.
❸ 刘永增.敦煌石窟全集(雕塑卷)[M].香港:商务印书馆(香港)有限公司,2003:图版134.
❹ 段塔丽.武则天称帝与唐代社会的弥勒信仰[J].中国典籍与文化,2002:4.

该像开凿于唐开元至天宝年间，高26米，是莫高窟第二大佛，位处莫高窟第96窟之南，有"南大像"之称。佛像高肉髻，漩涡与波纹结合发髻，面型饱满圆润，眉弓舒展，表情庄重，颈部上有三道圈；身着中衣搭肘式佛衣，其领襟的披搭形式同于前述跏趺坐佛像，下半身衣装较为紧致，将两倚坐大腿结构清晰地勾勒出来。该像衣褶以凸起的圆棱线为主，这些衣褶线排列规整并富于韵律感，综合了写实和装饰性的双重特征。另外值得注意的是，该像头部比例明显偏大，但在狭窄的洞窟环境中，这种比例可以使观者自下而上仰望佛像时的视觉差得以校正，或者说，观佛者在狭窄洞窟空间中能清晰地看到既庄严又慈祥的弥勒佛表情。

图2-30　敦煌莫高窟第130窟西壁唐倚坐佛像❶

　　敦煌莫高窟第320窟西龛唐倚坐佛像，是盛唐时期代表性佛像之一（图2-31）。该像跣足倚坐于束腰的方形台座上，其发髻样式和面部特征与莫高窟第130窟唐倚坐佛像并无二致，不同的是，该像双手抬起于胸前作说法状，造像的空间关系由此显得富于变化。佛像身着右肩半披式袈裟，袈裟左领襟垂直下落，右领襟半披右肩后自右臂肘下左转披搭于左肩，胸部有自左肩斜向右胁的僧祇支。下半身袈裟衣装贴身表现，台座与两腿的结构清晰可见。通身衣褶以凸棱圆线为主，在腹部及小腿处的衣褶则变成阶梯形，这是兼顾了身体不同部位衣褶成形规律而作相应的塑造。该像还有一个显著的特征，就在于对肌体的表现，尤其是裸露的胸部宽厚，腰部明显收缩，肌体饱满富于张

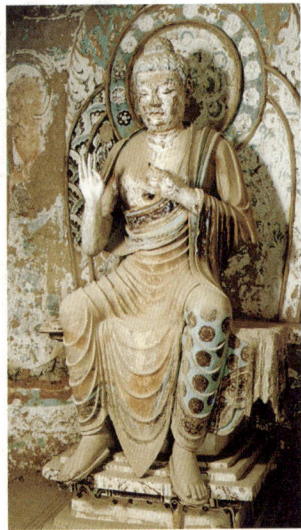

图2-31　敦煌莫高窟第320窟西龛唐倚坐佛❷

力，这些造型是盛唐佛像的突出特征之一。这尊佛坐像由于尺寸适中，工匠们可以更好地再现佛像身上的各种细节，因此取得了非常好的视觉效果。

　　敦煌莫高窟第194窟唐倚坐佛像，是一尊中唐时期完成的佛像（图2-32）。该像半球形肉髻，波纹发，面型丰腴，五官显得有点细小，颈部上有三道圆圈；身穿中衣搭肘式佛衣，衣装领襟的披搭形式与前述跏趺坐佛像大体一致，区别是该像内层佛衣领襟

❶ 刘永增. 敦煌石窟全集(雕塑卷)[M]. 香港：商务印书馆(香港)有限公司，2003：图版151.
❷ 刘永增. 敦煌石窟全集(雕塑卷)[M]. 香港：商务印书馆(香港)有限公司，2003：图版173.

在胸部形成较大的U字形（不是自左肩斜向右胁），且在腰部系缚束带；下半身衣装贴体，腿部及方形台座的结构特别清晰；衣褶为圆棱线状，雕塑技法与此前倚坐佛像一致。另一件中唐时期完成的倚坐佛像，是莫高窟第158窟北壁唐倚坐佛像，该像着衣形式和莫高窟第194窟唐倚坐佛像一致，但头部有明显差异（图2-33）。其发髻为细小密实的螺状，头部比例也明显偏大，眉弓舒展，眼睛半睁，鼻子短小，嘴唇纤秀，这种带有"卡通"趣味的五官特征为此前实例中所不见，其整体特征异于中原北方佛像，这应该与吐蕃占有敦煌后造像风格发生变化有关。

图2-32　敦煌莫高窟第194窟
唐倚坐佛像❶

图2-33　敦煌莫高窟第158窟
北壁唐倚坐佛像❷

二、佛立像

敦煌莫高窟唐代窟龛中佛立像并不多见，其中一尊佛立像为莫高窟第332窟中心柱南面唐佛立像（图2-34）。此佛立像完成于初唐，头部有明显被后世修补过的痕迹，但衣装还保持着原创时的造型特征。该像袈裟左领襟自然下垂，右领襟自右肩垂至腹部再左转披搭在左肩上，两领襟围合成U字形；腹部以下两腿间有竖长条的衣纹，该衣纹使佛像腹部与两大腿的结构关系清晰地呈现出来。这尊佛立像的领襟是敷搭左肩式袈裟

---

❶ 图片源自"数字敦煌"第194窟截图。

❷ 刘永增.敦煌石窟全集(雕塑卷)[M].香港:商务印书馆(香港)有限公司,2003:图版194.

佛像的披搭形式，这是中原北方自北齐以来广为流行的
着衣形式；下半身衣褶样式则应来自关中地区，后者自
北周初开始流行着通肩式袈裟的佛像，该种佛像腹部以
下两腿间皆有竖长条衣纹，这种典型关中样式的佛像持
续流行至隋代，初唐也有部分通肩式佛像延续这一造型
样式。综合来看，莫高窟第332窟中心柱南面唐佛立像
的造型主要受到当时都城长安的造像风格影响，但相似
实例并不多见。

图2-34　敦煌莫高窟第332窟中
心柱南面唐佛立像 ❶

三、涅槃像

　　涅槃是指佛陀进入一种寂灭、解脱的境界。佛传故事中的涅槃，实际上是一系列事
件的集合，包括临终说法、纯陀供养、双树涅槃、金棺说法、迦叶吻足、荼毗、八王
分舍利等诸多场景。洞窟中的涅槃像，只是单纯表现佛陀右胁而卧的睡姿，是佛陀行、
住、坐、卧四威仪中的卧姿。围绕佛陀涅槃像，一般有多个相关的人物出场，组合成众
人哀悼的悲切场面。

　　敦煌莫高窟第332窟西壁唐涅槃像是一尊完成于初唐的造像（图2-35）。该像身长
5.6米，高肉髻，有细密的螺发；双目微闭，表情肃穆；头枕右手，右胁贴床，双足累
叠在一起，左手置于左腿外侧。佛像身着通肩式袈裟，衣装贴身表现，衣褶为凸起圆棱
线状，清晰的躯体结构和紧致的衣褶结合在一起，将印度笈多朝的那种"湿衣法"特征
表现得淋漓尽致。这种"湿衣法"实际上就是美术史中常提及的"曹衣出水"。

图2-35　敦煌莫高窟第332窟西壁唐涅槃像线描图（笔者绘）

❶ 刘永增.敦煌石窟全集(雕塑卷)[M].香港：商务印书馆(香港)有限公司,2003:图版114.

敦煌莫高窟第158窟西壁唐涅槃像完工于吐蕃占领敦煌的中唐时期，佛像长15.6米，是一尊造型水准高且广为人知的佛像（图2-36）。该像高肉髻、波纹发，双目微闭，嘴角略带微笑，表情平和内敛。佛像的卧姿与莫高窟第332窟西壁唐涅槃像一致，衣褶以凸起圆棱线为主。相对莫高窟第332窟西壁实例而言，这尊涅槃像面部塑造得更为细腻，光洁、圆润的面庞似有弹性；身上的衣装与身体的贴合关系比较自然，衣褶的起伏和虚实关系也处理得较好，比莫高窟第332窟西壁唐涅槃像衣褶更协调。在该像足部边侧处（北壁），有一尊倚坐佛像，其尊格是未来佛弥勒佛，涅槃的释迦佛和弥勒佛组合在一起，佛法传承的意义不言自明。

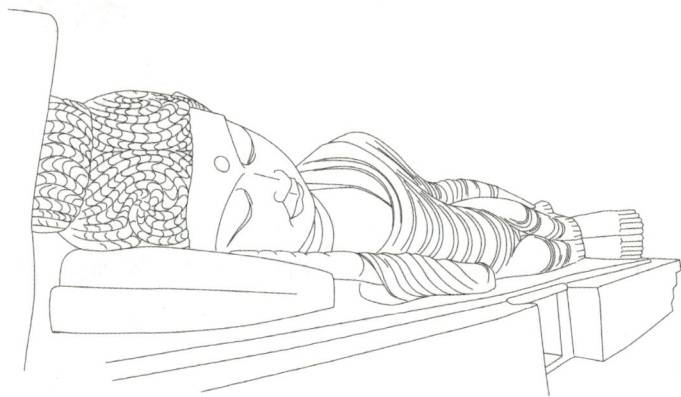

图2-36　敦煌莫高窟第158窟西壁佛坛唐涅槃像线描图（笔者绘）

四、菩萨半跏趺坐像

在敦煌莫高窟唐造像中，菩萨像最引人关注，这是由于菩萨像比佛像多了份自由灵动的造型特征，是圣洁气质与世俗审美完美结合的统一体。敦煌莫高窟中，唐代菩萨像还有一个突出特征，那就是女性化倾向更为明显，并且在塑造时可能以现实中的人物为模特进行创作。成书于北宋的《释氏要览》中记载："造像梵相，宋齐间皆唇厚鼻隆目长颐丰，挺然丈夫之相。自唐来笔工皆端严柔弱似妓女之貌，故今人夸宫娃如菩萨也。"[1]这句话实际上是批评唐代菩萨画像"得在信仰，失在法式"。绘画如此，雕塑的情形也相去不远。唐代的敦煌莫高窟，与当时的长安和洛阳保持着密切的往来，中原地区的造像样式自然能够很快传至西部地区，因此莫高窟的唐代菩萨造像，一定时期内与

---

❶ 大正藏·第54册(卷二)[M/OL]. CBETA中文电子大藏经集；2014：288上.

中原地区的菩萨造像有诸多的关联，两地佛像审美趣味接近。不过，两地较早菩萨像的传承情况有别，比如龙门初唐菩萨像更多保留了北朝晚期菩萨像特征，而敦煌莫高窟唐代较早菩萨更多受到西域菩萨像影响，这种情况在盛唐后开始发生变化，两地造像样式趋于统一。

在敦煌莫高窟唐窟龛中，半跏趺坐菩萨一般位处主尊佛像的两侧，体量较大，身份尊贵。

敦煌莫高窟第328窟西龛内南侧唐胁侍菩萨完成于初唐（图2-37）。该菩萨半跏趺坐于束腰圆形台座上，头上表现为由多缕头发盘结而成的高大发髻，脸型长圆，双眉舒展，双眼微睁，鼻子长挺，下颔较短，表情内敛。这种五官特征与莫高窟此前菩萨像明显不同，有"浊世中俊公子"的脱俗气质。该像上身裸露，有项饰，项饰两端（肩部）垂下的璎珞交汇于腹部，两臂上有臂钏、手镯；身上的披帛极为简洁，仅在左肩处垂下一条较窄的布帛，其下垂至大腿处右转披搭在右前臂上。菩萨像下身着裙裳，衣装贴身表现，有覆座悬裳，整身衣褶为圆棱线与阶梯状相结合。这尊菩萨像的肉体值得重点提及，其胸部宽厚、腰部收缩，并且胸腔与腰部有明确的分界线，躯体形成优雅秀美的轮廓线。这种大面积裸露身体并注重躯体结构的雕塑手法，明显不是中原北方的造像传统，而是来自西域的审美趣味，克孜尔石窟较早壁画中的菩萨就多作如是装束。

敦煌莫高窟第79窟西龛内南侧唐胁侍菩萨是一件盛唐时期的造像（图2-38）。该菩萨半跏趺坐于束腰的圆形台座上，发髻同于莫高窟第328窟西龛内南侧唐胁侍菩萨，脸型则明显变得丰腴起来，五官略显细小，嘴角含有笑意，颈部上有三道圈，整体造型颇为粗壮。菩萨像赤裸上身，有项饰、臂钏、手镯。该像不见璎珞和披帛，但胸腹部多了一条络腋，该络腋以条带状自左肩

图2-37　敦煌莫高窟第328窟西龛内南侧唐胁侍菩萨❶

图2-38　敦煌莫高窟第79窟西龛内南侧唐胁侍菩萨❷

❶ 刘永增.敦煌石窟全集(雕塑卷)[M].香港：商务印书馆(香港)有限公司,2003：图版118.
❷ 刘永增.敦煌石窟全集(雕塑卷)[M].香港：商务印书馆(香港)有限公司,2003：图版172.

斜向右胁再绕至背后，肩部有缠绕和打结的结构。洛阳龙门石窟敬善寺正壁胁侍菩萨上就出现了络腋，敦煌莫高窟中出现此种装束，或是受到洛阳造像的影响。这种络腋一经出现，几乎成为此后唐代菩萨造像的典型特征之一，影响深远。莫高窟第79窟西龛内南侧唐胁侍菩萨下身着裙裳，衣褶样式同于前述莫高窟第328窟西龛内南侧唐胁侍菩萨。这尊菩萨像除了头部，身体部位也较此前实例丰腴，胸大肌处也有了明显隆起，胸腔饱满与腰部收缩的关系被进一步强调。从中可以看出，盛唐时期女子以胖为美的时尚在此得以呈现。可见，该菩萨像是在本地初唐菩萨造像基础上的继续发展，尤其是上身大面积裸露的人体造型，依然具有鲜明的异域审美。

敦煌莫高窟第196窟佛坛北侧唐胁侍菩萨是一尊晚唐时期的遗存（图2-39）。该菩萨半跏趺坐于束腰的圆形莲座上。该像头部发髻残损，五官特征与身上的衣饰均与莫高窟第79窟西龛内南侧唐胁侍菩萨高度相似，只是躯体更为丰腴了。这尊菩萨的衣褶有了明显变化，仅以阶梯状表现（去除了圆棱线状衣褶），显得规整并富于装饰意味。

图2-39 敦煌莫高窟第196窟佛坛北侧唐胁侍菩萨[1]

五、菩萨立像

敦煌莫高窟第444窟西龛内北侧唐胁侍菩萨立像是一尊盛唐时期的作品（图2-40）。该菩萨跣足立于莲台上，头部戴冠，冠后可看到盘起的高发髻；眉弓舒展，双目半睁，高鼻梁，嘴唇纤秀，表情平和，颈部上有三道圈。菩萨像赤裸上身，未见项饰和臂钏，络腋自左肩斜向右胁，在左肩处有披帛垂下（下垂部分残失），造型简洁；下身着裙裳，分两层，外层裙裳自腰部垂至两大腿，内层裙裳下垂及踝。菩萨衣装作贴身表现，两腿显得修长挺拔。这尊菩萨像大面积裸露上身的做法，显然是来自西域的审美趋向，不过更引人瞩目的是，菩萨略为右斜的头部和右上提的胯部，在两长腿的支撑下形成极富表现力的曲线，"三曲法"的人体动态得到完美的阐释。另外，该菩萨像人体肌肤似乎充

[1] 刘永增.敦煌石窟全集(雕塑卷)[M].香港:商务印书馆(香港)有限公司,2003:图版200.

满了弹性和张力，胸大肌、胸腔、腰腹部的结构与形态清晰可辨，显示出工匠对身体有了很具体的理解和表达，观之令人印象深刻。

　　敦煌莫高窟第445窟西龛内南侧唐胁侍菩萨立像同样完成于盛唐（图2-41）。该菩萨跣足立于莲台上，头部造型与前述莫高窟第444窟西龛内北侧唐胁侍菩萨立像相同，身体动态则与之呈镜像般表现。该像胸部有用宝石珠玉组成的胸饰，无臂钏，未见披帛，络腋自右肩斜向左胁，其形态为两条布帛在胸前穿插表现，与纤细的腰部结合在一起，为菩萨像增添了不少柔美的女性化气质。

　　敦煌莫高窟第194窟西龛内南侧唐胁侍菩萨立像，是一尊女性化气质特别鲜明的造像（图2-42）。该像跣足立于莲台上，发髻在头顶束起后又向两侧斜向垂下，显得有些俏皮。菩萨面部丰腴圆润，眉毛舒展，双目微睁，嘴唇纤秀饱满，表情甜媚，颈部上有三道圈，一副唐代贵妇的气质，只是嘴角残留的石绿色小胡髭，显示其是一位男像。与其他菩萨不同，这尊中唐时期菩萨像上身被衣装所包裹，未表现项饰和璎珞，仅见两肩垂下的披帛，其中左肩披帛垂至膝盖处右转被右手轻拈（右腿至右手部分悬塑的披帛残

图2-40　敦煌莫高窟第444窟西龛内北侧唐胁侍菩萨立像❶

图2-41　敦煌莫高窟第445窟西龛内南侧唐胁侍菩萨立像❷

图2-42　敦煌莫高窟第194窟西龛内南侧唐胁侍菩萨立像❸

❶ 刘永增.敦煌石窟全集(雕塑卷)[M].香港：商务印书馆(香港)有限公司,2003：图版156.

❷ 刘永增.敦煌石窟全集(雕塑卷)[M].香港：商务印书馆(香港)有限公司,2003：图版158.

❸ 刘永增.敦煌石窟全集(雕塑卷)[M].香港：商务印书馆(香港)有限公司,2003：图版177.

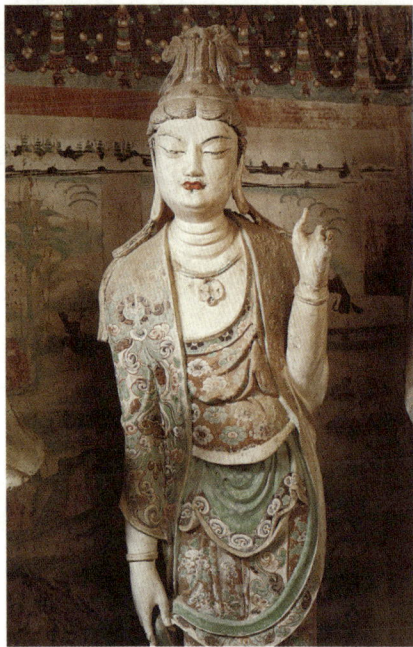

图2-43 敦煌莫高窟第159窟西龛内南侧唐胁侍菩萨 ❶

失），右肩披帛垂至大腿处左转披搭于左臂肘部后在其外侧下垂（外侧下垂部分残失），披帛两端向对侧披搭形成了两个很大的U字形，这种披搭形式初见于龙门奉先寺卢舍那大佛两侧的胁侍菩萨。菩萨下半身着裙裳，腰部有束带，束带在垂下过程中结节，与衣装上繁密的彩绘纹饰呼应，形成一种华美的装饰意味。需要提及的是，该菩萨的手柔润灵动，那种圆润又柔弱无骨的美感令观众印象深刻。

还有一件中唐时期的菩萨立像也广为人知，那就是敦煌莫高窟第159窟西龛内南侧唐菩萨立像（图2-43）。该像高发髻，面部丰腴，五官秀美，有胸饰，着僧祇支，披帛宽大，覆盖了双肩和两臂的大部分，下身着裙裳，整身衣饰上绘满了华贵的花饰。这尊菩萨像最令人印象深刻之处就是那小巧且紧闭的嘴唇和石绿色绘制的小胡髭，形成极富个性的表情。敦煌莫高窟第159窟开凿于吐蕃占领敦煌时期，并且是该时期的代表性洞窟，其造像风貌与典型的盛唐气象存在差异，尤其是这尊菩萨立像相对保守的衣饰，与此前菩萨那种大面积袒露胸部的审美大相径庭。

六、菩萨跪坐像

菩萨跪坐像属于供养菩萨的一种，在修行次第上低于胁侍菩萨，是为佛陀和宣扬佛法服务的菩萨，常位处佛座下面或胁侍菩萨、佛弟子的两侧，有时也在造像龛外单独设置。

敦煌莫高窟第328窟西龛外北侧唐供养菩萨像单膝跪坐于龛外扁圆形台座上，与窟内主尊佛坐像的完工年代相同，其发髻、面部造型与同时期菩萨立像并无二致（图2-44）。菩萨双手合十礼敬佛陀，上身裸露，项饰、璎珞皆残损，披帛也不完整。下身着裙裳，左膝着地，右腿向上支起。菩萨衣装衣褶为圆棱线和阶梯状结合。可以看出，同一地区一定时期内菩萨造型大多拥有相近粉本。

❶ 刘永增.敦煌石窟全集(雕塑卷)[M].香港：商务印书馆(香港)有限公司,2003：图版189.

　　另一件菩萨跪坐像是藏于敦煌石窟文物保护研究陈列中心的唐供养菩萨（图2-45）。该菩萨单膝跪坐于束腰的圆形莲台上，发髻上半段残损，头部其他特征及衣装造型与莫高窟第328窟西龛外北侧唐供养菩萨相同，两者的明显差异是，该像是一件独立于龛外的圆雕造像，弯眉修目，体态娇小，宛如一位唐代少女虔诚地侍奉在佛前。

图2-44　敦煌莫高窟第328窟西龛外北侧唐供养菩萨[1]

图2-45　敦煌石窟文物保护研究陈列中心唐供养菩萨[2]

第四节
敦煌莫高窟周边石窟

　　敦煌西千佛洞，位于敦煌市城西约35千米的断崖上，前临党河。西千佛洞现有编号洞窟22个，最早洞窟可能创于北魏，北周、隋代、唐代、五代、西夏、元代各朝均有开凿。西千佛洞残存有各时期壁画，具有很高的研究价值，但窟内造像多已遭破坏，其中开凿于北魏时期的第7窟中心柱一佛二弟子造像[3]，被后世多次重修，已失原貌。

❶ 刘永增.敦煌石窟全集(雕塑卷)[M].香港：商务印书馆(香港)有限公司，2003：图版125.
❷ 刘永增.敦煌石窟全集(雕塑卷)[M].香港：商务印书馆(香港)有限公司，2003：图版126.
❸ 敦煌研究院,甘肃省文物局.甘肃石窟志[M].兰州：甘肃教育出版社，2011：图版61.

　　肃北五个庙石窟，位于肃北县城西北约20千米处，此处原有一片石窟群，其中较大者有五个洞窟，故名五个庙石窟。该处洞窟最早开凿于北魏晚期，窟内残存壁画与敦煌莫高窟艺术风格相近，但不见原窟造像遗存。

　　瓜州榆林窟，西距敦煌莫高窟约100千米，位于瓜州县南部的榆林河畔，现存编号洞窟42个。榆林窟最早的洞窟开凿于唐代前期，五代、宋、西夏、元等朝代均有开凿或重修。榆林窟第6窟内有24.7米高的倚坐佛像，可与敦煌莫高窟第96窟的北大像和第130窟的南大像交相辉映。此外，榆林窟第17窟、第25窟、第32窟、第38窟等窟有保存较好的泥塑造像，造型特征与同时期敦煌莫高窟可类比。

小结

　　敦煌石窟是以莫高窟为主体发展起来的，莫高窟的雕凿前后历时千余年，规模宏大，窟形多样，内涵丰富，可以说是见证了中国石窟发展的历史。

　　敦煌莫高窟今存最早洞窟为北凉三窟，其中莫高窟第275窟交脚菩萨像，人物形态、衣饰皆是自西域传来的外来特征，这种特征影响了北朝菩萨造像。北朝佛像中，较早的倚坐佛像身着右肩半披式袈裟，衣装贴体，衣褶为线棱状并随身体流转，这是以犍陀罗造像特征为主，同时融合了马图拉造像元素的造型样式；跏趺坐佛像中着通肩式袈裟佛像，呈现出河西早期佛像的造型特征。当中原北方开始流行褒衣博带式袈裟佛像后，莫高窟很快就接受了这种来自东部地区的造像样式，见证该地北魏晚期至西魏时的佛教造像之盛。北周至隋代的佛像，实际上是在西魏佛像基础上的继续发展，着衣形式也发生明显变化，通肩式袈裟佛像明显增多，衣装质感变薄，躯体向丰腴、壮实的特征转变。北朝时期菩萨像造型特征的变化与佛像趋同，当佛像穿上褒衣博带式袈裟后，菩萨像也注重披帛、衣饰的外在表现，本土化审美趣味在不断加强。

　　敦煌莫高窟唐代佛像面部造像和躯体特征不似北朝晚期那般壮实，转而以儒雅、内敛的气质为要旨。莫高窟唐代的佛像大多身着中衣搭肘式袈裟，这种着衣形式发端于东魏北齐时期，且在中原北方唐代窟龛造像中继续发展，莫高窟唐代佛像显然也是在这一背景下发展起来的。唐代佛像的衣褶一改此前平面化的造型样式，呈现出以凸棱线为主要特征的雕塑手法，写实表现的意图明显提升。该时期佛坐像的覆座悬裳得到了充分重视，其轻薄的质感将莲座上莲瓣的轮廓地清晰地映衬出来，形成显著的时代造像特征。相对于北朝时期佛像平直的身躯而言，唐代佛像的胸部和腰部轮廓形成了宽窄变化，胸部裸露处有明显的肌体起伏结构，身体造型得到了一定程度的重视。此外，还有数量不少的倚坐佛像，其人物形象和着衣形式均与跏趺坐佛像相似。这种造像的流行除了与弥勒净土信仰盛行有关外，应该也和武则天的有意推动有关。中唐时期的莫高窟第158窟释迦涅槃像，是同题材佛像中的最感人之作，也是该石窟群中经典之一。

敦煌莫高窟唐代菩萨造像，是圣洁气质与世俗审美完美结合的统一体。莫高窟唐代半跏趺坐菩萨像注重肉体的表现，衣饰简略，衣装贴体，躯干与四肢的结构明确，尤其是胸、腰处有明确的结构线，这是鲜明的西域造像元素。初、盛唐时期菩萨立像的装束，与跏趺坐菩萨像基本一致，但身体更为舒展，下半身裙裳立体勾勒出双腿的结构。菩萨立像三曲法的动态，映衬出人体造型的美好。中唐时期，菩萨立像一改大面积裸露上半身的样式，穿上了质感轻薄柔滑的衣装，女性的柔媚气质更加凸显。

当年张骞出使西域后，丝绸之路得以开启，东西方的文明交流和贸易往来由此展开，佛教的传播和兴盛，则是维系这条伟大交通线畅通的内在链条。而敦煌莫高窟，铭记了过往行商的足迹，凝聚了善男信女的祈愿，那些华美动人的石窟艺术更是一再成为我们魂牵梦绕之地。

第三章

大同云冈石窟造像

北魏（386～534年）是鲜卑族建立的政权，北魏太祖道武帝拓跋珪于公元386年建国，定都盛乐（今内蒙古自治区和林格尔县），称魏王；398年，定都平城（今山西大同），正式定国号为魏，史称北魏。在北魏建国之前的十六国时期，就有多个政权崇信佛教，当时，盛行佛教的政权主要有后赵（羯族）、北燕（汉族）、后凉（氐族）、西秦（鲜卑族）、北凉（匈奴族）等。这些政权的崇佛之事不仅在正史和佛教典籍中多有记载，还留下了一些佛教造像遗迹（河西早期洞窟、北凉石塔、十六国金铜佛）。北魏在建国之初，就很重视佛教的发展，《魏书·释老志》记载："太祖平中山，经略燕赵，所迳郡国佛寺，见诸沙门、道士，皆致精敬，禁军旅无有所犯。"❶太祖平中山（河北），是公元397年的事。《魏书·释老志》还载："……是岁，始作五级浮屠、耆阇崛山及须弥山殿，加以缋饰，别构讲堂、禅堂及沙门座，莫不严具焉。"❷可见，北魏统治者在建国之初就支持佛教。又有僧人法果，曾说"太祖明睿好道，即是当今如来，沙门宜应尽礼。"除亲自礼拜外，法果又言"能鸿道者即为人主，我非拜天子，乃礼佛也。"❸在这种言论支持下，北魏佛教很快就和政治结合起来，佛教造像也随之获得发展。不过，北魏太平真君七年（446年），太武帝拓跋焘开始灭法，这是历史上"三武一宗灭佛"的开端。"三武一宗灭佛"，指的是北魏太武帝灭佛、北周武帝灭佛、唐武宗灭佛和五代周世宗灭佛。引起帝王灭佛的原因不外乎两种，一是佛教是外来宗教，与中国传统思想文化存在一定矛盾；二是寺院经济过度发展，且僧人大多不事生产，还拥有仆役，占有大量社会资源，严重影响了社会的发展和统治者的利益。两种原因中后者占主要位置。导致北魏太武帝灭佛的直接动因主要有两点，一是太武帝在镇压关中盖吴叛乱时发现寺院藏有兵器、酒、财物，还设有与妇女幽会的密室；二是受排佛思想的崔浩奏议和推动。

北魏正平二年（452年），文成帝即位后迅速下诏恢复佛法，佛教迎来了大发展的时期，《魏书·释老志》载："（北魏）兴光元年（454年）秋，敕有司于五级大寺内，为太祖已下五帝，铸释迦立像五，各长一丈六尺，都用赤金二十五万金。"❹所谓五级

❶[北齐]魏收.魏书·释老志[M].北京：中华书局，1974：3030.
❷[北齐]魏收.魏书·释老志[M].北京：中华书局，1974：3030.
❸[北齐]魏收.魏书·释老志[M].北京：中华书局，1974：3031.
❹[北齐]魏收.魏书·释老志[M].北京：中华书局，1974：3036.

大寺，就是以五层大塔为中心兴建的寺院，太祖已下五帝，指自北魏建国以来的五位皇帝，包括太祖道武帝、太宗明元帝、世祖太武帝、恭宗景穆帝和当时在位的高宗文成帝。这件事情，足可印证当时以皇帝比附佛教崇拜偶像的理念已是事实。另外，能够铸造这么大的金铜佛像，说明当时的铸造技术，在十六国金铜佛造像基础上获得了很大发展。在五级大寺内铸五尊释迦像对应五位皇帝，包含着特殊的政治和宗教含义，对北魏的佛教开窟造像事业影响深远。

文成帝复法后不久，也就是公元460年，当时最高僧官沙门统昙曜，为文成帝进言开凿造像。《魏书·释老志》又载："于京城西武州塞，凿山石壁，开窟五所，镌建佛像各一。高者七十尺，次者六十尺，雕饰奇伟，冠于一世。"❶这就是著名的昙曜五窟，是前述五级大寺五尊释迦像的石刻扩大版。这些高大奇伟的佛像，既代表着皇帝伟岸的身姿和强大的力量，也承载着佛教徒对佛国世界的美好憧憬。此后，开窟造像事业进一步波及北魏王朝的广大区域，留存至今的遗存也非常丰富。

对于云冈石窟学术意义上的调查始于1902年的日本建筑学家伊东忠太，接着法国人沙畹于1907年调查云冈石窟并公布一批图像资料，❷此后瑞典学者喜龙仁著《五至十四世纪中国雕刻》❸面世，云冈石窟渐为世人所知。20世纪30年代，梁思成、林徽因、刘敦桢等也考察过云冈石窟。❹1938～1944年，日本学者水野清一、长广敏雄带领考察队在云冈石窟进行深入考察，出版了16卷本32册的恢宏巨制《云冈石窟》❺，这是20世纪研究云冈石窟最为丰硕的学术成果。中华人民共和国成立后，以宿白为代表的中国学者对云冈石窟进行了持续研究并取得大量成果，发表论文数以百计，先后编辑出版了《中国美术全集·云冈石窟雕刻》❻《中国石窟·云冈石窟》❼《云冈百年论文选集》❽等十余种大型图书。2019年，张焯主编的20卷《云冈石窟全集》❾出版，其中前19卷全景式展现了石窟群的所有雕刻内容，第20卷总结概括了历次考古发掘成果。《云冈石窟全集》是继日本学者水野清一、长广敏雄《云冈石窟》之后的又一座丰碑，堪称云冈学的集大成之作和高峰之作。

❶ [北齐]魏收.魏书·释老志[M].北京：中华书局，1974：3037.
❷ 于春，卢继文.云冈石窟沉浮史 纪念云冈石窟学术发现120周年[J].大众考古，2021：11.
❸ [瑞典]喜龙仁.五至十四世纪中国雕刻[M].伦敦：ERNEST BENN, LIMITED，1925.
❹ 梁思成，林徽因，刘敦桢，等.云冈石窟中所表现的北魏建筑[J].中国营造学社汇刊，1933.
❺ [日]水野清一，长广敏雄.云冈石窟[M].京都：京都大学人文科学研究所，1951—1956.
❻ 中国美术全集编辑委员会.中国美术全集·云冈石窟雕刻[M].北京：文物出版社，1988.
❼ 云冈石窟文物保管所.中国石窟·云冈石窟[M].北京：文物出版社，1994.
❽ 云冈石窟文物研究所.云冈百年论文选集[M].北京：文物出版社，2005.
❾ 张焯.云冈石窟全集[M].青岛：青岛出版社，2017.

　　北魏历史可分为三个阶段，即北魏立国至统一黄河流域前的早期（386～438年）、统一黄河流域至迁都前的中期（439～493年）、迁都洛阳至灭亡的晚期（494～534年）。云冈石窟开凿于5世纪60年代至6世纪20年代的北魏中晚期，学界基于石窟形制和功能将其划分为三期：第一期洞窟开凿于公元460～470年，包括第16～20窟，一般称为昙曜五窟；第二期洞窟开凿于公元470～494年前后，包括第7、8双窟，第9、10双窟，第11～13组窟，第1、2双窟，第5、6双窟等；第三期洞窟开凿于公元494年前后至524年前后，包括西方诸洞及第一、二期洞窟的补刻窟龛。综合来看，云冈石窟佛像雕刻主要包含两种造型风格，其一着外来衣装形式，偏重于人物形体结构刻画，包括第一、二期前段洞窟造像；其二着北魏孝文帝服饰改革后的本土服饰，注重人物服饰刻画，较晚实例躯体特征趋于弱化，包括第二期的第5、6双窟，第三期造像的全部，以及第一、二期洞窟的补刻龛像。

第一节
云冈石窟北魏中期窟龛造像

　　大同云冈石窟北魏中期造像主要包括右肩半披式袈裟佛像、通肩式袈裟佛像和菩萨像三种。

一、右肩半披式袈裟佛像

　　大同云冈石窟第一期洞窟为昙曜五窟，包括第16～20窟，其中除了第16窟主尊佛立像（延至第二期洞窟后段才完成）外，其余窟中主尊造像皆在公元470年前完成，窟中胁侍或其他补刻龛像的完成时间则需要根据所处方位及造型特征做具体分析。第一期洞窟主尊造像衣装带有鲜明的外来色彩，但在人物造型样式和雕刻技法上也可以看到本土工匠的贡献。

　　大同云冈第18～20窟主尊佛像皆着右肩半披式袈裟。右肩半披式袈裟的衣装结构最早的源头可能是古罗马时期的着衣形式，基本特征是右领襟披覆右肩并裹覆右臂。这种衣装形式的佛像可见于新疆地区库车库木吐喇沟口区第20窟公元5世纪初佛坐像（图3-1），然后在河西的炳灵寺第169窟西秦无量寿佛中被继承下来，但其着衣形式与后述云冈石窟中的典型实例存在一些差异，后者外层袈裟左领襟自左肩垂下，右领襟半覆右肩并下垂至右前臂内侧，然后沿腹部向上披搭于左肩，而前两者右领襟穿过右前臂内侧后披搭于左臂，而不是左肩。约5世纪中叶，典型特征的右肩半披式袈裟逐渐流行于中原北方，实例如河北蔚县博物馆藏北魏太平真君五年（444年）石刻佛坐像（图3-2），以及西安碑林博物馆藏西安王家巷出土北魏和平二年（461年）石刻佛坐像（图3-3），两佛像着衣形式均与云冈石窟中相同形式的佛像类似，且年代不晚于云冈昙曜五窟。可见，右肩半披式袈裟着衣形式，从中亚、西域、河西到中原北方，呈现清晰的传播路线。

图3-1　库车库木吐喇沟口区第20窟公元5世纪初佛坐像[1]　　图3-2　蔚县出土北魏太平真君五年石刻佛坐像　蔚县博物馆藏　　图3-3　西安王家巷出土北魏和平二年佛坐像　西安碑林博物馆藏

大同云冈第20窟北魏主尊佛坐像跏趺坐于台座上（腿部已残损），高肉髻，磨光发，头部造型极为饱满，广额高鼻，双眼直视前方，嘴角微上翘（图3-4）。佛像外披右肩半披式袈裟，右领襟半披右肩后下垂至右臂肘部，再左转披搭在左肩（覆盖左领襟），领襟衣边有之字形内外翻转结构。该像胸部可见自左肩斜向右胁的僧祇支，双手施禅定印。佛像衣装贴体，躯体厚实，整体呈现一种外观壮实、内心自信的王者风范。这尊佛坐像的袈裟衣褶呈疏密有致的凸棱线状，凸起的衣褶分叉处作上下叠压的Y字形结构，以左臂处最为明显，其结构特征与犍陀罗3~4世纪佛立像（图3-5）类似，但该像在凸棱衣褶之上和之间均刻有流畅的阴线，富于装饰意味，与犍陀罗佛立像的写实

❶ 新疆维吾尔自治区文物管理委员会，库车县文物保管所，北京大学考古系.中国石窟·库木吐喇石窟[M].北京：文物出版社，1992：图版188.

性有明显差异。❶另外，该像自腹部披搭在左肩袈裟领襟的内外翻转作之字形表现，是此前河西石窟同一部位S形内外翻转的平面化和图案化的再现。实际上，衣褶作凸棱状雕刻并在其上刻画阴线的雕塑技法并不始于大同云冈石窟，而是在敦煌莫高窟第275窟北凉交脚菩萨像和北魏中期前段金铜佛像、石刻佛像就已经出现了，比如东京国立博物馆藏博野北魏太平真君四年（443年）金铜佛像就清晰地将两种元素结合在一起（图3-6）。另外，京都藤井齐成会有邻馆藏北魏太安元年（455年）佛坐像，也为相近表现样式。不过，这些早期佛像袈裟衣褶表现较为单一，线条穿插及起止变化，均与大同云冈第20窟北魏主尊佛坐像那种疏密得当、简繁有致的视觉效果相去甚远，从中可以看出雕刻技法和造型样式随着时间的推移而有了明显的改进。这种凸棱衣褶表样式源于犍陀罗佛像，但在衣褶表面阴刻线的技法却多见于贵霜朝马图拉佛像，两种雕塑技法的融合，已经在新疆到河西的佛像着衣中体现出来了。在开凿云冈石窟的施工队伍中，就有大量来自北凉的工匠，主持开凿云冈第一期洞窟的昙曜，也来自凉州。可见，云冈石窟的工匠们，在此前实例的基础上进一步融合并发展了两种技法，且将其卓有成效地应用于云冈第20窟北魏主尊佛像。

图3-4　大同云冈第20窟北魏主尊佛坐像　　　　图3-5　犍陀罗3~4世纪佛立像（局部）❷　　图3-6　博野北魏太平真君四年金铜佛立像❸

　　大同云冈第19窟北魏主尊佛坐像跏趺坐于台座上，肉髻、发髻及面部造型，均与

---

❶ 贵霜朝犍陀罗佛像深受古希腊、古罗马造型艺术影响，成熟期作品人体骨骼与肌肉形态写实，着衣与人体结合贴切，注重衣纹的起止穿插关系。犍陀罗晚期，这些特点呈现程式化倾向，并传播到中亚，继而对中原北方石窟造像产生影响。

❷ [日]栗田功. ガンダーラ美術Ⅱ・佛陀の世界[M].东京：二玄社，1988：图版201.
❸ 林树中.海外藏中国历代雕塑[M].南昌：江西美术出版社，2006：145.

大同云冈第20窟北魏主尊佛坐像一致（图3-7）。其袈裟同样为右肩半披式，自腹部披搭向左肩的袈裟右领襟亦作平面化的之字形表现，明显不同在于两者袈裟衣褶的表现样式存在差异。云冈第19窟北魏主尊佛坐像着衣轻薄贴体，衣褶作片形阶梯状表现，并在其上刻画阴线，高低层次分明，这与云冈第20窟那种凸棱附线刻的技法明显区分开来。片形阶梯状衣褶为十六国时期金铜佛像的一般特征，是中原北方早期佛像中衣褶最常见的表现方式，而贴身线刻衣褶在河西石窟中多有实例，一般称为"湿衣法"，其特征与贵霜朝马图拉佛像雕刻技法相近。显而易见，大同云冈第19窟主尊佛坐像的袈裟衣褶表现兼具了两种技法特征。

同样，作为昙曜五窟中最先完成的主尊之一，大同云冈第18窟北魏主尊佛立像的头部造型、着衣形式，与云冈第19窟北魏主尊佛坐像一致（图3-8）。其袈裟衣褶亦表现为阶梯状，腹部披向左肩的领襟上同样刻有平面化的之字形，但与云冈第19窟北魏主尊佛坐像不同之处，在于该像腹部及以上袈裟表面雕刻有成排成列的小佛坐像。这一特征引发了学界对该

图3-7　大同云冈第19窟北魏主尊佛坐像　　图3-8　大同云冈第18窟北魏主尊佛立像

佛像尊格的争议，主要有释迦佛和卢舍那佛的分歧，但可以肯定的是，昙曜五窟主尊佛像的衣装造型，在微观雕刻样式上彼此存在差异。

大同云冈第20窟、第19窟、第18窟北魏主尊佛像尺寸高大，量感丰足，造型雄伟，面颊丰腴，呈现高度一致的特征，形成独特风貌。这种特征的形成，应该与当时倡导皇帝就是当今如来的思想观念相关联。如前所述，北魏文成帝敕有司于五级大寺内，为太祖已下五帝铸释迦立佛五躯，而昙曜五窟的五尊大佛，应该为五级大寺金铜佛的石刻扩大版。主持开凿昙曜五窟的是凉州僧人昙曜，是继师贤后新上任的沙门统，他奏请文成帝开凿的武州山五座石窟（昙曜五窟），其主尊佛像应分别对应自道武帝拓跋珪到现任文成帝拓跋濬的五位皇帝。

五位皇帝中的文成帝，是继其祖父太武帝驾崩后直接继位的，他的父亲景穆太子拓跋晃在太武帝驾崩前死于政治斗争，所以并没有登基帝位，但文成帝即位后将其父追谥为景穆帝，因此景穆太子获得了五帝之一的尊格。昙曜五窟中的云冈第19窟最大，主尊佛坐像高达16.8米，是五窟造像的中心，其左侧是云冈第18窟，右侧是云

冈第20窟，窟内主尊佛像分别对应了五帝中的前三位，即道武帝拓跋珪、明元帝拓跋嗣、太武帝拓跋焘。按照最初开凿计划，剩下的两窟应该是在云冈第18窟和云冈第20窟两侧开凿的，但云冈第20窟右侧石质较为松脆，有学者认为其在开凿不久后就发生崩塌❶，因此只能改变计划而将剩下的两窟都开在云冈第18窟左侧（东侧），这就是目前所见的云冈第17窟和云冈第16窟。其中云冈第17窟为交脚菩萨造像，学界一般将其对应为尚未登基而逝的景穆太子，其尊格恰好与未成佛的菩萨相符。至于云冈第16窟主尊佛像，则是在位的文成帝的化身，其造型特征与另外四窟主尊造像区别明显，此中应该有在世皇帝与不在世帝王区别对待的原因在内。❷整体来说，昙曜五窟主尊佛像的尺寸及像容，与北魏尚武的皇帝形象相匹配，正如史书所形容"雕饰奇伟、冠于一世"。

就佛像袈裟衣褶的雕刻样式而言，昙曜五窟主尊佛像中存在以云冈第20窟北魏主尊佛坐像为代表的凸棱附线刻和以云冈第19窟北魏主尊佛坐像为代表的片形阶梯状附线刻两种，这两种袈裟衣褶样式，是云冈中期洞窟的基本雕刻样式，两者在第一、二期洞窟中各自产生了不同的影响，其中凸棱附线刻实例并不多见，除了云冈第20窟北魏主尊佛像外，还见于第一期洞窟仅有的几例着通肩式袈裟佛像，以及云冈第二期第7、8窟后室北壁上层北魏三尊像❸，而片形阶梯状附线刻的雕刻技法却在第一、二期洞窟造像中占据绝对主流位置，并持续影响到第三期洞窟造像。

在云冈第二期前段洞窟中，结跏趺坐佛像大多着右肩半披式袈裟，衣褶雕刻样式与云冈第19窟主尊佛像相似，只是尺寸要小，其中那些更小的实例雕刻明显简略，省略了扁平阶梯状上的附线刻。大同云冈第8窟主室南壁北魏佛坐像跏趺坐于龛内，高肉髻，磨光发，外穿右肩半披式袈裟，内着僧祇支，袈裟衣领刻画之字形纹样，衣褶作简略的贴身线刻（图3-9）。大同云冈第9窟前室西壁北魏佛坐像头部造型、袈裟表现与云冈第8窟主室南壁北魏佛坐像并无明显差异，而肩部衣褶作扁平阶梯状附线刻表现，与云冈第19窟主尊北魏佛立像肩部衣褶类同（图3-10）。这两例佛像代表了云冈第二期洞窟佛像衣褶的雕刻技法。

❶ 杭侃.云冈第20窟西壁坍塌的时间与昙曜五窟最初的布局设计[J].文物，1994：10.

❷ [日]吉村怜.昙曜五窟的修建情况[J].文物世界，2004：4.(吉村怜在本文中具体阐述了云冈第16窟主尊佛立像与其他四窟主尊佛像的区别，认为这尊面目清秀、少年英俊的佛像，可能是文成帝的肖像。)

❸ 第7窟北壁上层三尊像中间为交脚菩萨，两侧胁侍倚坐佛，后世在其表面敷有泥塑，从水野清一、长广敏雄《云冈石窟》刊录图片看，主尊腹部以下泥塑还较完整。据实地观察，该交脚坐菩萨像左小腿及其左侧倚坐佛右膝盖部分泥塑脱落，露出石刻原貌，可以看出衣纹表现为凸棱附线刻，但手法比较简略和僵硬。([日]水野清一、长广敏雄.云冈石窟(第四卷)[M].京都：京都大学人文科学研究所，1951—1956：图版33.)

图3-9　大同云冈第8窟主室南壁北魏佛坐像[1]

图3-10　大同云冈第9窟前室西壁佛坐像[2]

在大同云冈石窟中，还存在大量二佛并坐像，比如云冈第9窟前室北壁上层东龛北魏二佛并坐像（图3-11）。二佛并坐于同一台座上，皆面颊饱满，嘴角含笑，身着右肩半披式，左手执衣角，右手上举施无畏印。在佛像背光周匝还有菩萨、飞天和化佛等内容，构图复杂。二佛并坐像出自大乘佛教经典《法华经·宝塔品》，讲述释迦佛在给菩萨、弟子、罗汉讲述《法华经》时，有宝塔涌

图3-11　大同云冈第9窟前室北壁上层东龛二佛并坐像[3]

现，里面坐着过去世的多宝佛，释迦佛依大众之请开启塔门，多宝佛分半座邀释迦佛并坐。二佛并坐像是《法华经》思想的象征图像，寓意着丰富的大乘佛教思想内涵。

二、通肩式袈裟佛像

通肩式袈裟指佛像通身缠覆袈裟直达颈部的着衣形式，在贵霜朝犍陀罗雕刻中最为

---

[1] 冯骥才.中国大同雕塑全集(云冈石窟雕刻卷)[M].北京:中华书局,2010:图版139.

[2] 冯骥才.中国大同雕塑全集(云冈石窟雕刻卷)[M].北京:中华书局,2010:图版176.

[3] [日]水野清一,长广敏雄.云冈石窟(第六卷)[M].京都:京都大学人文科学研究所,1951—1956:图版14.

常见，受其影响，中国早期佛像也多为这种袈裟形式，但在云冈北魏中期洞窟中，着通肩式袈裟佛像的实例明显少于右肩半披式袈裟。从袈裟衣褶雕刻样式来看，通肩式袈裟也可分为两种，分别对应上述凸棱附线刻和扁平阶梯状附线刻。

通肩式袈裟在西域及河西石窟中较为常见，例如永靖炳灵寺第169窟第20龛西秦泥塑佛坐像（图3-12），该像面型丰腴，袈裟衣褶仅作贴身线刻表现；又如旧金山亚洲艺术馆藏十六国后赵建武四年（338年）金铜佛坐像，面型椭圆，衣褶作扁平阶梯状表现。两尊佛像的着衣形式虽然相同，但衣褶的雕塑样式迥异，前者具有贵霜朝马图拉"湿衣法"特点，衣褶自左肩向右呈放射状分布，而后者则应脱胎于贵霜朝犍陀罗佛像，但却是简化过的样式，衣褶以胸部为中心呈U字形对称表现。这两种衣褶样式均对云冈石窟造像产生影响。

图3-12　永靖炳灵寺第169窟第20龛西秦佛坐像

在大同云冈石窟，通肩式袈裟衣褶作凸棱附线刻实例，主要以云冈第20窟东壁北魏佛立像（图3-13）和云冈第17窟东壁北魏佛坐像（图3-14）最为典型。两像着衣也作贴身表现，但四肢与躯体的空间分离关系却不及着右肩半披式袈裟佛像清晰，而且衣料的质感相对要厚实些，后一特征主要体现在袈裟衣褶作浮雕的条带状。条带状衣褶以佛像胸部为中心，呈首尾交织连贯的结构形式向两臂及腹部扩散。这些凸起的衣褶上还刻有流畅的细线，其造型特征与第20窟主尊佛坐像类同。需要提及的是，大同云冈第17窟东壁佛坐像的衣褶表现，与犍陀罗佛像较为相似，或是受后者影响，不过后者在犍陀罗也属于少数异类（图3-15）。

图3-13　大同云冈第20窟东壁北魏佛立像

图3-14　大同云冈第17窟东壁北魏佛坐像

图3-15　犍陀罗公元3~4世纪佛坐像❶

❶ [日]栗田功. ガンダーラ美術Ⅱ・佛陀の世界[M]. 东京：二玄社，1988：图版260.

在大同云冈第19窟南壁中部有一尊佛立像左手抚摸小僧人头顶的场景，该浮雕中的小僧人是释迦佛的儿子罗睺罗（图3-16）。据佛经记载，佛陀在罗睺罗十五岁时亲自度其出家，这就是"罗睺罗因缘"故事。佛立像身着通肩式袈裟，袈裟衣褶作扁平阶梯状雕刻，与同窟主尊佛像相似，区别是该像衣褶中未施阴线。该像衣褶自胸部开始呈U字形向两侧和下方扩散，两腿及两腿之间又各自形成U字形排列，注重对称的视觉效果。与这一着衣及衣褶表现特征高度相似的实例还见于云冈第18窟东壁北魏佛立像（图3-17）。提到U字形袈裟衣褶，很容易让人想起中原北方早期的金铜佛像，从时间先后和云冈石窟营造的实际情形来看，这两例着通肩式袈裟的佛像显而易见地汲取了早期金铜佛造型元素。

着通肩式袈裟佛像在大同云冈第二期洞窟中并不多见，所见实例的造型特征与大同云冈第一期洞窟实例相近，只是体量要小很多。以大同云冈第10窟前室明窗东侧壁北魏佛坐像为例，该像跏趺坐于龛内作禅定状，高肉髻、磨光发，袈裟衣领较为宽大，衣褶作扁平阶梯状表现，沿用了云冈第一期第19窟北魏主尊佛坐像的基本雕刻特征，只是衣褶线较为简略（图3-18）。值得注意的是，第一期洞窟中那种通肩式袈裟衣褶作凸棱附线刻的表现技法在第二期洞窟中几乎不见，而扁平阶梯状（附线刻）在第二期洞窟中广为流行，并适用于右肩半披式袈裟和通肩式袈裟。

图3-16　大同云冈第19窟南壁北魏佛立像

图3-17　大同云冈第18窟东壁北魏佛立像

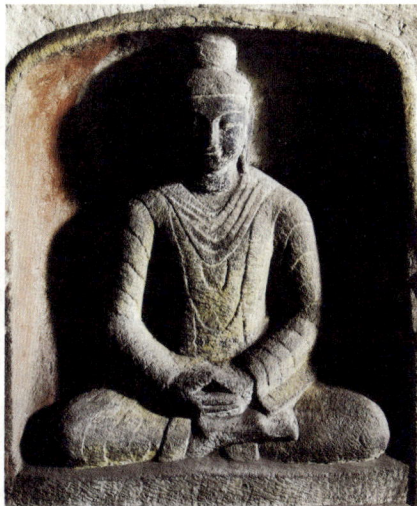

图3-18　大同云冈第10窟前室明窗东侧北魏佛坐像❶

---

❶ 冯骥才.中国大同雕塑全集(云冈石窟雕刻卷)[M].北京：中华书局，2010：图版219.

三、菩萨像

敦煌莫高窟第275窟北凉交脚菩萨的项饰、璎珞等装身具一应俱全，但并未表现自左肩斜向右胯部的络腋，人物躯体造型缺乏肌肉起伏变化。炳灵寺第169窟北壁西秦无量寿佛龛胁侍菩萨的着衣形式，自肩部绕向两臂的披帛呈对称表现，左肩斜向右腿的络腋则覆盖了右半身的大部分。与这一着衣形式相应，菩萨的身体造型平板僵直。云冈石窟的菩萨造像，实际上是在炳灵寺实例基础上的再发展。

在大同云冈昙曜五窟中，云冈第17窟北魏主尊菩萨交脚坐像是五尊主尊造像中唯一的菩萨像（图3-19）。该像全身残损较严重，日本学者绘制了实测图（图3-20）。根据实测图可以看出该像头戴宝冠，宝冠两侧有缯带，面型方圆，五官漫漶不清。菩萨上身裸露，下身着裙裳，有项饰、臂钏，璎珞表现为二龙相对的造型，络腋覆盖左肩斜向右腿部位，披帛沿两臂垂下后向肘部内侧披搭并向两侧垂下（由于风化，现洞窟内难以看到披帛痕迹）。菩萨像整身衣饰皆贴身表现，衣褶雕刻与云冈第19窟北魏主尊佛坐像为代表的阶梯状相近。

大同云冈第19窟明窗东侧龛北魏菩萨交脚坐像（图3-21）、云冈第18窟南壁西部下层北魏菩萨交脚坐像（图3-22）、云冈第9窟前室北壁龛北魏菩萨交脚坐像（图3-23），其坐姿、装身具皆与云冈第17窟北魏主尊菩萨交脚坐像基本一致，只是

图3-19　云冈第17窟北魏主尊菩萨交脚坐像

图3-20　云冈第17窟北魏主尊菩萨交脚坐像实测图❶

❶ [日]水野清一，长广敏雄.云冈石窟(第十二卷)[M].京都：京都大学人文科学研究所，1951—1956：实测图XVII.

在局部特征上有所差异，如云冈第19窟明窗东侧龛北魏菩萨像项饰表现为桃尖形，未雕刻双龙相对的璎珞；云冈第18窟南壁西部下层龛北魏菩萨像项饰、璎珞较华丽，但未雕刻自左肩斜向右腿的络腋；云冈第9窟实例与云冈第19窟明窗东侧龛北魏菩萨交脚坐像较为相似，只是体量要大很多，在细节上雕刻更为精细，如胸部除了桃形项饰外，还表现了二龙相对及由珠串组成的璎珞。综合来看，云冈北魏中期洞窟菩萨造型形式相对统一，其中云冈第17窟北魏主尊菩萨交脚坐像，在当时应是菩萨像的典范之作。

图3-21　云冈第19窟明窗东侧龛
北魏菩萨交脚坐像

图3-22　云冈第18窟南壁西部
下层北魏菩萨交脚坐像❶

图3-23　云冈第9窟前室北壁龛
北魏菩萨交脚坐像（王友奎　摄）

大同云冈第二期第7窟后室北壁上层中尊北魏菩萨交脚坐像值得关注，该像表面被后世敷泥重塑，但可以看出其着衣形式与云冈第17窟北魏主尊菩萨像大体一致（图3-24）。由于时间日久，这尊菩萨像表面泥塑已部分脱落，其中可以看出该像膝盖部分衣褶表现为凸棱附线刻。据此可以看出，在大同云冈北魏中期窟龛中，菩萨像的袈裟衣褶也存在两种雕刻技法中，其一为阶梯状，其二为凸棱附线刻，前者具有普遍意义，后者仅见于云冈第7、8窟后室上层北魏三尊像中的菩萨交脚坐像。

值得注意的是，大同云冈北魏中期洞窟菩萨像的头冠和装身具有相对统一特征，其源头当在犍陀罗菩萨像，后者实例如东京松冈美术馆藏犍陀罗公元3世纪菩萨交脚坐像（图3-25）。这件菩萨交脚坐像体现出很高的写实技巧，而云冈中期洞窟实例更倾向于衣饰的平面化和装饰性，人物躯体也比较平板。实际上，大同云冈中期洞窟菩萨造像特

❶ [日]水野清一，长广敏雄.云冈石窟(第十二卷)[M].京都：京都大学人文科学研究所，1951—1956：图版99.

征，在自敦煌到河西的石窟造像中就已经大体成型，当昙曜五窟主尊佛像比附当今皇帝而开凿时，其造像就融入了此前所不具备雄伟、壮实的造型特征，外来造像形式在东传过程中，进一步适应本土化需要而发展着。

图3-24　云冈第二期第7窟后室北壁上层中尊北魏菩萨交脚坐像❶

图3-25　犍陀罗公元3世纪菩萨交脚坐像　东京松冈美术馆藏（陈粟裕　摄）

四、其他造像

除了佛、菩萨以外，大同云冈石窟还有极为丰富的图像内容，包括佛弟子、供养菩萨、伎乐飞天，以及各种纹饰，可以说是一个北朝石刻的大宝库，其中云冈第8窟窟门两侧的护法神值得提及。云冈第8窟窟门东侧北魏摩醯首罗天为三首八臂的佛教护法神，坐于牛背上，头戴有圆形花饰的帽冠，冠上还有月牙造型，面型极为丰腴（图3-26）。八臂多持有法器，其中两手上举托日月（一手残），这种造型应来源于中亚和印度。摩醯首罗天又名大自在天，原为印度教中的大神，后归于佛教，成为佛教的护法神，有大威力，独尊于色界天。摩醯首罗天躯体壮实，身上衣饰与上述菩萨装身基本一致，只是均以阴线刻表现，如此，将衣装贴体表现的印度笈多造型样式表现到极致。云冈第8窟西侧北魏鸠摩罗天，所处位置与摩醯首罗天对应，该像骑孔雀，五首六臂，手上同样多有持物，其中上举的两手分托日月，显示出其与摩醯首罗天有对等的尊格，都是有大威力的护法神（图3-27）。据佛经记载，鸠摩罗天容颜如童子，又

❶ 冯骥才.中国大同雕塑全集(云冈石窟雕刻卷)[M].北京：中华书局，2010：图版107.

意译作童子天，窟门中的鸠摩罗天面容饱满，五官精致，躯体也特别壮实，下身裙裳的衣褶亦作贴身的阴线刻表现。可以看出，这两尊护法神王的外来造像特征非常显著。

图3-26　大同云冈第8窟窟门东侧北魏摩醯首罗天[1]

图3-27　大同云冈第8窟窟门西侧北魏鸠摩罗天[2]

　　平城作为南北朝前期北方政治文化中心，聚集了当时各地优秀工匠，不同造像风格在此交汇融合，形成极具特色的北魏中期洞窟人物雕刻模式，这种模式依托于右肩半披式袈裟、通肩式袈裟的着衣形式，衣装贴体，人物躯体壮实，衣褶为凸棱附线刻和片形阶梯状附线刻。[3]该模式在其形成之中及之后一段时间，传播到中国北部的许多地方。以大同云冈第20窟北魏主尊坐佛为代表的衣褶作凸棱附线刻技法，和以云冈第19窟北魏主尊坐佛为代表的衣褶作扁平阶梯状附线刻技法，这两种模式在传播过程中均对地方造像施加影响，其中前者呈现相对的早期性，后者则普遍存在于北魏中晚期，形成一般化雕刻样式。

　　根据目前已知实例的分布情况，云冈模式的传播可分为在其直接影响下的北魏中期中央样式和地方特征明显的地方样式两部分。前者体现较高的艺术水准；后者则在云冈模式基础上突出地方造像特征，雕刻水平参差不齐。整体来看，平城以南的汉文化地区

---

[1] 冯骥才.中国大同雕塑全集(云冈石窟雕刻卷)[M].北京：中华书局，2010：图版131.

[2] 冯骥才.中国大同雕塑全集(云冈石窟雕刻卷)[M].北京：中华书局，2010：图版128.

[3] 黄文智.大同云冈北魏中期洞窟人物雕刻模式的形成与传播——以右肩半披式袈裟和通肩式袈裟佛像为中心[J].社会科学战线，2016：1.

是其传播发展的主要方向。

中央样式造像中，受云冈模式直接影响的实例主要出现于大同地区、洛阳地区、邺城地区、定州地区、朝阳地区、北方边镇及陇东地区。上述地区所见实例多与皇室贵胄或地方豪族捐资造像有关。这些社会上层佛教徒，因为拥有社会特权与财富，有条件征用更优秀的工匠为他们服务，从而使该地区石窟雕塑在造像形式和表现样式上体现出较高艺术水准，基本能与都城保持一致。地方样式中，这些实例主要分布在燕山以北地区、定州地区、邯郸和晋东南地区、关中和陕北地区。形成这些地方样式的原因，除了多数地区离平城较远外，还与当地匠人雕刻水平、造像风尚等因素有关。

受中央模式直接影响的佛造像，其造型风格与云冈北魏中期洞窟造像相近，雕刻精美。北魏中期地方样式佛像，在保持中央样式基础上体现出或比例失衡，或造型稚拙的特征。整体而言，云冈模式传播的重心是在偏南方向的汉文化中心地区，这一现象与北魏政权不断汉化，以及加强控制汉文化地区的背景有关。

第二节
云冈石窟北魏中晚期造像

大同云冈石窟北魏中晚期造像，是指云冈第二期后段和第三期洞窟造像，其中的佛像大多着褒衣博带式袈裟。这些褒衣博带式袈裟佛像大体上分两阶段发展，前一阶段佛像在大同云冈既往造型基础上，部分地接受了南朝人物着衣造型因素，坐像悬裳从无到有发展；后一阶段佛像再次吸收了南朝佛像袈裟造型样式，显著特征在于悬裳的程式化表现。两类窟龛佛像大体上以北魏孝文帝迁都洛阳为界（494年），其中前一阶段佛像基本对应大同云冈第二期后段窟龛佛像，包括少数延续至迁都洛阳之初的实例；后一阶段佛像发端于大同云冈第二期后段窟龛，但主要流行于第三期窟龛。

一、前一阶段佛像

大同云冈第18窟南壁下层东侧龛北魏佛坐像跏趺坐于龛内，头部残（图3-28）。佛像身着褒衣博带式袈裟，袈裟左领襟略向右下倾斜，右领襟在胸腹部左转披搭于左臂肘后向外侧垂下，腹部下垂近半圆形衣裾覆盖跏趺坐双足，两臂外侧衣襟则披搭在双腿外侧。跏趺坐双足虽不可见，但外张的两腿形态较为清晰。佛像未表现悬裳，衣装贴身，衣纹作阴线刻表现。这尊佛像应该是云冈石窟中最早的褒衣博带式袈裟佛像之一，整体造型显得尤为简朴，人物躯体上还保留有第二期前段洞窟佛像的造型特征。

图3-28　大同云冈第18窟南壁下层东侧龛北魏佛坐像

大同云冈第16窟东壁下层龛北魏二佛并坐像之一，头部残损，同样着褒衣博带式袈裟，不同的是，该像胸部有自左肩斜向右胁的僧祇支，并在袈裟两领襟交接处表现束带，束带结节后两端并置下垂，未表现覆座悬裳（图3-29）。同样造型佛像还有多例，如大同云冈第18窟明窗东侧龛北魏二佛并坐像之一（图3-30）、云冈第11窟明窗东侧龛北魏太和十九年（495年）佛坐像（图3-31）等众多实例。可以看出，这些北魏佛像衣装整体向厚实的方向发展，但衣褶却作阴线刻表现。值得注意的是，大同云冈第11窟明窗东侧龛北魏太和十九年（495年）佛坐像，是该地最早有纪年的褒衣博带式袈裟佛像，此时距北魏文成帝太和十年（486年）服饰改革已有十年，期间出现的褒衣博带式袈裟佛像，皆是云冈第二期洞窟中出现的补刻龛像。

大同云冈第15窟东壁下层南侧龛北魏佛坐像的着衣形式与上述几尊佛坐像大体一致，

图3-29　大同云冈第16窟东壁下层龛北魏二佛并坐像之一

图3-30　大同云冈第18窟明窗东侧龛北魏二佛并坐像之一❶

图3-31　大同云冈第11窟明窗东侧龛北魏太和十九年佛坐像❷

❶ [日]水野清一，长广敏雄.云冈石窟(第十二卷)[M].京都:京都大学人文科学研究所,1951—1956:图版82.
❷ [日]水野清一，长广敏雄.云冈石窟(第八卷)[M].京都:京都大学人文科学研究所,1951—1956:图版9.

不同之处在于跏趺坐两足间出现呈扇形辐射的外侈悬裳（图3-32）。云冈第15窟东壁下层北侧龛北魏佛坐像的覆座悬裳在同窟南侧龛佛坐像基础上明显向上抬高了（图3-33）。这种变化趋势在云冈第6窟东壁下层中间龛北魏佛坐像上得以进一步明晰（图3-34）。

图3-32　云冈第15窟东壁下层南侧龛佛像

图3-33　大同云冈第15窟东壁下层北侧龛佛像

图3-34　大同云冈第6窟东壁下层中间龛佛像❶

　　褒衣博带式袈裟佛像的着衣形式源于南朝，是晋玄学思想及其审美观念的产物，这点已成为学界的共识。南京西善桥南朝墓画像砖为这种服饰发生地的典型实例，其中竹林七贤与荣启期身着宽大的服装，双领下垂，盘膝而坐，胸部表现有两端并排下垂的束带，束带上有竖起的圆形带结，这一束带造型是南朝褒衣博带式袈裟佛像的典型特征之一（图3-35）。云冈窟龛中少量表现束带的佛像，造型极为简洁，说明胸部束带并没有成为必然具备的造型元素。可见，云冈第二期窟龛中最初出现的北魏褒衣博带式袈裟佛坐像，是在吸收南朝造像因素过程中加以改造而成。

图3-35　南京西善桥南朝陵荣启期画像砖线描图（笔者绘）

　　大同云冈第6窟南壁下层东侧龛北魏佛坐像（图3-36）、云冈第6窟南壁下层西侧龛北魏佛坐像（图3-37），两尊佛像皆为第6窟实例，袈裟形式及领襟披搭形式与前述佛坐像区别不大，但悬裳明显加大外侈幅度和下垂长度。

---

❶ [日]水野清一，长广敏雄.云冈石窟(第三卷)[M].京都：京都大学人文科学研究所，1951—1956：图版55A.

悬裳以对称的扇形下垂，扇形中间露出半圆形的袈裟衣裾。这一半圆形衣裾是腹部袈裟下垂而成，由此前覆盖双足变为置于其下，并与悬裳组合表现。这种形式袈裟的佛像基本集中在云冈第6窟，彼此间的差异主要体现在束带上端带结。值得注意的是，这种在迁都洛阳前成型的褒衣博带式袈裟佛像，在迁都洛阳后并没有在第三期洞窟龛像中沿袭下来，也没有被推广至洛阳龙门窟龛（仅有少量类似造型实例）。

大同云冈中晚期造像中前一阶段北魏佛立像分布情况和北魏佛坐像相似，多为云冈第二期洞窟中的补刻龛像，但数量明显少于佛坐像。

大同云冈第11窟中心柱西面上层龛北魏二佛并立像之

图3-36　大同云冈第6窟南壁下层东侧龛北魏佛坐像❶

图3-37　大同云冈第6窟南壁下层西侧龛北魏佛坐像

一，整体保存完好，面相方圆，嘴角含笑，呈现自信又内敛的气质（图3-38）。佛像左领襟自然下垂，右领襟下垂至胸腹部左转，披搭于左手肘部下垂，胸部有僧祇支，表现束带，束带上端有凸起的带结，这种样式与南朝实例如出一辙。佛立像衣装厚重，下垂衣襟明显外侈，衣褶为片形阶梯状，在视觉上呈现一种自内而外的张力感。

大同云冈第11窟西壁下层北魏七立佛之一的面部特征与着衣形式与同窟中心柱西面上层龛北魏二佛并立像之一相同，但袈裟衣边变成了连续的S形内外翻转样式，装饰意味变得鲜明起来（图3-39）。这种审美趣味，在云冈第6窟南壁上层东侧龛北魏佛立像上体现得更为充分（图3-40）。云冈第6窟南壁上层东侧龛北魏佛立像的躯体特别宽大，衣装质感厚实，下垂衣

图3-38　大同云冈第11窟中心柱西面上层龛北魏二佛并立像之一❷

襟外侈幅度很夸张，其右臂下垂的衣裾呈细碎S形内外翻转，右领襟下的胸腹部袈裟衣褶较为密实，与两臂及下垂衣裾部位衣褶形成疏密对比，并与构图复杂的背光相呼应，营造

❶ [日]水野清一，长广敏雄.云冈石窟(第三卷)[M].京都：京都大学人文科学研究所，1951—1956：图版19.
❷ [日]水野清一，长广敏雄.云冈石窟(第八卷)[M].京都：京都大学人文科学研究所，1951—1956：图版62.

一种厚实又华丽的造型样式。整体来看，这一阶段佛立像的造型特征偏早实例相对简洁质朴，较晚实例则变得繁缛华丽，云冈第6窟北魏实例为该种变化的最终形式。

需要提及的是，大同云冈第16窟北魏主尊佛立像是昙曜五窟之一，但该像并没有如期完工，而是延至第二期洞窟后段迁都洛阳前才完成（图3-41）。第16窟北魏主尊佛立像下半身风化严重，但头部保存尚好，五官俊秀，呈现一副青年王者的气概。该像可见着衣造型与上述第6窟北魏佛立像一致，整体追求一种华美又飘逸的出尘气质。

图3-39　大同云冈第11窟西壁下层北魏七立佛之一❶

图3-40　大同云冈第6窟南壁上层东侧龛北魏佛立像❷

图3-41　大同云冈第16窟北壁北魏主尊佛立像

二、后一阶段佛像

大同云冈中晚期洞窟后一阶段龛像的较早实例出现于第二期后段洞窟补刻龛像中，大部分实例分布于云冈第21窟以西诸窟。

大同云冈第15窟西壁下层南侧龛北魏佛坐像的头部残损，衣装保存相对完好，袈裟左领襟自然下垂，右领襟下垂至胸腹部左转披搭于左臂肘部，胸部有自左肩斜向右胁的僧祇支，表现有束带，束带结节上端有花瓣般的凸起造型，两端并置下垂至跏趺坐双腿上（图3-42）。这些特征与北魏中晚期前一阶段褒衣博带式袈裟佛像基本相同。明显

❶ [日]水野清一，长广敏雄.云冈石窟(第八卷)[M].京都：京都大学人文科学研究所，1951—1956：图版48.

❷ [日]水野清一，长广敏雄.云冈石窟(第三卷)[M].京都：京都大学人文科学研究所，1951—1956：图版12.

差异是该像腹部袈裟衣襟下垂至跏趺坐双腿时，被右足折叠成两片竖长半圆形衣裾，并以对称形式分别覆左右小腿。该像袈裟质感明显变得厚重起来，片形阶梯状衣褶的程式化程度加深。这种袈裟衣襟被右足折叠成两片竖长半圆形的造型一经出现，很快就流行开来，成为云冈第三期洞窟北魏佛坐像典型特征之一。

图 3-42　大同云冈第15窟西壁下层南侧龛北魏佛坐像

大同云冈第26窟东壁下层南侧龛北魏佛坐像的头手残损，其他部分保存完好（图3-43）。该像领襟披搭形式和衣褶雕刻样式与云冈第15窟西壁下层南侧龛佛坐像相同，束带则有所简化，明显不同的是，佛像跏趺坐下的台座抬高了，使覆座悬裳的形态更为清晰。随着时间的推移，云冈西部窟龛佛坐像的台座渐趋升高，覆座悬裳也变得修长起来，叠加层次由单层发展为多层，衣褶线也向舒展的装饰性线条演变，这种变化可以在云冈第11窟外壁A龛北魏佛坐像中看出来（图3-44），最突出的例子见于云冈第5窟A洞北壁北魏佛坐像（图3-45），后者那种夸张的覆座悬裳，将注重佛像外在衣装装饰性的表现意图彰显到极致。值得注意的是，这种装饰意味鲜明的造型样式，应受到洛阳龙门北魏正光年间（520~525年）龛像影响，后者在龙门北魏石窟中有多例存在。[1]

图 3-43　大同云冈第26窟东壁下层南侧龛北魏佛坐像

图 3-44　大同云冈第11窟外壁A龛北魏佛坐像[2]

图 3-45　大同云冈第5窟A洞北壁北魏佛坐像[3]

[1] 黄文智.河南中部北魏晚期至东魏石刻佛像造型分析[J].敦煌学辑刊,2015:1.
[2] [日]水野清一,长广敏雄.云冈石窟(第十卷)[M].京都:京都大学人文科学研究所,1951—1956:图版65.
[3] [日]水野清一,长广敏雄.云冈石窟(第二卷)[M].京都:京都大学人文科学研究所,1951—1956:图版61B.

大同云冈中晚期洞窟后阶段洞窟佛立像，主要分布于云冈第21窟以西诸窟中，少数补刻于云冈第一期、第二期窟龛。这些佛像中，云冈第23窟西壁北魏佛立像是较早实例（图3-46）。该像头部残损小半，但可以看到脸部自信和略带微笑的表情。佛像身着褒衣博带式袈裟，胸部有僧祇支和束带，下垂衣襟向两侧外侈，衣边的S形内外翻转较为疏朗（不似云冈第6窟北魏佛立像那般繁密），整体呈现一种飘逸潇洒的气质。不过，这种气质在后续的佛立像中很快就消退了。云冈第28窟南壁下层东侧北魏佛立像的衣领披搭形式及衣褶表现样式与云冈第23窟西壁北魏佛立像相同，但衣装明显变得紧窄了（图3-47）。这种变化，在云冈第5窟A龛南壁下层西龛北魏佛立像中尤为显著，该佛像中被抬起双臂所折叠出来的胸腹部以下衣裾萎缩为片状的三角形，褒衣博带式袈裟的那种厚实、外侈的造型，退化成紧窄、短促的衣装（图3-48）。不过，这种变化并没有对周边区域造型形成强力影响，因此可将其归纳为云冈第三期窟龛佛立像的地域特征。

图3-46　大同云冈第23窟西壁北魏佛立像

图3-47　大同云冈第28窟南壁下层东侧北魏佛立像

图3-48　大同云冈第5窟A龛南壁下层西龛北魏佛立像[1]

三、菩萨及其他造像

大同云冈第6窟东壁上层中间龛北魏左胁侍菩萨立像是一尊不太引人注意的菩萨，

[1] [日]水野清一，长广敏雄.云冈石窟(第二卷)[M].京都：京都大学人文科学研究所，1951—1956：图版67B.

但颇为重要（图3-49）。该菩萨保存完好，跣足立于莲台上，头戴精致的帽冠，面型丰腴，眉毛舒展，嘴角含笑，洋溢着闻法的喜悦。菩萨身穿宽大的佛衣，佛衣下缘外侈明显，胸部有项饰，腹部表现束带，肩上有下垂的披帛，该披帛两端在两大腿间交叉后折返披搭在对侧肘部并下垂。这尊菩萨上身并不裸露，且穿上了宽大的佛衣并饰有束带，这与前述交脚菩萨像并不一致，再加上披帛的交叉表现，显示出这是一种新的着装形式，其出现时间应该与佛像穿上褒衣博带式袈裟的时间相近。

图3-49 大同云冈第6窟东壁上层中间龛北魏左胁侍菩萨立像 ❶

大同云冈第6窟方柱南面下层西拱柱北魏供养菩萨与力士是主尊造像两侧的胁侍像，其左侧双手捧物者为供养菩萨，该菩萨头顶有高大的发髻，未戴冠，头转向像龛方向，左腿抬起，右腿直立（承重），胯部右抬，整个身体形成曼妙的曲线，这与佛像两侧直立的胁侍菩萨形成鲜明对比（图3-50）。供养菩萨胸部有项饰，下身着裙裳，肩上垂下的披帛在腹部交叉后再披搭在对侧肘部并下垂，这种衣装与第二期后段窟龛胁侍菩萨并无二致。供养菩萨右侧的力士，作沟陇状发髻，面目凶悍，身体动态与供养菩萨呈对称状，同样有项饰、下身着裙裳。除此之外，那些飞翔天人的衣饰也与胁侍菩萨相同。

图3-50 大同云冈第6窟方柱南面下层西拱柱北魏供养菩萨与力士 ❷

大同云冈第二期洞窟与第一期洞窟存在明显区别，第一期洞窟重在突出主尊佛像的偶像崇拜观念，第二期洞窟则注重洞窟图像的组合关系和佛教思想的表达，因此洞窟内的内容特别丰富，人物众多，其中雕刻的佛传故事为这种庄重的佛教空间增添了很多鲜活的内容。所谓佛传故事，是指释迦佛从诞生至涅槃期间发生的故事，也就是释迦佛在人世间一生的传记。云冈第6窟中心塔柱和四壁上以连环画的方式，镌刻了大量佛传故事，据研究者考证有46幅之多，现保存相对完整者有31幅。❸

❶ [日]水野清一，长广敏雄.云冈石窟(第三卷)[M].京都：京都大学人文科学研究所，1951—1956：图版46.
❷ [日]水野清一，长广敏雄.云冈石窟(第二卷)[M].京都：京都大学人文科学研究所，1951—1956：图版132.
❸ 赵昆雨.云冈第6窟佛本行故事雕刻内容再识[J].文物世界，2004：5.

　　大同云冈第6窟中心柱西面下层北魏树下诞生佛传故事，表现了释迦太子降生的过程（图3-51）。据佛经记载，释迦太子的母亲摩耶夫人怀胎十月快分娩的时候，带着眷属游玩大吉祥地蓝毗尼园（古印度有回娘家生孩子的说法，因此路经蓝毗尼园），感到稍有疲倦，倚靠娑罗树。摩耶夫人右手上举抓住树枝，太子从右胁生出，释放出广大光明。释迦太子树下诞生的场面，充满了不可思议的神学特征。在云冈第6窟的浮雕画面中，扶树的摩耶夫人、挽扶摩耶夫人的波阇波提（摩耶夫人的妹妹）、接生的帝释天和礼赞的梵天，皆作菩萨装束，并且是孝文帝服饰改制后的新式菩萨装。同样是表现树下诞生的画面，犍陀罗浮雕故事画更为写实和富于艺术感染力，比如平山郁夫丝路博物馆收藏的一件犍陀罗公元3世纪树下诞生佛传故事（图3-52）。其出场人物更多，并且人物的动态和空间关系都特别协调，这是成熟的古希腊、古罗马雕刻技术作用于佛教题材美术创作的结果。与犍陀罗那种写实的风格相比，云冈石窟的画面更为平面化，人物表情类型化，衣纹均为阴线刻，从中可以看出外来美术样式在本土所发生的变化。

图3-51　大同云冈第6窟中心柱西面下层北魏树下诞生佛传故事 ❶

图3-52　犍陀罗公元3世纪树下诞生佛传故事　平山郁夫丝路博物馆藏

　　夜半逾城的佛传故事，讲是释迦太子决意出家后的实际行动，他唤来车匿（太子马夫）牵来马匹，净居天的天神使城中的军士、宫女昏睡，四天王（夜叉）则手托马的四蹄，梵天、帝释天在前引路，自北门出，走向山林。云冈第6窟南壁北魏夜半逾城佛传故事中出现了骑马的释迦太子和托马的四天王，以及手持华盖的飞天，画面极为简洁，并且还可以从平面化的建筑和人物中看到汉画像石的雕刻技法（图3-53）。和树下诞生

❶ [日]水野清一，长广敏雄.云冈石窟(第三卷)[M].京都：京都大学人文科学研究所，1951—1956：图版201.

一样，该浮雕与来自古印度的同一题材作品相去甚远，这显然也是外来艺术进一步汉化的结果（图3-54）。

图3-53　大同云冈第6窟南壁北魏夜半逾城❶

图3-54　犍陀罗公元3世纪夜半逾城　印度加尔各答博物馆藏

小结

大同云冈石窟的开凿，标志着汉文化地区规模化、群体化佛教造像登上舞台，在中国雕塑史上具有里程碑意义。云冈石窟北魏中期洞窟佛像着右肩半披式袈裟和通肩式袈裟，人物躯体壮实，但人体的肌体起伏关系较为含蓄，这是外来艺术样式与本土雕刻工艺结合后的创举。在着衣衣褶雕刻上，存在云冈第20窟主尊凸棱附线刻和云冈第19窟主尊片形阶梯状附线刻两种代表性雕刻技法，后者发展为基本形式。云冈中期洞窟菩萨像，包括人物形态、宝冠、衣饰在内，皆是以云冈第17窟主尊菩萨交脚坐像造型为基准展开的，其粉本应来自犍陀罗菩萨造像，但人物躯体结构同样含蓄，衣褶表现则与同时期佛像统一。这种以皇家力量推动和创作出来的造像样式，可称为云冈洞窟人物雕刻模式。云冈洞窟人物雕刻模式在形成之中及其后一段时间，传播到北魏领土的大部分地方，继而出现如实模仿云冈石窟的中央样式，以及区域特征明显的地方样式两种风格造像。

大同云冈中晚期洞窟佛像可分为两个发展阶段，前一发展阶段是在云冈此前造像造型基础上，部分吸收了南朝佛像因素，其中佛坐像按照悬裳由无而有演变，侧重于对称的装饰化表现；佛立像呈现由简洁质朴向繁缛华丽的造型特征转变。后一发展阶段的佛

---

❶ 冯骥才.中国大同雕塑全集(云冈石窟雕刻卷)[M].北京:中华书局,2010:图版484.

坐像着意于悬裳表现，较早实例出现于云冈第二期龛像中（490年左右），其后主要在云冈西部第三期窟龛中持续流行；佛立像袈裟趋于紧缩，人物造型越发瘦弱。该时期佛像整体呈消瘦之势，秀骨清像的造像特征得以彰显。两阶段造像有一段时间的交集期，反映了云冈各窟龛复杂的开凿次序。云冈中晚期洞窟菩萨像一改此前袒露上半身的做法，披上了宽大的披帛，下半身的裙裳也变得宽大起来，这种变化与佛像的衣饰改革是同步进行的。这一时期出现的佛传故事浮雕，其画面场景、人物形象、衣装形式皆为本土雕刻特征，外来造像艺术的本土化转变在此表现得特别显著。

　　大同云冈石窟是北朝时期以皇家之力开凿的大型洞窟群，是中原北方形成的第一次造像热潮，而服饰改革所引发的本土化造像样式全面发展，又将开窟造像事业推向一个新的层面，这在中国古代物质文化发展进程中具有非比寻常的意义，更重要的是，云冈洞窟人物雕刻模式的出现和推广，深刻影响并改变了中国古代雕塑发展史的前进方向。

第四章

洛阳龙门石窟造像

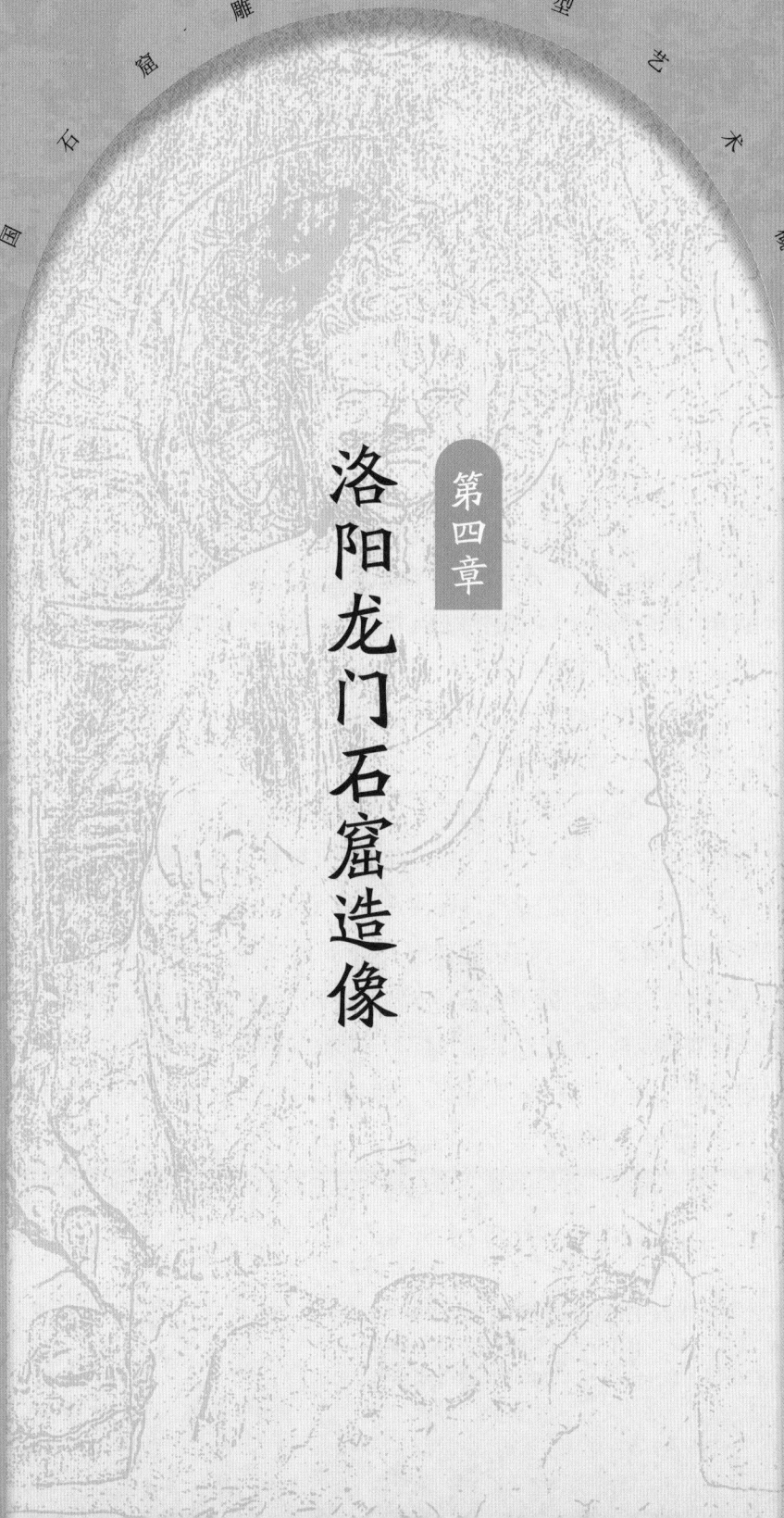

北魏太和十八年（494年），北魏孝文帝由平城（今山西大同）迁都洛阳，北魏进入晚期阶段，同时也开启了洛阳佛教文化中心的时代。相对于平城时代而言，新都洛阳除了开窟造像之风外，还在城内外广建寺院，佞佛之风尤胜此前。在迁都之初，北魏孝文帝规定洛阳城内只设一寺，但这个约束很快被热情的佛教徒们打破，东魏杨衒之所著《洛阳伽蓝记》开篇就提到："（前略）逮皇魏受图，光宅嵩洛，笃信弥繁，法教逾盛。王侯贵臣，弃象马如脱屣，庶士豪家，舍资财若遗迹。于是昭提栉比，宝塔骈罗，争写天上之姿，竞摹山中之影。金刹与灵台比高，广殿共阿房等壮。岂直木衣绨绣，土被朱紫而已哉！"❶这段话描述了洛阳城中信众狂热的佞佛热情，以及遍布城内外的众多寺院。《魏书·释老志》载："世宗笃好佛理，每年常于禁中亲讲经论，广集名僧，标明义旨……上既崇之，下弥企尚。至延昌中，天下州郡僧尼寺，积有一万三千七百二十七所，徒侣逾众"。❷北魏灭亡前的洛阳，甚至出现了"京城表里，凡有一千余寺"的人间佛国景象。

然而，随着北魏分裂为东、西魏（534年），洛阳城成为四战之地，很快沦为一片废墟，唯有相继开凿的龙门石窟、巩义石窟，成为洛阳地区这一时期最重要的佛教遗存，那些周边开凿的小型石窟❸，以及部分单体造像，则是在这两处石窟影响下开凿的。因此，讨论洛阳北魏时代佛教造像，是以洛阳龙门石窟及在其影响下的其他中小型石窟龛像为主。就开窟造像事业而言，龙门石窟是云冈石窟的进一步发展，但从造像样式来看，龙门北魏窟龛造像与迁都前的云冈样式存在明显差异。在北魏迁都前后开凿的龙门古阳洞，在最初近十年间出现的重要佛像，并没有直接沿袭续迁都前云冈第二期洞窟后段的褒衣博带式袈裟形式（云冈第6窟佛像），而是选择孝文帝服饰改制前云冈第二期前段龛像的右肩半披式袈裟。龙门古阳洞出现新袈裟形式佛像，以西壁主尊佛坐像为代表，其完工年代则要晚至6世纪初，此时距离迁都时间已有十年了。迁都后着手开始开凿的龙门宾阳三洞（宾阳中洞、宾阳北洞、宾阳南洞）中，只有宾阳中洞在北魏按期完成，其中主尊佛像的造型出现了诸多新特征。龙门其他大中型洞窟，如龙门莲花洞、魏字洞、普泰洞、弥勒洞等，窟内佛像造像均是在古阳洞和宾阳中洞实例基础上继续发展的。这些佛像中，除了古阳洞在迁都之初开凿的那些着右肩半披式袈裟佛像注重衣装贴

❶ [东魏]杨衒之.洛阳伽蓝记[M].周祖谟,校释.北京:中华书局,2010:22-24.
❷ [北齐]魏收.魏书·释老志[M].北京:中华书局,1974:3042.
❸ 杨超杰.洛阳周围小石窟全录(全5卷)[M].北京:外文出版社,2010.

身表现、突出人体特征外，其他形式实例均注重衣装的外在表现，内在的人体造型趋于弱化。因此，本章阐述龙门北魏窟龛佛像的造型特征，主要是从佛像的着衣形式和衣褶雕刻样式着手。

20世纪初，中外学者开始对龙门石窟造像进行研究，重要者如1907年，法国人沙畹对龙门石窟做了调查，随后公布了大量龙门石窟图片并对部分题记文字做了考证（1909年出版法文版《华北考古记》）❶；其后，日本学者水野清一、长广敏雄的《龙门石窟之研究》出版❷，较深入地探讨了龙门石窟诸问题，但由于考察时间较短，现今看来存在不少可商榷之处。中华人民共和国成立后，中国学者也积极参与到龙门石窟的研究工作中来，成果卓著，逐步建立了较科学的窟龛分期序列，发表了多篇重量级论文，出版了系列大型画册、考古报告，主要成果有：龙门文物保管所和北京大学考古系编著的《龙门石窟》❸（两卷），刘景龙编著的《龙门石窟总录》❹（12卷）、《古阳洞》❺（全三册）、《宾阳洞》❻，龙门石窟研究院等机构编著的《龙门石窟考古报告·东山擂鼓台区》❼（全六册），以及龙门石窟研究所编著的《龙门石窟一千五百周年国际学术讨论会论文集》❽等。此外，还有多篇关于龙门石窟的研究专著出版和相关论文披露刊行，其中也包括了日本研究者的一些成果，整体上将龙门石窟的研究推向一个更高的境地。

龙门石窟造像主要存在北魏晚期和唐代两个发展阶段，下文分别阐述。

第一节
龙门石窟北魏晚期造像

由于洛阳龙门北魏窟龛造像头部大多不存，因此对该时期造像的造型分析主要集中

❶ [法]沙畹.华北考古记[M].袁俊生，译.北京：中国画报出版社，2020.

❷ [日]水野清一，长广敏雄.龙门石窟之研究[M].东京：东方文化研究所，1941.

❸ 龙门文物保管所，北京大学考古系.中国石窟·龙门石窟[M].北京：文物出版社，1991.

❹ 刘景龙.龙门石窟总录[M].北京：中国大百科出版社，1999.

❺ 刘景龙.古阳洞[M].北京：科学出版社，2001.

❻ 刘景龙.宾阳洞[M].北京：文物出版社，2010.

❼ 龙门石窟研究院，北京大学考古文博学院，中国社会科学院世界宗教研究所.龙门石窟考古报告——东山擂鼓台[M].北京：科学出版社，2018.

❽ 龙门石窟研究所.龙门石窟一千五百周年国际学术讨论会论文集[M].北京：文物出版社，1996.

于其着衣形式和衣褶雕刻样式。综合来看，洛阳龙门北魏窟龛佛像依据着衣形式的不同主要存在五种造型，菩萨造像着装则变化相对较小。下文按照龙门龛像造型特征和尊格的不同，逐一阐述。

一、云冈样式佛像

洛阳龙门北魏窟龛中的云冈样式佛像，是指古阳洞中最早开凿、带有云冈旧式造型特征的龛像。古阳洞位于龙门西山窟群中靠南处，窟内平面大致呈长方形，穹窿顶。学界一般认为古阳洞开凿于北魏孝文帝迁都洛阳前后，其中在北壁上层靠近窟口处的佛龛中有北魏太和二十二年（498年）"比丘慧成造像记"的铭文，该龛斜上方还有北魏太和十九年（495年）长乐王丘穆陵亮夫人尉迟造像龛，这是古阳洞纪年最早的造像题记之一。两龛中前者的主尊造像是佛坐像，后者是菩萨交脚坐像，其着衣形式均与云冈第二期前段窟龛实例相同。

图4-1 洛阳龙门古阳洞北壁第304龛北魏太和二十二年比丘慧成造像❶

洛阳龙门古阳洞北壁第304龛北魏太和二十二年比丘慧成造像是古阳洞早期佛像的代表性实例（图4-1）。该像头部残损，佛像双手叠加贴于腹前，身着右肩半披式袈裟，跏趺坐于龛内台基上。佛像袈裟左领襟自然下垂，右领襟半覆右肩后下垂至肘部，左向披搭于左肩，胸部有自左肩斜向右胁的僧祇支。袈裟右领襟经胸腹部时作浮雕的近之字形内外翻转，这一雕刻样式与云冈第19窟、第20窟主尊佛坐像同部位造型高度相似。佛坐像袈裟贴身表现，衣褶雕刻成密集的片形阶梯状，片形表面还附有浅细的阴刻线。由于袈裟质感较薄，人物躯体形态得以清晰呈现。这种衣装造型特征，可以使人想起云冈第一期窟龛和第二期前段窟龛中的佛坐像，尤其是右肩半披式袈裟形式和在片形阶梯状上附刻阴线的雕刻技法，是以云冈第19窟主尊佛坐像为代表的片形阶梯状附线刻技法的再现，而双手叠加贴于腹前的手印，则与中原北方十六国时期的金铜佛像一致。

洛阳龙门古阳洞北壁第228龛北魏佛坐像的头部左侧自肉髻至耳朵处破损，残存部

---

❶ 刘景龙.古阳洞(一)[M].北京:科学出版社,2001:图版110.

分可以看出佛像为波形发髻，脸型较为修长，眉目清秀，嘴角含笑，呈现鲜明的秀骨清像气质（图4-2）。该像的着衣造型特征与比丘慧成造像基本一致，袈裟右领襟经胸腹部时同样作浮雕的近之字形内外翻转，只是其片形阶梯状的衣褶表面未见阴刻细线。相似造型的佛像在古阳洞中还有多个实例，年代也偏早，其造型虽说延续了云冈第一期、第二期前段窟龛佛像特征，但人物面部五官向清秀转化，躯体也趋于清瘦，这与云冈实例中那种相对壮实的特征有了明显区别。

图4-2 洛阳龙门古阳洞北壁第228龛北魏佛坐像 ❶

综合来看，古阳洞这些早期的佛坐像，其开凿年代应该在迁都洛阳后的十余年（494～504年），其在着衣形式和衣褶雕刻样式上基本继承了云冈旧有形式，但在人物造型特征上向秀骨清像的气质转变。

二、古阳洞褒衣博带式袈裟佛像

洛阳龙门北魏窟龛中先期出现的褒衣博带式袈裟集中在古阳洞中，其中最早实例部分延续了迁都前云冈第二期后段窟龛中同一袈裟形式佛像特征，但在其后的发展中迅速发生变化。为叙述方便，暂将这种新式佛像称为古阳洞褒衣博带式袈裟佛像。

龙门古阳洞北壁第75龛北魏佛坐像或为该窟中最早的着褒衣博带式袈裟的实例（图4-3）。该像头部残损，跏趺坐，袈裟左领襟自然下垂，右领襟经胸部披搭于左臂肘部，胸部两袈裟领襟间饰有束带，束带两端结节后并置下垂。袈裟有厚实感，衣褶表现为条带式阶梯状。这种造型特征，与大同云冈第二期后段窟龛实例比较接近，应该是在后者影响下的再发展，但此种造型的佛像在龙门窟龛中数量有限。

图4-3 洛阳龙门古阳洞北壁第75龛北魏佛坐像 ❷

洛阳龙门古阳洞西壁北魏主尊佛坐像残损较为严重，但大体可以辨认基本造型特

---

❶ 刘景龙.古阳洞(一)[M].北京:科学出版社,2001:图版87.
❷ 刘景龙.古阳洞(一)[M].北京:科学出版社,2001:图版53.

征（图4-4）。其与同窟北壁第134龛北魏佛坐像手足姿势、袈裟衣褶表现样式及覆座悬裳形态等造型存在诸多一致性，且后者保存得更为完整（图4-5）。龙门古阳洞北壁第134龛北魏佛坐像，头部不存，双手叠加在一起置于腹前，袈裟左领襟自然下垂，右领襟下垂至腹部左转披搭在左前臂上，两领襟围合成U字形。腹部以下衣襟下垂形成椭圆形造型并覆盖跏趺坐双足，双腿下有下垂并外侈的覆座悬裳，这些悬裳的衣边皆有作几字形内外翻转的结构，视觉效果强烈。可以看出，龙门古阳洞北壁第134龛北魏佛坐像是在同窟北壁第75龛北魏佛坐像基础上加大了袈裟领襟围合空间，表现束带，并夸大了覆座悬裳，袈裟衣褶雕刻成条带式阶梯状，衣边有几字形内外翻转结构。这些新的造型特征，已经与迁都洛阳前的大同云冈北魏窟龛实例形成明显差异。因龙门古阳洞西壁主尊左胁侍菩萨下垂衣褶外侧和右胁侍菩萨右肩外侧，各有北魏正始二年（505年）雕刻的小龛，故可知该窟的西壁三尊主像（一佛二菩萨）当完成于北魏正始二年之前。❶

北魏迁都前后开始开凿的洛阳龙门古阳洞，在最初十年间基本没有着褒衣博带式袈裟的佛像。较早完成的龙门古阳洞南北壁上层八大龛中，只有窟内北壁第75龛北魏佛坐像

图4-4　洛阳龙门古阳洞西壁北魏主尊佛坐像❷

图4-5　洛阳龙门古阳洞北壁第134龛北魏佛坐像❸

❶ 宿白.洛阳地区北朝石窟的初步考察[C]//龙门文物保管所,北京大学考古系.中国石窟·龙门石窟(一).北京：文物出版社,东京：株式会社平凡社,1991：226.
❷ 刘景龙.古阳洞(一)[M].北京：科学出版社,2001：图版7.
❸ 刘景龙.古阳洞(一)[M].北京：科学出版社,2001：图版74.

（北壁东起第4大龛主尊佛坐像）着褒衣博带式袈裟，但其袈裟形式与大同云冈的实例相比有较明显差异。其他几例着褒衣博带式袈裟的佛像中，年代越往后者变化越明显，条带状的袈裟衣褶和衣边作几字形内外翻转结构，也更富于装饰意味。这种情形说明，该洞窟内着褒衣博带式袈裟的佛像并不是大同云冈二期后段龛像的简单延续。在龙门古阳洞，与这种造型类似佛像在龙门其他北魏小龛中只有零散存在，但却在周边地区小型石窟中时有出现。

三、u字形领褒衣博带式袈裟佛像

洛阳龙门石窟中u字形领褒衣博带式袈裟佛像出现于古阳洞，显著特征是褒衣博带式袈裟两领襟围合成u字形，这是北魏迁都洛阳以来，工匠在该窟中刻意创作新样式的外在表现。

洛阳龙门古阳洞北壁第108龛北魏佛坐像跏趺坐于梯形的台座上，头部已残，双手作说法状（图4-6）。与此前实例相较而言，该像领襟披搭形式较为独特，左领襟下垂至胸腹部左转披搭于左臂，右领襟下垂至腹部后亦左转披搭于同一位置，从而形成类似于u字形的披搭形式，❶胸部束带两端并置下垂，下端呈剑凸状，与云冈的那种倒丫形明显不同。相似的实例，还见于洛阳龙门古阳洞南壁第1龛北魏佛坐像（图4-7）。该像除了未表现束带外，袈裟领襟的披搭形式与前者上下叠压顺序有别，表现为右领襟覆盖左领襟，这是此后u字形领襟披搭的基本形式。两例佛坐像衣装衣褶继续沿袭条带状特征，其中覆座悬裳衣褶繁密而修长，从多变的衣边内外翻转结构中，可以感受到工匠们在努力制造一种端庄又具有装饰意味的视觉形式。

洛阳龙门古阳洞南壁第206龛北魏佛坐像跏趺坐于方形台座上，头部不存（图4-8）。其袈裟领襟披搭形式大体与古阳洞南壁第1龛佛坐像接近，只是其领口开得更宽大，胸部僧祇支上还表现了两端平行下垂的束带，这是在古阳洞出现的新特征（此前实例束带两端多作并置下垂）。另外，该像两臂下垂的衣襟边缘没有作内外翻转变化，但覆座悬裳衣边依然有几字形的内外翻转结构，且层次丰富并注重对称表现。

———————————

❶ 笔者将双领下垂式袈裟领襟披搭形式分为u字形和U字形两种形式，前者左领襟下垂至胸腹部后外翻敷搭于左臂或左向转折，这是该组造像的独特特征；而U字形领的左领襟则表现为自左肩下垂至腹部后不翻转，龙门宾阳中洞及此后开凿北魏窟龛造像多作此种表现。两者主要区别在于左领襟的下垂形式不同。

图 4-6 洛阳龙门古阳洞北壁第 108 龛北魏佛坐像❶ 　图 4-7 洛阳龙门古阳洞南壁第 1 龛北魏佛坐像❷ 　图 4-8 洛阳龙门古阳洞南壁第 206 龛北魏佛坐像❸

　　结合龙门古阳洞窟龛的开凿次第和实例分布位置来看，可知这种造型佛像主要流行于北魏正始至北魏永平年间（504～512年）。该种佛像袈裟领襟的披搭形式极为鲜明，但各实例间均存在局部的微观差异，这或许是匠工们在试图创造一种新佛像形式而努力的结果。值得注意的是，首见于龙门古阳洞且占有一定比例的u字形领襟披搭形式，虽在该地其他窟龛中并不多见，但对周边地区造像产生了较大影响。❹

四、宾阳中洞褒衣博带式袈裟佛像

　　宾阳中洞褒衣博带式袈裟佛像是龙门北魏窟龛中功德主级别最高的洞窟佛像。龙门宾阳中洞是为皇帝、皇后开凿的洞窟，不仅级别最高，所费工也是最多的。❺窟内的主尊佛像，出现了一些新的造型元素。此外，在龙门北魏晚期大中型的窟龛中，也存在多

❶ 刘景龙.古阳洞(一)[M].北京：科学出版社，2001：图版70.
❷ 刘景龙.古阳洞(一)[M].北京：科学出版社，2001：图版199.
❸ 刘景龙.古阳洞(一)[M].北京：科学出版社，2001：图版288.
❹ 与洛阳龙门相距不远的偃师水泉石窟就有这种领襟披搭形式实例。(刘景龙，赵会军.偃师水泉石窟[M].北京：文物出版社，2006：图版20、图版43.)另外，这种领襟披搭形式在陕西中部、河南北部、河北中南部等地多有出现。
❺ 据文献记载："景明初……为高祖、文昭皇太后营石窟二所……至正始二年中，始出斩山二十三丈。至大长秋卿王质，谓斩山太高，费功难就，奏求下移就平，去地一百尺，南北一百四十尺。永平中，中尹刘腾，奏为世宗复造石窟一，凡为三所。从景明元年至正光四年六月已前，用工八十万二千三百六十六。"([北齐]魏收.魏书·释老志[M].北京：中华书局，1974：3043.)

尊这种造型的佛像，且均为主尊造像，形成造像群。可以说，这种具有皇家特色的新式佛像，是龙门北魏窟龛中最具代表性的实例。宾阳中洞两侧壁佛立像与正壁、主尊佛坐像造型一致，但袈裟形式有别。佛立像对周边地区造像产生深远影响，如山东北部、河北中南部、山西境内北魏晚期佛像的着衣形式就多与洛阳龙门宾阳中洞两侧壁佛立像存在渊源。

洛阳龙门宾阳洞是位于龙门西山北端三座并排的大型石窟，自北至南依次为宾阳北洞、宾阳中洞、宾阳南洞，其中只有宾阳中洞在北魏时期完成。宾阳洞最初是为高祖、文昭皇太后开凿的功德窟。开窟之初，由于山体截面过大、工程量太多而导致进度缓慢，自北魏景明初至北魏正始二年（500～505年），还处于"斩山"阶段，后改变开凿计划才有了实质性进展。至北魏永平年间（508～512年），刘腾奏为世宗宣武帝再开一窟，由此形成宾阳三洞格局。此时，洞窟开凿工程应取得了快速进展。多数学者认为龙门宾阳中洞完工于北魏熙平年间（516～518年），但综观龙门古阳洞开凿情况，这一认识可能有些保守。学界认为龙门古阳洞西壁主尊佛像完工年代不晚于正始二年（505年），龙门宾阳中洞西壁主尊佛像则继其后，后者完工时间若在北魏熙平年间，两者之间的主尊造像形式竟相差十多年，这在开窟造像如此隆盛的北魏晚期似乎不合情理，但若将后者完工时间设定在北魏永平后期至北魏延昌初（510～512年），或可得到合理解释。概言之，龙门古阳洞按最初计划开凿南北壁上层八大龛和西壁主尊时，龙门宾阳洞开始营建（500年），当前者完工时（505年），后者开始改变开凿计划，工程进度加快，至北魏永平年间（508～512年）或稍后，龙门宾阳中洞主体造像率先完工，新造型样式随之诞生。从北魏正始年间（504～508年）至龙门宾阳中洞主体造像完工，期间刚好有龙门古阳洞中零散开凿的u字形领褒衣博带式袈裟佛像出现，后者在北魏永平年间以后几乎不出现在龙门窟龛中，应是受新造型样式影响而消退的。

洛阳龙门宾阳中洞西壁北魏主尊佛坐像保存完好（图4-9）。该佛坐像跏趺坐于亚字形的台座上，波形发髻，面目清秀，嘴角含笑，背后壁面上浅浮雕有华丽的背光。佛像双手作说法状，右足心向上外露；袈裟左领襟自然下垂，右领襟下垂至胸腹部外翻成月牙形后左转披搭于左臂肘部，两领襟围合成U字形，胸部表现有僧祇支和束带，束带右端下垂至月牙形袈裟右领襟下方后再回折插入其内；跏趺坐右腿袈裟衣褶形成莲瓣形结构，覆座悬裳有四层衣

图4-9　洛阳龙门宾阳中洞北魏主尊佛坐像线描图（笔者绘）

图4-10 洛阳龙门普泰洞西壁北魏
主尊佛坐像线描图（笔者绘）

裙，各层衣裾边缘内外翻转结构富于节奏感。另外，该像在褒衣博带式袈裟上还叠加有一层右肩半披式袈裟，由此形成两种袈裟叠加表现的情形❶，后种袈裟形式改变了右臂衣袖下垂的形态，跏趺坐双腿也由此得以完整体现。

与龙门宾阳中洞西壁主尊佛坐像造型特征高度相似的还有龙门普泰洞西壁北魏主尊佛坐像（图4-10）、龙门皇甫公窟西壁北魏主尊佛坐像（图4-11）、龙门弥勒洞北二洞西壁北魏主尊佛坐像（图4-12）、巩义第1窟中心柱南面北魏主尊佛坐像（图4-13）。前三例主尊佛像袈裟表现高度一致，其中两层袈裟叠加的着衣形式、右领襟及束带表现的特征尤为突出，这些都是此前没有出现在中原北方佛像中的造型特征。巩义

图4-11 洛阳龙门皇甫公窟
西壁北魏主尊佛坐像❷

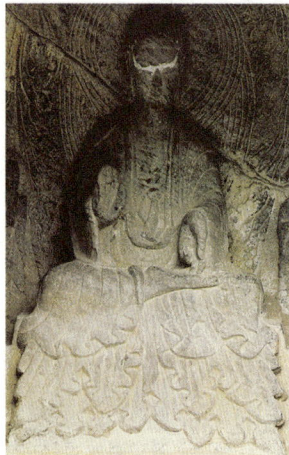

图4-12 洛阳龙门弥勒洞北
二洞西壁北魏主尊佛坐像❸

图4-13 巩义第1窟中心柱南
面北魏主尊佛坐像

❶ 宿白将这种着衣形式描述为袈裟外层另着偏衫。(宿白.洛阳地区北朝石窟的初步考察 [C]//中国石窟·龙门石窟(一).北京：文物出版社，1991：230.)文献记载："永安二年……(陈庆之)曰：'……昨至洛阳，始知衣冠士族，并在中原。礼仪富盛，人物殷阜，目所不识，口不能传……北人安可不重？'庆之因此羽仪服式，悉如魏法。江表士庶，竞相模楷，褒衣博带，被及秣陵。"([北齐]杨衒之.洛阳伽蓝记·卷2·景宁寺[M].周祖谟，校释.北京：中华书局，2010：89-93.)可见，经过北魏孝文帝大力推行汉化制度，至北魏永安年间(508～512年)，洛阳甚至超越南朝而成为天下衣冠礼乐正朔。这一背景下，北朝创作的新样式佛像，存在影响并传播到南朝的可能。南朝实例参见四川博物院、成都文物考古研究所、四川大学博物馆编著的《四川出土南朝佛教造像》。

❷ 龙门文物保管所，北京大学考古系.中国石窟·龙门石窟(一)[M].北京：文物出版社，1991：图版186.

❸ 龙门文物保管所，北京大学考古系.中国石窟·龙门石窟(一)[M].北京：文物出版社，1991：图版67.

石窟造像也呈现出与龙门宾阳中洞西壁北魏主尊佛坐像高度相似特征，尤其是领襟和束带表现几乎一致，袈裟衣褶的疏密关系则与龙门普泰洞西壁北魏主尊佛像相当，应为同一时间段开凿。❶值得注意的是，这些以龙门宾阳中洞西壁北魏主尊佛坐像为代表的新造像样式如此整齐划一出现，显然不是偶然巧合，应有共同粉本和统一的规制。这几例佛像的袈裟衣褶皆表现为条带式阶梯状，但其疏密变化存在差异，大体上年代越早者越密实，反之则疏朗。

除了上述这些佛坐像以外，在洛阳龙门石窟群中还有一些为数不多的佛立像值得关注，如龙门宾阳中洞南（北）壁北魏主尊佛立像（图4-14）、龙门莲花洞西壁北魏主尊佛立像（图4-15）。这两尊佛立像中前者是龙门宾阳中洞的实例，与同窟西壁北魏主尊佛坐像造型特征趋于一致，只是双领下垂式袈裟的外层并未披上右肩半披式袈裟；后者是龙门莲花洞主尊佛立像，其着衣形式与龙门宾阳中洞北魏佛立像高度相似，但袈裟衣褶却要明显疏朗。可以看出，在龙门北魏窟龛中，两种袈裟叠加表现的情形只见于佛坐像。

图4-14 洛阳龙门宾阳中洞南壁北魏主尊佛立像❷

图4-15 洛阳龙门莲花洞西壁北魏主尊佛立像

根据综合观察，在洛阳龙门北魏纪年造像中，北魏神龟年间（518～520年）以后窟龛中均不见上述两种袈裟叠加实例，因此可以推测，这种着衣形式佛像的流行时间主要在北魏延昌至北魏神龟年间（512～520年）。以龙门宾阳中洞西壁北魏主尊为代表的佛坐像，代表了当时最高规格的皇家造像形式，其中包括中原北方此前不曾出现的一些造型特征，而两种袈裟叠加的情形，则清晰界定了该种佛像流行的范围及相对完工时间。不过这种极为重要的造像形式，在龙门北魏窟龛中流行了十年左右，在周边地区的北魏小型石窟中也甚为少见，但其领襟及束带表现等局部特征，却在周边地区造像中得以继承。

❶宿白基于对巩义石窟与龙门石窟造型特征的逐一比对，也得出巩义第1窟、第4窟与龙门魏字洞、普泰洞接近的结论。[宿白.洛阳地区北朝石窟的初步考察[C]//中国石窟·龙门石窟(一).北京:文物出版社,1991:230-231.]
❷刘景龙.宾阳洞[M].北京:文物出版社,2010:图版37.

五、U形领褒衣博带式袈裟佛像

为叙述方便，笔者将上述几种类型佛像以外的，继宾阳中洞褒衣博带式袈裟佛像之后流行的佛像称为U形领褒衣博带式袈裟佛像，此类佛像双领围合成U字形，着意于覆座悬裳的装饰性表现，数量众多，广泛分布于龙门宾阳中洞之后的其他北魏窟龛，并对周边地区石窟和其他单体造像施加强烈影响。

洛阳龙门古阳洞北壁第190龛北魏佛坐像跏趺坐于壁龛内，头部和手部均有不同程度残损，右足心向上外露（图4-16）。佛像袈裟左领襟自然下垂，右领襟下垂至胸腹部后左转披搭于左臂肘部，胸部表现有两端并置下垂的束带。该像覆座悬裳较为独特，主要由三部分组成，其一是两臂外侧下垂衣襟分别半覆跏趺坐的左右膝盖，其二是腹部袈裟下垂至跏趺坐腿部时被右小腿折叠成两片竖长半圆形衣裾，其三是跏趺坐双腿及内层下垂佛装。覆座悬裳中最显著特征是被右小腿折叠成两片竖长半圆形衣裾。在中原北方，这种造型特征佛像初出现于云冈第三期洞窟，实例如云冈第26窟西壁下层龛佛坐像，只是后者的覆座悬裳相对短小，其开凿年代应该在北魏迁都洛阳后不久。

图4-16　洛阳龙门古阳洞北壁第190龛北魏佛坐像[1]

洛阳龙门古阳洞南壁第97龛北魏神龟元年（518年）佛坐像（图4-17）和龙门莲花洞南壁第60龛北魏正光六年（525年）佛坐像（图4-18）均为有纪年的实例，两像在造像特征上与古阳洞北壁第190龛北魏佛坐像高度相似，较小的区别在于两像前者未表现束带，袈裟衣褶线较为硬朗，后者有两端并置下垂的束带，覆座悬裳衣襟边缘的翻转结构更为均衡规整。另外一尊龙门莲花洞有纪年实例是北魏孝昌三年（527年）佛坐像（图4-19），其袈裟形式与此前实例并无明显差异，只是领襟披搭窄小了些，衣装贴身表现，束带两端长而宽大并下垂于袈裟右领襟下方，覆座悬裳衣边的内外翻转也变得细碎和修长，整体造型风格发生变化。可以看出，这种主要流行于龙门北魏神龟年间（518~520年）的窟龛造像，在北魏孝昌末年趋于衰退或转型。

---

❶ 刘景龙.古阳洞(一)[M].北京:科学出版社,2001:图版168.

图4-17　洛阳龙门古阳洞南壁第97龛北魏神龟元年佛坐像❶

图4-18　洛阳龙门莲花洞南壁第60龛北魏正光六年佛坐像❷

图4-19　洛阳龙门莲花洞北壁第54龛北魏孝昌三年佛坐像线描图（笔者绘）

　　值得注意的是，这种形式佛像的最早实例出现于龙门古阳洞，如该窟北壁第157龛北魏佛坐像，其造型特征与云冈第三期实例接近，开凿年代则大约与第三种造型佛像同期，然后至北魏神龟年间才形成统一形式并流行开来，并对周边地区小型窟龛造像也产生广泛影响。

六、菩萨像

　　洛阳龙门北魏窟龛群中的菩萨造像，均着北魏孝文帝服饰改革以后的新衣饰，其造型特征随着时间的推移而发生微观的变化。

　　洛阳龙门古阳洞北壁北魏太和二十二年（498年）北海王元详造菩萨交脚坐像，是古阳洞中较早纪年的菩萨造像（图4-20）。该像头部残损，其他部分相对完整。菩萨胸部有简洁的项饰，裸上身，下身着裙裳，自两肩垂下的披帛于腹部交叉后再反折披搭在对侧肘上，衣褶以线刻为主。这种衣装和雕刻技法，实际上是云冈第二期后段洞窟菩萨的继续，只是龙门实例的造型更为简洁，人物形象向清秀的特征发展。洛阳龙门古阳洞北壁北魏景明三年（502年）菩萨交脚坐像的人物动态与北海王元详造菩萨交脚坐像

❶ 刘景龙.古阳洞(一)[M].北京:科学出版社,2001:图版255.
❷ 刘景龙.莲花洞[M].北京:科学出版社,2002:图版145.

图4-20 洛阳龙门古阳洞北壁北魏太和二十二年北海王元详造菩萨交脚坐像❶

一致，不同的是该像披帛外层附刻了一组璎珞（图4-21）。另外，该像裙裳的衣褶作阶梯状附线刻表现，这种雕刻技法最典型的实例见于云冈第一期洞窟的第19窟北魏主尊佛坐像。洛阳龙门古阳洞北壁第246龛北魏菩萨交脚坐像的头部残损，身体姿态与前两例接近，但在雕刻细节上已经发生了很大变化，最明显之处是两肩下垂的披帛在腹部交叉时加入了穿璧结构（图4-22）。这种造型在迁都洛阳后的云冈石窟和龙门石窟中都有出现，穿璧结构的源头可追溯至汉画像石图像。此外，该菩萨像裙裳下缘出现了几字形的内外翻转结构，这一特征与同窟北壁第134龛北魏佛坐像覆座悬裳衣边内外翻转结构一致。洛阳龙门古阳洞南壁第140龛北魏菩萨交脚坐像综合了前面三例菩萨像的造型特征（图4-23）。该像头、手虽然残损严重，但衣装、饰物造型尚可辨认，披帛上不仅附刻了一组璎珞，还在腹部交叉处加入了穿璧结构，显得特别华丽且庄重。该像裙裳下缘同样表现内外翻转的几字形结构，并且层次感较此前实例丰富。

图4-21 洛阳龙门古阳洞北壁北魏景明三年菩萨交脚坐像❷

图4-22 洛阳龙门古阳洞北壁第246龛北魏菩萨交脚坐像❸

图4-23 洛阳龙门古阳洞南壁第140龛北魏菩萨交脚坐像❹

❶ 刘景龙.古阳洞(一)[M].北京:科学出版社,2001:图版63.
❷ 刘景龙.古阳洞(一)[M].北京:科学出版社,2001:图版82.
❸ 刘景龙.古阳洞(一)[M].北京:科学出版社,2001:图版135.
❹ 刘景龙.古阳洞(一)[M].北京:科学出版社,2001:图版276.

　　洛阳龙门古阳洞正壁北魏左胁侍菩萨立像是古阳洞中最早完成的新衣饰菩萨像之一（图4-24）。根据左胁侍菩萨下垂衣褶外侧和右胁侍菩萨右肩外侧各有北魏正始二年（505年）雕刻的小龛，❶可知此龛和西壁三尊主像（一佛二菩萨）完成于北魏正始二年之前。这尊菩萨头部残损不太严重，可以看到会心微笑的表情和清秀的眉眼，项饰与两肩垂下的璎珞，共同装饰了菩萨裸露的胸部。菩萨左手持水瓶，右手残，下身着飘逸的裙裳。两肩垂下的披帛在腹部交叉时加入了穿璧结构，然后反折披搭在对侧手臂肘部。

　　洛阳龙门宾阳中洞正壁北魏左侧胁侍菩萨立像跣足立于莲台上，头戴高大的筒形冠，面型圆润，眉毛舒展，嘴角含笑（图4-25）。该菩萨左手于腹部持桃形符，右手上举持莲蕾；胸部有宽大的胸饰，自两肩垂下的披帛在大腿处各自披搭向对侧肘部，形成两个相交的瘦长U字形；下身着裙裳，腰部有束带，大腿外侧还有饰带垂下。菩萨衣装贴体，质地轻薄，衣褶以阴线刻为主。这尊菩萨立像头部偏大，可能是为了使该像与主尊佛坐像体量相协调而夸大了头部比例。该菩萨立像与正壁主尊佛坐像同期完成，是当时皇家造像的代表作之一。龙门宾阳中洞南壁北魏左侧胁侍菩萨立像跣足立于莲台上（图4-26）。头部及右手残，除了披帛上不表现璎珞和大腿外侧不表现饰带外，其他衣装饰物皆同于龙门宾阳中洞正壁北魏左侧胁侍菩萨立像。这两尊菩萨像都位处同一空间中，其中有璎珞者为宾阳中洞正壁主尊佛坐像胁侍菩萨像，不带璎珞者为宾阳中洞侧壁

图4-24　洛阳龙门古阳洞正壁北魏左胁侍菩萨立像

图4-25　洛阳龙门宾阳中洞正壁北魏左胁侍菩萨立像❷

图4-26　洛阳龙门宾阳中洞南壁北魏左胁侍菩萨立像❸

❶ 宿白.洛阳地区北朝石窟的初步考察[C]//中国石窟·龙门石窟(一).北京：文物出版社，1991：226.

❷ 刘景龙.宾阳洞[M].北京：文物出版社，2010：图版34.

❸ 刘景龙.宾阳洞[M].北京：文物出版社，2010：图版37.

佛立像胁侍菩萨，规格上的差异造成了装饰因素华美与素朴的区分。

七、礼佛浮雕

石窟寺能够得以开凿，一般仰仗于供养人（赞助人）的布施。在洛阳龙门石窟中，供养人包括皇族、各级官吏、军兵、平民与僧尼，涵盖社会各阶层民众，他们的身份及造像相关信息多以题记的形式镌刻在造像龛中，也有供养人将象征自己形象的图像镌刻在龛中以实现永远礼佛的祈愿，以此成为石窟寺图像构成的一部分。在龙门北魏窟龛中，存在多幅礼佛图浮雕，其中尺寸最大、雕刻最精美的是宾阳中洞前壁门口两侧的皇帝、皇后礼佛图。[1]不过，这两幅重要的礼佛图，都在1933～1934年被文物贩子盗窃，流失海外，当时盗窃分子将浮雕图凿成碎片运走，后再拼接起来，致使现在看到的实物补修的痕迹非常明显。

图4-27　龙门宾阳中洞北魏皇帝礼佛图（张建宇　摄）大都会艺术博物馆藏

洛阳龙门宾阳中洞北魏皇帝礼佛图现藏于大都会艺术博物馆，高208厘米，宽293.7厘米，画面表现的是北魏皇帝在侍臣和卫士拥簇下礼佛的场面（图4-27）。其中皇帝位于画面前方三分之一处，身着冕服，前方有引路人，后面有托衣者，行列中还有前顾后望的侍从，面型皆作四分之三侧面表现，人物空间关系错落有致，形成生动的画面。值得注意的是，皇帝的仪容和众人拥簇的画面，与顾恺之《洛神赋》中的人物构图颇为相似，在一定程度上再现了南北朝人物画的神韵。

需要提及的是，以洛阳龙门宾阳中洞西壁北魏主尊佛像为代表的褒衣博带式袈裟佛像数量有限，同期完成的其他形式佛像也并不多见，这与洛阳城北魏正光年间（520～528年）前后热烈的造像氛围形成对比，这一情形可能与该时间段洛阳城内外寺院迅速增多有关。史载宣武帝（500～515年在位）喜好佛理，天下僧俗亦多趋附之，地面寺院数量由此急剧增多。过度膨胀的寺院建设，可能影响了洛阳城外龙门洞窟的开

[1] 刘艳青.北魏时期龙门石窟礼佛图研究[D].兰州：西北师范大学，2016.

凿规模和进度，尤其是在宣武帝统治后期，或无更多力量在龙门重新开凿大型窟龛了，其他小型窟龛也曾一度处于短暂的衰减阶段。北魏神龟元年（518年），皇室元老任城王元澄针对洛阳城佛教势力过度膨胀的现象提出奏议，以对其进行规范和遏制。《魏书·释老志》载："昔如来阐教多依山林，今此僧徒恋著城邑……侵夺细民，广占田宅，有伤慈矜，用长嗟苦……诚以国典一废，追理至难，法网暂失，条网将乱。"❶元澄的奏议或许在短时间内使洛阳城寺院的发展得到一定的限制，但佛教徒高涨的崇佛热情并不因此停止，部分佛教徒可能转而将注意力再次投入龙门窟龛或其周边地区小石窟的开凿中，由此造成北魏神龟（518～520年）后龙门补刻窟龛明显增多，洛阳周边地区小石窟盛行的局面，龙门莲花洞西壁主尊佛像也极有可能最终完成在这一背景中。然而，北魏孝昌年间（525～527年）以来，混乱的政治局面和不间断的各地起义，最终使龙门窟龛造像基本陷于停滞之中，洛阳城周边小洞窟或有部分延续，但总体处于衰落状态。随着洛阳佛教文化中心地位的丧失，东魏以降的造像活动基本转到其他地区了。

第二节

龙门石窟唐代造像

据龙门文物保管所统计，龙门共有窟龛二千一百个，唐代窟龛占百分之六十，❷可见唐代在龙门开窟造像风潮之盛。龙门石窟的唐代窟龛大多分布在古阳洞以北地段，是太宗、高宗和武则天时期完成的，古阳洞以南则主要是武则天、中宗和玄宗时期完成的，此外的东山唐代龛像，也都是武则天及以后时代完成的。❸根据洞窟中留下的题记，可知龙门石窟的功德主几乎包括了唐代的所有阶层。

唐代龙门大型窟龛通常有前室和主室两部分，前室一般残损严重，主室则相对完整，窟内雕刻佛、弟子、菩萨、天王、力士等造像，形成规律性的组合关系。下文按照龙门龛像造型特征和尊格的不同，分别阐述。

❶ [北齐]魏收.魏书·释老志[M].北京：中华书局，1974：3045-3046.

❷ 龙门文物保管所.龙门石窟[M].北京：文物出版社，1960.

❸ 温玉成.龙门唐窟排年[C]//龙门文物保管所，北京大学考古系.中国石窟·龙门石窟(二).北京：文物出版社，1992：172.

一、勾钮式袈裟佛像

洛阳龙门窟龛中的勾钮式袈裟佛像是在此前北朝佛像基础上的再发展，开启了初唐造像风貌。

图4-28　龙门宾阳南洞正壁唐主尊佛坐像

图4-29　洛阳龙门党晔洞正壁唐主尊佛坐像

洛阳龙门宾阳南洞正壁唐主尊佛坐像跏趺坐于束腰长方形台座上，半球形肉髻，发髻作漩涡形和波形相结合表现，面型丰腴，身着勾钮式袈裟（图4-28）。佛像袈裟左领襟自然下垂，右领襟自背部经右胁下绕至腹部并以勾钮结构悬搭在左肩上；内层佛衣右领襟自右肩垂下，经外层袈裟右领襟时插入其内并反折出来垂至跏趺坐腿上，最后披搭于右臂。这种袈裟披搭形式，实际上是在北齐勾钮式袈裟的基础上变化而来，两者的主要区别是该像右领襟并不披搭在左臂肘部，而是以勾钮结构固定。这件尺寸高大的佛坐像的衣装作贴身表现，质地轻薄，衬托出佛像伟岸的身躯，但身躯并无明显的肌体起伏关系，这与北齐时期的佛像造型特征一致。值得注意的是，佛像跏趺坐双腿在衣装覆盖下呈现规整的长方体状，并且双腿的衣褶作横向的长弧形表现，这些做法弱化了双腿的具象形态。需要特别提及的是，龙门宾阳南洞正壁唐佛坐像的衣褶作凸起的圆棱线，辅以阶梯状表现，形成愉悦的视觉观感。

洛阳龙门党晔洞正壁唐主尊佛坐像是龙门唐代窟龛中不多见的勾钮式袈裟佛像之一（图4-29）。该像残损并风化严重，但仍可以看出衣装基本特征，其袈裟和内层佛衣的披搭形式与宾阳南洞正壁佛坐像一致，勾钮的结构也基本相同，可视作后者的复刻实例。不过，该像的衣褶并不表现为凸起的圆棱线，而都是片形阶梯状，这是北魏晚期佛像常见的造型特征。

洛阳龙门宾阳南洞作为宾阳三洞之一开凿于北魏，但主尊造像要晚至唐初才完成，此为唐太宗四子魏王李泰之功。李泰此举应是为其母文德皇后荐福而为，[1]他在未完工的宾阳南洞里继续雕凿佛像，因此该窟佛像的基本特征和图像组合，必然参考了已完工

---

❶ 王德路.洛阳龙门石窟宾阳南洞初唐造像考察[J].大足学刊(第三辑),2019.

的龙门宾阳中洞，后者是北魏洞窟群中规格最高的皇家洞窟。龙门宾阳南洞正壁唐主尊佛坐像衣装覆坛，坛前有两头护法的狮子，两侧有弟子和胁侍菩萨，这些特征均与龙门宾阳中洞西壁北魏造像一致。但勾纽式的衣装结构是一种在北朝后期新发展出来的着衣形式，而圆棱与阶梯状结合的衣褶表现样式，在此后的唐代造像中成为主流。因此，洛阳龙门宾阳南洞正壁佛坐像具有部分北朝造型因素，又呈现出初唐风貌，具有极为重要的意义。

二、中衣搭肘式袈裟佛像

龙门石窟唐代中衣搭肘式袈裟佛像造型与北齐的中衣搭肘式袈裟佛像相似，是后者的发展形态，较早实例的衣装造型部分保留了北朝造像因素，但很快形成了新的统一特征，成为龙门唐代窟龛佛像的主流造型样式。

洛阳龙门药方洞是北魏后期开凿而未完工的洞窟，窟内有北魏晚期的像龛，其中正壁主尊佛坐像应完成于唐初（贞观年间前段），但保留了一些北朝晚期佛像因素（图4-30）。这尊佛坐像头部有平缓宽大的肉髻，面部丰腴，眉弓处刻画阴线（眉毛），这些特征与北齐实例相似。佛像外披右肩半披式袈裟，袈裟右领襟半覆右肩后沿肘下经腹部左转披搭在左臂上；内层佛衣右领襟下垂至跏趺坐右腿上，反折披搭于右臂后下垂；胸部有束带，束带结节后呈八字形向两侧下垂；在跏趺坐双腿下有宽且长的覆座悬裳，悬裳衣褶呈对称表现。佛像的衣装形式，与北魏晚期佛像近似，尤其是右肩半披式袈裟和内层佛衣右领襟搭肘相结合的着衣形式，在太原天龙山东魏佛像就已经出

图4-30 洛阳龙门药方洞正壁唐主尊佛坐像

现，也在邯郸峰峰矿区响堂山石窟的较早佛像中沿用，并演化为典型的北齐中衣搭肘式袈裟。❶不过，佛像颈部上的三道圈以及跏趺坐双腿上横向的长弧形，都是唐初就出现的造型因素。另外，佛像两侧的弟子和菩萨像，也具备初唐造像特征。

洛阳龙门赵客师洞也是北魏晚期开凿但被废弃的洞窟，窟内有北魏年间题记的造像龛，正壁主尊佛坐像应为唐代完成（图4-31）。佛像头部残损，身上衣装保存完好。该

❶ 黄文智.响堂山石窟东魏至北齐石刻佛像造型分析[J].艺术探索，2021：4.

图4-31　洛阳龙门赵客师洞正壁唐主尊佛坐像

图4-32　洛阳龙门潜溪寺正壁唐主尊佛坐像

像的着衣形式基本与药方洞正壁主尊佛坐像相同，外层着右肩半披式袈裟，内层为中衣搭肘式佛衣（此外还有贴身的僧祇支），只是内层衣装右领襟经腹部左转披搭于左肩，而不是左臂肘部。该像跏趺坐双腿完全被衣装覆盖，双腿结构被弱化，整体作近长方体的造型，其上有三道横向的长弧形衣褶。在跏趺坐双腿下有长且宽的覆座悬裳，该悬裳仅作单层表现，衣褶自悬裳中间向两侧呈椭圆纹分布。龙门赵客师洞正壁主尊佛坐像的衣褶作凸起的线棱状雕刻，是唐代盛期佛像的衣褶造型样式。

　　洛阳龙门潜溪寺是初唐新创的第一个大窟❶，窟内正壁主尊佛坐像肉髻较为低矮，波纹发髻，颈部上有三道圈，身上可见两层佛衣，外层右肩半披袈裟和内层中衣搭肘衣装相结合，其形式与赵客师洞正壁主尊佛坐像一致（图4-32）。该像覆座悬裳是自跏趺坐双腿垂下，有清晰的层次感，其衣褶并不呈对称表现，并且整体造型较龙门药方洞正壁唐主尊佛坐像覆座悬裳要简洁很多，也比龙门赵客师洞正壁唐主尊佛坐像覆座悬裳更真实可信，这在写实理念和雕刻技法层面是一个明显的提升。此外，该像的衣褶清晰简洁，线条刚劲有力，其粉本显然出自当时的名家之手。龙门潜溪寺正壁唐主尊佛坐像还有一个显著的特征，那就是在左臂和左胸之间有一组U字形衣褶，这组短促弯曲的衣褶与舒展的长衣褶形成对比，显得很是雅致，令人印象深刻。佛像左臂和左胸之间表现一组U字形衣褶，在此后的唐代窟龛佛像中成为显著特征。

　　洛阳龙门第512窟正壁唐主尊佛坐像主体部分保存相对完整（图4-33）。该佛像雕刻有半球形肉髻，发髻为漩涡纹与波形纹结合，面庞圆润；可以看见两层佛衣，外层袈裟左领襟自然下垂，右领襟自背部经右胁绕至腹部，左转披搭于左肩；内层佛衣左领襟自左肩斜向右胁，右领襟在右肩下垂至腹部插入外层袈裟右领襟内，再反折出来披搭于右臂上。这种结构与上述宾阳南洞正壁唐佛坐像内层佛衣右领襟的披搭形式高度相似，区别是宾阳南洞实例的袈裟右领襟作勾纽式表现。龙门第512窟正壁唐主尊佛坐像的覆

---

❶ 温玉成.龙门唐窟排年[C]//龙门文物保管所,北京大学考古系.中国石窟·龙门石窟(二).北京:文物出版社,1992:181.

座悬裳及整体的袈裟衣褶表现，均与潜溪寺正壁唐主尊佛坐像高度相似。可以看出，这尊佛坐像的衣装披搭形式和袈裟衣褶样式融合了此前多个实例的造型特征，这在雕刻技术层面是一种更新。

　　洛阳龙门清明寺正壁唐主尊佛坐像（图4-34）、龙门万佛洞正壁唐主尊佛坐像（图4-35），均完成于唐高宗时期（公元670～680年），两像呈现高度相似特征，都延续了龙门第512窟正壁唐主尊佛坐像的着衣形式和造型特征（龙门万佛洞正壁主尊佛坐像覆座悬裳比较简短）。另外，出自洛阳龙门奉先寺遗址的唐佛坐像是一件单体圆雕造像（图4-36）。该像高肉髻、螺发，表情内敛庄严，跏趺坐于束腰的仰覆莲台座上，其衣装形式和衣褶雕刻同于

图4-33　洛阳龙门第512窟正壁唐主尊佛坐像

龙门清明寺正壁唐主尊佛坐像，反映出这是当时一种流行的造型样式。这种佛像衣装造型还在倚坐佛像中出现，如洛阳龙门唐咸亨四年（673年）慧简洞正壁主尊倚坐佛像（图4-37）。其发髻、面容、着衣和领襟披搭，以及袈裟衣褶均与前述同时期实例类同，只是双腿表现为倚坐姿，而不是一般的跏趺坐。另一尊广为人知的倚坐佛像，是龙门摩崖三佛龛中的唐武周时期倚坐佛像（图4-38）。该佛像应该是开凿于武周时期，并未完工，现有人物特征和衣装结构，呈现与慧简洞正壁唐倚坐佛像相似的造型特点。

图4-34　洛阳龙门清明寺正壁唐主尊佛坐像

图4-35　洛阳龙门万佛洞正壁唐主尊佛坐像

图4-36　洛阳龙门奉先寺遗址出土唐佛坐像 龙门石窟研究院藏

图4-37　洛阳龙门慧简洞正壁
唐咸亨四年倚坐佛像

图4-38　洛阳龙门摩崖三佛龛
中的唐武周时期倚坐佛像

三、通肩式袈裟佛像

通肩式袈裟佛像是传入中国最早的着衣形式佛像，曾在褒衣博带式袈裟佛像流行期间一度沉寂，后又在北朝晚期时再次兴起，尤其是在西部地区成为主流。但龙门唐代窟龛中的通肩式袈裟佛像，似是与自外域而来的笈多造像样式关联甚密，而并不是直接继承以关中地区为主的北朝晚期造型样式。

龙门宾阳南洞北壁唐佛立像为高肉髻、磨光发，脸型方圆，五官精巧，身着通肩式袈裟，衣褶为线刻与浅阶梯形结合，紧窄贴身，带有鲜明的印度笈多朝造像特征（图4-39）。该像两侧有唐贞观年间题记的造像龛[2]，再结合头光样式，可推测其完工年代在初唐，年代略早于两侧有题记的龛像。

洛阳龙门奉先寺是由唐高宗主持开凿的，完工于唐上元二年（675年），开凿过程中武则天曾捐助脂粉钱两万贯。奉

图4-39　洛阳龙门宾阳南洞北壁唐佛立像[1]

---

❶ 龙门文物保管所,北京大学考古系.中国石窟·龙门石窟(二)[M].北京:文物出版社,1992:图版26.
❷ 温玉成.龙门唐窟排年[C]//龙门文物保管所,北京大学考古系.中国石窟·龙门石窟(二).北京:文物出版社,1992:175-177.

先寺规模宏大，在平面作凹字形的崖体中雕刻九身大像，为一佛、二弟子、二菩萨、二天王、二力士配置，此外还在菩萨两侧雕刻高大的供养童男、童女。这种九身像配置，成为此后唐代大型窟龛的典范。龙门奉先寺正壁唐上元二年主尊卢舍那大佛通高17.14米，跏趺坐于八角束腰莲座上，双手及两腿以下皆残损（图4-40）。佛像高肉髻，波纹发，面相饱满，五官俊秀，表情庄重平和。卢舍那佛身穿通肩式袈裟，袈裟衣褶以胸部为中心呈U字形展开；衣装紧贴身体，衬托出饱满的躯体。很显然，这尊佛坐像的造型手法带有鲜明的印度笈多朝造像特征，"曹衣出水"的艺术风格依然流行。

图4-40　洛阳龙门奉先寺正壁唐上元二年主尊卢舍那大佛

　　洛阳龙门高平郡王洞正壁雕刻的一佛二弟子二菩萨，足下均有莲座，这五个莲座不同于此前佛坐像的单个莲台，而是彼此间以莲茎串联在一起，寓意完整的佛教洁净世界。龙门高平郡王洞正壁中间唐主尊佛坐像的头部残损，双手作说法印，身着通肩式袈裟，跏趺坐双腿下未雕刻覆座悬裳（图4-41）。佛像胸腹部衣褶以阴线刻的样式呈U字形表现，在胸部和两臂之间各雕刻了一组短促的U字形衣褶，这应该是继承了前述以潜溪寺唐正壁主尊佛坐像为代表的造型特征，但似乎不太协调，显得有些刻意。值得注意的是，该像双手的说法印颇为复杂，对雕刻技术有较高要求，其在印度笈多朝石窟中尤为多见，中原地区石窟中雕刻这种手印的实例并不多。另外，该像跏趺坐双

图4-41　洛阳龙门高平郡王洞正壁中间唐主尊佛坐像

腿外形作近于长方体雕刻，这与前述很多同期实例相同，唯右足掌心朝上的结构雕刻得较为清晰。

　　洛阳龙门第2055窟内右侧唐佛坐像是一尊圆雕造像（图4-42）。该像除右手外的其他部分保存相对完整。佛坐像跏趺坐于束腰的方形倒角的莲台上，高肉髻，螺发，面相方圆，颈部上有三道圈；着通肩式袈裟，U字形袈裟衣褶同于龙门高平郡王洞正壁唐佛坐像，但并不是雕刻成阴线刻，而是较浅的片形阶梯状。该像跏趺坐双腿下表现了宽大的覆座悬裳，不过该悬裳似乎并不像自佛像身上的袈裟悬垂而形成的，而是直接铺垫在莲台上用于装饰。洛阳龙门第2194窟内唐佛坐像也是一尊圆雕造像（图4-43）。该

像人物造型特征和衣褶样式与龙门第2055窟内右侧唐佛坐像相同，手印则与龙门高平郡王洞正壁唐佛坐像类同，皆为印度式的说法印。相对于龙门第2055窟内唐右侧佛坐像而言，该像的覆座悬裳与袈裟衣褶结合得更为协调。

洛阳龙门唐代龛像中着通肩式袈裟的佛像实例众多，除了那些洞窟正壁主尊佛坐像外，尚有诸多尺寸较小的佛坐像、佛立像，一些千佛造像的着衣也多采用通肩式袈裟形式。值得注意的是，龙门唐代窟龛中的通肩式袈裟佛像，与关中地区北周至隋代流行的通肩式袈裟有明显差异，后者如西安灞桥区湾子村出土北周大象二年（580年）张子造像，其典型特征是左手持衣角、腹部以下两腿之间有下垂的条带状衣纹（图4-44）。这说明龙门唐代窟龛中的通肩式袈裟佛像并不直接继承关中的造像传统，而是在吸收印度笈多朝造像元素后有新发展。

图4-42 洛阳龙门第2055窟内右侧唐佛坐像❶　　图4-43 洛阳龙门第2194窟内唐佛坐像❷　　图4-44 西安灞桥区湾子村出土北周大象二年张子造像　西安碑林博物馆藏

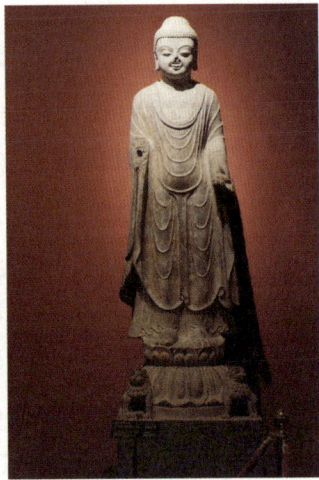

四、优填王像

在洛阳龙门唐代窟龛中，优填王像是一种造型颇为独特的佛坐像。据统计，龙门优填王像龛至少有四十二处之多，造像数目不少于七十尊。❸优填王像是古印度优填王所造如来像的意思。优填王造像的故事见于多部佛教经典，大意是释迦佛上三十三天为母

❶ 刘景龙.龙门石窟造像全集(第10卷)[M].北京:文物出版社,2003:图版40.
❷ 刘景龙.龙门石窟造像全集(第10卷)[M].北京:文物出版社,2003:图版383.
❸ 李文生.我国石窟中的优填王造像——龙门石窟优填王造像之早之多为全国石窟之最[J].中原文物,1985;4.

说法，优填王和波斯匿王思睹如来，以至成病，于是优填王请工匠以牛头旃檀作如来像。这个故事产生自中印度，是佛教文献记载中最早制作的佛教偶像❶，不过这种认识，与学者从佛教美术研究和考古发现所得出的结论并不相同。也就是说，学界认为佛像是在佛足印、法轮、菩提树、宝座等佛陀象征物流行之后才出现的，时间要晚至公元1世纪，此时距释迦牟尼涅槃已经有500余年了。据学者研究，优填王造像在石窟寺中出现，应在唐玄奘自印度取经回来之后，龙门石窟中最早纪年的优填王像距玄奘回国仅有十年。

洛阳龙门唐代窟龛中的优填王像均为倚坐姿，造型高度统一。龙门第312龛优填王像龛唐优填王像头上的肉髻高高隆起，未雕刻发髻，造型犹如头顶戴了一顶帽子（图4-45）。该像脸型长圆，左手掌朝上置于左腿上，右手上举施法印，足下有莲台托起。佛像身穿袒右肩式袈裟，衣装贴体，除了左前臂下垂衣襟雕刻衣褶外，其他衣装上均作磨光表现。另一件单体圆雕的唐优填王像，可能出自龙门附近的寺院遗址，其造型与优填王像龛主尊像高度相似（图4-46）。此外，其他一些窟龛中所见的唐优填王造像，均呈现同样的造型特征。这种佛像造型样式，在龙门窟龛以外地区几乎不曾出现，尤其是袒右肩式袈裟和通身衣褶磨光表现的特征，带有鲜明的印度笈多朝造像特征。

图4-45　龙门第312龛优填王像龛唐优填王像

图4-46　洛阳龙门石窟周边寺院遗址出土唐优填王像

❶ 优填王造像的故事在《增一阿含经》《观佛三昧海经》《法显传》《法苑珠林》等多部经典中均有记录，其中《增一阿含经》卷28载：是时，二王思睹如来，遂得苦患。尔时，群臣至优填王所，白优填王曰："今为所患？"时王报曰："我今以愁忧成患。"群臣白王："云何以愁忧成患？"其王报曰："由不见如来故也。设我不见如来者，便当命终。"是时，群臣便作是念："当以何方便，使优填王不令命终？我等宜作如来形像。"是时，群臣白王言："我等欲作形像，亦可恭敬承事作礼。"时，王闻此语已，欢喜踊跃，不能自胜，告群臣曰："善哉！卿等所说至妙。"群臣白王："当以何宝作如来形像？"是时，王即敕国界之内诸奇巧师匠，而告之曰："我今欲作形像。"巧匠对曰："如是。大王！"是时，优填王即以牛头旃檀作如来形像高五尺。

五、菩萨像

　　龙门唐代窟龛中的菩萨像多作立像，一般为主尊佛像的胁侍，也有一定数量的菩萨造像龛，见证了当时菩萨信仰之盛。相对于佛像而言，龙门唐代窟龛菩萨像的基本特征大体相近，故一并叙述。

图4-47　洛阳龙门宾阳南洞唐右胁侍菩萨立像

　　如前所述，洛阳龙门宾阳南洞是在北魏晚期基础上继续开凿完成的，因此较早的唐代主尊佛坐像带有北朝晚期造像特征，菩萨像也同样如此。龙门宾阳南洞唐右胁侍菩萨立像头戴饰有宝瓶的宝冠，脸型方圆，鼻高唇厚，颈部上有三道圈（图4-47）。菩萨跣足立于莲座上，左手持桃形符，右手上举持物（莲花）。菩萨身上的衣饰华美，颈部下有项饰，肩部垂下披帛在两大腿间交叉后披搭在对侧肘部，在披帛上浮雕璎珞，璎珞和披帛一样形成交叉结构。菩萨下身着裙裳，腰部有束带。衣装贴身下垂，质感厚重，衣褶作片形阶梯状表现。该菩萨持物和衣饰的特征，与完成于北魏晚期的龙门宾阳中洞右胁侍菩萨立像接近，不同之处在于宾阳南洞右胁侍菩萨面部五官粗犷，颈部有三道圈，衣装质感也相对较厚。可以推测，龙门宾阳南洞的这尊胁侍菩萨立像，可能是在此前基本特征大体完备状态下继续雕刻完成的。

　　作为洛阳龙门宾阳三洞之一的宾阳北洞，窟内右胁侍菩萨的造型特征与另两洞有所区别。龙门宾阳北洞唐右胁侍菩萨立像的头顶帽冠残损严重，脸型长圆，五官较为清秀，颈部线刻三道圈，颈部下有项饰，披帛自肩部直接垂至足下（图4-48）。菩萨跣足立于莲台上，左手上抬握莲花，右手下垂持桃形符。该菩萨肩部垂下的璎珞在腹部饰牌处交叉，再斜向下垂至两腿外侧；下身着裙裳，衣装轻薄贴体，衣褶线近于线刻。可以看出，宾阳北洞右胁侍菩萨立像的基本特征虽然与宾阳南洞实例相近，但局部造型明显不同，宾阳北洞菩萨的面型相对清秀、人物体态轻柔、璎珞样式也更雅致，显示出此时期菩萨造像追求衣饰变化和新的审美趣味。龙门潜溪寺唐右胁侍菩萨立像（图4-49）、龙门敬善寺正壁唐左胁侍菩萨立像（图4-50），两像衣饰基本特征与宾阳北洞唐右胁侍菩萨立像高度接近，但局部造型有所不同，其中敬善寺菩萨立像项饰很复杂华丽，璎珞纤细并有更多细节变化，自腰部垂下的腰带也是经过精心设计的，这些特征显示出菩萨造像衣饰呈现精致化趋势。敬善寺正壁唐左胁侍菩萨的人体造型特征特别值得关注，该像头部稍向右倾斜，右胯部略上抬，使身体产生了微妙的动态，形成人物动态造型的"三曲法"。菩萨面部丰腴，但身材修长，一改北朝晚期那种较为粗壮的造型，形成菩萨造像新风尚。

图4-48 洛阳龙门宾阳北洞唐右胁侍菩萨立像

图4-49 洛阳龙门潜溪寺唐右胁侍菩萨立像

图4-50 洛阳龙门敬善寺唐左胁侍菩萨立像❶

洛阳龙门奉先寺正壁唐左胁侍菩萨立像的尺寸高大，是盛唐时期菩萨像的代表作（图4-51）。菩萨像头戴镂空花纹的宝冠，面型圆润，眉弓舒展，双目略低垂，嘴角微上翘，五官清秀俊美。颈部上有三道圈，颈部下有由宝石串缀而成的胸饰，左肩披帛自腹部右转披搭在右臂上并在其外侧下垂，右肩披帛则下垂至两大腿间再左转披搭在左臂上，且在左臂外侧下垂至台座外侧，披帛的披搭形式在菩萨正面形成两个上下错位的U字形。这种独特的披搭形式，早在临漳北齐菩萨立像中就已出现，但与后者那种颇为简洁造型不一样的是，龙门奉先寺菩萨立像披帛更为写实，其衣褶注重翻转、疏密的空间关系。龙门奉先寺正壁唐左胁侍菩萨立像的璎珞也是匠心独具，其上两端自项饰两侧垂下，在胸腹部莲蓬状玉佩

图4-51 洛阳龙门奉先寺正壁唐左胁侍菩萨立像

❶ 龙门文物保管所，北京大学考古系.中国石窟·龙门石窟(二)[M].北京：文物出版社，1992：图版41.

处相交，后又各自绕过膝盖向身后悬挂；又有自腰部两侧垂下的璎珞于两膝盖上，与自项饰两侧垂下的璎珞相交，整体形成宛如大网格状造型披挂在菩萨身上。如此复杂的璎珞在此前菩萨像上不曾出现，或是专为此等大像而设计。该菩萨像下身的裙裳衣褶，表现为凸起的圆棱线，这与龙门赵客帅洞正壁唐主尊佛像的袈裟衣褶一致，均为高宗时期衣褶的典型雕刻样式。龙门奉先寺正壁唐左胁侍菩萨立像肩部较为宽厚，胸部以下急剧收缩，腰部显得纤细，并在腰带处雕刻出肌体挤压的肌肤质感，这是一种具象化程度很高的表现人物肌体特征的雕刻手法。该菩萨像的身体动态与龙门敬善寺正壁唐左胁侍菩萨立像相同，皆作"三曲法"表现，并且左腿微微抬起（优足造型），增加了身体的动态变化。这尊菩萨立像还有一个显著的特征，那就是头部比例过大，下半身过短，整身比例严重失衡，其原初的设计可能是在既定的尺寸中突出上半身，以达到与正壁主尊协调的视觉效果。另外，信众在礼拜这些佛像时，抬头能够看清佛、菩萨脸部美好的细节，这也可能是菩萨头部夸大比例的原因。

图4-52　洛阳龙门二莲花洞南洞南壁唐菩萨立像❶

洛阳龙门二莲花南洞南壁唐菩萨立像可能完工于唐中宗时期，其头部、右手残损，左手持净瓶，跣足立于束腰莲台上（图4-52）。该像的衣饰特征与龙门奉先寺正壁唐左胁侍菩萨立像高度相似，披帛的披搭形式在菩萨正面形成两个上下错位的U字形，不同的是，该像的衣饰更为贴身，衣褶疏朗舒展，衬托出菩萨美好的身姿。这尊菩萨像的身高比例协调，动态为显著的"三曲法"，宽厚的胸部和纤细的腹部表现出肌体的起伏变化，观者从中似乎能够感受到肌肤的细腻质感。

除了上述菩萨像外，在龙门唐代窟龛中有大量实例尚未提及，但其造型、着衣形式，均未脱离上述的几种造型样式。那些尺寸较小的菩萨像，则在项饰、璎珞的表现上有所简化。"三曲法"的人物动态在盛唐以后的窟龛菩萨造像中有不同程度呈现。

六、罗汉像

看经寺是龙门东山规模最大的洞窟，其平面呈方形，在正壁及左右壁下部浮雕有二十九尊传法罗汉（其中正壁十一身，南、北壁各九尊，现保存完好者有二十六尊），身

❶ 龙门文物保管所，北京大学考古系.中国石窟·龙门石窟（二）[M].北京：文物出版社，1992：图版197.

高为170~175厘米。研究者认为，这二十九尊罗汉应该是依据费长房《历代法宝记》中记述的禅宗二十九祖镌刻出的，可能与当时禅宗北宗在洛阳的发展与传播有关。❶这些罗汉均为立像，身着僧装，动态各异，部分罗汉手中持物，衣褶雕刻技法表现为线刻与片形阶梯状结合（图4-53）。罗汉最传神之处，是面部五官的刻画。

图4-53　洛阳龙门看经寺正壁唐第8~11身罗汉❷

罗汉头部均剃发，采用四分之三侧面刻画五官，此角度是浮雕人物面部的最佳视角。这些佛教史上的高僧，头部或左转或右顾，有的高鼻深目，明显带有域外僧人的特征；有的骨骼清奇、面布皱纹，尽显矢志苦修的沧桑和智慧，极富视觉表现力。龙门看经寺南壁唐第3身罗汉像头像表现为一位满脸沧桑的老僧，眉心紧锁，眼角有皱纹，嘴唇紧闭，表情坚毅，可能是一位苦修的禅僧（图4-54）。龙门看经寺南壁唐第5身罗汉像头像表现为一位有勇武之气的僧人形象，眉毛扬起，双目圆睁，鼻梁高挺，嘴唇紧闭，高大饱满的颧骨，增强了这种精进的气质（图4-55）。龙门看经寺南壁唐第6身罗汉像头像表现为一位老年智者的修行者形

图4-54　洛阳龙门看经寺南壁唐第3身罗汉头像❸

象，额头有皱纹，双目低垂，颧骨瘦削，嘴角含笑，表情内敛温和（图4-56）。龙门看经寺南壁唐第7身罗汉像头像表现为一位颇为年轻的僧人形象，面型圆润，眉毛舒展，双目有些小，嘴唇略厚，表情平和，似在佛前聚精会神听闻佛法（图4-57）。这些浮雕罗汉像的人物特征均真实可信，对于人物五官的浮雕压缩和透视变形有很好的认知，并以此来表现人物的性格特征，可见雕刻这些罗汉像的匠师们，对具象写实的认识和掌握达到了一个新的层面。

❶ 温玉成.龙门唐窟排年[C]//龙门文物保管所,北京大学考古系.中国石窟·龙门石窟(二).北京:文物出版社,1992:210-211.

❷ 龙门文物保管所,北京大学考古系.中国石窟·龙门石窟(二)[M].北京:文物出版社,1992:图版210.

❸ 龙门文物保管所,北京大学考古系.中国石窟·龙门石窟(二)[M].北京:文物出版社,1992:图版236.

图4-55 洛阳龙门看经寺南壁唐第5身罗汉头像❶

图4-56 洛阳龙门看经寺南壁唐第6身罗汉头像❷

图4-57 洛阳龙门看经寺南壁唐第7身罗汉头像❸

小结

    洛阳龙门石窟是北魏孝文帝迁都洛阳前后开始开凿的洞窟，洞窟的功德主包括北魏王朝皇族、王公大臣以及其他各阶层人员，形成了一处庞大的石窟群。龙门石窟北魏晚期窟龛内出现了多种佛像造型样式，这些样式绝大多数区别于此前平城时代的窟龛造像，是迁都洛阳以后功德主、僧众、工匠共同努力创作出来的，代表了新都佛教造像的新气象，并以此对周边地区形成深远影响。古阳洞中较早出现的佛像为云冈第二期前段洞窟的造像样式，而不是第二期后段以第5、第6窟为代表的褒衣博带式袈裟佛像，这背后应该有政治因素的考量。其后在古阳洞出现的褒衣博带式袈裟佛像，实际上是在云冈第6窟佛像的基础上新创的，显示出匠工们似乎在探索一种更为理想的佛像着衣形式，反映了信众开窟造像热情高涨、追求创新的事实。这种创新佛像的情形不断出现，形成了北魏晚期狂热的造像热潮。其中，以宾阳中洞正壁主尊佛坐像为代表的大型洞窟主尊佛像，其袈裟领襟的披搭形式、束带和悬裳的新样式，以及两种袈裟叠加表现的情形，都是当时的创新之举，代表了当时造像的最高规格。这时期的菩萨造像，同样身着

❶ 龙门文物保管所，北京大学考古系.中国石窟·龙门石窟(二)[M].北京：文物出版社，1992：图版237.
❷ 龙门文物保管所，北京大学考古系.中国石窟·龙门石窟(二)[M].北京：文物出版社，1992：图版238.
❸ 龙门文物保管所，北京大学考古系.中国石窟·龙门石窟(二)[M].北京：文物出版社，1992：图版239.

服饰改制后的汉式装束，并且非常明显继承了南朝菩萨的造型特征，衣饰华美，躯体特别瘦弱，尽显秀骨清像的审美意蕴。

北魏分裂后经过较长时间的沉寂，龙门石窟在初唐时又引来了新一轮的开凿热潮，当时完成的窟龛数量甚至超越了北魏时期，大多窟龛完工时间集中在太宗、高宗和武则天时期。该时期佛像的着衣形式主要有中衣搭肘式、通肩式袈裟两种，以及少量的祖右肩式袈裟佛像。唐朝开凿的窟龛佛像中，较早实例明显有北朝晚期佛像造型特征，并且这种特征在此后的造像中被不同程度地继承，其相对保守的造像理念与北魏晚期那种积极创新的情形区别明显。龙门唐代窟龛菩萨造像的较早实例同样具备北朝晚期菩萨特征，但在盛唐时期发生明显变化，即面部造型越来越女性化，衣饰造型则向飘逸灵动发展，身体呈现出优美的"三曲法"形态，肌肤的肉感也趋于写实，这些变化都是唐代出现的新元素，并对后世造像形成深远影响。此外，龙门看经寺二十九尊唐代罗汉像值得关注，其超凡的修行者气质和独特的艺术魅力，令观者长久驻足。

洛阳龙门石窟在古代造像的重要地位是毋庸置疑的，北魏晚期时为当时都城的皇家开窟造像集中地，其佛教造像样式影响了中原北方广大区域；唐朝时为东都皇亲贵胄祈愿布施之所，武则天甚至亲自资助石窟开凿，使其成为彼时全国的开窟造像中心。因此，深入理解龙门窟龛造像的艺术特色和文化内涵，也就能够对北魏晚期和唐代两朝的中心区域石窟造像形成更客观的认识。

第五章

天水麦积山石窟造像

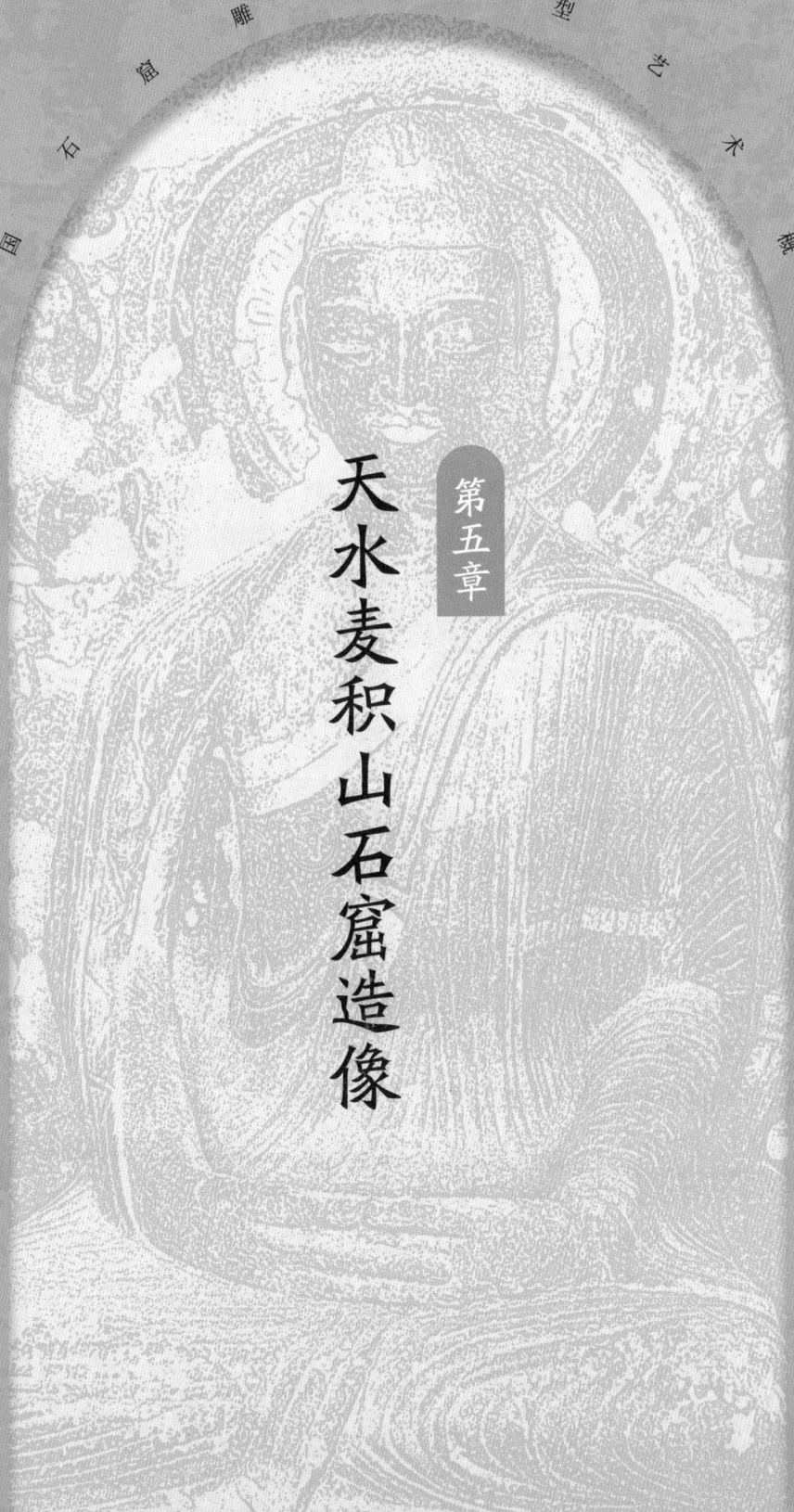

天水，位处甘肃东南部，是丝绸之路上的重镇，其境内的麦积山在秦岭西段北麓，山形如农家所堆积的麦垛之状，故名麦积山。麦积山具有南北过渡地带的特点，环境优雅，气候宜人，有"秦地林泉之冠"的美誉，是僧人修禅的理想之地。五胡十六国时期，名僧玄高曾在麦积山隐居，聚僧百余众，为当地的佛教盛事，开窟禅修之事可能由此始。

天水麦积山石窟开凿于陡峭的崖壁上，其间以纵横交错的栈道相连，极为险峻壮观。这些洞窟始自十六国姚秦，经北朝发展至隋、唐，又有宋、元、明、清各代营建，形成一处规模庞大的石窟群。不过，此地几经地震，加之遭受历史上的灭法运动，曾经开凿的窟龛及造像具体数量无从查考。据文物部门统计，麦积山现存编号窟龛211个，分西崖、东崖和王子洞三部分，其中西崖142个、东崖54个、王子洞15个，计有造像7200余身。❶这些造像中，北魏时期开凿的窟龛占有百分之四十左右，这是北魏中期以来中原北方浓郁崇佛之风的直接体现。西魏大统年间（535～551年）"再修崖阁，重兴寺宇"；北周除武帝宇文邕短暂灭法外，余皆热衷开窟造像之事。此后，隋唐又有续建窟龛，但数量有限。因此，麦积山现存造像中，以北朝为最，且造像水准很高，为中国古代雕塑史中的杰作。

天水麦积山山体石质粗糙，不适宜进行精细雕刻，因此这些窟龛造像中有些实例是先雕刻石胎，再在其表面敷泥完成，或者完全是搭建木质骨架后用泥质塑造完成，工艺与敦煌莫高窟泥彩塑造像相近。在洞窟内，还有些石质单体造像和造像碑，应该是在他处雕刻完成后挪移进洞窟的。值得注意的是，麦积山洞窟中的这些泥塑造像，在雕塑风格上与石刻佛像并无明显差异，可见这些泥塑造像是有意模仿石刻造像工艺，或者说泥塑造像是石刻造像的一种替代方案。

关于麦积山的研究始于20世纪初，日本人大村西崖在《中国美术史（雕塑篇）》（1915年）中提及庾信《秦州天水郡麦积崖佛龛铭》❷，披露麦积山石窟的存在；后有冯国瑞于1941年考察麦积山并出版了《麦积山石窟志》❸，麦积山石窟由此引起学界关注。自20世纪70年代至21世纪初，有关麦积山石窟的研究成果大量出现，重要者如

❶ 敦煌研究院,甘肃省文物局.甘肃石窟志[M].兰州:甘肃教育出版社,2011:275.

❷ [日]大村西崖.中国美术史(雕塑篇)[M].东京:佛书刊行会图像部,1915.

❸ 冯国瑞.麦积山石窟志[M].陇南:陇南丛书编印社,1941.

学术会议论文集《麦积山石窟艺术文化论文集》❶，专业论文集《麦积山石窟研究》❷《麦积山石窟研究论文集》❸；大型画册如《中国石窟——天水麦积山》❹，该画册收录了多位学者研究成果，另有《中国石窟艺术·麦积山》❺出版。近些年，对麦积山石窟进行研究的学位论文也有多篇。❻这些研究成果，从不同角度探讨了麦积山窟龛的年代、分期、龛像尊格、造像风格及背光等多方面内容，使人们对麦积山石窟造像的认识得以不断深入。

　　天水麦积山位处河西走廊东端，与关中比邻，和南朝的益州（今成都）往来通达，其兴盛的佛事活动和特殊的地理位置，使此地佛像造型特征及其样式来源存在很大的复杂性。下文以麦积山造像的样式来源为基础，探讨各时期佛、菩萨造像及相关问题。

第一节
麦积山石窟佛像

　　本节内容将佛像着衣形式和衣褶样式结合起来分析，分五组讨论。

一、受云冈样式影响佛像

　　天水麦积山石窟受到大同云冈窟龛造像样式影响的佛像年代主要集中在北魏。

　　天水麦积山第74窟右壁北魏佛坐像（图5-1）和麦积山第78窟正壁北魏佛坐像（图5-2），是目前学界公认现存最早开凿的洞窟。❼两像造型特征高度相似，与大同云冈第一期洞窟主尊佛像颇为相近。以麦积山第78窟正壁北魏佛坐像为例，该像跏趺坐

❶ 郑炳林，花平宁.麦积山石窟艺术文化论文集[M].兰州：兰州大学出版社，2004.

❷ 麦积山石窟艺术研究所.麦积山石窟研究[M].北京：文物出版社，2010.

❸ 麦积山石窟艺术研究所.麦积山石窟研究论文集[M].兰州：甘肃人民出版社，2006.

❹ 麦积山石窟艺术研究所.中国石窟·天水麦积山[M].北京：文物出版社，1998.

❺ 花平宁，魏文斌.中国石窟艺术·麦积山[M].南京：江苏美术出版社，2013.

❻ 代表性论文如：魏文斌.麦积山石窟初期洞窟调查与研究[D].兰州：兰州大学，2009.

❼ 两窟的开凿年代有两说，一为后秦时期，另一为北魏时期。八木春生认为第74、第78窟开凿年代与云冈二期洞窟大致同时，但与云冈石窟没有直接关系，而更多受到凉州因素影响。（八木春生.关于麦积山石窟第74、第78窟的建造年代[J].何红岩，魏文斌，译.敦煌研究，2003：6.）

图5-1　天水麦积山第74窟右壁北魏佛坐像 [1]

图5-2　天水麦积山第78窟正壁北魏佛坐像

于佛龛内，高肉髻，面型方圆，眉弓舒展，双目直视前方，高鼻梁，嘴角含笑。佛像外着右肩半披式袈裟，袈裟右领襟半覆右肩后在肘下左转披搭于左肩，胸部有自左肩斜向右胁的僧祇支。该佛像跏趺坐双腿外形很规整，外露的右足在这种规整的外形中显得单薄。佛像衣装贴身塑造，但质感很厚，其中躯干及下半身衣褶密集、平缓，作浅淡的条带状附线刻表现，这种雕塑特

征与云冈第19窟北魏主尊佛坐像衣褶一致 [2]，左上臂部分衣褶作穿插有序的凸棱附线刻表现（笔者描红部分衣褶），则与云冈第20窟北魏主尊佛坐像衣褶如出一辙。由此可以看出，该像应该融合了云冈第一期洞窟主尊佛像的两种衣褶雕刻技法。

　　与麦积山第74窟、第78窟正壁北魏佛坐像相似的实例还有麦积山第148窟正壁北魏佛坐像（图5-3）、第71窟正壁北魏佛坐像（图5-4）、第115窟正壁北魏佛坐像（图5-5），

图5-3　天水麦积山第148窟正壁北魏佛坐像（化雷　摄）

图5-4　天水麦积山第71窟北魏佛坐像 [3]

图5-5　天水麦积山第115窟正壁北魏佛坐像（化雷　摄）

[1] 麦积山石窟艺术研究所.中国石窟·天水麦积山[M].北京：文物出版社，1998：图版19.
[2] 云冈第19窟主尊佛坐像袈裟衣褶表现为片形阶梯状附线刻，这是云冈窟龛衣褶雕刻技法中占主导地位者，较小佛像中衣褶作阴线刻表现，多是这种技法的简化形式。（黄文智.大同云冈北魏中期洞窟人物雕刻模式的形成与传播——以右肩半披式袈裟和通肩式袈裟佛像为中心[J].社会科学战线，2016：1.）
[3] 花平宁，魏文斌.中国石窟艺术·麦积山[M].南京：江苏美术出版社，2013：图版7.

这些佛像的着衣形式，与麦积山第74、第78窟北魏主尊佛坐像高度相似，显然拥有共同粉本，差异之处是第74、第78窟实例的小腿以下很厚实，而其他三尊佛坐像的比例更为协调。麦积山第115窟北魏主尊佛坐像两手不作禅定印，右领襟披搭至左肩时出现了之字形衣边，这是典型的云冈右肩半披式袈裟佛像造型特征。另外，这些实例的僧祇支皆作贴身表现，但并未雕刻衣褶线（彩绘纹饰），其特征与永靖炳灵寺第169窟北壁后部西秦佛坐像相同，后者为凉州佛像造型特征。可见，这种带有云冈龛像特征的右肩半披式袈裟佛像，应是在云冈早期洞窟佛像影响下创作出来，但又有所变化，其中袈裟衣褶融合了云冈第一期窟龛的两种基本雕刻技法，僧祇支又带有河西造型因素，其完工年代当晚于云冈第一期窟龛。

天水麦积山较早龛像中着通肩式袈裟的佛像实例有麦积山第76窟正壁北魏佛坐像（图5-6）、第114窟左壁北魏佛坐像（图5-7）、第155窟正壁北魏佛坐像（图5-8）等，三像皆跏趺坐于台座上，施禅定印，佛像袈裟领襟分别搭向对侧肩部，其中右领襟覆盖左领襟，并在左肩外侧下垂，双足均被衣襟所覆盖，着衣形式与永靖炳灵寺第169窟西秦佛坐像相似，不过两地佛像袈裟衣褶表现样式存在差异。三尊佛像的袈裟衣褶线皆以胸部为中心作对称的U字形表现，该特征普遍见于云冈着通肩式袈裟的佛像中。炳灵寺西秦着通肩式袈裟佛像的袈裟衣褶线则多以左肩为中心向右胸辐射。麦积山第76窟正壁北魏佛坐像、第114窟左壁北魏佛坐像的袈裟衣褶皆着较薄的片形叠加阶梯形，每片衣褶间都有阴刻线，这种表现技法，与云冈第19窟北魏主尊佛像的袈裟衣褶

图5-6　天水麦积山第76窟正壁北魏佛坐像（化雷　摄）

图5-7　天水麦积山第114窟左壁北魏佛坐像（化雷　摄）

图5-8　天水麦积山第155窟正壁北魏佛坐像❶

❶ 麦积山石窟艺术研究所.中国石窟·天水麦积山[M].北京：文物出版社，1998：图版64.

特征一致。麦积山第155窟北魏正壁主尊佛坐像的衣褶为疏朗的阴线刻，不过其为一深一浅组合，可视为阶梯状附线刻衣褶的简化形式。可见，这三尊佛像，同样融合了凉州造像形式和云冈窟龛佛像的造型特征。

北魏孝文帝太和十年（486年）实行服饰改革❶，此后的佛像，也开始穿上了源于南朝的褒衣博带式袈裟。这种新式佛装，在大同云冈窟龛中呈阶段变化❷，并在北魏王朝迁都洛阳后在窟龛造像中又有新的发展❸。

图5-9　天水麦积山第21窟北魏佛坐像

图5-10　天水麦积山第114窟正壁北魏佛坐像（化雷　摄）

天水麦积山窟龛中较早着褒衣博带式袈裟的佛像具备云冈窟龛同形式衣装佛像特征，但遗存实例不多，如麦积山第21窟正壁北魏佛坐像（图5-9）、第114窟正壁北魏佛坐像（图5-10）。两像中前者头部及手均残，袈裟左领襟斜向腹部中间，右领襟则下垂至腹部后左转披搭于左臂肘部，两领襟相交成V字形，其下垂衣襟覆盖跏趺坐双足；胸部有左肩斜向右胁的僧祇支，袈裟领襟相交处有束带，束带上部结节，两端并置下垂，覆座悬裳残损严重。袈裟衣褶作粗犷的阴线刻表现，线条间不见虚实和穿插变化。这种造型特征，与迁都洛阳前后的部分云冈着双领下垂式袈裟佛像相似，尤其是领襟披搭形式和束带表现，均为云冈较早着双领下垂式袈裟佛像的典型特征之一。麦积山第114窟正壁北魏佛坐像头部保存完整，五官特征与前述同窟左侧佛坐像特征相近，但手印及着衣形式存在差异，显然是匠工在同一空间中追求佛像造型有所变化所致。该像僧祇支为交领式，其与外层袈裟中间还有一层佛装，不见束带。此种着衣形式在中原北方不见，或为地方工匠造型，不过其微弱的片形阶梯状附线刻，类似于同窟左壁佛像，皆是源于大同云冈第19窟北魏主尊佛像为代表的雕刻技法。

❶ 文献记载："（太和）十年春正月癸亥朔，帝始服衮冕，朝飨万国。"［北齐］魏收.魏书·高祖纪［M］.北京：中华书局，1974：161.

❷ 黄文智.大同云冈北魏中晚期窟龛佛像造型分析——以双领下垂式袈裟佛像为中心［J］.故宫博物院院刊，2017：5.

❸ 黄文智.河南中南部北魏晚期至东魏石刻佛像造型分析［J］.敦煌学辑刊，2015：1.

二、受南朝样式影响佛像

天水麦积山石窟吸收南朝造像样式佛像的制作年代以北魏为主。

秦汉以来，自蜀中北上的道路有"金牛道""阴平道"及"河南道"，其中"金牛道"由成都出发，经绵阳、广元至汉中，西北可达麦积山。❶此交通路线，可将南朝佛教造像样式西传至麦积山，这种观点，在麦积山较早窟龛佛像具备南朝造像特征中得到证实。目前所见南朝造像的多数实例发现于四川地区，成都则是集中出土地，其样式源于江南地区。

大同云冈窟龛着褒衣博带式袈裟的佛像是北魏孝文帝太和十年（486年）服饰改制后的产物，其造型也源于南朝。麦积山北魏晚期至西魏窟龛佛像着褒衣博带式袈裟的佛像众多，其中较早实例与四川地区出土的石刻佛像相近，可能是在后者影响下的再创作。

天水麦积山第17窟正壁北魏佛坐像跏趺坐于台座上（图5-11）。该佛坐像头顶有高肉髻，直线纹发，面容清瘦，嘴角含笑。佛像躯体特别单薄，秀骨清像的特征显著。佛像袈裟左领襟自然下垂，右领襟下垂至胸腹部左转披搭在左臂肘部，两臂外侧袈裟衣襟覆盖跏趺坐小腿并下垂，形成对称的两片长椭圆形，腹部以下衣襟覆盖跏趺坐双腿后，亦作拉长的椭圆形表现，与两臂外侧下垂衣襟组合在一起，形成特征鲜明的覆座悬裳，衣边皆为宽大的S形内外翻转结构。这种衣装造型可能是自成都西安路出土南齐永明八年（490年）造像基础上演变而来（图5-12）。不过后者表现束带，腹部下垂覆盖右腿的披搭形式也有所不同，此外的其他特征均可类比，由此可推测该像的粉本或来自南朝。

图5-11 天水麦积山第17窟正壁北魏佛坐像（化雷 摄）

图5-12 成都西安路出土南齐永明八年佛坐像❷ 成都文物考古研究所藏

与麦积山第17窟正壁北魏佛坐像相似实例有麦积山第142窟右壁北魏佛坐像

❶ 费泳.汉唐佛教造像艺术史[M].武汉：湖北长江出版集团，湖北美术出版社，2009：244.

❷ 四川博物院，成都文物考古研究所，四川大学博物馆.四川出土南朝佛教造像[M].北京：中华书局，2014：图版54-1.

（图5-13）。该像与前者的不同之处是右领襟披搭于左肩，而不是左臂肘部，且表现有
束带。褒衣博带式佛像的袈裟领襟披搭位置发生变化的情况，在中原北方东部地区早前
已经出现，该像或是受到此影响。麦积山第142窟右壁北魏佛坐像的其他特征，与麦
积山第17窟正壁北魏佛坐像高度相似，尤其是覆座悬裳中有三条拉长椭圆形并置的造
型，显然是在同一审美趣味下创作出来的。同窟正壁北魏佛坐像的覆座悬裳中有四条拉
长的椭圆形造型（图5-14）。这四条拉长椭圆形的覆座悬裳，是由两臂外侧袈裟下垂衣
襟，及腹部以下衣襟下垂至右小腿处被后者折叠所构成。就覆座悬裳造型特征看，该像
又与麦积山第17窟正壁北魏佛坐像颇为相似，不过就腹部袈裟衣襟下垂至右小腿并被
后者折叠成两个类椭圆形而言，则是云冈第三期窟龛佛坐像的统一特征，并在洛阳龙门
的北魏窟龛中流行。可以看出，麦积山该时期佛像造型样式来源的多元复杂性。

图5-13　天水麦积山第142窟
右壁北魏佛坐像（化雷　摄）

图5-14　天水麦积山第142窟正
壁北魏佛坐像（化雷　摄）

　　麦积山第135窟左壁北魏佛坐像有着高肉髻，磨光发，面型长圆，眉弓舒展，嘴角
略向两侧上翘，表情内敛平和（图5-15）。佛像跏趺坐于台座上，躯体单薄，左手施与
愿印，右手施无畏印。该像褒衣博带式领襟的披搭形式和僧祇支表现，与麦积山第17窟
正壁北魏佛坐像相似，覆座悬裳的形态则有变化。该像两臂袈裟衣襟覆盖膝盖并下垂至
台座，腹部以下衣襟覆盖跏趺坐双腿，其下端为尖圆状。袈裟领襟以下还有四层悬裳，
在右臂衣襟与右领襟下垂衣襟之间还露出一截三角状衣襟，这是右臂下垂的内侧衣襟，
左手下方也有相似造型，相近衣装结构可在成都商业街出土南齐建武二年（495年）造像
主尊佛坐像上找到原型（图5-16），只是麦积山实例的覆座悬裳更加复杂和修长。

图5-15 天水麦积山第135窟左壁北魏佛坐像（化雷 摄）

图5-16 成都商业街出土南齐建武二年佛坐像❶ 成都文物考古研究所藏

　　和麦积山第135窟正壁北魏佛像相似的实例还包括麦积山第133窟第3龛北魏佛坐像（图5-17）、麦积山第16窟正壁北魏佛坐像（图5-18）和麦积山第127窟正壁北魏石刻佛坐像（图5-19）。三像皆具备鲜明的秀骨清像特征，其中第16窟正壁北魏佛坐

图5-17 天水麦积山第133窟第3龛北魏佛坐像❷

图5-18 天水麦积山第16窟正壁北魏佛坐像❸

图5-19 天水麦积山第127窟正壁北魏石刻佛坐像❹

❶ 四川博物院,成都文物考古研究所,四川大学博物馆.四川出土南朝佛教造像[M].北京:中华书局,2014:图版47-1.
❷ 麦积山石窟艺术研究所.中国石窟·天水麦积山[M].北京:文物出版社,1998:图版88.
❸ 麦积山石窟艺术研究所.中国石窟·天水麦积山[M].北京:文物出版社,1998:图版125.
❹ 麦积山石窟艺术研究所.中国石窟·天水麦积山[M].北京:文物出版社,1998:图版151.

像、第127窟正壁北魏石刻佛坐像的束带表现受到重视，其上端有精美的结节，下端两侧并置下垂，这是典型的南朝褒衣博带式袈裟佛像特征之一。三像的着衣形式基本一致，覆座悬裳较麦积山第135窟正壁北魏佛坐像简洁，且与南齐建武二年（495年）造像主尊佛像更为接近。值得提及的是，麦积山第127窟正壁造像为一佛二胁侍配置，三者皆石刻造像，是洞窟完成后移置于此的。相对泥塑造型而言，石刻造像的造型语言更为简练，线条凝练，麦积山北朝时期泥塑造像的造型特征也多是模仿石刻造像。

三、受龙门样式影响佛像

天水麦积山石窟吸收洛阳龙门北魏造像样式佛像的制作年代主要集中在西魏。

北魏孝文帝迁都洛阳（494年）后，政治文化中心也随之南移，开窟造像之风亦在洛阳流行开来，龙门石窟成为继云冈石窟以后又一皇家贵族的造像集中地。不过，迁都洛阳前后完成的云冈第二期后段佛像样式，并没有在龙门石窟中得到进一步发展。[1]龙门石窟群中最早开凿的是古阳洞，窟内出现了诸多与云冈窟龛佛像造像不同的实例，而作为龙门窟龛中最高规格的宾阳中洞，主尊佛像的着衣样式又出现了一些新的特征。这些富于变化的造型，共同构成了北魏新都洛阳的造像面貌，并对周边地区产生不同程度影响，麦积山窟龛佛像自然受此波及。

天水麦积山第112窟正壁西魏佛坐像跏趺坐于方形台座上，佛像肉髻及头部特征近于前述南朝样式佛像，皆作秀骨清像表现（图5-20）。该像领襟的披搭形式与前述褒衣博带式袈裟佛像一致，僧祇支上的束带仅作阴线刻表现。两臂外侧袈裟衣襟覆盖双腿膝盖，腹部下垂衣襟遮掩双足，有多层覆座悬裳。与该像相似的实例有麦积山第108窟正壁西魏佛坐像，遗憾的是后者跏趺坐双腿以下悬裳残缺，但从上半身造型来看，应与麦积山第112窟正壁西魏佛坐像拥有共同粉本（图5-21）。通过比较，两尊佛像与洛阳龙门慈香洞正壁北魏佛坐像相似（图5-22）。

图5-20　天水麦积山第112窟正壁西魏佛坐像（化雷　摄）

---

❶ 黄文智.镌岩造像——中原北方东部北魏中期至东魏石刻佛像造型分析[M].北京:文物出版社,2017:51.

以洛阳龙门宾阳中洞西壁主尊为代表的佛坐像，代表了当时最高规格的皇家造像形式，出现了中原北方此前不曾出现的新造型特征，龙门北魏窟龛群中主尊佛坐像两种袈裟叠加的情形，清晰地界定了该种形式佛像流行的范围及相对完工时间。[❷]这种高规格造像样式，并未在其他地区流传开来，但其褒衣博带式袈裟的披搭形式和覆座悬裳形态，却对中原北方广大地区施加了深远影响。

图5-21　天水麦积山第108窟正壁西魏佛坐像（化雷　摄）

图5-22　洛阳龙门慈香洞正壁北魏佛坐像[❶]

天水麦积山第147窟正壁西魏佛坐像跏趺坐于龛内，双手施与愿印和无畏印，高肉髻，面型长圆，五官清秀，露出会心的微笑（图5-23）。人物形象清瘦，着典型褒衣博带式袈裟，胸部有僧祇支，未表现束带。在着衣形式上，除了外层的右肩半披式袈裟外，该像双领下垂式袈裟与龙门宾阳中洞正壁北魏主尊佛坐像颇为相似，很大程度上继承了后者的覆座悬裳特征。佛像左臂下垂袈裟衣襟完全覆盖左腿，右臂下垂袈裟领襟覆盖右小腿时被折叠成两部分，其一覆盖左腿并下垂，其二在右小腿外侧形成莲瓣状褶皱并下垂覆盖龛外台座。袈裟下垂衣襟之下，还有四层覆座悬裳，衣褶线均舒展流畅，疏密关系得当，体现出庄严且华丽的视觉观感。

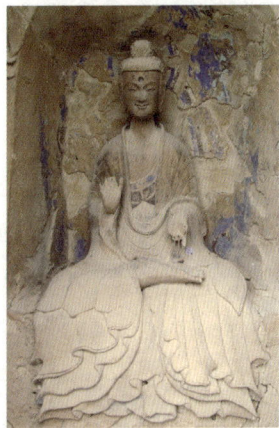

图5-23　天水麦积山第147窟正壁西魏佛坐像（化雷　摄）

在天水麦积山窟龛造像中，与麦积山第147窟正壁西魏佛坐像高度相似的实例数量较多，这也是该石窟群中最具代表性的造像特征之一，如麦积山第135窟正壁西魏佛坐像（图5-24）、第162窟正壁西魏佛坐像（图5-25）、第172窟正壁西魏佛坐像（图5-26）等。另外，麦积山第117窟西魏背屏式石刻佛坐像保存相对完好，其褒衣

❶ 龙门文物保管所,北京大学考古系.中国石窟·龙门石窟(一)[M].北京:文物出版社,1991:图版42.
❷ 黄文智.河南中南部北魏晚期至东魏石刻佛像造型分析[J].敦煌学辑刊,2015:1.

博带的着衣形式更接近龙门宾阳中洞西壁主尊佛坐像，只是没有外层的右肩半披式袈裟（图5-27）。这些佛像在雕塑细节上有个体的差异，但基本特征相近，其年代多集中在西魏。龙门宾阳中洞主尊佛像造型特征集中在麦积山窟龛中出现，应该与北魏孝武帝西入关中后，元魏皇室及众多洛阳大族、仕人亦随之西迁有关，他们将中原北方的政治文化带入西魏，麦积山也受此波及，这是当时政治格局造成的。麦积山第43窟寂陵，就是西魏文皇后乙弗氏瘗埋之所，从中可以看出麦积山重要的政治地位。❶

图5-24 天水麦积山第135窟正壁西魏佛坐像（化雷 摄）　图5-25 麦积山第162窟正壁西魏佛坐像（化雷 摄）　图5-26 麦积山第172窟正壁西魏佛坐像（化雷 摄）　图5-27 麦积山第117窟西魏背屏式石刻佛坐像❷

在天水麦积山北朝窟龛中，还有一种数量众多的佛像造型样式，其代表性实例为麦积山第44窟正壁西魏佛坐像（图5-28）。该像跏趺坐于龛内台座上，高肉髻，发髻为漩涡和波纹结合，面部圆润，眉目舒展，嘴角带笑，表情内敛喜悦。佛像着褒衣博带式袈裟，领襟披搭形式与龙门宾阳中洞正壁主尊佛坐像相同，覆座悬裳则与后者有所区别。麦积山第44窟正壁佛坐像两臂外侧下垂衣襟分别覆盖跏趺坐左右膝盖，腹部下垂衣襟则被右足折叠成两片近长椭圆形，并与多层覆座悬裳组合在一起，以此成为此类佛像的显著特征。这种覆座悬裳

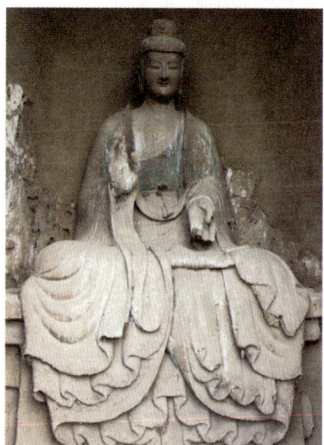

图5-28 天水麦积山第44窟正壁西魏佛坐像（化雷 摄）

❶ 项一峰.麦积山第43窟研究[J].敦煌研究，2003：6.
❷ 花平宁，魏文斌.中国石窟艺术·麦积山[M].南京：江苏美术出版社，2013：图版96.

造型，在成都南朝造像、大同云冈龛像和洛阳龙门较早造像中都有例证，综合来看，与洛阳龙门窟龛的实例有更近关联。其他相似实例还有麦积山第102窟正壁西魏佛坐像（图5-29）、第123窟正壁西魏佛坐像（图5-30）等。这些佛像为西魏所创，其社会背景，均与北魏孝武帝西入关中后，将中原北方造像样式带入关中又影响至麦积山有关。此外，麦积山第36窟正壁北周佛坐像的着衣形式与麦积山第123窟正壁西魏佛坐像的相似程度很高，也属于龙门北魏龛像造型特征的继承者，但年代要晚至北周（图5-31）。

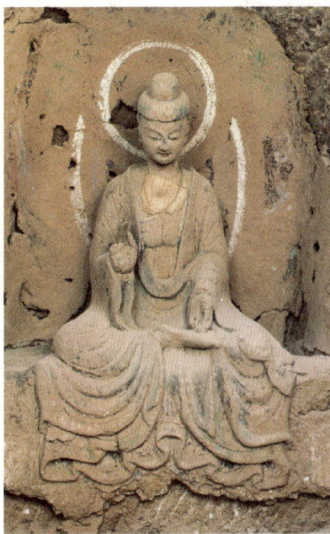

图5-29　天水麦积山第102窟正壁西魏佛坐像（化雷　摄）　　图5-30　天水麦积山第123窟正壁西魏佛坐像（化雷　摄）　　图5-31　天水麦积山第36窟正壁北周佛坐像（化雷　摄）

　　天水麦积山西魏末、北周初，还有一些窟龛佛像的着衣形式可能借鉴了洛阳龙门宾阳中洞西壁主尊佛坐像两层袈裟叠加表现的形式，实例如麦积山第18窟正壁北周佛坐像（图5-32）。该佛像低肉髻，磨光发，下半身残损，外着佛衣为右肩半披式袈裟，中层佛衣两领襟下垂，内层僧祇支上有束带。麦积山第55窟正壁北周佛坐像的头部不存，身上着衣形式与麦积山第18窟正壁佛坐像相似，区别的是中层佛衣的两领襟上有束带，下半身的覆座悬裳完整保存下来了（图5-33）。与龙门宾阳中洞西壁主尊佛坐像不同的是，麦积山窟龛佛像的中层佛衣并不表现为褒衣博带式袈裟，而是两领襟自然下垂，并且覆座悬裳也有点凌乱，不似宾阳中洞佛像那般规整和富于装饰意味。不过，从可辨识的特征看，这种佛像的覆座悬裳带有一种实验性，可能是本地工匠在尝试一种新佛像样式，但似乎没有形成规模化和统一的造型特征。

图5-32　天水麦积山第18窟正壁北周佛坐像（化雷　摄）.

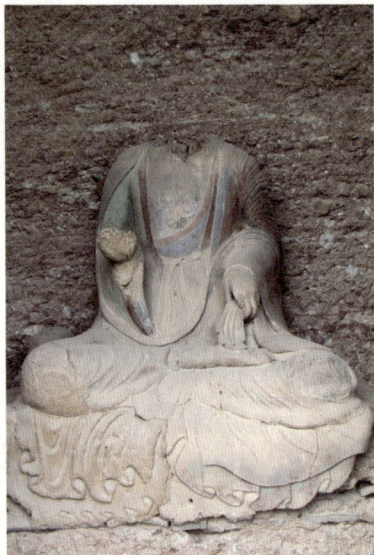

图5-33　天水麦积山第55窟正壁北周佛坐像（化雷　摄）

四、受关中样式影响佛像

十六国以来，天水麦积山石窟所处的秦州，与关中比邻而居，两地之间往来频繁。后秦鸠摩罗什在关中译经时，麦积山就有了佛教活动，后者已成为坐禅修行的名山。❶《高僧传》中记载释玄高的禅修历程，他是先在后秦长安受佛驮跋陀罗禅法，然后才至麦积山。由此可见，麦积山与关中及河西的佛教界往来密切，其造像也必然会带有东部和西部佛像造型因素。

天水麦积山第133窟第16号北魏造像碑可分为上下两段，每段由小造像龛和两行千佛组成（图5-34）。其中上半段第二行右侧小龛佛立像，五官清秀，左右手分别施与愿印和无畏印，身着敷搭左肩式袈裟，胸部有自左肩斜向右胁的僧祇支，不见束带，衣装贴体。佛像衣装与西安市未央区出土西魏大统三年（537年）造像碑碑阳下段"阿育王施土因缘"佛传故事中的佛陀高度相似，不同之处在于后者右领襟仍披搭于左臂肘部（图5-35）。另外，该造像碑下段右侧龛的护法力士和狮子，与西安建国路二十六中学校园出土西魏造像碑碑阳下段的护法力士和狮子造型也很接近；该造像碑中的千佛造像，与西安博物院藏西魏四面造像碑碑阳的千佛如出一辙（图5-36）。这些特征，无不

❶ 魏文斌.汉至北魏秦州佛教史料与麦积山石窟(一)[J].敦煌学辑刊,2013;1.

说明该造像碑与关中造像的密切关联。

图5-34　天水麦积山第133窟16号北魏造像碑❶

图5-35　西安未央区出土西魏大统三年造像碑碑阳下层龛右侧佛立像 西安博物院藏

图5-36　西安建国路二十六中学校园出土西魏造像碑碑阳下段力士、狮子　西安博物院藏

图5-37　天水麦积山第156窟正壁北魏主尊佛坐像（化雷摄）

　　天水麦积山第156窟正壁北魏佛坐像的人物形象清秀，双手叠加置于跏趺坐的双腿上，外穿右肩半披式袈裟，内着至左肩斜向右胁的僧祇支（图5-37）。比较特殊的是，该像自右领襟内右臂部分下垂一块衣襟并披搭于左臂上并向外延展，其特征虽与褒衣博带式袈裟右领襟的披搭形式相同，但并不是同一着衣形式。该佛生像的袈裟衣褶作条带的片形阶梯状表现，条带间还阴刻细线。整体来看，这尊佛坐像与西安市北郊出土北魏景明二年（501年）四面造像碑佛像颇为相似，尤其是两者片形阶梯状附线刻的衣褶雕塑技法，其共同源头是云冈第19窟北魏主尊佛像为代表的衣褶雕刻样式。

　　天水麦积山第75窟正壁北魏佛坐像的双手及下半身残损严重，上半身的通肩式袈裟特征保存较好，可以清晰地看到袈裟衣纹样式，以胸部为中心呈U字形对称排列，其凸棱状衣纹线上阴刻细线（图5-38）。这种凸棱附线刻的雕塑技法，在中原北方十六国时期的金铜佛像上可以看到，后者实例如博野北魏太平真君四年（443年）金铜佛像，两像衣褶特征高度一致，从中可以看出中原北方早期金铜佛

---

❶ 麦积山石窟艺术研究所.中国石窟·天水麦积山[M].北京：文物出版社，1998：图版101.

图 5-38　天水麦积山第 75 窟正壁北魏佛坐像（化雷　摄）

图 5-39　天水麦积山第 135 窟北魏石刻佛立像（化雷　摄）

造像在麦积山龛像中残存的影响，不过这种样式或为个例存在。麦积山第 135 窟北魏石刻佛立像是一尊着褒衣博带式袈裟的石刻佛立像，该像并不依附于窟龛壁面而独立存在，且为石质雕刻，显然是在洞窟开凿完成后搬移进来的（图 5-39）。佛立像双手施与愿印和无畏印（右手残），身着褒衣博带式袈裟，胸部表现有僧祇支，僧祇支外层有长长的束带，该束带并不是直接系缚于僧祇支上，而是以固定中层佛装领襟的形式表现（也有可能是外层袈裟领襟内侧的连接部分，用于固定袈裟）。另外值得关注的是，该像两臂及腹部以下袈裟衣褶作剖面为锯齿般的凸棱表现，这种雕刻样式在中原北方东部北魏晚期至东魏石刻造像中颇为常见。

五、北周及以后佛像

天水麦积山石窟完成于北周和隋代的佛像造型出现了一些新的变化，故单列一组讨论。

天水麦积山第 141 窟正壁北周佛坐像跏趺坐于龛内台座上，低肉髻，磨光发，面型长圆，五官漫漶（图 5-40）。该佛像身着敷搭左肩式袈裟，两领襟围合成很大的 U 字形，胸部僧祇支上有束带，双腿垂下的袈裟衣褶形成两片类半圆形的悬裳；衣装贴体，衣褶以阴线刻为主。这尊佛坐像的人物造型还一定程度地保留有麦积山西魏佛像造型特征，但敷搭左肩式袈裟及两片半圆形悬裳，与此前实例形成明显差异。麦积山第 60 龛正壁北周佛坐像是另一尊北周时期的跏趺坐佛像（图 5-41）。该像低肉髻，磨光发，面型方圆，鼻直口方，表情庄重。佛像左手抚膝，右手上举施无畏印，身着厚重的褒衣博带式袈裟。袈裟造型颇为特殊，左领襟自然下垂，右领襟在腹部左转披搭于左臂肘部并在左臂外侧下垂，两领襟及腹部以下袈裟衣褶覆盖跏趺坐双腿并形成覆座悬裳。袈裟质感厚重，衣

图5-40　天水麦积山第141窟正壁北周佛坐像（化雷　摄）

图5-41　天水麦积山第60龛正壁北周佛坐像（化雷　摄）

褶以线刻为主。在麦积山北朝窟龛中，北周时期的褒衣博带式袈裟佛像甚为少见，这尊佛坐像的袈裟形式也和此前典型实例区分明显，是地方造像自行发展的结果。

　　天水麦积山第45龛正壁北周佛坐像是一尊跏趺坐着通肩式袈裟佛像，低肉髻，磨光发，面型圆润，表情庄重（图5-42）。通肩式袈裟在第一组佛像中已经阐述过，是在云冈着通肩式袈裟龛像影响下创作的，不过麦积山第45龛正壁北周佛坐像则已经脱离了云冈北魏窟龛佛像的影响，衣装贴身表现，质感相对轻薄，阴线刻的衣褶线疏朗，跏趺坐双腿下表现覆座悬裳，悬裳外层是袈裟衣襟被右足折叠形成两片近半圆形造型，这些均为麦积山北周龛像中发展出来的新特征。麦积山第141窟右壁后部北周佛坐像是另一尊跏趺坐着通肩式袈裟佛像（图5-43）。该佛坐像为低肉髻、磨光发，面部造型特征近于麦积山第45龛正壁北周佛坐像，袈裟领襟作同样的披搭形式，双腿下也有覆座悬裳（残损）。该佛像衣装作贴身表现，质

图5-42　天水麦积山第45龛正壁北周佛坐像（化雷　摄）

图5-43　天水麦积山第141窟右壁后部北周佛坐像（化雷　摄）

感较轻薄，衣褶均为阴线刻，衣褶线为双勾阴线和单勾阴线组合，形成鲜明的装饰效果。双勾阴线和单勾阴线组合的雕刻样式，多见于东部地区的山东北部和河北中南部东魏晚期至北齐的石刻佛像中，麦积山龛像出现这种衣装样式，应是受到了东部地区造像风格影响。

天水麦积山第5窟正壁唐佛坐像跏趺坐于束腰的长方形台座上，肉髻低矮，螺发，面型饱满，眉毛舒展，双目半睁，表情内敛平和，颈部上有三道圈（图5-44）。佛像外披袒右肩式袈裟，左领襟自然下垂，右领襟自右胁下经腹部披搭在左前臂上；中层佛衣左领襟自左肩斜向右胁，右领襟从肩部下垂至胸腹部后反折披搭在右前臂上，形成中衣搭肘的佛衣结构。佛像跏趺坐双腿完全被衣装包裹，其下有宽大的覆座悬裳。麦积山第5窟正壁唐佛坐像衣装的衣褶皆作凸起的圆棱状表现，其写实性雕塑技艺，与此前注重装饰意味的阴线刻完全不同。该像的着衣形式和衣褶雕塑样式，与龙门潜溪寺正壁唐佛坐像颇为接近，其完成年代在盛唐前期，区别是龙门窟龛佛像衣褶线更为简洁有力。可以看出，麦积山第5窟正壁唐佛坐像应是借用了龙门窟龛的造像粉本，彰显出浓郁的盛唐气息。与麦积山第5窟正壁唐佛坐像同样着装者，还有麦积山第4窟第6龛宋主尊佛坐像（图5-45）。该像低肉髻，螺发，在额头上肉髻前有外露的髻珠。佛像面型方圆，双眉以舒展的阴刻线表现，脸部富于肉感，颈部上有两道圆圈。该像外层袈裟和中层佛衣的披搭形式，与麦积山第5窟正壁佛坐像高度相似，同样表现覆座悬裳，只是衣褶隆起的形态有了很大变化，形成有宽窄粗细的变化，与现实的衣褶更为接近，却有失盛唐时期佛像衣褶的那种庄重感。该像还有一个显著特征，那就是躯体壮硕且胸腹部肌体起伏关系特别明确。

图5-44　天水麦积山第5窟正壁唐代佛坐像

图5-45　天水麦积山第4窟第6龛宋主尊佛坐像 ❶

❶ 花平宁，魏文斌.中国石窟艺术·麦积山 [M].南京：江苏美术出版社，2013：图版191.

　　天水麦积山窟龛佛像中，还有少量的倚坐佛像，实例如麦积山第37窟隋倚坐佛像（图5-46）。佛像的头部有后世修补痕迹，颈部上有两道圈，身披通肩式袈裟，袈裟领口较大。佛像衣装作贴身表现，上半身衣褶自右侧向左肩集中，腹部以下袈裟覆盖左腿，右腿露出内层佛衣，衣装的内外层次和翻转结构极为清晰。佛装衣褶以阶梯状为主，其上的田相格纹饰是以细小的阴线刻出，再在其上施彩，这种细节在以青州龙兴寺遗址出土北齐造像中颇为常见。麦积山第67龛隋倚坐佛像为低肉髻，磨光发，面型圆润，表情庄重（图5-47）。其身着右肩半披式袈裟，左领襟自然下垂，右领襟半覆右肩后自右臂肘下左转披搭在左肩上。衣装作贴身表现，质感轻薄，能够清晰看到佛像的躯体结构。衣装衣褶为均匀刻画的纤细阴线刻，印度笈多朝的造型特征尤为鲜明。麦积山第5窟外廊左龛唐倚坐佛像为低肉髻，螺发（图5-48）。佛像的面型方圆饱满，眉弓舒展，双目微睁，嘴角含笑，表情平和喜悦，颈部上有三道圈。该像外穿褒衣博带式袈裟，左领襟自然下垂，右领襟在腹部左转披搭于左前臂，胸部有僧祇支。佛像下半身衣装与麦积山第37窟正壁隋倚坐佛像高度相似。佛像衣装贴身，衣褶以凸棱线为主。

图5-46　天水麦积山第37窟正壁隋倚坐佛像（化雷　摄）　　图5-47　天水麦积山第67龛隋倚坐佛像　　图5-48　麦积山第5窟外廊左龛唐倚坐佛像❶

❶ 花平宁，魏文斌.中国石窟艺术・麦积山 [M].南京：江苏美术出版社，2013：图版175.

第二节
麦积山石窟菩萨像

天水麦积山石窟的菩萨造像均为各个窟龛中的胁侍菩萨，各时期菩萨的衣饰造型变化规律与同窟中的佛像相似。

一、北魏、西魏菩萨

天水麦积山第76窟北魏右胁侍菩萨立像是麦积山石窟群中年代最早的菩萨像之一（图5-49）。该像跣足立于圆形台座上，头戴宝冠，宝冠两侧有缯带垂下，额头饱满，五官清秀，嘴角含笑。菩萨裸露上身，有桃尖形的项饰，在手臂上表现臂钏、手镯。菩萨身上有自左肩垂斜向右胁并下垂覆盖右下半身的布帛（络腋），两肩垂下的披帛在相应肘部缠绕后向下飘扬，下身着裙。菩萨衣装贴身，布帛的衣边有近之字形内外翻转结构，衣褶以阴线刻表现。可以看出，这尊菩萨立像的造型与永靖炳灵寺第169窟北壁后部无量寿佛龛西秦右胁侍菩萨类同，区别是永靖炳灵寺西秦菩萨的人物动态较为僵直，麦积山实例的胯部向左或右侧扭曲，人物动态自然。另外，布帛衣边作近之字形内外翻转结构，是云冈第一期窟龛佛像袈裟衣边的典型特征。麦积山第114窟北魏左胁侍菩萨的人物头部造型、面部表情、身上衣饰与麦积山第76窟正壁右胁侍菩萨立像高度相似，不过人物的动态有所差异，该像双手动态舒展，显得优雅惬意（图5-50）。可见，麦积山第76窟北魏右胁侍菩萨立像、第114窟北魏左胁侍菩萨立像，大体上延续了河西早期窟龛菩萨造像的造型特征，这与该地较早佛像以云冈窟龛造像特征为主的情形有所区别。

图5-49 天水麦积山第76窟北魏右胁侍菩萨立像（化雷 摄）

图5-50 天水麦积山第114窟北魏左胁侍菩萨立像（化雷 摄）

　　天水麦积山第108窟窟门左壁北魏菩萨立像是北魏晚期的造像，其装束与上述两尊菩萨像区别明显，呈现为北魏孝文帝太和十年（486年）服饰改革后，菩萨穿上了汉式衣装造型的情形（图5-51）。菩萨立于圆形台座上，束发髻，面型瘦长，五官清秀，略带笑意。该像着交领长袖衣装，下身裙裳及地，披帛自两肩垂下至腹下交叉后，再反折披搭在对侧的前臂上。该像衣装质感厚重，其轮廓和衣褶线也颇为稚拙。这种菩萨装是较早着汉式装束的实例，相似实例在云冈第二期后段窟龛中就已经出现了。相对于麦积山第76窟北魏右胁侍菩萨立像而言，这种装束与褒衣博带式袈裟佛像组合在一起更为协调，其造型样式显然也是来自中原地区。麦积山石窟第121窟前壁右侧北魏菩萨与弟子像完成于北魏晚期，其中菩萨立于台基上，发髻高高束起，面型清秀，五官精致，绽放着人间少女的芳华（图5-52）。菩萨衣装形式与麦积山第108窟窟门左壁菩萨立像相同，两肩上垂下的披帛在大腿处向对侧手臂披搭，形成两个左右错位的U字形，然后在手臂外侧下垂。该像身上的衣装质感颇为厚实，其轮廓和衣褶线特别流畅，显示出工匠纯熟的造型能力。披帛作左右错位U字形的披搭形式，在龙门北魏窟龛菩萨像中尤为常见。

图5-51　天水麦积山第108窟窟门左壁北魏菩萨立像（化雷　摄）

图5-52　天水麦积山石窟第121窟前壁右侧北魏菩萨与弟子像（化雷　摄）

　　天水麦积山第139窟左壁北魏胁侍菩萨立像跣足立于窟内地面上，束发髻，面型圆润，五官清秀，面含笑意（图5-53）。菩萨裸露上身，有项饰，披帛自两肩垂下至腹下交叉后再披搭向对侧前臂，形成两个错位的U字形，其两端在两臂外侧向下飘扬。与麦积山第121窟前壁右侧北魏菩萨立像不同的是，该像披帛上依附了一层华丽的璎珞，形成一种极为醒目的装饰意味。在披帛上依附璎珞的雕塑手法，首见于龙门古阳洞。这尊菩萨还有一个突出的特征，那就头部比例较小，显得身材特别修长，这与此前中原北方窟龛中有意夸大头部比例的造型特征明显不同。麦积山第142窟北魏左胁侍菩萨立像跣足立于圆形台座上，发髻残损，面型长圆，五官有一定漫漶（图5-54）。该像未见项饰，有自左肩斜向右胁的僧祇支，两肩部下垂的披帛，在相应方位大腿处向对侧前臂披搭，形成接近重合的双U形，披帛两端在手臂外侧向下飘扬。同麦积山第139窟左壁北魏胁侍菩萨立像一样，该像披帛上也依附了一层粗大的璎珞，显得有些笨重。该像同样拥有修长的身高比例。此外，该菩萨立像左手持净瓶，这是北朝时期菩萨造像的一般特征，净瓶是修行者的象征物。

天水麦积山第44窟西魏左胁侍菩萨立像立于窟内地面上（足部残损），头戴三瓣式的宝冠，面型圆润，高鼻修目，表情庄重（图5-55）。该菩萨裸露上半身，有月牙形项饰，项饰两端的肩部位置有两个圆形饰物，其上系缚有下垂的饰带。菩萨两肩垂下的披帛在腹前穿过玉璧（交叉）后，再向对侧肘部披搭。菩萨下身着裙，腰部有束带，两大腿外侧下垂衣带，其上系缚玉环。披帛穿璧交叉的造型，在龙门古阳洞中就已经出现，后者中的实例如古阳洞正壁北魏左侧胁侍菩萨就作如此表现。这尊菩萨立像的身材相对清瘦，大体上延续了此前实例的造型特征。

与天水麦积山第44窟西魏左胁侍菩萨相比，麦积山第135窟正壁西魏左胁侍菩萨立像的躯体被衣装包裹，躯体尤显单薄（图5-56）。该像头部有向前束起的发髻，面型圆润，五官清秀，嘴角含笑。菩萨身着交领

图5-53　天水麦积山第139窟左壁北魏胁侍菩萨立像（化雷　摄）

图5-54　天水麦积山第142窟北魏左胁侍菩萨立像（化雷　摄）

图5-55　天水麦积山第44窟西魏左胁侍菩萨立像（化雷　摄）

图5-56　天水麦积山第135窟正壁西魏左胁侍菩萨立像（化雷　摄）

的长袖衣装，下身裙裳及地。两肩上有圆形饰物，其上系缚多条饰带，披帛沿该饰物下垂至大腿外侧再折返披搭在肘部并在手臂外侧下垂，其中右手轻握披帛一端，使单调的下垂衣褶线中多出了翻转和富于变化的曲线。同样全身着衣的菩萨像，还有麦积山第60龛正壁西魏左胁侍菩萨立像（图5-57）。该菩萨头顶束发髻，发髻前有一朵莲花造型的饰物，面型圆润，五官精致，略有腼腆之态，似人间少女。菩萨身着交领的长袖衣装，两肩上同样有圆形饰物，披帛大部分被双手拢袖的姿态遮掩。这两尊全身被衣装包裹的菩萨立像，呈现出与此前裸露上身的菩萨造型迥异的造像风格，反映出汉化程度的进一步加深，这与北魏末孝武帝西奔关中后，大批河南豪族和汉族官吏随之依附有关，继而影响到麦积山洞窟造像造型特征的变化。

在天水麦积山菩萨造像中，还有少许交脚坐姿者，实例如麦积山第101窟左壁北魏交脚菩萨像是北魏晚期的造像（图5-58）。该像头部发髻束起，没有宝冠，面型清瘦，五官精致（头部均被烟火熏黑）。菩萨胸部有桃尖状胸饰，着宽大的交领衣装，腰部有束带。两肩处披帛有向外翘起的造型，披帛两端垂至双腿间向对侧肘部披搭，形成两个错位的长U字形，这是云冈第二期后段及此后窟龛造交脚菩萨坐像的一般特征。该像还有一个显著的特征，那就是头部比例较小，身躯和双腿被加长，整体比例并不协调。麦积山第142窟右壁北魏菩萨交脚坐像也是一件北魏晚期完成的造像（图5-59）。该像

图5-57 天水麦积山第60龛正壁西魏左胁侍菩萨立像（化雷 摄）

图5-58 天水麦积山第101窟左壁北魏交脚菩萨

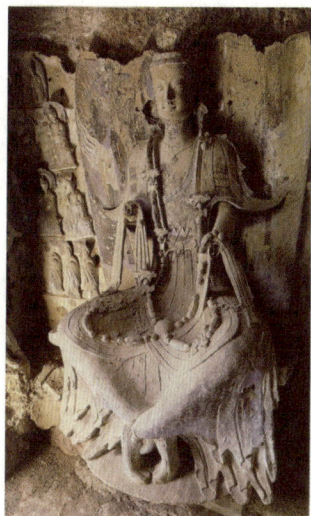

图5-59 天水麦积山第142窟右壁北魏交脚菩萨像[1]

---

❶ 麦积山石窟艺术研究所.中国石窟·天水麦积山[M].北京：文物出版社，1998：图版110.

同样束起发髻，面型长圆，眉毛舒展，双眼和嘴角皆带笑意，颈部修长。胸部有桃尖形项饰，僧祇支自左肩斜向右胁，两肩处披帛向外侧翘起的造型轻盈并富于装饰意味，披帛两端下垂至两腿间交叉后向对侧肘部披搭，并且在披帛上还依附有一层璎珞，后种造型样式可见于龙门较早的古阳洞交脚菩萨像。该像同样拥有修长的人体造型，尤其是躯干部分超过了一般人的身高比例。这可能是"秀骨清像"审美趣味的一种特殊反映。

二、北周、隋代菩萨

天水麦积山第62窟正壁、左壁北周胁侍菩萨立像跣足立于窟内地面上，其中正壁菩萨头戴圆弧顶的高大帽冠，帽冠上有火焰宝珠的装饰，面型较短且丰腴，嘴角含笑（图5-60）。菩萨有桃尖形项饰，僧祇支左领襟自左肩斜向右胁，有束带；两肩上原应有圆形饰物（已残），左肩披帛垂至小腿处右转披搭在对侧手臂肘部，右肩披帛垂至大腿处左转披搭在对侧前臂上，形成一高一低的双U形。在披帛表面依附了一层珠串状璎珞，凸显高贵气质。菩萨下半身着裙，其中腰部有较短的百褶短裙，这是新出现的衣装样式。菩萨衣装贴身，衣褶线以阴线刻为主。该像还有一个重要的特征，那就是其左胯部上抬，右腿弯曲，这种动态可称为优足造型，为舒适优雅之意。左壁胁侍菩萨立像特征与正壁胁侍菩萨一致，不过披帛上没有依附璎珞，也没有作优足造型。这两尊北周菩萨立像的头部比例不大，身体显得很修长，整体衣装造型也颇为雅致。

天水麦积山原147窟北周石刻菩萨立像是一件少见的石刻菩萨造像（图5-61）。该像跣足立于莲台上，发髻低矮，叶片形的帽冠比较小巧，脸型较短且丰腴，高鼻修目，嘴角含笑，表情安静平和。菩萨左手轻握饰带，右手上举持莲蕾，上半身裸露，胸部有桃尖形胸饰，两肩有圆形饰物，饰物上有三条下垂

图5-60　天水麦积山第62窟正壁、左壁北周菩萨立像❶

图5-61　天水麦积山原147窟北周石刻菩萨立像❷

❶ 麦积山石窟艺术研究所.中国石窟·天水麦积山[M].北京:文物出版社,1998:图版221.
❷ 花平宁,魏文斌.中国石窟艺术·麦积山[M].南京:江苏美术出版社,2013:图版130.

饰带，披帛下垂至膝盖时向对侧手臂披搭，形成错位的双U形。长条形璎珞自肩部两圆形饰物垂下，并不依附于披帛而独立表现。这件石刻菩萨立像与同时期其他窟龛菩萨像区别明显，雕刻技法娴熟，这显然不是长于泥塑造像的工匠所为，其整体特征与河北中南部北齐白石造像颇为相似，因此该像的设计者或制作者不排除是来自中原北方东部地区的匠师。

天水麦积山第37窟正壁隋右胁侍菩萨跣足立于圆形台座上，双手捧于胸前作祈祷状（图5-62）。菩萨头戴低矮的宝冠，宝冠两侧有缯带自两肩垂至胸前，面型方圆，双眉舒展，鼻梁高挺，嘴角含笑，表情平和喜悦。该像上半身裸露，胸部有圆环状胸饰，肩部垂下的披帛在膝盖处向对侧肘部披搭，形成几近重合的双U形。在菩萨腹部位置还残留有一截璎珞，其与披帛组合在一起形成有变化的衣饰结构。菩萨下身着裙裳，裙裳紧贴双腿垂直下垂，衣褶线简洁硬朗。这尊菩萨立像较此前的泥塑菩萨造像而言，呈现出令人耳目一新的感觉，尤其是其人体比例、衣装设计、衣褶表现令人印象深刻，整体散发出一种明快、有力的视觉观感。

天水麦积山第60龛正壁隋右胁侍菩萨跣足立于圆形莲台上，发髻宝冠皆残损，五官略有漫漶，自两肩垂下的缯带一直延至两臂外侧（图5-63）。菩萨有桃尖形的简洁胸饰，胸部衣装领襟自左肩斜向右胁，披帛并没有披搭向对侧手臂肘部，而是自肩部一直垂至两脚踝外侧，身上没有表现璎珞。该像下身着裙裳，裙裳作贴身表现，衣褶线以阴线刻为主，造型简洁，风格明显与同一时代的麦积山第37窟正壁隋右胁侍菩萨相比要"朴素"很多。

图5-62 天水麦积山第37窟正壁隋右胁侍菩萨立像（化雷 摄）

图5-63 天水麦积山第60龛正壁隋右胁侍菩萨立像（化雷 摄）

三、唐代及以后菩萨

天水麦积山第5窟正壁两尊唐右胁侍菩萨立像的腰带有别，右侧菩萨胸腹部有珠串状璎珞，此外其他特征基本一致（图5-64）。以左侧菩萨立像为例，该像头戴有化佛的高大华美宝冠，面型方圆，眉毛作舒展的长弧形，双目修长，鼻子高挺，嘴唇和下颌上墨绘有小胡髭，颈部上有三道圆圈。胸部有月牙形胸饰，僧祇支自左肩斜向右胁，僧祇支上还有一层自左胸至大腿根部的衣装，其上被布带固定于左肩，这是此前菩萨造像中不曾出现的新特征，可能是当时世俗时装的侧面反映。菩萨的披帛也富有变化，其左端下垂至膝盖处左转被右手轻握，右端在腹部左转披搭在左臂肘部并下垂，形成上下呼应的双U形。菩萨下身着裙裳，衣褶线多作凸起的线棱表现，质感相对厚实。这种菩萨造型与敦煌莫高窟唐代菩萨造像大异其趣，后者更多吸收了来自西域的审美元素，而麦积山可能更多受到了当时关中或洛阳造像的影响。

图5-64　麦积山第5窟正壁唐右胁侍菩萨立像

　　麦积山第4窟是该地石窟群中最大的洞窟，原为北周李充信为其祖父所开凿的功德窟，窟内有多个独立龛，保存了丰富的造像、壁画、建筑、题记等内容，每个龛内都有完整的佛、弟子、菩萨组合的塑像，现存为宋明时期重塑。麦积山第4窟第5龛右壁宋菩萨立像是该窟内众多菩萨造像中的两尊，可作为代表性实例讨论（图5-65）。两尊菩萨立像皆保存相对完好，其中有完整宝冠菩萨立像（左菩萨立像）者面型圆润，眉毛修长舒展，双眼微睁，鼻子高挺，嘴唇小巧，下颌较短，这种特征较此前菩萨造像更近于世俗妇女特征。该菩萨像的胸部有简洁且精细的项饰，僧祇支的领口很低，露出大部分胸部。菩萨所着披帛自两肩垂下后并没有向对侧手臂披搭，这与唐及以前菩萨造像不同；下身着裙裳，

图5-65　麦积山第4窟第5龛右壁宋菩萨立像[1]

分两层，外层裙裳较短，自腰部至大腿根部；内层裙裳及地，膝盖处有珠串收束，改变了两腿的衣褶形态，这一特征广泛流行于宋代菩萨坐像中。相较而言，另一尊菩萨立像更多继承了唐代菩萨造像的造型特征。该像头上帽冠残损，可以看见束起的高大发髻，面型方圆，五官特征与左邻菩萨像近似。菩萨胸部表现有纤巧的胸饰，上半身裸露，有自左肩斜向右腰部的络腋，披帛在下垂过程中并没有向对侧手臂披搭。这尊菩萨像的整体造型较大程度地继承了敦煌莫高窟唐代菩萨像特征。两尊菩萨立像的衣装不及此前实例贴身，衣褶线的结构与形态也明显偏离了那种规整流畅的装饰意味，而向一种更为自

---

[1] 花平宁，魏文斌.中国石窟艺术·麦积山[M].南京：江苏美术出版社，2013：图版192.

然的视觉观感发展。

　　天水麦积山第165窟宋左胁侍菩萨立像作白衣观音造型，其粉本应来自江南地区（图5-66）。该像头戴宝冠，在宝冠上表现风帽，风帽两侧沿两肩垂下，与外衣汇成一体。菩萨面型长圆丰腴，眉毛上扬舒展，双目微睁，鼻子纤巧，嘴唇小而丰润，五官整体造型似人间富家女子。菩萨胸部裸露，并无胸饰和璎珞，下身的裙裳及踝，造型简洁。菩萨像的衣装并不很贴身，质感也不轻盈，衣褶以剖面作V字形的粗大阴线刻为主，与唐代菩萨造像注重凸棱线的雕塑样式区别明显。这尊菩萨像的着衣形式虽然来自南方，但并没有后者菩萨像那般柔媚华美，而是以一种颇为素朴的形态出现，体现出菩萨造像粉本在流变过程中的多元性。同窟中的一身宋供养人立像除了眼睛睁开外，脸型、五官特征与同窟左胁侍菩萨立像颇为相似，身着俗世衣装，衣装造型完好契合了身体结构，衣褶简洁生动，是古代雕塑中不可多得的写实性作品（图5-67）。

图5-66　天水麦积山第165窟宋左胁侍菩萨立像

图5-67　天水麦积山第165窟正壁右侧宋供养人立像 ❶

第三节
麦积山周边重要石窟

　　天水麦积山周边还有不少中小型石窟，其中窟内有雕塑遗存的重要石窟有武山拉梢寺石窟、甘谷大像山石窟。

　　武山拉梢寺石窟位于武山县洛门镇东北25千米鲁班峡响河沟峡谷，绵延近500米，

---

❶ 花平宁，魏文斌.中国石窟艺术·麦积山 [M].南京：江苏美术出版社，2013：图版199.

石窟主体为摩崖石胎泥塑大佛和二胁侍菩萨立像，周围开凿小龛或泥质塑像，也有部分壁画留存，共有23个编号窟龛。[1]

图5-68　武山拉梢寺第1龛北周摩崖造像

武山拉梢寺第1龛北周摩崖造像总高42.3米，宽43米（图5-68）。主尊佛坐像及二胁侍菩萨皆依壁面雕刻，为浅浮雕。佛像跏趺坐，有半球形肉髻，磨光发，面型丰圆，身着通肩式袈裟，衣装贴体，衣褶为扁平粗线状，以胸部为中心作弧线形展开，这是鲜明的北周佛像特征。两侧的胁侍菩萨戴低矮宝冠，有缯带，面型方圆，眉眼含笑，双手持莲花，有胸饰、披帛，下身着裙裳，衣装松紧有致，上半身和下半身的衣褶疏密对比强烈，视觉效果协调。主尊佛坐像下的方形底座高17米，宽17.55米，由7层浮雕组成，其中间3层为卧狮、卧鹿、立象，每层上下都以仰莲瓣相隔。这些动物图像的造型简单，局部刻画精细，不曾出现在其他同期窟龛造像中。武山拉梢寺第2龛造像，为泥塑一佛二胁侍立像，位处第1龛方形底座中间，为宋代补塑。此外还有其他几处补塑龛像，均位于第1龛大像周边位置。

图5-69　甘谷大像山第6窟大佛殿唐倚坐佛像

甘谷大像山石窟位于甘谷县城西五里铺村南文旗山山脊上，现存有石窟区和古建筑区，石窟区现有编号22个洞窟，其中除了大佛殿（第6窟）外，其他窟龛均无原来造像。[2]

甘谷大像山第6窟大佛殿窟高34米，宽14米，进深4.5米，主尊佛像初创于唐代（图5-69）。该佛像高23.3米，石胎泥塑，呈倚坐姿，波纹发，面型丰腴，目视前方，表情庄重。这尊倚坐佛像为弥勒佛，是唐代弥勒信仰的具体反映。佛像外着袒右肩式袈裟，右领襟自右胁经腹部披搭于左肩；内层佛衣左领襟自左肩斜向右胁，右领襟覆盖右肩后下垂直右大腿处，反折披搭在右臂上；

[1] 敦煌研究院，甘肃省文物局.甘肃石窟志[M].兰州：甘肃教育出版社，2011：329.
[2] 敦煌研究院，甘肃省文物局.甘肃石窟志[M].兰州：甘肃教育出版社，2011：343.

胸部表现有束带。佛像衣装宽松适中，衣褶以凸起的线棱状为主。佛像虽经历后世多次修整，但基本保留了唐代造像风格，上述特征可以与其他地区唐代造像相印证。

小结

天水麦积山西连河西走廊，东达关中，南又连接川北，这种独特的地理位置使麦积山北魏中期至西魏的窟龛佛像，在造型上融合了多种样式。麦积山石窟较早的实例是在云冈第一期、第二期前段窟龛佛像影响下塑造出来的，继而形成了规模化创作，年代集中在北魏中晚期。大致在同一时间段，自成都而来的南朝造像样式，通过"金牛道"在麦积山窟龛中有多处遗存。以龙门古阳洞、宾阳中洞佛像为代表的中央造像样式，对中原北方其他地区形成深远影响并波及西部地区，但麦积山窟龛佛像吸收这一造像模式并成为一时之风，则要晚至西魏，滞后于中原北方东部地区十多年。这种情形，应该与孝武帝西入关中后，以洛阳为中心的中原北方文化在西魏获得支持和长足发展有关。麦积山所在的古秦州地区出土有多件十六国北朝时期的石刻造像，这些实例与麦积山龛像造型的形成存在一定关联。当然，关中与河西造像样式也会在麦积山石窟中留下痕迹，只是数量并不多，这种情形，与北魏时新、旧都中央造像样式对地方的强力辐射有关。北周至隋代，麦积山少数佛像着衣形式延续了西魏实例，大部分佛像的衣装形式发生了变化，其中包括多例通肩式袈裟佛像。该时期佛像的统一特征就是人物头部趋于丰腴，衣装作贴身表现，衣褶多以阴线刻为主，人物躯体也开始变得厚实饱满起来。此后的唐代佛像，特征可与中原北方同时期佛像类比。麦积山唐代佛像的人物特征和着衣形式与中原北方佛像进一步接近，但其数量不及该地北朝佛像多。

麦积山菩萨造像均为窟龛中的胁侍菩萨，其造型变化规律与同窟中主尊佛像同步。较早菩萨造像（北魏）的人物形象与衣饰样式具有河西洞窟菩萨像特征，但人物动态较后者更为自然生动。当麦积山窟龛开始流行褒衣博带式袈裟佛像时，菩萨造像的衣饰也随之变得儒雅和富于装饰意味，人物体态修长、瘦弱，世俗化的倾向得到进一步加强。唐代的菩萨造像一改此前修长、清秀的人物气质，头部变得饱满，躯体肉感得以张扬，披帛和裙裳的样式向具象写实的形态转变。

第六章

陇东地区南、北石窟寺造像

陇东地区大致包括今陇山以东的平凉市和庆阳市，该地自汉开辟丝绸之路以来，就成为关中向北、向西交通线的所经之处。陇东地区在十六国时期便有佛事活动，至北魏时有多处石窟开凿，其造像活动延至明代。陇东地区石窟众多，其中泾河流域主要有庆阳北石窟寺；泾川有南石窟寺、王母官石窟、罗汉洞石窟等；镇原有石空寺、玉山寺石窟等；陇山东面有华亭石拱寺石窟，西面有庄浪云崖寺石窟群和陈家洞石窟；子午岭群山中的石窟分布在葫芦河流域的平定川，主要有保全寺石窟、张家沟门石窟、金家砭石窟、安定寺石窟、莲花寺石窟等众多的小石窟等，共计有六十多处。❶陇东地区的众多石窟中，以庆阳北石窟寺和泾川南石窟寺最为重要。庆阳北石窟寺是北朝时期陇东高原最大的一座石窟，位于庆阳市西南25千米的覆钟山下，北石窟寺现存窟龛共包括五处，分布在蒲河两岸的砂岩崖面上，其中蒲河东岸有主窟群（北石窟寺），以及该石窟群以南1.5千米处自北而南的石道坡、花鸨崖、石崖东台三处小石窟群；蒲河西岸主窟群以北1.9千米处有楼底村石窟（北1号窟）。泾川南石窟寺位于泾川县东7.5千米之泾河北岸的下蒋家村，开凿于距地面6米高的黄砂岩壁面上，石质与北石窟寺基本相同。庆阳北石窟寺编号第165窟与泾川南石窟寺编号第1窟，为北魏晚期开凿，规模宏大，窟内均以雕刻高大的七佛题材为主，在窟形结构和图像配置上呈现高度相似特征。北石窟寺包括第165窟在内，共有295个窟龛，造像数量众多，而南石窟寺仅有编号7个窟龛，除了开凿于北魏的第1窟和唐代的第5窟外，其余均为空窟或风化严重洞窟。因此，学界对于泾川南石窟寺、庆阳北石窟寺的研究中，多以后者为重，本章亦以这部分内容为主展开阐述。

学界对北石窟寺的研究始于20世纪50～60年代，较早有邓健吾就北石窟寺第165窟的形制、造像题材、开窟者及造像思想展开论述，具有开创性意义。❷ 20世纪80年代出版的《庆阳北石窟寺》❸《陇东石窟》❹，相对全面介绍了北石窟寺相关内容。20世纪90年代末，宋文玉、李红雄编著的《北石窟寺论文集》❺，辑录了此前研究北石窟寺成

❶ 敦煌研究院,甘肃省文物局.甘肃石窟志[M].兰州:甘肃教育出版社,2011:378.
❷ 邓健吾.庆阳寺沟石窟"佛洞"介绍[J].文物,1963:7.
❸ 甘肃省文物工作队,庆阳北石窟寺文管所.庆阳北石窟寺[M].北京:文物出版社,1985.
❹ 甘肃省文物工作队,庆阳北石窟寺文管所.陇东石窟[M].北京:文物出版社,1987.
❺ 宋文玉,李红雄.北石窟寺论文集[M].昆明:云南人民出版社,1999.

果。甘肃北石窟寺文物保护研究所编著的《庆阳北石窟寺内容总录》❶，完整地呈现了北石窟寺窟龛造像的各种细节，是一本内容翔实的考古报告。近年来，还有多篇论及陇东及北石窟寺窟龛造像的学位论文面世。❷以上成果，使世人对于以北石窟寺为代表的陇东石窟有了相对深入的了解。

　　本章内容主要着力于石窟造像中佛像、菩萨像的着衣形式和造型特征展开阐述。根据佛像衣装造型的不同，将陇东地区石窟寺佛像（以庆阳北石窟寺、泾川南石窟寺为主）依据朝代来阐述，梳理其各自的造型特征和变化规律。

第一节
陇东地区南、北石窟寺北魏造像

　　庆阳北石窟寺、泾川南石窟寺造像以北朝佛像最为重要，可划分为三组进行阐述，菩萨像单成一组，其中的七佛立像是整个石窟群的核心内容。

一、楼底村石窟佛像

　　楼底村石窟又称北1号窟，可视作北石窟寺的延展窟，位于庆阳北石窟寺主窟群以北1.9千米处的蒲河西岸，楼底村南。该窟为平面长方形、平顶中心柱大窟，中心柱下层四面大龛中均雕刻有佛坐像，这些佛像不同程度地吸收了6世纪初北魏新、旧都佛像特征。

　　庆阳楼底村石窟中心柱东面龛北魏佛坐像为跏趺坐姿，头部漫漶，双手残（图6-1）。该佛像身着右肩半披式袈裟，袈裟右领襟自右肩垂下覆盖右上臂，在右胁下左转披搭在左肩上，领襟衣边皆有繁复的S形内外翻转结构；在胸部表现自左肩斜向右胁的僧祇支，跏趺坐双腿下有简短衣襟覆盖在龛内平台上；衣装作贴身表现，衣褶以阴线刻为主。

---

❶ 甘肃北石窟寺文物保护研究所.庆阳北石窟寺内容总录[M].北京:文物出版社,2013.
❷ 董华锋.庆阳北石窟寺北魏洞窟研究[D].兰州:兰州大学,2010.
　 高泽.庆阳佛教石窟寺调查及相关问题[D].兰州:兰州大学,2013.

图6-1 庆阳楼底村石窟中心柱东面龛北魏佛坐像❶

图6-2 庆阳楼底村石窟中心柱南面龛北魏佛坐像❷

图6-3 庆阳楼底村石窟中心柱西面龛北魏佛坐像❸

庆阳楼底村石窟中心柱南面龛北魏佛坐像为跏趺坐，头部已损毁，双手掌朝上叠加在一起施禅定印（图6-2）。该佛像身着右肩半披式袈裟，袈裟右领襟覆盖右臂至肘部后以条带状披搭在左臂，后一特征是褒衣博带式袈裟佛像的典型特征之一。这种特殊的领襟披搭形式，在北魏晚期关中石刻佛像中可以找到相似造型，实例如西安碑林博物馆藏西安市北郊岗家村出土的北魏景明二年（501年）徐安洛四面造像碑正面佛坐像。佛像胸部表现有自左肩斜向右胁的僧祇支，跏趺坐双腿及以下衣褶漫漶。

庆阳楼底村石窟中心柱西面龛北魏佛坐像为跏趺坐，高肉髻，波纹发髻，面部被后世重修，双手掌朝向腹部叠加在一起施禅定印（图6-3）。佛像袈裟为褒衣博带式，左领襟自然下垂，右领襟垂至腹部后左转披搭在左臂上；胸部有自左肩斜向右胁的僧祇支，未表现束带，跏趺坐双腿下有简短的覆座悬裳。佛像两臂衣襟下缘衣边的内外翻转呈几字形，这一特征在前三例佛坐像中并不是很鲜明。该像手印和着衣形式，与洛阳龙门古阳洞西壁北魏主尊佛像类同，后者完工于北魏正始二年（505年）之前。❹衣襟下缘衣边的几字形内外翻转结构，也可在龙门古阳洞中找到对应实例。

庆阳楼底村石窟中心柱北面龛北魏佛坐像为跏趺坐，头部有高大肉髻，发髻作波纹表现，五官已漫漶不辨，双手置于跏趺坐双腿上施禅定印（图6-4）。佛像着褒衣博带

❶ 甘肃北石窟寺文物保护研究所.庆阳北石窟寺内容总录(下)[M].北京:文物出版社,2013:图版310.

❷ 甘肃北石窟寺文物保护研究所.庆阳北石窟寺内容总录(下)[M].北京:文物出版社,2013:图版319.

❸ 甘肃北石窟寺文物保护研究所.庆阳北石窟寺内容总录(下)[M].北京:文物出版社,2013:图版324.

❹ 古阳洞西壁主尊两胁侍菩萨周侧各有北魏正始二年雕刻的小龛,可知小龛和西壁三尊主像完成于北魏正始二年之前.宿白.洛阳地区北朝石窟的初步考察[C]//龙门文物保管所,北京大学考古系.中国石窟·龙门石窟(一).北京:文物出版社,1991:226.

式袈裟，袈裟两领襟自然下垂，其中右领襟经跏趺坐双腿披搭在左臂上（由于两臂及跏趺坐双腿处衣褶漫漶，细节难以辨认）；胸部僧祇支领襟围合成U字形，表现束带，束带两端结节成对称的水滴形环套后并置下垂；衣装作贴身表现，衣褶为较薄的片形阶梯状，这种造型与洛阳龙门古阳洞南壁第206龛北魏佛坐像高度接近。

图6-4　庆阳楼底村石窟中心柱北面龛北魏佛坐像❶

上述四例佛坐像拥有相同的龛形，皆为佛坐像，两侧均有胁侍菩萨。四像衣装皆作贴身表现，躯干与两臂的空间结构关系特别清晰，这是云冈中期洞窟佛像的显著特征。四像虽共处同一中心柱佛龛中，但衣装造型又有明显差异，说明匠师在雕刻同一空间中的多尊佛像时会有意强调细节的不同（千佛造像除外）。

《庆阳北石窟寺》一书认为楼底村1号窟年代要晚于庆阳北第165窟❷，也有观点认为该窟开凿于公元494～504年❸，不过就佛像造型样式而言，可做进一步讨论。楼底村1号窟中心柱四面大龛佛坐像，在衣装贴体和人体形态上与大同云冈中期窟龛佛像相近；但在着衣形式上，兼容了关中造像和洛阳龙门龛像特征，衣饰及衣褶雕刻样式则以龙门龛像特征为主，后者有造像纪年。根据这些线索，可以推测楼底村石窟中心柱龛像，大体上创建于龙门古阳洞西壁主尊佛坐像完成（505年）之后，最晚可能延至公元510年。

二、南、北石窟寺七佛立像

庆阳北石窟寺第165窟北魏七尊佛立像和泾川南石窟寺第1窟同形式组合的北魏七尊佛立像，是陇东地区最重要的佛像。庆阳北石窟寺第165窟位于石窟群正中位置，也是该地规模最大、内容最丰富的洞窟，其平面呈横长方形，覆斗顶，东壁（正壁）雕有三尊佛立像、四胁侍菩萨，南、北两壁各表现两尊佛立像和三身胁侍菩萨，其中佛立像身高均在8米左右（图6-5）。泾川南石窟寺的窟形和北石窟寺相同，三个壁面（北壁

❶ 甘肃北石窟寺文物保护研究所.庆阳北石窟寺内容总录(下)[M].北京：文物出版社，2013：图版329.

❷ 甘肃省文物工作队，庆阳北石窟寺文管所.庆阳北石窟寺[M].北京：文物出版社，1985：42.

❸ 暨志远，宋文玉.北朝豳州地区部族石窟的分期与思考[C]// 中山大学艺术史研究中心.艺术史研究(第七辑).广州：中山大学出版社，2005：370.

图6-5　庆阳北石窟寺第165窟北魏造像（齐庆媛　摄）

为正壁）的图像配置与北石窟寺并无二致，只是佛立像身高为6米左右，较北石窟佛像略小。这十四尊佛立像，尺寸高大，造型雄伟，衣褶的雕刻样式令人印象深刻。

庆阳北石窟寺第165窟东壁中间北魏佛立像位处整个洞窟空间的中心位置（图6-6）。佛像为高肉髻，磨光发髻，五官雕刻粗犷，整体造型与云冈第一期窟龛主尊佛像接近。佛像左手抬起作捏指状，右手上举施无畏印，跣足立于台基上（台基上有低矮的莲台）；身着褒衣博带式袈裟，袈裟左领襟自然下垂，右领襟下垂至腹部左转披搭在左臂上；腰部以下袈裟下缘衣襟外侈；胸部袈裟领襟围合空间内可以看到中层和内层佛装，中层佛装衣领呈U字形，表现束带，这种衣装造型的最早实例出现在云冈第三期较早洞窟里，如编号第27B窟主尊佛像（依据水野清一、长广敏雄《云冈石窟》里的洞窟编号，下同），该窟西壁有北魏延昌二年（513年）和北魏正始四年（507年）窟龛造像记，云冈第34A窟里也可以看到相同造型者。庆阳北石窟寺第165窟东壁中间北魏佛立像的U字形衣领内僧祇支上也系缚束带，束带两端结节形成对称的水滴形造型后并置下垂，相似造型也在前述庆阳楼底村石窟中心柱北面龛北魏佛坐像中出现。佛像袈裟衣褶皆为剖面作锯齿形的凸棱状，两臂及下半身下垂佛装衣边，都雕刻几字形的内外翻转结构。凸棱状衣褶与几字形内外翻转衣边结构结合在一起，形成极为硬朗的外形和富于表现力的视觉观感。这种凸棱状衣褶的源头或是来自较早的金铜佛像，后者实例如长安县黄良公社石佛寺遗址出土的十六国金铜佛像。[1] 目前所见着褒衣博带式袈裟金铜佛像的衣褶作凸棱状表现的实例要晚至北魏熙平年间（516～518年），实例如平山出土北魏熙平三年（518年）金铜二佛并坐像。与几字形内外翻转衣边相似的造型，在大同云冈第6窟中就已经流行起来，更典型的实例见于洛阳龙门古阳洞正壁北魏主尊佛坐像，后者右领襟披搭在左小臂的几字形内外翻转结构，转折处棱角极为硬朗，与北石窟寺第165窟东壁中间北魏佛立像的衣边转折高度相似，只是其衣褶并不表现为凸棱状。北石窟寺第165窟东壁两侧北魏佛立像的着衣形式和衣褶雕刻样式，与中间北魏佛立

---

[1] 浙江省博物馆.佛影灵奇——十六国至五代佛教金铜造像[M].北京：文物出版社，2018：图版5.

像几乎一致（图6-7）。南壁北魏两佛立像
（图6-8）和北壁北魏佛立像（图6-9）的
整体造型特征基本与同窟东壁中间北魏佛
立像等同，其中南壁西侧北魏佛立像的
领襟披搭形式较为特殊，采用了龙门古
阳洞龛像左右领襟皆披搭于左臂的形式
（图6-10）。可知在雕刻该洞窟七尊佛立像
时，大部分实例按照统一的粉本来施工，
这与庆阳楼底村石窟中心柱四面大龛佛坐
像追求个体变化的理念区别明显。

　　这些高大的佛立像，在营建之初应该
有严谨的设计，人物身高比例是其中很重
要的因素。在造型艺术中，人物身高比例
是以头部高度为单位来计算的，如一般人
的身高是7头高，这个数据是身高和头高
相除的结果，其中身高是人直立时头顶至
足底的垂直距离，头高则是去掉头发后的

图6-6　庆阳北石窟寺第
165窟东壁中间北魏佛立
像（李静杰 摄）

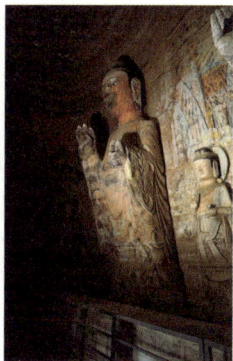

图6-7　庆阳北石窟寺第
165窟东壁北侧北魏佛立
像（侯楠山 摄）

图6-8　庆阳北石窟寺第165窟南壁北魏造像❶

图6-9　庆阳北石窟寺第165窟北壁北魏佛立像（李静杰 摄）

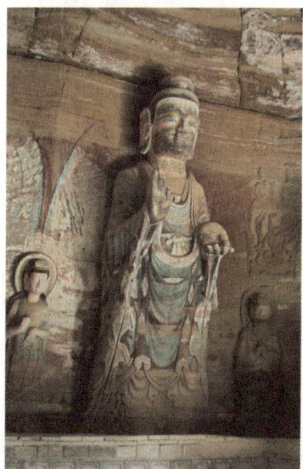

图6-10　庆阳北石窟寺第165
窟南壁西侧北魏佛立像❷

---

❶ 甘肃北石窟寺文物保护研究所.庆阳北石窟寺内容总录(下)[M].北京:文物出版社,2013:图版132.
❷ 甘肃北石窟寺文物保护研究所.庆阳北石窟寺内容总录(下)[M].北京:文物出版社,2013:图版133.

顶骨至下颌的垂直高度。与一般人不同的是，佛陀头上有隆起的肉髻，在计算佛像身高比例时，这部分尺寸应该不算在内，因为肉髻犹如盘起的发髻，并且肉髻在不同历史时期也有高低大小的变化。大同云冈第一期窟龛大尺寸佛立像的身高比例大多接近5头高（不含肉髻尺寸）❶，头部明显偏大，相较之下，佛坐像身高维持在4头高左右（站立后折算7头高左右），比例协调。庆阳北石窟寺第165窟北魏七尊佛立像，造型统一，人物高度也相当，选取该窟东壁（正壁）中间北魏佛立像和北壁东侧北魏佛立像进行计算，方法是在实测线描图上绘制身高标尺，以头高为基准进行比例换算，得出人物身高比例接近5头高，这一结果与云冈第一期窟龛大型佛立像接近（图6-11、图6-12）。

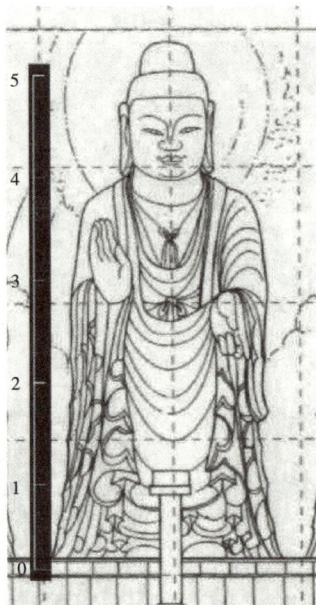

图6-11　庆阳北石窟寺第165窟东壁中间佛立像比例　　图6-12　庆阳北石窟寺第165窟北壁东侧佛立像比例

　　上述北石窟寺第165窟北魏佛立像的着衣形式、造型样式和人体比例，不同角度地反映出了当时佛陀造像审美特征，其中需要强调的是，凸棱状袈裟衣褶和几字形衣边内外翻转的结合，应该是一次大胆的尝试。

　　综合来看，北石窟寺第165窟以东壁中间北魏佛立像为代表的七尊佛立像，在衣装形式方面，主要参照并融合了云冈第二期后段至第三期龛像，以及龙门古阳洞北魏龛像

❶ 黄文智.大同云冈北魏中期洞窟人物雕刻模式的形成与传播——以右肩半披式袈裟和通肩式袈裟佛像为中心[J].社会科学战线，2016：1.

部分特征，而在衣褶雕刻上面，应该吸收了早期金铜佛像的做法，后一特征可能是为了强调佛像视觉上的张力 。北石窟寺第165窟七尊北魏佛立像的人体身高比例均在5头高左右，与云冈较早窟龛佛立像非常接近。学界普遍认为北石窟寺第165窟为北魏永平二年（509年）泾州刺史奚康生所创，这个时间，应该是指石窟开始开凿的时间。史载奚康生于北魏永平二年讨伐泾州沙门刘慧汪聚众造反，北石窟寺应该是此事件平息后才开始开凿，不过，如此大规模的石窟也不可能在短时间内完成，因此北魏永平二年是北石窟寺的开创年代，而不是完工年代。这些佛立像的衣装造型融合了云冈石窟和龙门古阳洞北魏龛像特征，但丝毫不见龙门宾阳中洞北魏佛像的造型元素，再考虑到开窟所需工期，推测该窟完工时间略早于龙门宾阳中洞或与此洞窟造像同期完成，年代约在北魏延昌年间（512～515年）。❶

泾川南石窟寺第1窟北壁中间北魏佛立像为高肉髻，磨光发髻，面庞圆润，五官特征较北石窟寺165窟东壁中间佛立像俊朗（图6-13）。佛像身着褒衣博带式袈裟，袈裟右领襟披搭在左臂上，胸部中层佛装衣领作U字形表现，其下的束带两端结节后并置下垂，僧祇支领襟同样被束带系缚在一起。可以看出，南石窟寺第1窟北壁中间佛立像的着衣形式，与北石窟寺第165窟东壁中间佛立像大体一致。该像袈裟衣褶也作剖面为锯齿形的凸棱状表现，两臂及佛装衣襟下缘作内外翻转成几字形结构，这些特征与北石窟寺第165窟东壁中间佛立像类同，只是明显不及后者粗犷硬朗，整体气质要清秀很多。

泾川南石窟寺第1窟东壁北侧佛立像的头部特征与同窟北壁中间北魏佛立像一致，亦着褒衣博带式袈裟，不过胸部中层佛装U字形衣领下不见束带（图6-14）。该像的袈裟衣褶发生了明显变化，两臂处袈裟衣褶虽然有一定程度风化，但大致可以辨认出其为两较大凸棱间有细小凸棱，形成大小凸棱组合的雕刻样式，这种袈裟衣褶

图6-13　泾川南石窟寺第1窟北壁中间北魏佛立像（侯楠山 摄）

图6-14　泾川南石窟寺第1窟东壁北侧北魏佛立像（侯楠山 摄）

❶ 学界对于宾阳中洞的完工时间并不统一，大体是在北魏延昌年末至熙平年间(514～518年)。考虑到龙门北魏窟龛群造像的造型变化规律，笔者认为宾阳中洞完工时间在北魏永平中至延昌初（约510～512年）。(黄文智.河南中部北魏晚期至东魏石刻佛像造型分析[J].敦煌学辑刊,2015:1.)

在中原北方东部地区北魏晚期至东魏初期的实例中流行。佛像腹部以下衣褶样式较为独特，似乎是将北石窟寺第165窟东壁中间佛立像同一位置的粗大凸棱状衣褶，分解为有宽窄和起伏变化的条带状，形成一种密实又丰富的视觉效果。两臂下垂袈裟衣边的内外翻转结构呈较为流畅的S形，这与北石窟寺第165窟北魏七佛及南石窟寺其他北魏佛立像的几字形内外翻转不同，不过两腿以下袈裟下缘衣边又保留了后种造型。在整个洞窟的七佛中，这种变化形态的衣褶样式仅此一例，其他佛立像与北壁中间北魏佛立像几乎一致。

在人体比例上，泾川南石窟寺第1窟北魏佛立像与庆阳北石窟寺第165窟北魏佛立像有所差别。南石窟寺第1窟北壁中间北魏佛立像的身高比例约为5.9头高，同窟东壁北侧北魏佛立像的身高比例同样维持在这一数据，说明该窟不同壁面的佛立像，均是按照严格的身高比例设计的（图6-15、图6-16）。接近6头高的身高比例，在视觉上明显比北石窟寺北魏佛立像身高比例要协调，云冈第二期北魏窟龛佛立像及此后的中原北方北朝佛立像，也多为6头高左右。可以看出，大同云冈洞窟中的北魏大佛造像经验，一定程度上在北石窟寺第165窟中得以继承，但后者所处空间并不如云冈洞窟那般狭窄，尺寸也不及后者高大，其头部偏大的观感显得较为强烈，这种情形，在泾川南石窟寺七尊佛立像中得以改变，后者可以说是对该区域此前佛像造型一定程度的调整。

图6-15 泾川南石窟寺第1窟北壁中间佛立像比例

图6-16 泾川南石窟寺第1窟东壁北侧佛立像比例

原置于南石窟寺的《南石窟寺之碑》（现藏于泾川县文化馆），明确记载了该寺由奚康生创建于北魏永平三年（510年），这应该是北石窟寺工程开始后的继续。虽然两处洞窟皆造七佛和胁侍菩萨，图像配置高度相似，人物衣褶雕刻样式也趋于类同，但两者人物身高比例和脸部特征却有明显差异，这种差异显示出造像审美理念的不同和年代的先后次序。另外，南石窟寺第1窟东壁北侧佛立像的袈裟衣褶雕刻样式很特殊，其更为繁缛的装饰趣味，与同窟其他佛立像差异明显，其最终完工时间应该要晚于其他佛立像，但与东部地区袈裟衣褶作大小凸棱状组合的佛像的关系尚难以明确。

三、中原样式佛像

庆阳北石窟寺第165窟外南北两侧崖壁中下层窟龛佛坐像的着衣形式、衣褶雕刻样式与北石窟寺第165窟中的佛立像区别明显，其和中原北方地区北魏晚期佛像造型相近，为叙述方便暂名中原样式佛像。

庆阳北石窟寺第85龛北魏佛坐像的头手残缺不全，身着褒衣博带式袈裟，袈裟右领襟披搭在左臂上（该部分已损毁），僧祇支上表现束带，束带两端结节后并置下垂（图6-17）。该像最显著的特征是覆座悬裳的表现样式，共有三层，其中外层是腹部以下衣襟下垂至跏趺坐右腿时，被右腿折叠成两片长椭圆形造型，两臂外侧下垂衣襟覆盖膝盖并下垂。覆座悬裳衣边有几字形内外翻转结构（衣边棱角已漫漶）。腹部以下袈裟衣襟被右腿折叠成两片长椭圆形造型，在大同云冈西方诸窟（云冈第三期窟龛）的较早实例中已经出现，保存更完好的实例见于云冈西方诸窟的第26窟西壁下层北龛北魏佛坐像，说明这种悬裳样式在云冈龛像中出现的年代不晚于5、6世纪之交。洛阳龙门古

图6-17 庆阳北石窟寺第85龛北魏佛坐像（李静杰 摄）

阳洞北壁第190龛北魏佛坐像的右领襟以下袈裟衣襟同样被右腿折叠成两片长椭圆形造型，与云冈第26窟东壁下层南龛北魏佛坐像高度相似，但该像的悬裳整体造型更为修长，庄重和装饰的意味尤为鲜明。相较而言，北石窟寺第85龛北魏主尊佛坐像的覆座悬裳形态更接近龙门古阳洞北魏实例，因此与后者的关联应更为直接。

庆阳北石窟寺第237龛正壁北魏佛坐像的头、手不同程度残损，着褒衣博带式袈裟，袈裟右领襟下垂至腹部左转披搭于左臂，胸部僧祇支衣领呈粗大的U字形，U字下

图6-18　庆阳北石窟寺第237龛
正壁北魏佛坐像[1]

的束带结节后下垂于袈裟右领襟外，两臂下垂袈裟衣褶及覆座悬裳外层衣褶作低矮但较宽的凸棱状，衣边皆作类几字形的翻转结构（图6-18）。可以看出，僧祇支衣领作U字形，凸棱状衣褶和衣边作几字形内外翻转结构，都是北石窟寺165窟北魏佛立像的造型特征，但整体样式又有所区别，可算作是年代较晚的造像对此前实例的新发展。

庆阳北石窟寺第229窟正壁北魏佛坐像的头、手均残损，褒衣博带式袈裟保存完好，两领襟围合成U字形，僧祇支作交领表现，胸部束带结节后下垂于袈裟右领襟外（图6-19）。覆座悬裳处两片拉长的长椭圆形造型完全一样，其他部分衣襟也呈对称表现，极富装饰意味。该像袈裟衣褶已经舍去了凸棱状起伏样式，但衣边作几字形内外翻转结构依然保留了下来。北石窟寺第229窟两侧壁（南、北壁）佛坐像除了僧祇支和束带略有变化外，其他特征与正壁佛坐像高度相似。北石窟寺第135龛北魏佛坐像（图6-20）、北石窟寺第224龛北魏佛坐像（图6-21），呈现了与北石窟寺第229窟正壁北魏佛坐像高度相似的特征，衣褶都舍弃了凸棱状的雕刻样式，两者唯有僧祇支和束带有所区别，这是造像个体间局部差异的体现。

图6-19　庆阳北石窟寺第229窟
正壁北魏佛坐像[2]

图6-20　庆阳北石窟寺第135龛
北魏佛坐像（李静杰　摄）

图6-21　庆阳北石窟寺第224龛
佛坐像（李静杰　摄）

[1] 甘肃北石窟寺文物保护研究所.庆阳北石窟寺内容总录(下)[M].北京：文物出版社,2013：图版232.
[2] 甘肃北石窟寺文物保护研究所.庆阳北石窟寺内容总录(下)[M].北京：文物出版社,2013：图版225.

北石窟寺第113龛北魏佛
坐像（图6-22）和北石窟寺第
204龛北魏佛坐像（图6-23），
两像的头、手残损，皆着褒
衣博带式袈裟，领襟披搭和
束带表现都与上述几尊佛坐
像类同，均不见凸棱状衣褶。
两像与该组此前的实例相
比，覆座悬裳专注于对称表
现，特别是后像的这一特征
更为简洁明显，且衣边的内

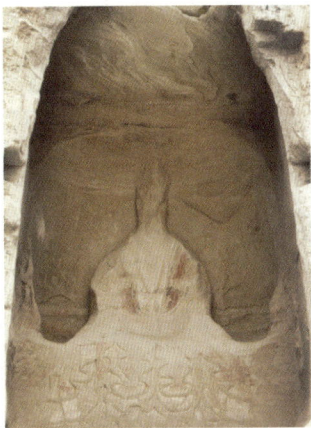

图6-22　庆阳北石窟寺第113
龛北魏佛坐像❶

图6-23　北石窟寺第204龛北魏
佛坐像（李静杰　摄）

外翻转结构已经变成了流畅的S形，这意味着在北石窟寺第165窟北魏佛立像中那种衣
边作硬朗的几字形内外翻转造型已经失去了影响力。与两像覆座悬裳的样式高度相似的
佛像在龙门北魏窟龛群中颇为常见，实例如龙门莲花洞南壁第60龛北魏正光六年（525
年）佛坐像，难得的是莲花洞实例有明确纪年，为北石窟寺相似造型佛像的年代提供了
参照。

　　佛坐像腹部以下袈裟衣襟下垂至跏趺坐右腿时，被后者折叠成两片类长椭圆形造型
的佛像悬裳样式，在中原北方地区先出现于云冈窟龛，龙门古阳洞中也较早出现了这种
袈裟造型的实例，但后者至北魏神龟年间（518～520年）才形成统一样式并流行开来。
综合来看，该组佛像应在北石窟寺第165窟后陆续完成，其年代或与龙门流行的同造型
龛像相近或略滞后，大约在北魏神龟至孝昌年间（518～527年）。

四、菩萨像

　　陇东地区南、北石窟寺中的菩萨造像特别重要，尤其是在庆阳北石窟寺第165窟
和泾川南石窟寺第1窟中，作为弥勒菩萨尊格的菩萨交脚坐像，与窟中的七佛组合在一
起，形成过去佛与未来菩萨（弥勒菩萨）佛法传承的图像组合。

　　庆阳北石窟寺第165窟西壁北侧北魏菩萨交脚坐像与同窟七佛立像同期完成，尺寸
高大，为北魏晚期造像遗存（图6-24）。菩萨头戴低矮宝冠，宝冠两侧有向上支起的缯

❶ 甘肃北石窟寺文物保护研究所.庆阳北石窟寺内容总录(下)[M].北京：文物出版社，2013：图版98.

带，面型方圆，眉毛舒展，鼻子、嘴巴皆棱角分明，表现为笑意盎然的样子。菩萨五官造型特别硬朗，与云冈较早窟龛北魏造像高度相似。菩萨左手残损，右手上举施无畏印，胸部有桃尖形胸饰，两肩垂下的披帛在胸腹部穿璧交叉后，在交脚坐小腿处折返披搭在对侧肘部。这种菩萨装中的披帛穿璧造型，在洛阳龙门古阳洞正壁北魏胁侍菩萨上就已经出现。菩萨下身着裙裳，小腿外侧衣襟呈扇形展开。这尊交脚菩萨像的衣装较为紧窄，上半身几乎不见衣褶，下半身衣褶则以片形阶梯状为主。可以看出，该菩萨像以云冈窟龛较早的北魏造像特征为主，但在着衣形式上吸收了洛阳新的造像样式，其审美趣味与同窟中的主尊佛立像一致。庆阳北石窟寺第165窟西壁南侧北魏菩萨交脚坐像与同窟西壁北侧菩萨交脚坐像呈对称之姿，特征相似，差异之处是该像并没有在宝冠两侧表现向上支起的缯带，胸饰表现为曲尺形，并在其上挂坠饰物，颇为华美（图6-25）。

图6-24　庆阳北石窟寺第165窟西壁北侧北魏菩萨交脚坐像❶

图6-25　庆阳北石窟寺第165窟西壁南侧北魏菩萨交脚坐像❷

　　泾川南石窟寺第1窟的图像配置与庆阳北石窟寺第165窟一致，年代相仿，窟门（南壁）两侧同样雕刻了菩萨交脚坐像，其造型与庆阳北石窟寺第165窟西壁南侧菩萨交脚坐像并无明显不同，显然是基于统一造像粉本而制作的（图6-26）。

　　相对而言，庆阳北石窟寺第165窟西壁北魏骑象菩萨像显得更为精美，该像亦为北魏晚期所作，头戴低矮宝冠（发髻残损），面型方圆，弯眉修目，鼻梁高挑，嘴含笑意（图6-27）。菩萨像五官柔美，面部起伏关系微妙，与同窟西壁（窟门）两侧交脚菩萨

❶ 甘肃北石窟寺文物保护研究所.庆阳北石窟寺内容总录(下)[M].北京：文物出版社,2013：图版159.
❷ 甘肃北石窟寺文物保护研究所.庆阳北石窟寺内容总录(下)[M].北京：文物出版社,2013：图版155.

像那种硬朗的风格形成对比。该菩萨脖颈下有桃尖形项饰，在项饰两侧的肩上有圆形饰物；披帛两端在腹部交叉后垂至膝盖处，再反折披搭向对侧手臂肘部，这些造型特征，与前述菩萨并无明显差异。菩萨下身着裙裳，左腿抬起置于右腿膝盖上，右腿垂下，裙裳衣褶和衣边内外翻转由此发生了结构形态的变化。这尊菩萨像衣装作贴身表现，但质感较为厚实，上半身衣褶为简略的阴线刻，下半身裙裳则是片形阶梯状。值得注意的是，该像裙裳下缘衣边出现的几字形内外翻转结构，与同窟佛立像衣边翻转结构一致。

图6-26　泾川南石窟寺第1窟南壁右侧北魏菩萨交脚坐像（侯楠山 摄）

图6-27　庆阳北石窟寺第165窟西壁北魏骑象菩萨像❶

　　庆阳北石窟寺第165窟东壁北魏左胁侍菩萨立像的头上有低矮的宝冠，宝冠上有圆形花饰，面形方圆，弯眉修目，嘴角含笑（图6-28）。该像脖颈下有桃尖形项饰，项饰两端的肩上有圆形饰物，披帛在腹部穿璧交叉后，于膝盖处反折披搭向对侧肘部，下身着裙。这种衣装造型，与同窟西壁北魏菩萨交脚坐像装束一致。庆阳北石窟寺第165窟南壁中间北魏胁侍菩萨立像的造型特征与同窟东壁北魏左胁侍菩萨立像高度相似（图6-29）。局

图6-28　庆阳北石窟寺第165窟东壁北魏左胁侍菩萨立像❷

图6-29　庆阳北石窟寺第165窟南壁中间北魏胁侍菩萨立像❸

部差异是该像披帛并没有在腹前穿璧，而是其两端交织后在膝盖处向对侧肘部披搭，体

❶ 甘肃北石窟寺文物保护研究所.庆阳北石窟寺内容总录(下)[M].北京：文物出版社，2013：图版151.
❷ 甘肃北石窟寺文物保护研究所.庆阳北石窟寺内容总录(下)[M].北京：文物出版社，2013：图版131.
❸ 甘肃北石窟寺文物保护研究所.庆阳北石窟寺内容总录(下)[M].北京：文物出版社，2013：图版136.

现出同一空间中个体造像间的差异性。

泾川南石窟寺第1窟内胁侍菩萨风化较为严重，其中北壁（正壁）中间北魏左胁侍菩萨被后世重新用泥敷塑（图6-30）。同窟北壁中间北魏右胁侍菩萨也同样被泥敷塑，但头部残存宝冠和右手肘部外下垂的披帛造型，与同时期（北魏晚期）菩萨的造型趋同（图6-31）。

图6-30　泾川南石窟寺第1窟北壁中间北魏左胁侍菩萨立像（侯楠山　摄）

图6-31　泾川南石窟寺第1窟北壁中间北魏右胁侍菩萨立像（侯楠山　摄）

第二节
陇东地区南、北石窟寺西魏至隋代造像

陇东地区南、北石窟寺西魏至隋代造像分布得较为零散，可作为一个整体来阐述，龛像年代的判断是基于造像特征分析和与周边佛像对比获得的。

一、西魏佛像

散布在第165窟两侧崖面壁龛中的西魏佛像数量有限，尺寸偏小，从领襟和下半身袈裟衣褶样式看，与北石窟寺第165窟北魏佛立像相近，但两者袈裟形式存在差异，显著特征是表现厚重的悬裳。

庆阳北石窟寺第119龛西魏佛坐像的头、手残损，衣装保存相对完整（图6-32）。佛像外着右肩半披式袈裟，袈裟左领襟自然下垂，右领襟覆盖右肩和右臂后在肘下左转披搭于左臂，腹部以下的袈裟衣襟宽大厚实，覆盖了跏趺坐双腿的大半及其下方的台座，左臂下垂衣襟则覆盖了另小半跏趺坐双腿及以下台座，两衣襟的衣褶为宽大的凸棱状，衣边有粗犷的几字形

图6-32　北石窟寺第119龛西魏佛坐像（李静杰　摄）

内外翻转结构。该像胸部中层佛装的衣领作宽大的U字形,内层僧祇支似作交领表现。架裟衣褶雕刻成宽大的凸棱状,衣边作几字形内外翻转结构,与前述北石窟寺第165窟北魏佛立像同一部位衣装的特征类同,但外层架裟的衣领披搭形式,又与庆阳楼底村中心柱南面龛北魏佛坐像接近。可以推测,北石窟寺第119龛西魏佛坐像在衣领表现上沿用了楼底村中心柱南面大龛佛坐像的领襟披搭形式,但在僧祇支、架裟衣褶和衣边内外翻转结构上,却照搬了北石窟寺第165窟佛立像的特征。

　　庆阳北石窟寺第96龛西魏佛坐像(图6-33)和北石窟寺第184龛西魏佛坐像

(图6-34)的表面虽有不同程度破损,但残存部分的造型特征与北石窟寺第119龛佛坐像并无二致,显然是基于同一粉本开凿的。

　　上述几尊佛像没有纪年,在周边地区也难以找到相似造型者,不过其胸部僧祇支和束带形态,与北石窟寺第165窟佛立像同一部位的造型相近,加之该像的覆座悬裳衣褶为宽

图6-33　庆阳北石窟寺第96龛西魏佛坐像(李静杰　摄)

图6-34　庆阳北石窟寺第184龛西魏佛坐像 ❶

大的凸棱状,衣边作几字形内外翻转结构,或可将其理解为北石窟寺第165窟佛立像的跏趺坐姿,只是年代明显要晚。综合来看,这几尊佛像或是在北魏末至西魏初完成。

　　分布在庆阳北石窟寺第165窟两侧崖面下层龛中的西魏佛像数量不多,尺寸较小,着衣形式大体融合了洛阳龙门古阳洞两种佛像造型特征。

　　庆阳北石窟寺第147龛西魏佛坐像的头、手均残损,所着褒衣博带式架裟尚能清晰辨认,左领襟下垂至胸腹部后左转披搭在左臂上,右领襟下垂至腹部后也左转披搭在同一位置,两领襟围合成u字形(图6-35)。僧祇支的衣领难以辨识(推测是U字形),其腹部束带结节后下垂于架裟右领襟内。两臂衣襟下垂至跏趺坐

图6-35　庆阳北石窟寺第147龛西魏佛坐像 ❷

❶ 甘肃北石窟寺文物保护研究所.庆阳北石窟寺内容总录(下)[M].北京:文物出版社,2013:图版187.
❷ 甘肃北石窟寺文物保护研究所.庆阳北石窟寺内容总录(下)[M].北京:文物出版社,2013:图版111.

双腿下成为覆座悬裳的外层结构。该像两臂处衣褶平滑无纹，覆座悬裳的衣边雕刻了粗大的内外翻转结构，其翻转边棱方圆结合，已脱离了那种硬朗的几字形。袈裟左领襟下垂左转披搭于左臂的形态初见于龙门古阳洞，实例如古阳洞北壁第108龛北魏佛坐像，上述北石窟寺165窟南壁西侧北魏佛立像的衣领披搭也作如是表现。这种在龙门石窟新出现的领襟披搭形式，应该是匠工们在北魏迁都后试图创作一种新的佛像样式而做出的努力，是当时新都热烈造像氛围的正面反映。但与洛阳实例明显不同的是，北石窟寺第147龛西魏佛坐像的覆座悬裳甚为粗简，其年代也明显要晚于古阳洞实例。

与庆阳北石窟寺第147龛西魏佛坐像的袈裟领襟披搭形式相似的实例，还有北石窟寺第97龛西魏佛坐像（图6-36）、北石窟寺第200龛西魏佛坐像（图6-37），两像的头、手皆残损；着褒衣博带式袈裟，袈裟左领襟下垂至腹部披搭于左臂，右领襟披搭于同一位置；胸部表现僧祇支，其中北石窟寺第200龛佛坐像的胸部中层佛装和内层僧祇支均有束带，其意应在于模仿北石窟寺第165窟北魏佛立像同一部位的造型，但雕刻手法拙劣。两像腹部下垂袈裟衣襟被右小腿折叠成两片狭促的类椭圆形造型，整个覆座悬裳也内敛紧缩，与北魏晚期佛坐像悬裳的外侈飘逸风格区别明显，而与促狭简短的西魏造像悬裳相近，据此推测该组佛像大致完成于西魏。

图6-36　庆阳北石窟寺第97龛西魏
佛坐像（李静杰　摄）

图6-37　庆阳北石窟寺第200
龛西魏佛坐像（李静杰　摄）

二、北周佛像

分布在北石窟寺第165窟两侧崖面壁龛中的北周佛像，除了第240窟内北周主尊佛坐像外，余者尺寸皆不大。这些佛像大部分沿用了褒衣博带式袈裟的着衣形式，造型相对统一。

北石窟寺第81龛西魏北周之际佛坐像的头、手均残，身着褒衣博带式袈裟，两领襟在胸部围合成U字形，胸部表现僧祇支，无束带（图6-38）。佛像右臂内外衣襟皆下垂至跏趺坐双腿后左转，这一特征未见于此前北石窟寺龛像中。跏趺坐双腿以下的外层悬裳，由袈裟下缘被右足折叠成两块近长方形的衣襟组成，其衣边的内外翻转结构显得很粗糙。以往认为该龛像年代为隋代，但其着衣造型与北石窟寺相距不远的麦积山第132龛西魏佛坐像❶很接近，且两者人物躯体量感均比较清瘦，年代应相距不远，区别是北石窟寺第81龛西魏北周之际佛坐像雕刻技法比较拙劣，覆座悬裳的衣褶简短又凌乱。北石窟寺第128龛北周佛坐像与第81龛西魏北周之际佛坐像造型颇为相似，均着褒衣博带式袈裟；不同的是，第128龛实例躯体变得丰实起来，胸部还表现了束带，束带两端结节后并置下垂，造型简洁（图6-39）。该像袈裟衣褶线极为疏朗和粗犷，还保留有较早片形阶梯状衣褶特征。值得注意的是，耀县❷北周武成二年（560年）木章村造像碑造像龛主尊佛坐像的着衣形式、悬裳表现，以及人物躯体量感，均与北石窟寺第128龛北周佛坐像高度相似，且两像出土地距离很近，可据此推测后者的大致年代在北周初年（图6-40）。

图6-38　庆阳北石窟寺第81龛西魏北周之际佛坐像（李静杰 摄）

图6-39　庆阳北石窟寺第128龛北周佛坐像❸

图6-40　耀县北周武成二年木章村造像碑造像龛主尊佛坐像　药王山博物馆藏

❶ 该像受到洛阳龙门宾阳中洞西壁（正壁）主尊着衣形式影响，尤其是两者的双领下垂式袈裟领襟披搭和覆座悬裳表现高度相似。麦积山龛像中出现如此造型，应该与北魏孝武帝西入关中后，大批洛阳官民随之依附有关。洛阳造像传统更直接影响到了关中及周边地区，不过这种洛阳龙门造像样式在关中所见不多，主要集中在麦积山西魏龛像中。
❷ 今耀州区，陕西省铜川市下辖区。
❸ 甘肃北石窟寺文物保护研究所.庆阳北石窟寺内容总录(下)[M].北京:文物出版社,2013:图版104.

庆阳北石窟寺第129窟北周佛坐像（图6-41）、北石窟寺第240窟南壁北周佛坐像（图6-42），两像所处空间和尺寸虽有别，但人物躯体都较丰实，皆披褒衣博带式袈裟，右领襟下垂至跏趺坐双腿处才左转披搭在左臂上，使得两领襟的围合空间很大。佛像胸部僧祇支自左肩斜向右胁，有束带；双腿下的覆座悬裳相对简短，层次简单，衣边的内外翻转结构

图6-41　庆阳北石窟寺第129窟北周佛坐像（李静杰　摄）

图6-42　庆阳北石窟寺第240窟南壁北周佛坐像（李静杰　摄）

粗大。相较而言，北石窟寺第240窟南壁佛坐像覆座悬裳的衣边转折关系更流畅和富于艺术感，雕工细致。北石窟寺第240窟被认为开凿于北周时期，是北石窟寺该时期代表性洞窟[1]，窟内佛坐像也是典型的北周佛像造型样式。

庆阳北石窟寺第48龛北周佛坐像（图6-43）、北石窟寺第151窟东壁北周佛坐像（图6-44），皆有不同程度残损，但褒衣博带式袈裟的特征很清晰，与前述同形式袈裟佛像相似，不过覆座悬裳变得较为简短。另外，北石窟寺第151窟东壁龛佛坐像的领襟披搭形式需要注意，其左领襟下垂至胸腹部左转披搭于左臂上，右领襟下垂至跏趺坐双腿上后左

图6-43　庆阳北石窟寺第48龛北周佛坐像[2]

图6-44　庆阳北石窟寺第151窟东壁北周佛坐像[3]

转披搭在同一位置，两领襟围合成u字形，这一造型在北石窟寺第165窟南壁西侧北魏佛立像上就已经出现了，其源头指向洛阳龙门古阳洞。北石窟寺第151窟东壁龛佛坐像的袈裟领襟又作如此表现，或是出于在同一空间佛像的局部变化所需。

---

[1] 宋文玉.北石窟寺240窟考略[J].丝绸之路(学术专辑),1998:1.

[2] 甘肃北石窟寺文物保护研究所.庆阳北石窟寺内容总录(下)[M].北京:文物出版社,2013:图版65.

[3] 甘肃北石窟寺文物保护研究所.庆阳北石窟寺内容总录(下)[M].北京:文物出版社,2013:图版113.

综合来看，上述佛像具备西魏佛像特征，但绝大多数完工于北周，整体造型和周边地区出土实例可印证，且与北石窟寺第165窟北魏佛立像造型差异甚大。

庆阳北石窟寺第55龛北周佛坐像的头、手均残，袈裟左领襟自然下垂，右领襟下垂至腹部后左转披搭于左肩，右臂内外侧下垂衣襟左向置于跏趺坐双腿上，僧祇支上有束带，覆座悬裳下缘轮廓以扇形展开，衣边有简略的内外翻转结构（图6-45）。与该像造型样式相似的实例见于天水麦积山第141窟正壁北周主尊佛坐像[1]、麦积山第22窟正壁北周佛坐像[2]和麦积山第62窟左、右壁北周佛坐像[3]，后三者皆为北周实例，说明北石窟寺出现这种佛像造型与麦积山龛像应该存在关联。北石窟寺第55龛北周佛坐像右领襟披搭在左肩上的情形会影响到两领襟在胸部围合的形态和束带的表现，后两特征都是褒衣博带式袈裟的典型特征，其变化形态出现后，原有的文化内涵就会被转移。更重要的是，这种在着褒衣博带式袈裟的佛像基础上演变出来的佛像在北朝晚期拥有大量实例，尤其是在东部地区东魏后段和北齐之世占据主流地位，因此需要和典型的着褒衣博带式袈裟佛像区分开来。

庆阳北石窟寺第71龛北周佛坐像（图6-46）、北石窟寺第82龛北周佛坐像（图6-47）、北石窟寺第53

图6-45　庆阳北石窟寺第55龛北周佛坐像（李静杰　摄）

图6-46　庆阳北石窟寺第71龛北周佛坐像[4]

图6-47　庆阳北石窟寺第82龛北周佛坐像[5]

❶ 麦积山石窟艺术研究所.中国石窟·天水麦积山[M].北京:文物出版社,1998:图版205.
❷ 麦积山石窟艺术研究所.中国石窟·天水麦积山[M].北京:文物出版社,1998:图版215.
❸ 麦积山石窟艺术研究所.中国石窟·天水麦积山[M].北京:文物出版社,1998:图版219.
❹ 甘肃北石窟寺文物保护研究所.庆阳北石窟寺内容总录(下)[M].北京:文物出版社,2013:图版81.
❺ 甘肃北石窟寺文物保护研究所.庆阳北石窟寺内容总录(下)[M].北京:文物出版社,2013:图版82.

龛北周佛坐像（图6-48），三像残损较为严重，从现有的袈裟形式和雕刻样式看，皆与北石窟寺第55龛北周佛坐像接近。三像的覆座悬裳下缘皆作扇形表现，大体上是基于同一造像粉本而创作。

北石窟寺第240窟北壁北周佛坐像的人物造型特征与同窟南壁北周佛坐像高度一致，但两者衣装样式不同，主要差异体现在北壁佛坐像覆座悬裳下缘作扇形表现（图6-49）。可见，庆阳北石窟寺第240窟南北壁北周佛坐像，是此地两种北周佛像造型样式的集中体现（正壁佛坐像被后世重修，已失原貌）。此外，北石窟寺第224龛北周佛坐像，也拥有下缘为扇形的覆座悬裳，但该像的领襟披搭、僧祇支表现和两臂外侧衣襟的下垂形式皆有不同之处，可算作该组佛像的特例（图6-50）。

图6-48　庆阳北石窟寺第53龛北周佛坐像（李静杰　摄）

图6-49　庆阳北石窟寺第240窟北壁北周佛坐像（局部）❶

图6-50　庆阳北石窟寺第224龛北周佛坐像（李静杰　摄）

上述佛像可能受到天水麦积山北周龛像的影响，在领襟披搭、覆座悬裳形态上呈现统一特征，其完工年代也应该在北周至隋代。

---

❶ 甘肃北石窟寺文物保护研究所.庆阳北石窟寺内容总录(下)[M].北京:文物出版社,2013:图版249.

三、菩萨像

庆阳北石窟寺第240窟北壁北周菩萨立像头戴低矮的宝冠，宝冠两侧有下垂的缯带；胸部有宽大胸饰；披帛左端在大腿处右转披搭在右臂肘部，右端在膝盖处左转披搭在左臂肘部，形成两个上下错位的U字形，这种披帛披搭形式在麦积山北周菩萨中也可以见到（图6-51）。菩萨像下身着及踝的裙裳，衣装贴体，衣褶以阴线刻为主。该像虽然衣装贴体，但由于菩萨像头部比例偏大，躯体壮实且毫无肌体起伏感，因此整个菩萨像显得较为稚拙，甚至有"呆萌"之感。庆阳北石窟寺第240窟南壁西侧北周菩萨立像的人物造型特征与同窟北壁北周菩萨立像相仿，不同的是该像披帛两端于腹部相交后在膝盖处向对侧手臂肘部披搭，并且向左侧倾斜下垂，形成一种微风拂面的观感（图6-52）。

图6-51　庆阳北石窟寺第240窟北壁北周菩萨立像（局部）❶

图6-52　庆阳北石窟寺第240窟南壁西侧北周菩萨立像❷

第三节
陇东地区南、北石窟寺唐代造像

陇东地区南、北石窟寺中，唐代开凿的窟龛数量最多，这与唐王朝推崇佛教和拥有长达近三百年的历史密切关联。不过由于该地石质较为松软，很多窟龛风化严重，保存完整的唐代实例并不多。

---

❶ 甘肃北石窟寺文物保护研究所.庆阳北石窟寺内容总录(下)[M].北京：文物出版社,2013：图版249.
❷ 麦积山石窟艺术研究所.中国石窟·天水麦积山[M].北京：文物出版社,1998：图版246.

一、佛坐像

庆阳北石窟寺第263窟东壁北侧唐主尊佛坐像是一尊较为典型的唐代石刻佛坐像（图6-53）。佛像肉髻残损，磨光发，面型丰腴，弯眉修目，颈部上有三道圈。佛像外披右肩半披式袈裟，袈裟右领襟自右胁经腹部披搭于左肩，中层佛衣左领襟自左肩斜向右胁，右领襟垂至跏趺坐双腿上后左向披搭在右前臂上；跏趺坐双腿被衣装包裹，腿下有长且宽的覆座悬裳。佛像衣装作贴体表现，衣褶以凸起的圆棱状为主。这种中衣右领襟披搭右臂的佛衣，有学者将其称为中衣搭肘式佛衣，初见于中原北方东部地区的北齐，后在龙门唐代窟龛中获得大发展，在关中地区唐代造像中也颇为常见。与唐两都（长安、洛阳）的实例相比，北石窟寺第263窟实例的衣装和覆座悬裳更为简洁，衣褶的程式化程度也更为明显，应该是在当时都城影响下的地方造像。北石窟寺第32窟如意年大龛唐主尊佛坐像的面型丰圆，弯眉修目，颈部上有三道圈，这些都是唐代龛像的典型特征（图6-54）。佛像着衣造型也与北石窟寺第263窟东壁北侧唐佛坐像高度相似，是同一造像粉本下的创作，局部差异在于该像台座为束腰的八边形，而北石窟寺第263窟东壁北侧唐佛坐像的台座是束腰四边形。

图6-53 庆阳北石窟寺第263窟东壁北侧唐主尊佛坐像[1]　图6-54 庆阳北石窟寺第32窟如意年大龛唐主尊佛坐像[2]

庆阳北石窟寺第222窟被认为是盛唐时期完成的一个大型佛殿式洞窟，覆斗顶，窟高6.1米、宽6.48米、深8.4米，其中东壁（正壁）基坛上雕刻一佛、二弟子、二胁侍菩萨。窟内南、北两壁布满小龛，共有62个，小龛内大多雕刻有跏趺坐佛像为主尊的造像组合。[3]

庆阳北石窟寺第222窟北壁222-42龛唐佛坐像为高肉髻，磨光发，面型丰腴，表情庄重，颈部上有三道圆圈；身着中衣搭肘式佛衣，跏趺坐双腿下有覆座悬裳，其衣装

[1] 甘肃北石窟寺文物保护研究所.庆阳北石窟寺内容总录（下）[M].北京：文物出版社，2013：图版281.
[2] 甘肃北石窟寺文物保护研究所.庆阳北石窟寺内容总录（下）[M].北京：文物出版社，2013：图版27.
[3] 敦煌研究院，甘肃省文物局.甘肃石窟志[M].兰州：甘肃教育出版社，2011：369.

造型与衣褶样式，与上述庆阳北石窟寺第32窟如意年大龛唐主尊佛坐像并无明显区别，只是由于其体量较小而显得雕刻技法相对粗糙（图6-55）。除了作为主体的北石窟寺窟群以外，其他周边小型窟龛内也有唐代造像遗存，但大多风化严重，其中庆阳花鸨崖第3窟正壁唐佛坐像需要提及（图6-56）。该像头部不存，双手也有一定程度残损，可以看出其身着中衣搭肘式佛衣，跏趺坐双腿下有覆座悬裳，衣褶作凸起圆棱表现，整体造型特征与庆阳北石窟寺第32窟如意年大龛唐主尊佛坐像相似，均为盛唐样式佛像。

图6-55　庆阳北石窟寺第222窟北壁222-42龛唐佛坐像❶

图6-56　庆阳花鸨崖第3窟正壁唐佛坐像❷

　　除了跏趺坐佛像外，在庆阳北石窟寺唐代窟龛中尚有一些倚坐佛像也值得关注，实例如庆阳北石窟寺第222窟正壁唐倚坐佛像（图6-57）。该佛像为高肉髻，磨光发，面型丰圆，五官粗大，颈部上有三道圆圈。佛像身着中衣搭肘式佛衣，其衣领的披搭形式与上述几尊唐代佛坐像一致，区别是下半身作倚坐姿，衣装的形态也因此发生改变。这尊倚坐佛像的衣褶样式和此前实例并不一致，表现为有粗细和起伏关系的隆起状（此前实例的衣褶为均匀凸起的圆棱线），衣边的S形内外翻转结构也富于立体感，而不是此前实例那种浅浮雕的平伏状。另一件较大的倚坐佛像，是庆阳北石窟寺第

图6-57　庆阳北石窟寺第222窟正壁唐倚坐佛像❸

❶ 甘肃北石窟寺文物保护研究所.庆阳北石窟寺内容总录(下)[M].北京：文物出版社，2013：图版214.
❷ 甘肃北石窟寺文物保护研究所.庆阳北石窟寺内容总录(下)[M].北京：文物出版社，2013：图版344.
❸ 甘肃北石窟寺文物保护研究所.庆阳北石窟寺内容总录(下)[M].北京：文物出版社，2013：图版204.

267窟中间唐倚坐佛像（图6-58）。该像头部损毁严重，看不清五官，身上衣装大致可以判断为中衣搭肘式佛衣。其衣领的披搭形式与前述唐代佛像并无二致，区别是衣装高度贴身，可以看见胸部隆起的肌体和四肢结构，那种来自印度笈多朝造像的"湿衣法"特征尤为显著。

二、佛立像

陇东地区南、北石窟寺中的佛立像数量远不及佛坐像，所存实例也多位处较次要窟龛内。庆阳北石窟寺第1窟西壁唐佛立像的肉髻残损，螺发，面型圆润，五官漫漶不清，颈部上有三道圆圈（图6-59）。佛像双手残，身着通肩式袈裟，其中胸部衣褶呈左右对称的U字形，作纵向排列，两大腿处衣褶则是较小的U字形，也纵向排列，在阴部与两大腿中间，有条带状衣纹下垂，清晰地界定了腹部与大腿的空间关系，这种造型特征与关中北周通肩式袈裟佛像高度相似。可见，该像延续了关中地区北周佛像的造型样式。庆阳北石窟寺第267窟东壁两尊唐佛立像皆高肉髻，磨光发，面型丰腴，弯眉修目，表情庄重，颈部上有三道圆圈（图6-60）。两像手印相同，右手上举施无畏印，袈裟的形式有别，其中左侧佛立像身着右肩半披式袈裟，右侧佛立像身着北魏晚期风格的褒衣博带式袈裟。两像衣装皆贴体，衣褶以阴线刻为主，其中右侧佛立像阴部以下两大腿间有条带状衣纹垂下，这是关中北周着通肩式袈裟佛像的典型特征。

图6-58　庆阳北石窟寺第267窟中间唐倚坐佛像[1]

图6-59　庆阳北石窟寺第1窟西壁唐佛立像[2]

图6-60　庆阳北石窟寺第267窟东壁两尊唐佛立像[3]

---

[1] 甘肃北石窟寺文物保护研究所.庆阳北石窟寺内容总录(下)[M].北京:文物出版社,2013:图版291.
[2] 甘肃北石窟寺文物保护研究所.庆阳北石窟寺内容总录(下)[M].北京:文物出版社,2013:图版15.
[3] 甘肃北石窟寺文物保护研究所.庆阳北石窟寺内容总录(下)[M].北京:文物出版社,2013:图版292.

　　整体而言，陇东南、北石窟寺窟龛佛像的创作年代大致呈现三个发展阶段，分别是北魏晚期、西魏至隋代、唐代。北魏晚期佛像在造型特征上存在明显差异，其中最重要的是庆阳北石窟寺第165窟和泾川南石窟寺第1窟的北魏七尊佛立像，其尺寸高大，在融合新、旧都佛像造型的基础上创作出极富视觉张力的造像样式。西魏至隋代佛像中，造型多有变化，体现出各个时期佛像造型的多元性。唐代佛像的造型样式相对单一，是唐代两都造像样式的地方再现。

三、菩萨像

　　唐代菩萨造像一改此前风尚而追求肉体的美感，因此在人物动态和肌体表现上形成显著特征。庆阳北石窟寺第254龛南壁唐菩萨立像的头部及两臂残损，可以看到裸露的上半身，下身着裙裳（图6-61）。该像上半身胸部、腹部的肌体起伏关系特别明确，腰部明显收缩，形成富于变化的人体轮廓；下半身的裙裳作贴体表现，衣褶使用有微妙变化的阶梯状，有效地衬托出双腿的肉感。庆阳北石窟寺第234龛唐双菩萨立像的头、手均有不同程度的残损，躯体也有较大程度的漫漶，但可以看到菩萨的身姿呈现了生动的三曲法（图6-62）。其裸露的上半身和着裙裳的下半身造型特征与庆阳北石窟寺第254龛南壁唐菩萨立像相仿佛。

图6-61　庆阳北石窟寺第254龛南壁唐菩萨立像❶

图6-62　庆阳北石窟寺第234龛唐双菩萨立像❷

小结

　　陇东地区南、北石窟寺窟龛造像中，最值得关注的是庆阳北石窟寺第165窟和泾川

---

❶ 甘肃北石窟寺文物保护研究所.庆阳北石窟寺内容总录(下)[M].北京:文物出版社,2013:图版272.
❷ 甘肃北石窟寺文物保护研究所.庆阳北石窟寺内容总录(下)[M].北京:文物出版社,2013:图版231.

南石窟寺第1窟的佛立像，其窟建制宏伟，佛立像尺寸高大，占据绝对的核心地位。这些佛立像的造型特征，融合了此前佛像的多种造型特征，表现出全新的视觉观感。学界普遍认为庆阳北石窟寺和泾川南石窟寺为形制相同的双窟，因此《南石窟寺碑》记载泾川南石窟寺的开凿背景和祈愿诉求，也适用于庆阳北石窟寺的开凿情况。[1]《南石窟寺碑》中第10行载"……遂寻案经教，追访法图，福起于显誓，鸿报发于涓心，悟寻训旨，建□□□□□"，其中的"寻案经教，追访法图"应该指的是开凿洞窟前的调研和设计。当时旧都平城和新都洛阳的窟龛、佛寺造像，肯定是被重点关注的对象，开创者需在此基础上设计和创作出新的造像样式，如此，才形成这种造型雄伟、雕刻技法新颖的造像样式，尤其是凸棱状袈裟衣褶和几字形衣边内外翻转相结合所呈现出来的视觉张力，与奚康生勇武张扬的人物性格高度吻合。泾川南石窟寺佛立像的整体造型特征与北石窟寺相似，但人物形象明显要清秀些，身高比例也有所调整，看上去更为协调，其中凸棱状袈裟衣褶和几字形衣边内外翻转相结合的雕刻样式也略微变得含蓄，整体可以看出两者有内在的关联。

庆阳北石窟寺第165窟以外的西魏、北周窟龛佛像，大多呈碎片化发展，一些西魏佛坐像承续了北石窟寺第165窟佛立像的造型样式，但更多的龛像受河西、关中北朝晚期实例的影响，呈区域化发展趋势。庆阳北石窟寺第165窟、泾川南石窟寺第1窟菩萨交脚坐像，是作为弥勒菩萨尊格而出现的，其五官特征、躯体造像与云冈较早窟龛北魏同题材造像高度相似，但其披帛在腹部穿璧交叉的形式，又与洛阳龙门古阳洞正壁北魏胁侍菩萨相仿，这种衣饰特征同样体现在庆阳北石窟寺第165窟菩萨立像的身上，这与同窟佛立像同时汲取大同云冈、洛阳龙门窟龛佛像造型特征的理念一致。其他窟龛中胁侍菩萨造像与同窟中的主尊佛像造型风格相类，造型水准明显较庆阳北石窟寺第165窟菩萨像逊色。陇东地区南、北石窟寺唐代窟龛佛像的衣装形式以中衣搭肘式佛衣为主，肌体也得到了一定呈现，这些造型特征与中原地区同期窟龛造像并无太大区别。该时期的菩萨造像裸露上身，胸腹部的机体结构清晰，注重身体的动态表现，三曲法得到有效呈现。

整体而言，陇东地区南、北石窟寺窟龛不同时期的造像都有明显的差异，其中除了庆阳北石窟寺第165窟和泾川南石窟寺第1窟佛像外，其他组别窟龛佛像分布得比较松散，造型水准不及中原地区同时期的实例，民间开窟的痕迹明显。唐代造像并没有直接承续本地此前佛像造型样式，而是积极汲取中原北方同时期造像特征，地域特征并不鲜明。

[1] 党燕妮.南石窟寺碑校录研究[J].敦煌学辑刊，2005：2.

第七章

邯郸响堂山石窟造像

响堂山石窟包括北响堂、南响堂、水浴寺（小响堂）石窟，该石窟群位处邯郸市南部，与安阳市比邻。邯郸与安阳两地，在春秋战国至隋代均为邺城辖地。邺城为六朝古都，因此又称邺都。东魏、北齐时的邺都，是高氏家族把持和入主朝政时期的都城，当时朝野俸佛之风极为兴盛，佛教及佛教美术继北魏中晚期以后再次获得大发展，留存至今的石窟寺造像、单体石刻造像不仅数量众多，且雕刻精美，营造了新一轮的造像高潮。在石窟造像中，与皇家贵胄关联的响堂山石窟最具代表性。据考古调查，北响堂山石窟有编号洞窟11个，在北响堂山腰还有十余个空佛龛；南响堂山石窟有编号洞窟7个，以及东方摩崖佛龛群；水浴寺石窟主要有西窟和东、西山坡上的2个瘞窟。响堂山石窟开凿于东魏至北齐时期，北齐造像最多，此后隋、唐、宋、明各代均有增凿。

对响堂山石窟的研究始于20世纪初，其中就代表性成果而言，最初有日本学者常盘大定和关野贞考察响堂山石窟，接着日本学者水野清一和长广敏雄在此基础上于1936年对响堂山石窟做了更深入的调查❶。1935年，国立北平研究院史学研究会考古组多位专家考察响堂山石窟，出版《南北响堂寺及其附近石刻目录》❷。中华人民共和国成立后，罗尗子对南、北响堂山石窟作了相对详细的记录❸，马忠理就响堂山石窟的造像和刻经撰文❹。围绕响堂山石窟的建筑、造像、分期、刻经等问题，赵立春❺、刘东光❻、李裕群❼、唐仲明❽均有研究成果面世，陈悦新则阐述了响堂山石窟的佛衣类型❾，此外还有张林堂、孙迪编著《响堂山石窟——流失海外石刻造像研究》❿，专门针对海外流失响堂山石窟造像展开研究。2014年，《中国美术全集·雕塑卷·响堂山石窟》出版⓫，书中陈传席系统阐述了响堂山石窟的历史地理背景、现状及相关研究成果，赵立春用较大篇

---

❶ [日]水野清一，长广敏雄.河北磁县河南武安响堂山石窟[M].东京：东方文化学院京都研究所，1937.
❷ 国立北平研究院史学研究会考古组.南北响堂寺及其附近石刻目录[M].北京：国立北平研究院，1936.
❸ 罗尗子.北朝石窟艺术[M].上海：上海出版公司，1955.
❹ 马忠理.北齐雕塑艺术的宝库——响堂山石窟[J].河北学刊，1983：2.
❺ 赵立春.响堂山北齐塔形窟述论[J].敦煌研究，1993：2.
　赵立春.响堂山石窟北朝刻经试论[J].文物春秋，2003：4.
❻ 刘东光.响堂山石窟的凿建年代及分期[J].华夏考古，1994：2.
❼ 李裕群.北朝晚期石窟寺研究[M].北京：文物出版社，2003.
❽ 唐仲明.响堂山石窟北朝晚期中心柱窟的"西方"因素[J].故宫博物院院刊，2014：2.
❾ 陈悦新.响堂山石窟的佛衣类型[J].华夏考古，2014：1.
❿ 张林堂，孙迪.响堂山石窟——流失海外石刻造像研究[M].北京：外文出版社，2004.
⓫ 陈传席.中国美术全集·雕塑卷·响堂山石窟[M].天津：天津人民美术出版社，2014.

幅阐述了石窟造像艺术的风格、题材、装饰纹样及遭受破坏、造像流失的情况。芝加哥大学艺术史系还专项设有响堂山石窟项目，为研究者提供便利。近期有唐仲明《东魏—北齐石窟造像研究》出版❶，书中涉及大量响堂山石窟研究内容。此外，中国知网上还能看到一些高校公布的相关研究的硕、博士论文。上述成果，主要集中在石窟开凿的社会背景、造像分期、建筑形式、刻经内涵，以及一些附属图像及装饰纹样等问题，对于石窟造像与同区域单体造像之间的横向比较、微观造型样式变化等问题，尚有进一步探讨空间，尤其是佛像造型样式的梳理，会影响到石窟造像年代的辨识和分期结果。

第一节
响堂山石窟北朝造像

按照袈裟（着衣）形式的不同，本节将响堂山石窟北朝石刻佛像分为四组来讨论其造型特征和分期，菩萨像单独阐述。

一、敷搭左肩式袈裟佛像

敷搭左肩式袈裟佛像为响堂山较早开凿的龛像，数量少，其着衣形式与衣褶雕刻样式均与河北中南部地区的同期实例相仿。

北响堂第6窟正壁东魏佛坐像跏趺坐于亚字形台座上，头部残损，着衣相对完整（图7-1）。该佛像的左领襟下垂，右领襟下垂至胸腹部后敷搭在左肩上，两领襟围合成U字形，其间露出自左肩斜向右胁的僧祇支；双腿部分衣装作贴体表现，有较短的覆座悬裳，下垂衣襟外缘有S形内外翻转结构；袈裟衣褶作双勾阴线表现，双勾阴线中间有剖面为三

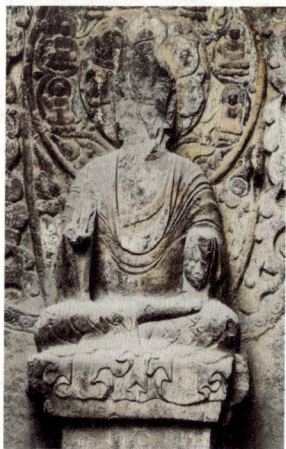

图7-1 北响堂第6窟正壁东魏佛坐像❷

❶ 唐仲明.东魏—北齐石窟造像研究[M].北京:科学出版社,2021.
❷ 陈传席.中国美术全集·雕塑卷·响堂山石窟(下)[M].天津:天津人民美术出版社,2014:图版107.

角形的小凸棱线，两臂上的两组双勾阴线间有粗大棱状线，整体形成了双勾阴线与大棱状线组合的衣褶雕刻样式。

在中原北方，领襟围合成 U 字形的较早纪年实例见于东部地区，如青州龙兴寺遗址北魏永安二年（530年）贾淑姿造像❶。此种袈裟领襟的围合造型，由北魏晚期以来褒衣博带式袈裟演变而来，特征是后者的右领襟由原来披搭于左臂上升至左肩，领口变小，胸部束带随之趋于弱化和消失。着这种变化形态佛装的佛像在东魏后段至北齐时实例众多，笔者将其单独名为敷搭左肩式袈裟佛像。北响堂第6窟正壁东魏佛像的覆座悬裳自然下垂，并不似典型北齐佛坐像的那般简短，其形态与临漳北吴庄出土东魏武定四年（546年）佛像❷颇为相似，区别是后者的下垂衣襟要厚实些。双勾阴线与大棱状线组合的衣褶雕刻样式，是该地区北魏正光年（520～525年）以来流行的衣褶雕刻样式❸，实例见于曲阳修德寺遗址出土东魏石刻佛像❹。北响堂第6窟正壁东魏佛坐像袈裟衣褶作如是表现，应该是吸收了曲阳东魏白石造像的雕刻样式，后者的生产地实际上也是北魏晚期以来的中原北方造像中心之一。此外，主尊佛坐像两侧的弟子和胁侍菩萨像，在临漳业城遗址出土的东魏后段白石造像中可以找到不少相似造型者。❺

图7-2　北响堂第6窟位置（第4窟右上侧崖壁）

综合上述造型特征，可推测北响堂第6窟正壁佛像的开凿时间应该在东魏，是响堂山石窟群中现存年代最早的造像。该窟位于北响堂第4窟（释迦洞）上部右壁山崖上（如图7-2所示，白色方框内人工垒砌的小屋内即第6窟），坐北朝南，造像龛及附属图像皆依凭崖面

---

❶ 青州市博物馆.青州龙兴寺佛教造像艺术[M].济南：山东美术出版社，2014：图版7.

❷ 中国社会科学院考古研究所，河北省文物研究所邺城考古队.河北邺城遗址赵彭城北朝佛寺与北吴庄佛教造像埋葬坑[J].考古，2013(7)：图16.

❸ 褒衣博带式袈裟棱角状衣褶出现于山东北部、河北中南部北魏正光年以来的衣褶雕刻样式，典型特征是身着龙门宾阳中洞南北壁主尊佛立像袈裟形式、衣褶作剖面为三角形的凸棱状表现，强调衣褶的浮雕立体感。这种袈裟衣褶样式在山东北部流行了10年左右，在河北中南部则自正光年间持续至东魏前段（约520～540年）。（黄文智.山东北部北魏晚期至东魏的石刻佛像造型分析[J].敦煌研究，2014：4.）

❹ 胡国强.你应该知道的200件曲阳造像[M].北京：紫禁城出版社，2009：图版17、图版19、图版20.

❺ 实例如东魏武定二年(544年)和姚李廻香造太子思惟像，该像虽为思惟坐像，但着衣形式与北响堂第六窟正壁佛像两侧胁侍菩萨基本一致。[中国社会科学院考古研究所，河北省文物研究所邺城考古队.河北业城遗址赵彭城北朝佛寺与北吴庄佛教造像埋藏坑[J].考古，2013(7)：图版15.]

开凿，其左壁为山体，前壁和右壁为砖石垒砌，正壁上方有四个榫眼，原应存在木构建筑。北响堂第6窟造像龛没有开凿在拥有更大崖面的东壁，而是选择了面积不大但位置依北的崖面上，应该是有意遵循寺院坐北朝南的一般做法。该窟这一位置和朝向，与其下方几个学界公认较早开凿的大型洞窟不同，后者包括北响堂第3窟（刻经洞）、北响堂第4窟（释迦洞）、北响堂第9窟（大佛洞）在内，三窟大体在同一高度崖面上，皆坐东面西。再从石窟地层的角度看，北响堂第6窟前面原来应该有较大的地面空间，但现在比较狭窄，且缺乏进入此窟的台阶或路径（游客不能进入此窟参观），加之窟前有大面积人工斩山痕迹，这种斩山行为，应该是开凿规模庞大的北响堂第4窟时留下的，且破坏了北响堂第6窟前的平台（可能进入此窟的台阶或路径也被斩去了），据此可推测北响堂第4窟晚于北响堂第6窟开凿。此外，北响堂常乐寺的金正隆四年（1159年）《鼓山常乐寺重修三世佛殿记》碑文记载："文宣（高洋）常自邺都至晋阳，往来山下……于此山腹，见数百圣僧行道，遂开三石室，刻诸尊像，因建此寺……"❶这则文献记载了在北响堂山三大窟开凿之前，在山腹中曾有僧人活动，说明此地应该有石窟或寺院存在，这可能就包括了当前的北响堂第6窟。

北响堂第8窟正壁北齐主尊佛坐像的头、手和覆座悬裳均已不存，但袈裟的基本形式和衣褶雕刻样式清晰可辨，领襟的披搭形式与第6窟正壁佛像一致，衣褶为双勾阴线，双线间有作剖面为三角形的凸棱线，雕刻样式也与北响堂第6窟正壁佛像相近，区别是该像两组双勾阴线间没有凸起的棱状（图7-3）。衣褶作双勾阴线表现的实例在河北中南部东魏后段至北齐颇为常见，如前述临漳北吴庄出土东魏武定四年（546年）佛坐像、曲阳修德寺遗址出土东魏兴和三年（541年）李晦造像❷、曲阳修德寺遗址出土东魏武定五年（547年）张同柱造像❸。结合佛像袈裟领右领襟披搭在左肩和衣褶雕刻样式的特征，北响堂第8窟正壁北齐主尊佛坐像

图7-3　北响堂第8窟正壁北齐主尊佛坐像

的年代应稍晚于北响堂第6窟主尊佛坐像，但可归为同一组别，完成时间大致为北齐初。

❶ 该碑现存北响堂长乐寺院内，"民国"本《武安县志》"金石类"中有录文。（赵立春.从文献资料论响堂山石窟的开凿年代[J].文物春秋,2002:2.）

❷ 胡国强.你应该知道的200件曲阳造像[M].北京:紫禁城出版社,2009:图版18.

❸ 胡国强.你应该知道的200件曲阳造像[M].北京:紫禁城出版社,2009:图版23.

二、通肩式袈裟佛像

响堂山石窟大型皇家窟龛中的主尊佛像人多尺寸高大，着通肩式袈裟，衣褶雕刻也与河北中南部地区同期实例存在关联。

北响堂第9窟中心柱正壁北齐佛坐像（图7-4）、北响堂第9窟中心柱右壁北齐佛坐像（图7-5）、北响堂第4窟中心柱正壁北齐佛坐像（图7-6），此三像皆着通肩式袈裟，除第9窟中心柱右壁北齐佛坐像外，余两像跏趺坐。前两像面部有后世重新敷塑痕迹，后像保存相对较好，但头部也是后人补刻。三像最显著的特征是通肩式袈裟衣褶的雕刻样式，都以胸部为中心呈U字形展开，其起伏关系为剖面作一高一低组合的粗大棱状，形成富有层次的视觉观感。

图7-4 北响堂第9窟中心柱正壁北齐佛坐像

图7-5 北响堂第9窟中心柱右壁北齐佛坐像

图7-6 北响堂第4窟中心柱正壁北齐佛坐像 [1]

这种高低棱状组合的衣褶样式，与前述北响堂第6窟正壁东魏主尊佛坐像颇为相似，区别在于第6窟佛像衣褶中双勾阴线内的凸棱线较为细小，而本组佛像"双勾阴线"的距离被有意扩大，使两线间的凸棱随之宽大起来。可以看出，三像袈裟衣褶的雕刻样式，应是融合了河北中南部佛像凸棱状衣褶和双勾阴线衣褶两种造型特征。故宫博物院古代雕塑馆收藏的一尊高大白石佛像残躯（一佛两胁侍组合）的袈裟衣褶也是这般表现，不同之处是后者袈裟形式是敷搭左肩式袈裟（图7-7）。故宫实例虽无明确的出土地信息，但这种高大尺寸和精美雕刻白石造像，可能出自东魏北齐时期河北中南部的

❶ 陈传席.中国美术全集·雕塑卷·响堂山石窟(下)[M].天津：天津人民美术出版社，2014：图版61.

某所皇家寺院。❶

　　有学者认为北响堂第9窟是为东魏大丞相、齐高祖高欢修建陵寝而作。高欢为东魏政权的实际掌控者，也是佛教的崇尚和强有力支持者。东魏定都邺城以后，高欢及其继承者们继大同云冈、洛阳龙门石窟以后在响堂山开窟造像，引领一时造像之风。高欢于东魏武定五年（547年）去世，死后秘不发丧，《资治通鉴》提到在"鼓山石窟佛寺之旁为穴，纳柩塞之"，鼓山石窟即今北响堂山石窟，其所葬之处或是北响堂第9窟（大佛洞）上的洞穴，因此推测北响堂第9窟开凿于东魏。但也有学者根据造像的样式和文献记载，认为第9窟开凿于北齐。两种观点至今没有定论。先不论北响

图7-7　河北中南部东魏—北齐白石佛像　故宫博物院藏

堂第9窟上面的洞穴是否为高欢瘗埋之所，就第9窟中心柱正壁北齐佛坐像的袈裟衣褶特征而言，应该是在河北中南部佛像凸棱状与双勾阴线衣褶融合后出现的，再结合其跏趺坐双腿下悬裳极为短促的情形（这一特征与东魏佛坐像覆座悬裳区别明显），该像应为北齐初完成。北响堂第4窟中心柱正壁北齐佛坐像造型特征与北响堂第9窟中心柱正壁北齐佛坐像基本一致，为同期之作。

三、右肩半披中衣搭肘式佛衣佛像

　　右肩半披中衣搭肘式佛衣佛像同为北响堂山皇家大型窟龛中的主尊佛像，仅一例，袈裟形式较为特殊，衣褶雕刻样式与同窟其他主尊佛像一致。

　　北响堂第9窟中心柱左侧面北齐倚坐佛像的脸部尚存后人用泥敷塑的痕迹，双手残（图7-8）。佛像外层袈裟左领襟下垂，右领襟半覆右肩后下垂至右臂肘部，再左转披搭于左肩；中层佛装左领襟下垂，右领襟自右肩下垂至腹部，再绕右臂后反折插入腹部外层袈裟领襟内；内层佛衣左肩斜向右胁，胸腹部有系缚僧祇支的绳带。袈裟衣褶表现为

图7-8　北响堂第9窟中心柱左侧面北齐倚坐佛像

❶据故宫博物院胡国强、冯贺军两位研究员介绍，这件大尺寸的白石佛像是"民国"时期收藏家霍志明从陕西三原收购后捐出的，先属国家博物馆，后归故宫博物院。根据佛像的造型特征看，该像应出自河北中南部。

粗大的双勾阴线，造型特征与同窟中心柱另两尊佛像相似。

陈悦新将这种颇为复杂的领襟披搭形式佛装称为中衣搭肘式佛衣，不过这种着衣形式与后述典型中衣搭肘式佛装有所差异，故单独名为右肩半披中衣搭肘式佛装。陈悦新认为中衣搭肘式佛装的出现与南朝开凿的南京栖霞山石窟和云冈第三期洞窟实例相关。不过就佛像衣装演变规律而言，笔者认为这种复杂的领襟披搭形式佛装似与洛阳龙门石窟、太原天龙山石窟的关系更为密切。北响堂山第9窟中心柱左侧面佛像的外层袈裟，可视作右肩半披式袈裟（右肩半披式袈裟自西域传入中国内地，河西沿线石窟和云冈第一、第二期洞窟前段佛像大多着这种袈裟形式），龙门宾阳中洞正壁主尊佛像也外披

图7-9　天龙山第2窟正壁东魏佛坐像 ❶

这种袈裟（区别是该像右领襟披搭于左臂而不是左肩），中层佛装为褒衣博带式袈裟，由此形成两层袈裟叠加表现的新造型。这种新型佛像，集中分布在龙门北魏大中型窟龛正壁（西壁）和巩义主要石窟主尊位置上，或为当时皇家或权高位重贵族所重的佛像样式。太原天龙山第2窟正壁东魏佛坐像的着衣样式大体上也是在龙门宾阳中洞正壁北魏主尊佛坐像两层佛衣叠加形式基础上变化而来，区别是天龙山实例右臂下垂衣襟下缘反折插入腹部外层袈裟领襟内，覆座悬裳也略有所变化（图7-9）。天龙山实例继承龙门石窟这种高规格佛像的样式，或许与该窟功德主为高氏家族有关。❷

通过比较，北响堂第9窟中心柱左侧面北齐倚坐佛像的着衣形式，与太原天龙山第2窟正壁东魏佛坐像造型颇为相似，尤其是后者着衣中外层右肩半披的结构，和右臂衣襟下垂反折插于腹部外层袈裟领襟内的穿插形式，应为北响堂佛像的前例。更重要的是，东魏北齐时邺城与晋阳（太原）之间对等的政治地位和密切的交通❸，使两地的佛教造像应该存在深层次的关联。因此可以推测，北响堂第9窟中心柱左壁北齐倚坐佛像，应该是在天龙山第一期东魏佛像着衣形式的基础上变化而来的。

---

❶ 中国石窟雕塑全集编辑委员会.中国石窟雕塑全集(第六卷·北方六省)[M].重庆:重庆出版社,2001:图版77.
❷ 天龙山第二窟属第一期洞窟，是最早完成的洞窟之一。高欢及北齐诸帝皆崇佛法，又于天龙山建避暑宫，天龙山石窟的开创应在高欢宣政晋阳时期。(李裕群.天龙山石窟分期研究[J].考古学报,1992:1.)李裕群认为，按照天龙山第一期洞窟的规模和供养人形象尚难断定为高欢所造。高欢虽然是东魏政权的实际掌控者，但并未称帝，并对名义上的东魏孝静帝尽臣子之礼，北朝卢思道作出如此评价："虽天命有归，而尽于北面，方之魏武，具体而微。"从这个意义上说，高欢或高氏家族开凿洞窟未必会按照帝王的规格来实施，但窟内主尊却延续了以龙门宾阳中洞正壁主尊为代表的造像样式，这是符合当时实际情形的。因此，笔者认为天龙山第一期洞窟为高欢或高氏家族所开凿。
❸ 崔彦华."邺—晋阳"两都体制与东魏北齐政治[J].社会科学战线,2010:7.

北响堂第9窟中心柱左侧面东魏倚坐佛像的着衣形式虽然与同窟中心柱其他壁面佛像不同，但考虑到窟内整体规划设计，且各像局部袈裟衣褶雕刻样式一致，应为同期完成。

四、中衣搭肘式佛衣佛像

响堂山石窟中衣搭肘式佛衣佛像数量最多，广泛分布在北响堂、南响堂和水浴寺石窟中，佛衣造型是在北响堂第9窟中心柱左侧面北齐倚坐佛像基础上变化而来的，衣装作贴身表现，衣褶雕刻存在多种样式。

根据外层袈裟右领襟披搭位置的不同，中衣搭肘式佛衣可分为两种情形，一是右领襟披搭在左臂，二是右领襟披搭在左肩。

右领襟披搭在左臂的实例如北响堂山第3窟主室正壁北齐佛坐像（图7-10）、北响堂第3窟主室右壁北齐佛坐像（图7-11）、北响堂第1窟右壁北齐佛坐像（图7-12），三像皆跏趺坐，头部残失（第3窟主室右壁佛像头部为后世修补），左右手分别施与愿印和无畏印。三像的着衣形式与北响堂第9窟中心柱左侧面佛像接近，不同之处是右领襟没有半披右肩，而是自左肩经背部斜向右胁下，再绕前腹披搭在左臂上，僧祇支上没有束带的痕迹。三像跏趺坐双腿下皆有简短的外延衣襟，未覆坛。衣装作完全贴身表现，质地轻薄，衣褶以疏朗的线刻为主，第3窟主室右壁北齐佛坐像两臂处衣褶还保留有双勾阴线特征，但袈裟表面整体平整，已脱离了第一、第二种造型佛像注重衣褶浮雕凸起的样式。袈裟领襟和衣装质感、衣褶雕刻样式的变化，说明三尊实例与右肩半披中衣搭肘式佛衣佛像在袈裟形式上虽存在关联，但在雕刻样式上有明显区别，分属于不同年代完工。

图7-10　北响堂第3窟主室正壁北齐佛坐像　　图7-11　北响堂第3窟主室右壁北齐佛坐像　　图7-12　北响堂第1窟右壁北齐佛坐像

北响堂第3窟又称南洞、刻经洞，窟外有《唐邕写经碑》，记载了窟内刻经起止时间为北齐天统四年（568年）至北齐武平三年（572年），据此可推测该窟开凿时间早于北齐天统四年，可能为北齐武成帝时期（561~565年）。[1]

图7-13　南响堂第1窟中心柱正面北齐佛坐像

图7-14　南响堂第5窟正壁北齐佛坐像

佛像袈裟右领襟披搭在左肩的实例主要分布在南响堂山和水浴寺，实例有南响堂第1窟中心柱正面北齐佛坐像（图7-13）、南响堂第5窟正壁北齐佛坐像（图7-14）、南响堂第7窟主室正壁北齐佛坐像（图7-15）、水浴寺西窟中心柱正面北齐佛坐像（图7-16）、水浴寺西窟中心柱左侧面北齐佛坐像（图7-17）。这五例佛像皆跏趺坐，大多头部不存。佛像左右手分别施与愿印、无畏印（第一例佛像右手为后世修补），人物坐姿和手印高度统一。五例佛像的外层袈裟披搭形式与同组北响堂山石窟北齐实例一致，中层佛装的右领襟自右肩下垂至跏趺坐双腿处，再披搭在右臂上，右臂下垂衣襟并没有反折插入外层胸腹部领襟内（第三例佛坐像右领襟在胸

图7-15　南响堂第7窟主室正壁北齐佛坐像

图7-16　水浴寺西窟中心柱正面北齐佛坐像

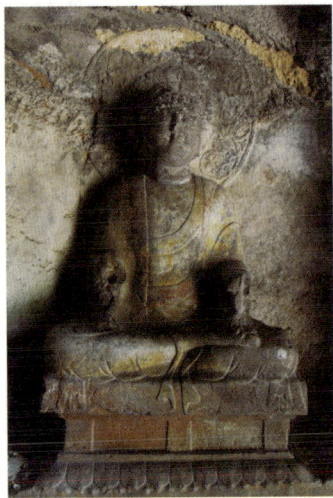

图7-17　水浴寺西窟中心柱左侧面北齐佛坐像

[1] 李裕群.北朝晚期石窟寺研究[M].北京:文物出版社,2003:44-45.

部部分折入外层袈裟右领襟内，但与前述佛像领襟穿插关系有所区别）。五像中除第三、第四例佛像外，余三像僧祇支胸腹部有系缚束带的褶皱，但不见束带垂下。这几尊佛像的跏趺坐双腿下皆有简短外延衣襟，但并未形成明显的覆座悬裳。佛像的衣装质感较为轻薄，衣褶雕刻略有差异，第一例佛坐像的衣褶为疏朗的阴线刻；第二例佛坐像的上半身衣装表面作磨光表现，双腿处衣褶有双勾阴线特征；第三例佛坐像的两臂衣褶为疏朗的片形阶梯状，双腿处衣褶磨光无纹；最后两例佛坐像也以阴线刻为主，造型趋于简洁。这种衣装局部雕刻样式的变化，显示出同一时期、同一空间内个体佛像之间的细微差异。

南响堂除了上述代表性实例外，还有一些倚坐像需要提及，如南响堂第5窟北壁北齐倚坐佛像（图7-18）、南响堂第7窟主室南壁北齐倚坐佛像（图7-19），两像人物姿势完全一致，着衣形式高度相似，衣装作贴身表现，袈裟表面大部分磨光，仅有少数几条阴线刻衣褶。两像的衣装造型特征与前述同组跏趺坐佛像并无明显差异，显然是基于同一造像理念而雕刻。

图7-18　南响堂第5窟北壁北齐倚坐佛像　　　图7-19　南响堂第7窟主室南壁北齐倚坐佛像

南响堂第2窟外壁摩崖上《滏山石窟之碑》记载："有灵化寺比丘慧义……于齐国天统元年乙酉之岁，斩此石山，兴建图庙。时有国大丞相淮阴王高那阿肱……广舍珍爱之财，开此□□之窟。"[1] 该碑为隋代所立，据碑文可知第二窟开凿时间为北齐天统元年（565年）。另外，水浴寺西窟内有北齐武平五年（575年）题记。根据这些线索，可知这几尊南响堂石窟和水浴寺石窟佛像的开凿年代与同组北响堂佛像相近，可归为同期开凿。

通过以上分析，可知响堂山石窟北朝四种造型佛像的开凿年代和造型样式的变化规律。

敷搭左肩式袈裟佛像的年代早至东魏，其造型特征可与中国河北南部同期石刻佛

❶ 赵立春.南响堂新发现的纪年碑[J].文物春秋，1993：3.

像相比对。这种结果，与学界以往观点有所区别。学界认为响堂山开凿最早的洞窟是北响堂第9窟，该窟被认为是齐献武王高欢瘗埋之所。文献记载，高欢于东魏武定五年（547年）卒，葬于漳水之西，在鼓山石窟佛寺之旁为穴。鼓山就是现在的北响堂山所在地。这就是说，在东魏武定五年时，该地就有石窟寺了，此石窟寺有可能就是北响堂山第6窟。如前所述，北响堂第6窟正壁北齐主尊佛坐像除了造型具备东魏实例特征外，其窟在朝向、地理位置上与三大石窟均不同，且从层位关系上看，北响堂第4窟打破了北响堂第6窟前平台的空间，存在先后次第关系。据此，可推断北响堂第6窟的开凿年代在北响堂第9窟、第4窟之前。

通肩式袈裟佛像皆为北响堂山第9窟、第4窟中的主尊佛坐像，这两窟分别是北响堂山石窟中规制最大和位处中间位置的洞窟，皆作中心柱式结构，窟内主尊佛像袈裟衣褶雕刻样式，在敷搭左肩式袈裟佛像双勾阴线衣褶基础上，形成剖面为一高一低的三角形棱状组合，显得很厚重，其年代当在北齐初。这种颇为费时费力的衣褶雕刻样式并没有广泛流行起来，只见于河北中南部少数的较大石刻佛像中。

右肩半披中衣搭肘式佛衣佛像仅有一例，是北响堂第9窟中心柱左侧面北齐佛坐像，其较为特殊的着衣形式，与天龙山第一期龛像应有内在关联。佛像袈裟衣褶表现为粗大的双勾阴线与棱状线相结合，质感厚重，和同窟中心柱其他壁面北齐佛像的造型特征相似，是在同一时间段内完成。这种新式佛装形成后，对此后佛像的着衣形式产生深远影响。可以说，北响堂第9窟中心柱左侧面佛像的佛衣，是一种承上启下的佛装形式。

中衣搭肘式佛衣佛像的着衣形式是在右肩半披中衣搭肘式佛衣佛像的基础上变化而来，衣褶雕刻存在单勾阴线、双勾阴线、片形阶梯状、素面无纹和凸棱线五种样式，这些雕刻样式都可以在河北中南部北齐石刻佛像中找到大量相似实例，体现出当时热烈的造像风潮和富有变化的雕刻技法。相对前三种造型实例而言，该组佛像的衣装质感有较大改变，皆作贴身表现，这种衣装表现是北齐时期佛像的典型特征。值得注意的是，该组北响堂山佛坐像躯体方圆厚实，尤其是两肩轮廓线相对硬朗，南响堂和水浴寺佛坐像虽然躯体同样壮实，但肩部轮廓线相对圆润一些。

根据以上论述，可将这些佛像试作分期（表7-1）。敷搭左肩式袈裟佛像中的北响堂第6窟正壁主尊佛坐像完工年代在东魏，北响堂第8窟正壁佛坐像年代稍晚，或为北齐初。两像存在诸多相似点，后者是在前者影响下完成的，因此同归为第一期，年代为东魏后段至北齐初（540～555年）。通肩式袈裟、右肩半披中衣搭肘式佛衣佛像集中在北响堂第9窟、第4窟中心柱佛龛内，包括通肩式袈裟与右肩半披中衣搭肘式佛衣两种着衣形式，为同期完成，归为第二期，年代为北齐前段（550～560

年）。中衣搭肘式佛衣佛像分布在南响堂和水浴寺石窟中，佛装形式基本相同，且有明确纪年，同属第三期，年代为北齐中后段（561～577年）。

表7-1　响堂山石窟东魏至北齐石刻佛像造型特征与分期表

组别	实例	衣褶雕刻样式	分期	年代	备注
敷搭左肩式袈裟佛像	北响堂第6窟正壁东魏佛坐像、北响堂第8窟正壁北齐佛坐像	双勾阴线与大小棱状线组合，质感厚重	第一期	东魏后段至北齐初（540～555年）	—
通肩式袈裟佛像	北响堂第9窟中心柱正壁北齐佛坐像、北响堂第4窟中心柱正壁北齐佛坐像、北响堂第9窟中心柱右壁北齐佛坐像	剖面作一高一低三角形组合的粗大棱状，质感厚重	第二期	北齐前段（550～560年）	—
右肩半披中衣搭肘式佛衣佛像	北响堂第9窟中心柱左侧面北齐佛坐像	粗大的双勾阴线与棱状线组合，质感厚重			—
中衣搭肘式佛衣佛像	北响堂山第3窟主室正壁北齐佛坐像、北响堂第3窟主室右壁北齐佛坐像、北响堂第1窟右壁北齐佛坐像	单勾阴线、双勾阴线，质感轻薄，衣装贴体	第三期	北齐中后段（561～577年）	袈裟右领襟披搭在左臂
	南响堂第1窟中心柱正壁北齐佛坐像、南响堂第5窟正壁北齐佛坐像、南响堂第7窟主室正壁北齐佛坐像、水浴寺西窟中心柱正面北齐佛坐像、水浴寺西窟中心柱左侧面北齐佛坐像	单勾阴线、素面磨光、阶梯状、简洁的凸棱线，质感轻薄，衣装贴体		北齐中后段（565～577年）	袈裟右领襟披搭在左肩

从表格中可以看出响堂山石窟的开凿过程和造型样式的变化规律，其中对于东魏实例的确认和石窟造像重新分期的观点，与以往学界的认识有所差异；对佛装衣褶雕刻样式的梳理，也有助于加深对响堂山石窟造像的进一步认识。

五、菩萨像

响堂山石窟北朝菩萨像与同窟中的主尊佛像组合，在雕刻样式上存在诸多内在关联。这些菩萨一般位处主尊佛像两侧，在窟龛中居于次要位置，但古代匠师在其身上倾注的心力不次于主尊佛像，彰显雍容华贵的气象。

北响堂第4窟主龛右侧北齐胁侍菩萨立像跣足立于圆形莲台上，头部为后世修补，左手平置于腰部持净瓶，右手于胸前上举，可能持莲蕾（图7-20）。菩萨脖颈下有刻满细密纹饰的圆环状胸饰，披帛自两肩垂下于腹部相交，然后在胯部向上披搭在对侧手臂，再垂于两臂外侧。璎珞紧贴披帛自两肩垂下，在腹部连接一块圆形玉佩后又向胯部两侧延伸，形成依附于披帛的X造型。菩萨下身着裙裳，裙裳下缘直抵脚踝处，有S形内外翻转的衣边。菩萨衣饰作贴身表现，质感较薄，但其肌体并无明显的起伏变化，披帛衣褶线为双勾阴线，裙裳衣褶线多为直线垂下，有一种庄重的仪式感。与这种衣饰造型相似的实例，曾出现在在洛阳龙门北魏窟龛中，在南朝出土的造像中也颇为常见（比如成都万佛寺出土南朝造像中的菩萨立像就有不少相似造型者），可见这种衣饰华美的造像粉本在南北朝时广为流传，不过北响堂第4窟主龛右侧胁侍菩萨立像，较此前实例严谨庄重，皇家造像的气息更为浓郁。

图7-20 北响堂第4窟主龛右侧北齐胁侍菩萨立像

北响堂第3窟主室右壁北齐左胁侍菩萨立像（图7-21）跣足立于覆莲瓣的莲台上，头部残损，身上的衣饰基本特征与上述北响堂第4窟主龛北齐右侧胁侍菩萨立像高度相似，不过该像的披帛（上附璎珞）在腹部交叉于圆形玉佩的位置偏下，腰带下垂部分也被有意加长了，使人物的躯体比例更为协调。相同造型的菩萨在同窟中有多例存在，彼此间仅少量细节有所差异。

南响堂第7窟主室正壁北齐右胁侍菩萨立像跣足立于圆形莲台上（图7-22）。菩萨头戴低矮宝冠，宝冠两侧有缯带垂下，面型丰腴，五官漫漶不清；脖颈下有圆环状项饰，两肩上各有一个圆形饰

图7-21 北响堂第3窟主室右壁北齐左胁侍菩萨立像●

图7-22 南响堂第7窟主室正壁北齐右胁侍菩萨立像

● 陈传席.中国美术全集·雕塑卷·响堂山石窟(上)[M].天津：天津人民美术出版社，2014：图版48.

物，饰物下两臂外侧有条带垂下；两肩垂下的披帛在腹部交叉后，于两大腿外侧反折披搭在对侧前臂上，披帛交叉处有花形玉佩。菩萨下身着裙裳，其下缘有简略的S形内外翻转结构。整身衣饰贴身表现，裙裳质感轻薄，可以清晰感受到菩萨的人体特征，衣褶线极为简洁凝练。值得一提的是，菩萨双手柔弱无骨，似婴儿的手那般极富肉感。这尊菩萨立像身上没有华丽的璎珞，身上的衣饰可算是北响堂第3窟主室右壁龛左胁侍菩萨立像的变化版本，同样体现出很高的造型水准。

北响堂第6窟主龛东魏右胁侍菩萨立像与上述几尊北齐时期菩萨有不一样的造型特征（图7-23）。菩萨跣足立于低矮的圆形台座上，头戴低矮宝冠，宝冠两侧有缯带垂下，面部破损。菩萨脖颈下有圆环状胸饰，圆环下端有莲蕾形凸起造型，左手上举持莲蕾，右手平腰执桃形符。菩萨像上身裸露，两肩披帛与身体融合在一起，仅见腰部以下的条带状造型；下身着裙裳，不见衣褶线，只雕刻裙裳下缘的结构线。这种突出肉体结构、衣装极为简洁的造型样式，来自印度笈多时期（320～534年）佛教造像，这尊菩萨像显然吸收了新的外来造像样式，但似乎融合得并不完美，裸露的上半身肌体起伏关系有点不自然，下身的裙裳和衣带依然保留了东魏造像的部分特征（阴线刻）。如前所述，该窟主尊佛坐像为东魏后段所作，胁侍菩萨也应同期完成，相似的实例在邺城佛寺遗址出土的东魏后段白石造像中并不罕见，同属于较早融入笈多造像元素的实例。北响堂第3窟正壁北齐右胁侍菩萨立像的躯体颇为壮实，身上衣装与身体的融合更为紧密，甚至舍弃了衣褶的具体刻画，充分地体现了笈多朝萨尔纳特造像中不表现衣褶的造型理念，但该菩萨的人体结构表现并没有得到有效提升，依然是此前那种含蓄、板滞的造型特征（图7-24）。

图7-23　北响堂第6窟主龛东魏右胁侍菩萨立像❶　　图7-24　北响堂第3窟正壁北齐右胁侍菩萨立像❷

相较而言，北响堂第9窟中心柱左侧面北齐左胁侍菩萨立像在人体造型特征上更有效承续了北响堂山第6窟主龛东魏右胁侍菩萨雕刻理念，并在人物动态和雕刻细节上有了新的改观（图7-25）。该像跣足立于低矮的莲台上，头部及双手有不同程度残损；脖

❶ 陈传席.中国美术全集·雕塑卷·响堂山石窟(上)[M].天津：天津人民美术出版社,2014：图版108.
❷ 陈传席.中国美术全集·雕塑卷·响堂山石窟(上)[M].天津：天津人民美术出版社,2014：图版43.

图7-25　北响堂第9窟中心柱左侧面北齐左胁侍菩萨立像

图7-26　北响堂山第4窟甬门左侧北齐菩萨立像

颈下有一圈项饰，裸露上身，披帛自两肩垂下后分别披搭在两前臂上，然后在大腿外侧下垂；一条璎珞自左肩斜向右胯部，显得简洁和雅致。菩萨下身着两层裙裳，外层的较短裙裳不表现衣褶，内层裙裳有高低棱状组合衣褶，造型特征与同窟中心柱正面北齐佛坐像一致。该像还有一个特别重要的特征，那就是左腿弯曲、右腿直立的动态，臀部和腰部也因此产生了曲线美，这与印度女神像"三曲法"的动态颇为相似。可以看出，这尊菩萨立像在造型特征上既吸收了印度笈多朝造像的视觉元素，又部分保留了响堂山石窟北齐本地雕刻技法，形成了独具一格的造像样式。

北响堂第4窟甬门左侧北齐菩萨立像跣足立于圆形莲台上，头部、双手有不同程度残损（图7-26）。菩萨脖颈下有一圈项饰，基本形与北响堂第6窟主龛东魏右胁侍菩萨立像项饰一致，但雕刻了很多衣饰细节，项饰两端的肩上也多了两个圆形饰物，其下挂坠着长短不一的条带。菩萨裸露上半身，披帛自肩部沿两臂垂下，再绕至前臂内侧垂下，在两大腿外侧飘舞。璎珞两端于胸腹部交接后又向两胯部延伸，形成X形造型。该像下半身与上述北响堂第9窟中心柱左侧壁北齐左胁侍菩萨一致，只是双腿动态与后者呈镜像变化。这尊菩萨立像显然不满足于笈多朝那种相对简洁的样式，而是主观融入了本地菩萨造像的流行元素。

北响堂第2窟正壁北齐菩萨坐像是响堂山石窟北朝造像中少见的主尊菩萨坐像（图7-27）。该像跏趺坐于方形束腰台座上，头部、双腿有不同程度残损，其显著特征是上身裸露，胸部有项饰和交叉于腹部的璎珞，这些都是北齐菩萨造像中的流行元素。南响堂第5窟树形龛北齐思惟菩萨像同为响堂山石窟中仅存的思惟菩萨像（图7-28）。该像体量较小，头戴低矮宝冠，面型丰圆，裸露上身，下身着裙裳，左腿倚坐于座前，右腿曲起置于左腿上，左手抚右脚，右手支起托着右腮。菩萨后面有两颗枝干交织在一起的大树。这种双树下思惟的菩萨像，是邺城、曲阳地区北齐时最为流行的白石造像题材之一，石窟中出现这种图像，应是受到世俗白石造像影响的结果。

图7-27 北响堂第2窟正壁北齐菩萨坐像 ❶

图7-28 南响堂第5窟树形龛北齐思惟菩萨像 ❷

第二节
响堂山石窟隋、唐及以后造像

响堂山石窟隋、唐及以后造像，分佛像和菩萨像两部分阐述。

一、佛像

北周武帝于公元574年在北周境内推行灭佛政策❸，577年正月灭北齐后，在邺城召集僧众宣布废除佛法，没收寺产，令僧众还俗，这是灭佛政策的继续，此举在一定程度上影响了响堂山石窟龛像，并暂时终止了开窟造像事业。北周武帝于公元578年驾崩，北周政权迅速被隋文帝杨坚取代（581年）。隋文帝杨坚笃信佛教，在其治下的广大区

---

❶ 陈传席.中国美术全集·雕塑卷·响堂山石窟(下)[M].天津：天津人民美术出版社,2014:图版9.
❷ 陈传席.中国美术全集·雕塑卷·响堂山石窟(上)[M].天津：天津人民美术出版社,2014:图版95.
❸ 张箭.论北周武帝废佛的作用和意义[J].西南民族大学学报(哲学社会科学版),2002:3.

域恢复佛教，大兴佛寺，开窟造像事业又一次获得大发展。[1]不过，隋代在响堂山石窟开凿的龛像规模相对较小，造型风格也多延续北朝样式，但雕刻水准明显不及北朝造像。响堂山石窟唐代龛像多在此前洞窟基础上补刻，体量小，大部分为民间造像所为，其造型样式部分继承了本地此前造像样式，也有明显受到都城影响的实例存在。

北响堂第3窟外侧北壁隋佛坐像跏趺坐于圆形束腰的台座上，头部、双手均残损严重，右胸部也遭到破坏，但可以看出其衣装的基本形态（图7-29）。其外层袈裟右领襟绕右腰经腹部披搭在左肩，内层佛衣右领襟自右肩垂至大腿处再反折披搭在右臂上，这

图7-29　北响堂第3窟外侧北壁隋佛坐像[2]

种着衣形式与前述水浴寺西窟中心柱正面北齐佛坐像颇为相似，衣褶皆以阶梯形为主，不同之处是该像左臂与胸腹部连接的衣褶线大致呈S形，而水浴寺佛像的衣褶线为更加舒朗的U字形，两者差异应该是年代有先后之分造成的。该像面型较为丰圆，身体颇为壮实，未表现覆座悬裳，这些都是北朝后期佛像的造型特征。此外，该像的头光纹饰，也与前述北齐佛像高度相似。根据这些造像特点，可推测北响堂山第3窟外侧北壁龛佛坐像年代比水浴寺实例晚，年代为隋代。

与北响堂第3窟外侧北壁龛隋佛坐像高度相似的实例有南响堂第6窟外侧左壁隋佛坐像（图7-30）。该像跏趺坐于圆形束腰的莲台上，头、手同样残损，但可以看出低肉髻、面型丰圆的特征，双手分别施与愿印、无畏印。佛像身上的衣装与北响堂第3窟外侧北壁龛隋佛坐像相似，且保存更为完整，同样未表现覆座悬裳，差异之处是，该像左臂袈裟衣褶与胸腹部衣褶并不连接在一起，衣装似乎更为贴体。北响堂第2窟正壁隋佛坐像跏趺坐于方形束腰的台座上，头、手残损严重，同样身着中衣搭肘式佛衣（图7-31）。不过与前两例不同的是，该像袈裟右领襟并

图7-30　南响堂第6窟外侧左壁隋佛坐像

图7-31　北响堂第2窟正壁隋佛坐像[3]

[1] 华方田.隋文帝与隋代佛教的复兴[J].佛教文化，2003：1.
[2] 陈传席.中国美术全集·雕塑卷·响堂山石窟(下)[M].天津：天津人民美术出版社，2014：图版23.
[3] 陈传席.中国美术全集·雕塑卷·响堂山石窟(下)[M].天津：天津人民美术出版社，2014：图版11.

不披搭在左肩，而是左臂肘部，衣褶线简洁疏朗，造型朴实。

南响堂第6窟前室南壁龛唐佛坐像（图7-32）、南响堂第2窟前室北壁龛唐佛坐像（图7-33），两龛主尊佛坐像呈现出诸多相似造型特征，皆跏趺坐于圆形束腰莲座上，身着中衣搭肘式佛衣，两手分别施与愿印、无畏印，衣褶以阶梯形为主，这些特征基本延续了前述隋代佛像的造型特征，不同之处在于两龛主尊两侧皆有佛弟子、胁侍菩萨的图像配置。

图7-32 南响堂第6窟前室南壁龛唐佛坐像

图7-33 南响堂第2窟前室北壁龛唐佛坐像

佛弟子、胁侍菩萨造型与响堂山北齐洞窟内同题材造像区别明显，尤其是南响堂第2窟前室北壁中的佛弟子头部丰腴、颈部有三道圈，身体有动态变化，这明显是唐代造像特征。另外，南响堂第2窟前室北壁龛唐佛坐像表现有紧贴莲座的覆座悬裳，基本形态接近同时期的龙门窟龛造像。综合来看，这两龛主尊佛坐像大体延续了响堂山北朝后期至隋代佛像的着衣形式和造型特征，显现出一定的保守性。

南响堂第1窟南壁唐佛坐像为一铺五尊造像龛中的主尊佛坐像，跏趺坐于方形束腰台座上（图7-34）。其着衣形式、人物造型与前述隋、唐的几例佛坐像高度相似，唯有覆盖跏趺坐双腿的衣襟垂至台座前，形成简短的覆座悬裳。该造像龛的显著特征是外形为浅浮雕的覆钵塔造型，覆钵上有刹柱、莲瓣、蕉叶等纹饰。这种塔形龛造型的典型实例是北响堂第9窟主室四壁上开凿的16个塔形龛，皆雕饰极为华美，相较之下，南响堂山第1窟南壁上的塔形龛尺寸小，造型也要简洁得多；再结合龛内佛弟子、胁侍菩萨的造型特征，以及其与南响堂第6窟前室南壁龛内造像类同，可知该造像龛年代为唐代。

图7-34 南响堂第1窟南壁唐造像

南响堂第1窟南壁龛唐佛坐像跏趺坐于圆形束腰莲台上，半球形肉髻，磨光发，面型长圆，五官损毁（图7-35）。该佛像身着右肩半披式袈裟，袈裟右领襟半覆右肩后自右臂肘下经胸腹部披搭在左肩上，可以看到胸部僧祇支（内衣），跏趺坐双腿下有简洁的悬裳。佛像衣装贴体，衣褶以阴线刻为主，衣褶线简洁舒展。该像的显著特征还有领部上有三道圈、裸露的胸部肌体有明显的起伏变化，这些都是唐代佛像的典型特征。南响堂第2窟前室南壁龛唐佛坐像跏趺坐于圆形束腰莲座上，其他造型特征均类同于南响堂第1窟南壁唐佛坐像，完工年代也同于后者（图7-36）。

北响堂第11窟正壁唐倚坐佛像为半球形肉髻，波纹发，面型丰圆，五官纤秀，颈部上有三道圆圈（图7-37）。佛像左手抚膝，右手上举施无畏印，身着中衣搭肘式佛衣，外层袈裟的右领襟自后背经右胁披搭至左肩，内层佛衣右领襟自右肩垂下至右大腿处反折披搭在右臂上，膝盖以下为内层衣装。佛像衣装较为宽松，衣褶以阶梯形为主，衣褶线层次分明。通过比较，该像的人物基本形态与前述南响堂第7窟主室南壁佛坐像类同，但两者的着衣形式与衣褶线组合关系有明显的差异，与洛阳龙门慧简洞正壁唐咸亨四年（637年）倚坐佛像相对接近，尤其是该像的头部造型，与龙门慧简洞倚坐佛像相似度很高，可知该像的年代为唐代，且明显受到当时东都洛阳造像影响。

图7-35　南响堂第1窟南壁龛唐佛坐像❶　　图7-36　南响堂第2窟前室南壁龛唐佛坐像❷　　图7-37　北响堂第11窟正壁唐倚坐佛像

南响堂第1窟南壁唐倚坐佛像的头部残损，左手抚膝，右手上举施无畏印，身着右肩半披式袈裟，袈裟右领襟半覆右肩后绕右胁披搭至左肩（图7-38）。佛像衣装贴体，衣褶为阶梯形，衣褶线略显稠密，裸露部分肌体有明显的起伏变化，似乎能感受到肌肤的弹性。这尊倚坐佛像与北响堂第11窟正壁龛唐倚坐佛像造型风格明显不同，似乎更

---

❶ 陈传席.中国美术全集·雕塑卷·响堂山石窟(上)[M].天津：天津人民美术出版社,2014：图版49.
❷ 陈传席.中国美术全集·雕塑卷·响堂山石窟(上)[M].天津：天津人民美术出版社,2014：图版56.

注重身体肉感的表现，这应该是在唐朝开放的政策下接受印度笈多造像的影响所致。

南响堂第8窟宋倚坐佛像的头部残失，人物基本形态与北响堂山第11窟正壁龛唐倚坐佛像一致（图7-39）。该像同样身着中衣搭肘式佛衣，但衣褶雕刻有明显区别，呈现粗细不一、有穿插变化的样式，似乎能感受到勾勒衣褶线时笔画的粗细浓淡变化，不过该像整体雕刻造型显得粗糙，雕刻技术也较拙劣。南响堂第8窟宋倚坐佛像一般被认为是宋代造像。

图7-38　南响堂第1窟南壁唐倚坐佛像

图7-39　南响堂第8窟宋倚坐佛像 **❶**

二、菩萨像

唐代菩萨信仰受到更大的重视，有诸多单独的菩萨龛，但多为民间所为，雕刻水准不高。

南响堂东方摩崖唐菩萨立像虽整体风化严重，但可看出菩萨像基本的衣饰造型（图7-40）。菩萨跣足立于圆形台座上，戴宝冠、发髻漫漶，可以看到自宝冠垂下的缯带。该像面型丰圆，上身裸露，两肩部垂下的披帛分别在下腹部、膝盖处向对侧手臂披搭，形成两个上下错位的U字形。菩萨下身着裙裳，左腿略向上抬起，右胯部相应上抬，形成微妙的身体动态。很显然，这尊菩萨立像受到洛阳地区唐代菩萨造像影响，后者实例如龙门二莲花洞南洞南壁菩萨立像。

南响堂第2窟前室南壁唐菩萨立像保存得相对完整（图7-41）。该菩萨像跣足立于圆形台座上，面型丰腴，脖颈下有项饰，上身裸露，有自左肩斜向右胯部的络腋，披帛及下身裙裳形态与上述南响堂东方摩崖龛菩萨立像相同。该像身躯修长，头部略向右倾斜，右胯部向同一方向略上抬，使身体形成了轻盈婉约的曲线，人间少女的姿态跃然

图7-40　南响堂东方摩崖唐菩萨立像 **❷**

❶ 陈传席.中国美术全集·雕塑卷·响堂山石窟（上）[M].天津：天津人民美术出版社，2014：图版174.
❷ 陈传席.中国美术全集·雕塑卷·响堂山石窟（上）[M].天津：天津人民美术出版社，2014：图版181.

眼前。

在响堂山石窟唐代龛像中，除了上述两尊菩萨立像外，还有多例单独开小龛的菩萨像，如南响堂第1窟中心柱北侧龛唐菩萨立像分为两个雕刻菩萨立像的小龛，两像造型特征与上述南响堂第2窟前室南壁龛唐菩萨立像颇为相似，但由于尺寸很小，加之雕刻较为粗糙，仅存后者的基本特征（图7-42）。

图7-41　南响堂第2窟前室南壁唐菩萨立像 [1]

在响堂山小型龛像中，还有一种菩萨立像与佛弟子造型合龛的造像存在，一般将其认定为观音与地藏的合像，实例如南响堂第1窟中心柱正面唐观音地藏合像（图7-43）。龛中地藏为佛弟子状，光头、着僧装，半跏趺坐于方形台座上，五官漫漶，右手上举；观音为典型的唐代菩萨造型，跣足立于圆形台座上，人物造型、衣饰与上述南响堂第2窟前室南壁龛唐菩萨立像相似，唯左手持莲上举，与地藏右手形成互动。地藏是幽冥世界的主宰，而观音是现世的救赎者，两者组合在一起，表达了信众祈愿生前死后皆能得渡的美好心愿。

南响堂第8窟宋右胁侍菩萨立像和同窟主尊倚坐佛像同期完成，为宋代造像遗存（图7-44）。该像头部残损，身上装束大体延续了唐代菩萨特征，但在衣褶雕刻上有明

图7-42　南响堂第1窟中心柱北侧龛唐菩萨立像 [2]

图7-43　南响堂第1窟中心柱正面观音地藏合像 [3]

[1] 陈传席.中国美术全集·雕塑卷·响堂山石窟(上)[M].天津：天津人民美术出版社，2014：图版59.
[2] 陈传席.中国美术全集·雕塑卷·响堂山石窟(上)[M].天津：天津人民美术出版社，2014：图版27.
[3] 陈传席.中国美术全集·雕塑卷·响堂山石窟(上)[M].天津：天津人民美术出版社，2014：图版20.

显差异，和主尊倚坐佛像一样，呈现粗细不一、有穿插变化的样式，下身裙裳衣褶还出现了北朝造像的那种双勾阴线，呈现出一种不协调的混搭效果。北响堂第10窟明右胁侍菩萨半跏趺坐于大象上，其尊格为普贤菩萨（图7-45）。该菩萨像头部残失，有胸饰。菩萨像身着佛装，为典型的明代佛像样式。

综上可知，响堂山石窟群中唐代菩萨造像较为隆盛，尤其是单独开龛的观音造像最受到重视，这是当时大乘菩萨思想流行的反映。

图7-44　南响堂第8窟宋右胁侍菩萨立像❶　　图7-45　北响堂第10窟明普贤菩萨❷

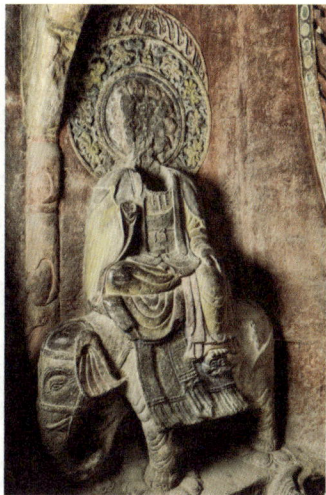

第三节
响堂山石窟其他造像

除了佛、菩萨像以外，响堂山石窟尚有一些其他题材造像需要提及。

在响堂山北齐洞窟中，佛弟子出现在主尊佛像两侧，这些佛弟子的头部罕有保存完好者，身着佛装，衣褶较为僵化，躯体造型板滞，北响堂第3窟左壁右侧北齐佛弟子就呈现出上述特征（图7-46）。需要提及的是，该像的衣褶表现为双勾阴线，与同窟主尊佛坐像的造型特征一致。

北响堂第3窟前廊右侧北齐力士像是一尊雕刻在洞窟外护法的力士像（图7-47）。与后世常见面目凶悍、满身横肉的力士不同，这尊力士像身着与前述北响堂第3窟主室右壁龛左侧胁侍菩萨一样的披帛、裙裳，不同之处是该像表现璎珞，躯体极为壮实，双

❶ 陈传席.中国美术全集·雕塑卷·响堂山石窟（上）[M].天津：天津人民美术出版社,2014：图版176.
❷ 陈传席.中国美术全集·雕塑卷·响堂山石窟（下）[M].天津：天津人民美术出版社,2014：图版159.

图7-46 北响堂第3窟左壁右侧北齐佛弟子像

图7-47 北响堂第3窟前廊右侧北齐力士像❶

足脚背上有紧绷的肉筋，显示其异于菩萨造像的特征。

在北响堂第9窟中心柱基坛上雕刻有多尊神王像，值得关注。神王造像题材在龙门宾阳中洞前壁窟门两侧就已经出现，共有十尊，称为十神王。此后，十神王造像广泛出现于石窟佛坛装饰中，也在北魏晚期至北齐的白石造像台座上频繁出现，但同时表现十神王的造像不多见。北响堂第9窟中心柱正面龛基坛南端北齐神王为兽首人身，长鼻大耳，身穿盔甲，一副武士装束，应该是象神王（图7-48）。这种神王造像一般有两种形态，一是人首人身，二是兽首人身。神王既有自然神灵的属性，也是佛教中的护法神。

在响堂山第9窟中心柱边角上表现有畏兽。畏兽流行于南北朝时期的墓葬和石窟中，墓葬实例如北齐高洋墓壁画。畏兽基本特征是兽首人身，兽足（爪），头、肩部有毛发，基本职能为辟邪打鬼；佛教洞窟实例如北响堂第9窟中心柱正面与右侧面交接处北齐畏兽，其形象与高洋墓室壁画高度相似，不过功能应该是护法（图7-49）。这种畏兽造像在响堂山石窟中有多例存在，部分畏兽遭不法商贩窃取，与众多同样被盗凿的佛、菩萨一起流失到世界多地。

图7-48 北响堂第9窟中心柱正面龛基坛南端北齐神王❷

图7-49 北响堂第9窟中心柱正面与右侧面交接处北齐畏兽❸

---

❶ 陈传席.中国美术全集·雕塑卷·响堂山石窟(下)[M].天津:天津人民美术出版社,2014:图版33.
❷ 陈传席.中国美术全集·雕塑卷·响堂山石窟(下)[M].天津:天津人民美术出版社,2014:图版143.
❸ 陈传席.中国美术全集·雕塑卷·响堂山石窟(下)[M].天津:天津人民美术出版社,2014:图版136.

　　在石窟造像附属图像中，伎乐飞天是重要的题材，南响堂第7窟主室窟顶北齐飞天是该石窟群中的代表性作品（图7-50）。这些飞翔在窟顶的飞天，头戴宝冠，面型丰腴，上身裸露，着菩萨装，有络腋，披帛在天空中飘舞，勾勒出优美的曲线。这些伎乐飞天的动态自然，还保留有鲜艳的颜色。与龙门北魏窟龛中那种飘逸的伎乐飞天相比，该窟窟顶伎乐飞天人物形象更为饱满和具体，披帛和裙裳的造型，并没有削弱肉体的结构，因而显得更为真实可信。这种注重躯体表现的人物造型，与北齐时的佛、菩萨造像审美趣味是一致的。

图7-50　南响堂第7窟主室窟顶北齐飞天

　　南响堂第8窟西侧宋供养人是世俗人物形象的具现（图7-51）。这三位供养人面型丰腴，身着唐代仕女装束，手持莲花、宝盒等供养物，虔诚侍立在佛前，参照主尊造像年代，可知其完工时间为宋代。北响堂第10窟右壁明供养人是一位男装世俗人物雕像，身着的明代官宦衣装表明了其完工年代（图7-52）。在佛教美术传入以前，一般不会正面塑造具体人物（生人）的雕像，这一约定成俗的规定，随着佛教美术的兴起而发生改变，人们对于造像有了新的认识，供养人像（包括绘画、雕塑）也逐渐开始出现在佛、菩萨身侧。供养人像在北朝造像中多以程式化的人物形象出现，其中洛阳龙门皇家洞窟中出现的大型帝王（后）礼佛图，是非常重要的作品。在唐代以后的窟龛中，世俗供养人的人物形象趋于具体，南响堂第8窟西侧宋供养人、北响堂第10窟右壁明供养人就是这种背景下的产物。

图7-51　南响堂第8窟西侧宋供养人❶

图7-52　北响堂第10窟右壁明供养人❷

　　北响堂第5窟正壁明三教合一造像是北响堂山石窟少见的表现三教的窟龛（图7-53）。窟内居中的是跏趺坐的佛陀像，其左侧是头戴宝冠，面蓄长髯的老君像，右侧则是头戴进贤冠、手持笏板的孔圣人像，形成释、道、儒共处一室的情形。窟内左壁雕刻大肚弥勒佛像，右壁为面部残损的倚坐像。该窟雕凿的较为粗糙，人物造型水准不高，显然是民间造像，不过却真实反映了当时三教合一的世俗信仰情状。

　　北响堂第7窟明关公像倚坐于云纹的台座上，头裹布襟，面型长圆，眉毛竖起，虎目生威，一副英武之气（图7-54）。嘴唇上人中两侧及下颌颏上有凹槽，这是用于粘接

图7-53　北响堂第5窟正壁明三教合一造像❸

图7-54　北响堂第7窟明关公像

❶ 陈传席.中国美术全集·雕塑卷·响堂山石窟(上)[M].天津：天津人民美术出版社,2014：图版177.
❷ 陈传席.中国美术全集·雕塑卷·响堂山石窟(下)[M].天津：天津人民美术出版社,2014：图版161.
❸ 陈传席.中国美术全集·雕塑卷·响堂山石窟(下)[M].天津：天津人民美术出版社,2014：图版102.

胡须的预留口，胡须则以真实的毛发做成（已不存），这是元明时期关公造像的流行做法。关公左手抚左大腿，右手掌心朝上握拳置于右大腿上，身着龙纹衣袍，衣褶呈写实形态。关公两侧原有关平、周仓，现都已被盗走。

小结

学界认为，包括响堂山石窟在内的河北中南部北齐石刻佛像，受到来自西域或通过海上丝绸之路传来的印度笈多造像样式的影响，不过，这种影响的结果是有选择的。北朝佛像的着衣形式中，敷搭左肩式袈裟是褒衣博带式袈裟的后续形式；右肩半披中衣搭肘式佛装或是在洛阳龙门和太原天龙山石窟龛像的基础上演变而来，此佛装继续发展为北齐典型的中衣搭肘式佛装；只有通肩式袈裟佛像，或许与通过海上丝绸之路传入的印度笈多造像存在关联，但其衣褶雕刻却完全是本土雕刻工艺。可见，响堂山窟龛佛像的着衣形式和雕刻样式，主要是在本土造型基础上的自我发展，但有部分胁侍菩萨却接受了印度笈多朝注重人物肌体表现的造型特征，实例如北响堂第6窟佛龛右胁侍菩萨、北响堂第9窟中心柱左壁龛左胁侍菩萨，两像皆裸露上身，身上的璎珞、披帛皆简略，下身两层裙裳皆贴身表现，这些特征均与典型的笈多朝佛像相近。两菩萨像中后者出现了左腿弯曲、右腿直立的动态，臀部和腰部也因此产生了曲线美，这与印度女神像"三曲法"的动态颇为相似。因此，北响堂山龛像虽然出现了诸多新的造像特征，但接受的印度笈多朝造像因素主要体现在菩萨造像上，整体呈现不平衡性。

需要提及的是，北齐时邺城除了皇家和重臣有持续开凿石窟的热情外，世俗的信徒似乎更热衷于制作体量相对较小的单体石刻造像，尤其是使用产于太行山东麓沿线的白色大理石（俗称汉白玉）制作佛像，受到信众热烈追捧，成为当时最为流行的造像形式。这些出土的白石佛像中，以邺城地区佛寺遗址或窖藏坑出土的造像最为精美，有学者根据这些出土造像的造型特征提出"邺城模式"❶一说，不过这种"邺城模式"似乎没有直接关涉响堂山石窟造像，而多限于在以背屏式为基本特征的单体造像。实际上，这些白石材质单体造像的人物造型特征，与南、北响堂山石窟中的龛像比较接近，只是白石造像更好地利用了自身材质的细腻和易于雕刻的特征，在人物背景和附属装饰上穷尽工巧，创作出极具视觉愉悦感的"龙树背龛式"造像。❷从中可以看出，相对在山间崖壁开窟造像而言，简便且更具视觉愉悦感的白石造像，能够更好地满足信众的祈愿与

---

❶ 何利群.从北吴庄佛像埋藏坑论邺城造像的发展阶段与"邺城模式"[J].考古,2014：5.
❷ 何利群.北齐"龙树背龛式"造像的技术传承和构图特征[J].文物研究,2017：4.

审美需求，这也是该时期白石佛像能够获得大发展的根本原因。

北响堂山石窟隋唐时期佛像的着衣形式，并没有脱离本地北朝后期佛像衣装特征，主要流行中衣搭肘式袈裟佛像，但佛像一般尺寸偏小，造型趋于简洁。该时期尚有部分右肩半披式袈裟佛像出现，其显著特征是面型丰腴、衣装贴体、注重肌体的起伏变化，这显然是受到印度笈多朝佛教造像的影响。此外还有一些倚坐佛像，其造型样式与当时的东都洛阳造像相仿，这一特征在同时期菩萨造像上体现得更为充分。整体而言，响堂山石窟隋唐时期窟龛造像，多为此前洞窟基础上的补刻之作，其规模和造像水准远不及北齐时隆盛。宋、明时期也在该地继续开窟造像，其内容为当时的流行题材，但数量也不多，此时响堂山石窟已经迎来了开凿的尾声。

第八章

广元、巴中石窟造像

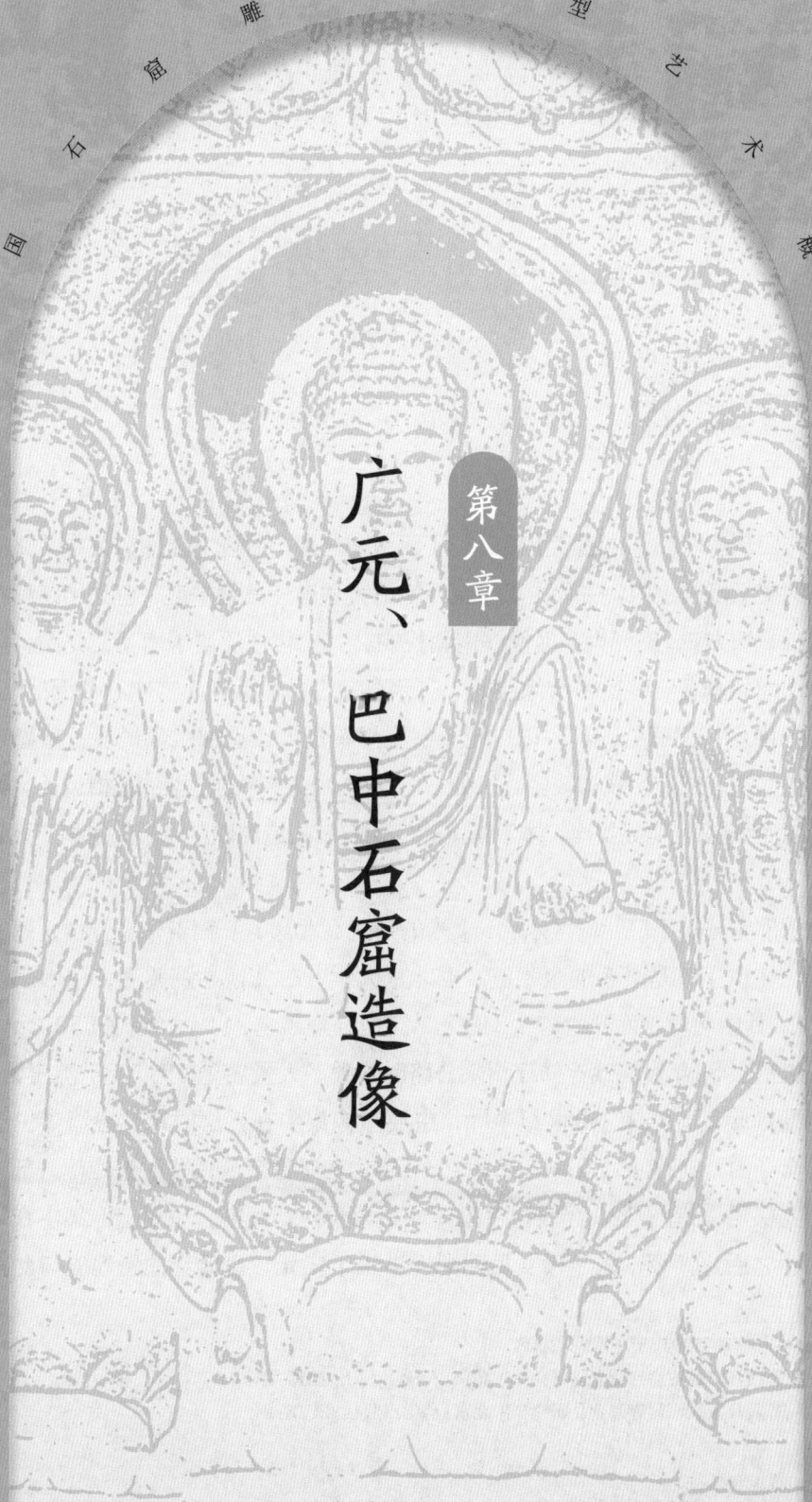

广元、巴中两地石窟众多，地理位置相邻，窟龛造像年代相近，多为唐代遗存，是西南地区石窟造像的集中地。

广元石窟造像

广元在四川省北部，嘉陵江上游，处于西南文化圈与甘陇文化圈、关中文化圈与中原文化圈的交义范围之内。古代由汉中至蜀地的大通道——金牛道，有大半路程在广元境内。[1]在隋唐以前，广元大多时间属南朝控制，其文化性质属于南朝文化圈，因此该地的较早造像，具备一些南朝造像特征。广元石窟主要包括广元市中心范围的皇泽寺、观音崖、千佛崖石窟三处，其中以广元千佛崖规模最大，造像数量最多，皇泽寺造像数量居其次，观音阁造像残损较多。三处石窟同时间段造像的造型特征相近（主要集中于唐代），造像题材也明显类同，本节所阐述广元石窟的造像以广元千佛崖和广元皇泽寺为主。

广元千佛崖分布于广元城区东北5千米的嘉陵江北岸，石窟群依崖开凿，南北绵延近400米，崖壁下就是著名的金牛道。据北京大学考古文博学院调查，千佛崖现存窟龛1192个，其中崖壁正面开凿窟龛848个，窟内补刻小龛344个，造像5300余身，这个数据不包括1933年民国政府修建川陕公路时炸毁了大量窟龛。[2]广元千佛崖始凿于6世纪初的北魏晚期，结束于9世纪中叶，主要造像集中在盛唐时期。皇泽寺位于广元老城郊皇泽寺内，在嘉陵江西岸，20世纪50年代初修建宝成铁路时被炸掉一部分，现存大小窟龛57个，造像1200余躯。[3]皇泽寺始凿于北朝晚期，主要造像集中在隋代至盛唐时期，之后逐渐衰落。一代女皇武则天出生于广元，皇泽寺的修建应与此有直接

❶ 孙启祥.金牛古道演变考[J].历史地理，2008.
❷ 蒋晓春，等.嘉陵江流域石窟寺调查及研究[M].北京：科学出版社，2018：24.
❸ 蒋晓春，等.嘉陵江流域石窟寺调查及研究[M].北京：科学出版社，2018：24.

关联。

对千佛崖考古意义上的调查工作，最早是1914～1917年法国维克托·色伽兰等人，他先后调查了广元千佛崖、皇泽寺以及巴中南龛等石窟，出版《中国考古调查图录》（后节译中文版时改名《中国西部考古记》❶）。日本人常盘大定和关野贞著《中国文化史迹》❷中也有千佛崖的相关记述，并讨论其开创年代。中国学者史岩❸、温廷宽❹、丁明夷❺等先生也曾经对千佛崖调查并撰文，较深入讨论了广元千佛崖的分期和造像题材。2000年以来，成都文物考古研究所与北京大学考古研究中心调查了广元、巴中境内的重要石窟，出版了《广元石窟内容总录（皇泽寺卷）》❻《广元石窟内容总录（千佛崖卷）》❼，此外还有《广元石窟》❽《巴中石窟内容总录》❾《巴中石窟》❿等书出版。2015年，胡文和与胡文成出版三卷本的《巴蜀佛教雕刻艺术史》⓫，是研究巴蜀佛教石窟的大部头之作。2018年，蒋晓春等著的《嘉陵江流域石窟寺调查及研究》⓬出版，其中涉及广元石窟相关内容。

广元石窟造像数量众多，保存相对完整，尤其是唐代窟龛造像题材多样，能够完整反映彼时期石窟造像的基本特征。笔者根据造像的姿态、着衣类型、造像题材的不同，分门别类讨论。

一、佛像

广元石窟佛像从佛坐像、菩提瑞像、佛立像、涅槃佛像四个大的方面阐述。

---

❶ [法]维克托·色伽兰.中国西部考古记[M].冯承钧,译.上海:商务印书馆,1930.

❷ [日]常盘大定,关野贞.中国文化史迹[M].京都:法藏馆,1939—1941.

❸ 史岩.关于广元千佛崖造像的创造始年代问题[J].文物,1961:2.

❹ 温庭宽.广元千佛崖简介[J].文物,1961:12.

❺ 丁明夷.川北石窟札记[J].文物,1990:6.

❻ 四川省文物管理局,成都文物考古研究所,北京大学中国考古研究中心,广元市文物管理所.广元石窟内容总录(皇泽寺卷)[M].成都:四川出版集团,2008.

❼ 四川省文物管理局,北京大学中国考古研究中心,广元千佛崖石刻艺术博物馆.广元石窟内容总录(千佛崖卷)[M].成都:巴蜀书社,2008.

❽ 广元皇泽寺博物馆,成都市文物考古研究所.广元石窟[M].成都:巴蜀书社,2002.

❾ 雷玉华,程崇轩,成都文物考古研究所,北京大学中国考古研究中心,巴州区文物管理所.巴中石窟内容总录[M].成都:巴蜀书社,2006.

❿ 程崇轩.巴中石窟[M].北京:文物出版社,2009.

⓫ 胡文和,胡文成.巴蜀佛教雕刻艺术史[M].成都:巴蜀书社,2015.

⓬ 蒋晓春,等.嘉陵江流域石窟寺调查及研究[M].北京:科学出版社,2018.

（一）佛坐像

广元石窟佛坐像依据着衣形式和姿态的不同，可分为中衣搭肘式佛衣佛坐像、勾纽式袈裟佛坐像、通肩式袈裟佛坐像、右肩半披式袈裟佛坐像、倚坐佛像。

1.中衣搭肘式佛衣佛坐像

广元皇泽寺第45窟中心柱窟，位于大佛楼南侧，窟内造像应为当前皇泽寺窟龛中年代最早者。窟内三壁开凿3个圆拱形大龛，龛内各雕刻一铺一佛、二弟子、二胁侍菩萨的造像组合，其中左壁（北壁）隋主尊佛坐像保存得相对完好（图8-1）。佛像跏趺坐于方形台座上，高肉髻、螺发，面型长圆（头部为后世补修，但其造型应参照正壁主尊佛坐像而制作），颈部上有三道圆圈。佛像外着右肩半披式袈裟，左领襟自然下垂，右领襟半覆右肩后绕右臂肘部经腹部披搭于左肩；中层佛衣左领襟自左肩斜向右胁，右领襟自肩部下垂至腹部时插入外层袈裟右领襟内，又反折出来披搭在右前臂上，形成中衣搭肘式佛衣结构。佛像跏趺坐双腿为衣装所覆盖，其下有简洁的覆座悬裳，衣装贴体，衣褶作阴线刻表现。该窟没有纪年，从佛

图8-1　广元皇泽寺第45窟中心柱窟左壁龛隋主尊佛坐像

坐像着衣形式与造型特征来看，与中原北方北齐时的佛像相近（与河北中南部佛像尤为接近），但要晚于后者，其年代应为隋。

与广元皇泽寺第45窟中心柱窟左壁龛隋佛坐像相似的实例，还有第39窟唐主尊佛坐像（图8-2）。该像高肉髻，螺发，面型长圆，弯眉修目，表情庄重，颈部上有三道圆圈。第39窟唐主尊佛坐像的衣装披搭形式与皇泽寺第45窟中心柱窟实例高度相似，不同之处是该像覆座悬裳变得长大，衣装不及此前实例体贴，衣褶以凸起的圆棱线为主，这是唐代石刻佛像的典型特征。此外，佛像所坐的束腰台座也由此前的方形变成多边圆弧形了。可以看出，这尊完成于唐代的佛坐像，沿用了广元皇泽寺第45窟中心柱窟隋佛坐像的着衣形式，但在局部结构和衣褶样式表现上，却是中原北方初唐时期的佛像造型特征的再现。同样着衣形式的佛像，在广元千佛崖并不少见，实例如千佛崖第486窟唐主尊佛坐像（图8-3）。佛像跏趺坐于圆形莲台上，高肉髻，磨光发，面形丰腴，弯眉修目，表情平和庄重，颈部上有三道圈。该像着衣形式同于上述两尊佛坐像，跏趺坐双腿被衣装完全覆盖，衣装宽松，上半身衣褶皆较密实，下半身衣褶相对疏朗，衣褶整体样式为阶梯形结合阴线刻。

广元千佛崖第744号窟牟尼阁中心柱正面唐主尊佛坐像跏趺坐于有复杂结构的莲台上，头部残损（1998年7月被盗割），着衣形式与广元皇泽寺第39号窟唐佛坐像相似，不同之处是该像外层袈裟右领襟并未半披右肩，并且右领襟在披搭左肩时衣边有S形内外翻转结构，这种变化意味着外层袈裟的披搭形式发生了较明显变化，与洛阳龙门石窟初盛唐时佛像着衣形式相近（图8-4）。这种变化后的着中衣搭肘式佛衣的实例众多，

图8-2 广元皇泽寺第39窟唐主尊佛坐像　图8-3 广元千佛崖第486窟唐主尊佛坐像

年代多集中在盛唐，如广元千佛崖第513窟唐开元三年（715年）韦抗造像主尊佛坐像（图8-5）、广元千佛崖第689窟（千佛洞）唐主尊佛坐像（图8-6），两像皆跏趺坐于华美的莲台上，高肉髻、螺发，面型丰腴，弯眉修目，表情平和内敛，颈部上有三道圆圈。与千佛崖第744号窟牟尼阁中心柱正面佛坐像相比，这两尊佛坐像的衣装相对紧窄一些，右领襟披搭在左肩上时结构清晰，右足露出，未表现覆座悬裳，衣褶以阶梯形为主，整体造型显得简洁明快。另外，这两尊佛坐像上半身的比例较长，人体比例显得修长、协调，与此前较粗胖的身体形态区别明显。

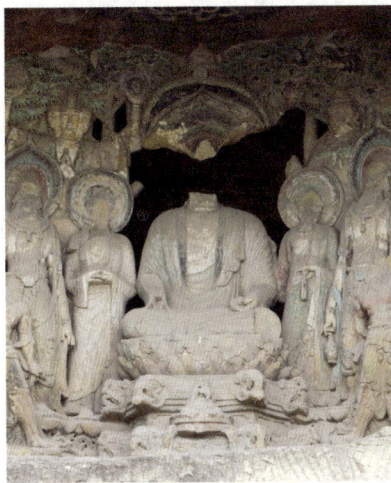

图8-4 广元千佛崖第744窟牟尼阁中心柱唐主尊佛坐像　图8-5 广元千佛崖第513窟唐开元三年韦抗造像主尊佛坐像　图8-6 广元千佛崖第689窟（千佛洞）唐主尊佛坐像

2.勾纽式袈裟佛坐像

勾纽式袈裟佛像初见于北齐、北周，是北朝后期新出现的一种袈裟披搭形式的佛像。袈裟右领襟披搭在左肩时以勾纽固定的结构，可能是来自现实生活中僧人固定袈裟的着衣形式。这种勾纽结构也具有一定的装饰功能。

图8-7　广元千佛崖第452窟唐主尊佛坐像

广元千佛崖第452窟唐主尊佛坐像是该石窟群较早着勾纽式袈裟的实例（图8-7）。佛像跏趺坐于简洁的莲台上，高肉髻，磨光发，面形方圆，五官雕刻较粗犷，颈部上有三道圆圈。佛像左领襟自然下垂，右领襟自后背经右胁绕至腹前，再披搭于左肩上，于左肩处以勾纽固定；中衣左领襟自左肩斜向右胁，右领襟自右肩垂至跏趺坐右大腿后反折披搭在右臂上，形成唐代勾纽式袈裟佛像的典型特征；跏趺坐双腿被外层袈裟覆盖，衣装相对紧窄，衣褶以阶梯状为主。这尊佛坐像身体比例较为短粗，与前述广元千佛崖第486窟唐主尊佛坐像相近，为初唐造像遗存。

同样身着勾纽式袈裟的佛像还有广元千佛崖第213窟唐主尊佛坐像（图8-8）、广元千佛崖第222窟唐主尊佛坐像（图8-9），其整体造型呈现出较明显的盛唐造像特征。两像皆跏趺坐于华丽的莲台上，高肉髻，磨光发，面型丰腴，弯眉修目，下颌较短，颈

图8-8　广元千佛崖第213窟唐主尊佛坐像

图8-9　广元千佛崖第222窟唐主尊佛坐像

部上有三道圆圈。两像的着衣形式和领襟披搭样式与广元千佛崖第452窟唐主尊佛坐像并无明显差异，只是衣褶变得精细了些，上身明显被拉长，人体比例显得自然、协调。相对而言，佛像两侧的胁侍菩萨盛唐气象更加鲜明。

3.通肩式袈裟佛坐像

通肩式袈裟佛像自传入中国境内以来，在历代佛造像中都有出现，是最常见、流行时间最长的佛像着衣形式。

广元皇泽寺第42窟唐主尊佛坐像身着通肩式袈裟，跏趺坐于束腰台座上，低肉髻，磨光发，面型方圆，眉眼漫漶，小鼻子、薄嘴唇，表情平和内敛（图8-10）。佛像左领襟自然下垂，右领襟沿胸部披搭在左肩上，胸部领襟围合的领口较大。包括跏趺坐双腿在内，佛像的衣装通覆全身，在跏趺坐双腿下还有覆座悬裳。佛像胸部衣褶呈U字形上下排列，均以阴线刻表现。这尊佛坐像的头部比例略显大，低肉髻，磨光发，造型有北朝后期佛像元素，但跏趺坐双足被衣装包裹，加之胁侍像具有初唐造像特征，据此推测该像年代为初唐。

图8-10　广元皇泽寺第42窟唐主尊佛坐像

广元千佛崖第400窟唐主尊佛坐像是一件典型的唐代着通肩式袈裟佛像（图8-11）。佛像高肉髻，螺发，面型丰腴，弯眉修目，下颌较短，表情平和中略带笑意，颈部上有三道圆圈。该像的着衣基本形式与广元皇泽寺第42窟唐主尊佛坐像相同，只是领口围合明显小了，未表现覆座悬裳，衣褶以阶梯状为主。该像还有一个显著特征，那就是双手作转法轮状，这是在印度佛教石窟中最为常见的佛陀手印，但在中国早期石刻佛像中并不多见。广元千佛崖中出现这种

图8-11　广元千佛崖第400窟唐主尊佛坐像

雕刻工艺难度颇高的手印，应该与唐代开放的政策和再次吸收印度笈多佛教造像样式有关。高僧玄奘西去印度归来，带回了很多经籍图像，加之陆路和海上丝路的畅通，使印度的佛教造像新样式能够顺畅进入中国内地，因此，在盛唐时期的佛、菩萨造像，不同

程度地带有印度笈多朝的造型特征，转法轮印就是其中之一。

广元千佛崖第558窟唐主尊佛坐像（图8-12）、广元千佛崖第663窟主尊佛坐像（图8-13），也是两尊身着通肩式袈裟佛像，皆跏趺坐于椭圆形台座上，高肉髻、磨光发，面型丰腴，跏趺坐双腿下有简洁的覆座悬裳。两像最显著特征是全身衣装紧贴躯体，不雕刻衣褶而作磨光表现，这是印度笈多朝萨尔纳特"裸体"佛像的造型特征。萨尔纳特"裸体"佛像并不是不穿衣装，而是佛像的袈裟紧贴身体，全身衣褶皆作磨光表现，突出佛像躯体上的结构特征，形如裸体状。实际上，这种磨光的"裸体"佛像更适用于佛立像，由此可以更好地展现佛像身体的美好。两尊佛坐像的弟子和胁侍菩萨的衣装皆简约、表面磨光，与主尊佛坐像的审美趣味趋同。

图8-12　广元千佛崖第558窟唐主尊佛坐像　　图8-13　广元千佛崖第663窟唐主尊佛坐像

4.右肩半披式袈裟佛坐像

在中原地区，右肩半披式袈裟佛像曾在中国早期洞窟中占据主流位置，北魏孝文帝太和十年（486年）推行服饰改革后，佛像也穿上了源自南朝的褒衣博带式袈裟，右肩半披式袈裟才逐步退出舞台，只在后世造像中也偶有所见。广元皇泽寺第38窟正壁唐主尊佛坐像为广元石窟群中少见的着右肩半披式袈裟实例（图8-14）。该像经后世补修，但原作的基本特征并未明显改变。佛像跏趺坐于龛内台座上，高肉髻，螺发，面型丰腴，颈部上有三道圆圈。袈裟右领襟半披右肩后，应自右前臂下绕至腹前披搭于左肩，但比较奇怪的是，这一披搭形式的结构并不清晰，并且左肩垂下的袈裟衣襟造型在其他佛像中不见，令人费解。佛像腹部以下的衣装紧贴躯体，并少有衣褶表现，造型近于印度笈多朝萨尔纳特造像特征；跏趺坐双腿下还有简洁的覆座悬裳。该

像胸部饱满，腰部明显收缩，肌体的起伏关系明显，这
种人体造型特征是盛唐佛像接受印度造像样式影响的
反映。

5.倚坐佛像

倚坐姿造像源于印度王者尊格雕像，印度佛教石窟
中也多有这种坐姿佛像。北魏晚期以来，在窟龛造像中
逐渐出现了倚坐姿的菩萨像和佛像，其中有题记为"弥
勒"的实例，因此这种坐姿的菩萨、佛像的尊格一般为
弥勒菩萨或弥勒佛。顺便提及，龙门唐代窟龛中出现了
倚坐姿的优填王像，不过其造型特征与一般意义上的弥
勒像区别明显。❶

图8-14 广元皇泽寺第38窟正
壁唐主尊佛坐像

广元千佛崖第138窟（北大佛窟）唐主尊倚坐佛像
为初唐造像遗存（图8-15）。佛像高肉髻，磨光发，发际线厚实，五官雕刻粗犷，颈部
上有三道圆圈。上半身有残损，但可以看出佛像外披袒右肩式袈裟，内着中衣搭肘式
佛衣，其衣领披搭形式与前述广元千佛崖第486窟唐主尊佛坐像接近，胸部束带结节后
形成向上凸起的带结。佛像双腿倚坐于方形台座上，衣褶为阶梯形结合阴线刻，人物
气质显得特别庄重。广元千佛崖第493窟唐神龙二年（706年）倚坐佛像是一尊有纪年
的初唐造像（图8-16）。该像
高肉髻，磨光发，弯眉修目，
鼻子宽大，嘴角内敛，表情庄
重，颈部有三道圆圈。佛像的
着衣形式和领襟的披搭形式，
与广元千佛崖第138窟主尊倚
坐佛像一致，但胸部未表现束
带。该像衣装相对贴身，但质
感较厚实，衣褶以阴线刻为
主，辅以阶梯形。佛像的躯体
颇为壮实，尚存北朝后期佛像
遗韵。

图8-15 广元千佛崖第138
窟唐倚坐佛像

图8-16 广元千佛崖第493窟唐
神龙二年倚坐佛像

❶李文生.我国石窟中的优填王造像——龙门石窟优填王造像之早之多为全国石窟之最[J].中原文物，1985：4.

广元千佛崖第211龛唐开元八年（720年）倚坐佛像是盛唐时期造像，佛像高肉髻，磨光发，面形方圆，弯眉修目，五官颇为清秀，颈部上的二道圆圈并不明显（图8-17）。该像的着衣形式和领襟披搭形式几乎与广元千佛崖第493窟唐神龙二年（706年）倚坐佛像一致，不同之处是躯体较为单薄，远不及后者壮实，并且衣褶也有脱离阶梯形而向圆棱形转变的趋势。广元千佛崖第805龛唐倚坐佛像同样是盛唐时期造像遗存，造像表面风化明显，但可以看出其人物造型与衣装特征，皆与唐开元八年倚坐佛像相同（图8-18）。

图8-17　广元千佛崖第211龛唐开元八年倚坐佛像

图8-18　广元千佛崖第805龛唐倚坐佛像

（二）菩提瑞像

菩提瑞像又称宝冠佛、正觉佛、装饰佛、菩萨装佛等，其基本特征是佛像结跏趺坐，头戴宝冠，有颈饰，着袒右肩式袈裟，左手仰掌、右手施降魔印。据玄奘《大唐西域记》卷八"摩揭陀国"中记载：摩诃菩提寺精舍完成后，要招募工人造如来初成佛像，但很久没人应召，后来有一婆罗门自荐善图写如来妙像，于是众人按婆罗门要求在精舍内准备香泥，并约定六月后打开精舍门，期间不可打扰，后来差四日满六月时，众人开门观之，见佛像俨然，相好具足，慈颜若真，只是右乳尚未完成，而精舍内不见人，众人方感神奇，有一宿心淳朴的沙门感梦见婆罗门，被告知婆罗门塑像者是弥勒菩萨下世，恐工人之思不测圣容，故躬来图写佛像，后众人用宝物填充装饰右乳，完成了释迦初成佛像（菩提瑞像）。❶玄奘西行之后，唐王朝去印度的使臣王玄策的随从巧匠宋法智，将玄奘看到的摩诃菩提寺精舍佛像摹写回国，于是此像开始在古代中国流布，尤其在四川窟龛中最为多见，包括川北的广元、巴中，川西的邛崃、蒲江，以及川南的安岳、大足等地窟龛。❷

广元千佛崖第366窟唐先天元年（712年）菩提瑞像所在窟口右壁处造像碑碑额篆书"菩提像颂"，碑文记述了该像的渊源，可与玄奘《大唐西域记》卷八"摩揭陀国"的相关内容印证（图8-19）。窟内主尊佛坐像跏趺坐于束腰方形台座上，头戴有华丽纹饰的高大宝冠，面型丰腴，弯眉修目，鼻子高挺，嘴角内敛，表情庄重，颈部上有三道厚薄不等的圆圈。该佛像身着袒右肩式袈裟，胸部有宝石形珠串装饰的项饰；右臂上臂钏亦镶嵌华美饰物，右手掌置于跏趺坐右腿膝盖处，指尖触地，这是释迦佛成道时的降魔印；跏趺坐双腿下有简短的覆座悬裳。佛像衣装贴体，衣褶为阶梯形结合阴线刻。这是一尊典型的菩提瑞像，与文献记载的特征高度吻合，其背后有复杂的浮雕靠背和菩提树，具有鲜明的印度石窟审美趣味。

图8-19　广元千佛崖第366窟唐先天元年菩提瑞像

广元千佛崖第535窟莲花洞唐菩提瑞像跏趺坐于方形台座上，高肉髻，螺发，未戴冠，面型丰腴，五官特征与上述千佛崖第366窟唐先天元年菩提瑞像相似，颈部上有三道饱满的圆圈（图8-20）。佛像身着袒右肩式袈裟，胸部同样有宝石珠串的项饰，右臂上则没有臂钏，手掌施降魔印；跏趺坐双腿下有覆座悬裳，有两层衣褶。佛像衣装贴身，衣褶以阶梯形为主。该像整体造型较为素朴，没有表现复杂的靠背，其年代或早于千佛崖第366窟唐先天元年菩提瑞像窟。

图8-20　广元千佛崖第535窟莲花洞唐菩提瑞像

---

❶ 大正藏·第51册：大唐西域记(卷八)·CBETA中文电子大藏经集，2014：916上.
❷ 雷玉华.四川菩提瑞像研究[J].成都考古研究(辑刊)，2009.

（三）佛立像

广元石窟窟像中，佛立像数量明显要少于佛坐像，但所见实例年代和地域特征较佛坐像鲜明。

广元千佛崖第726窟大佛窟北魏主尊佛立像跣足立于低矮的圆形台座上，头、手皆残损，身上衣装则相对完整（图8-21）。该像外着褒衣博带式袈裟，左领襟下垂至胸腹部略左转，右领襟在胸腹部左转披搭在左臂上，胸部束带情况不清。该像的佛装宽大，下垂衣襟略向两侧外侈，质感厚重，袈裟两臂及腹部以下衣褶为剖面作三角形的凸棱状，其棱有宽窄变化。这种身着褒衣博带式袈裟、衣褶为凸棱状的石刻佛像，在山东北部、河北中南部的北魏晚期至东魏前期佛像中流行，在视觉上富于张力，广元千佛崖中出现此种造型佛像，应是受到中原北方造像影响。

图8-21　广元千佛崖第726窟大佛窟北魏主尊佛立像

图8-22　广元皇泽寺第28窟唐主尊佛立像

广元皇泽寺第28窟（大佛窟），是皇泽寺石窟群中最大的石窟，窟内雕刻一佛二弟子二菩萨，其中主尊佛立像高470厘米（图8-22）。佛像跣足立于莲台上，半球形肉髻，螺发，面型饱满，眉毛舒展，双眼半睁凝视前方，嘴角略向上翘，表情平和，颈部上有四道圆圈。佛像身着敷搭左肩式袈裟，袈裟左领襟自然下垂，右领襟在腹部左转披搭于左肩，两领襟在胸部围合成U字形，胸部僧祇支上表现有束带，束带结节后形成向上凸起的花瓣状，束带下垂的两端其一反折插入袈裟右领襟内，其二下垂至两大腿间，下端剑突造型上挂坠有三个圆形饰物。佛像衣装较为宽大，保留有褒衣博带式袈裟的一些特征，但下垂的衣襟不再外侈，佛像两臂上的袈裟衣褶表现为粗大的凸棱状，腹部以下衣褶则雕刻成简洁的凸棱线。可以看出，该像造型是以南朝佛像特征为主，同时融合了北朝的一些造像元素，其中领襟的披搭形式和束带表现，是典型的南朝造像因素，而两臂上的凸棱状袈裟衣褶则来自中原北方的衣褶雕刻样式。综合来看，这尊佛立像的年代应该是初唐，但较大程度地保留了前朝的造型特征。

皇泽寺第20窟唐主尊佛立像的造型特征与皇泽寺第28窟唐主尊佛立像明显不同

（图8-23）。该佛像跣足立于圆形台座上，
半圆形肉髻，螺发，面型丰腴，五官略显
细小，颈部上有三道圆圈。佛像的着衣、
领襟披搭形式与前述广元千佛崖第513窟
唐开元三年（715年）韦抗造像主尊佛坐
像相同，区别是后者为坐姿，该像因站姿
之故，使下半身衣装完整展现。佛像衣
装相对贴体，衣褶为阴线刻，线条较为生
涩。从整体造型特征看，这尊佛立像的年
代或在初唐。

图8-23　广元皇泽寺　　图8-24　广元千佛崖第
第20窟唐佛立像　　　214龛开元八年佛立像

　　广元千佛崖第214龛唐开元八年
（720年）佛立像的造型又出现新的特征
（图8-24）。佛像跣足立于圆形莲台上，馒头形肉髻，磨光发，面型方圆，弯眉修目，
鼻子高挺，嘴唇纤秀，下颌较短，颈部上有三道圆圈。佛像的袈裟披搭形式接近于通肩
式袈裟，但两领襟开口较大，在胸部围合成U字形，似乎是敷搭左肩式袈裟的变化形
态。佛像的衣装贴体，衣褶为阶梯状，其线条组合极为程式化。佛像的上半身衣褶呈U
字形纵向排列，两腿衣褶则表现为倒置的瘦长U字形排列，在阴部有长条形衣纹垂下，
清晰划分了腹部与两大腿的结构关系。这种衣装造型与关中地区北周时通肩式袈裟佛像
非常接近，尤其是上半身和两大腿处衣褶各自成组、阴部下垂条带状衣纹的造型特征，
是关中地区北周时最主流的佛像造型，其影响力在该地区至少持续至唐初。广元与关中
地区的"金牛道"畅通，使当时来自都城长安的造像样式，能够很顺利地传到该地并形
成影响力。

　　与广元第214龛唐开元八年佛立像相似的实例，包括广元千佛崖第512窟大云古洞
中心柱正面唐佛立像（图8-25）、广元千佛崖第215窟唐佛立像（图8-26）。这两尊佛
像皆为半球形肉髻，磨光发，面型丰腴，颈部上有三道圆圈，衣装基本形式与广元第
214龛唐开元八年佛立像高度相似（广元千佛崖第512龛大云古洞中心柱唐佛立像的领
襟围合较小，通肩式袈裟特征明显），衣装皆贴体，衣褶为阶梯形，只是衣褶线变得相
对疏朗。值得注意的是，广元千佛崖第512窟大云古洞位于千佛崖中段中层，是该处石
窟群中规模最大的石窟，广元千佛崖第214窟唐开元八年造像龛在其左壁靠窟口处，从
层位学角度考察，其年代显然要晚于大云古洞。

　　广元千佛崖第202窟唐佛立像的着衣形式、衣褶样式与上述广元千佛崖第214龛

唐开元八年佛立像相近（图8-27），只是人物形象有所差异。该像头顶并无明显凸起的肉髻，五官清秀，一副僧人形象，其尊格应是地藏菩萨。可见，这种来自关中地区并在广元独自发展的造像样式实例众多，见证了川北之地与都城之间密切的交通往来。

图8-25　广元千佛崖第512窟大云古洞中心柱正面唐佛立像

图8-26　广元千佛崖第215窟唐主尊佛立像

图8-27　广元千佛崖第202窟唐佛立像

（四）涅槃佛像

对于涅槃的描述，不同经典各有侧重。而释迦涅槃的过程，实际上是一系列事件和场景的组合，主要包括涅槃前说法、嘱咐，涅槃中的各种仪式，涅槃后分舍利等情节，石窟寺中的涅槃像，一般表现为佛陀在双树下右胁而卧的画面。

广元千佛崖第746窟唐涅槃窟为横长方形敞口平顶窟，窟中央有一横长方形佛坛，其上雕刻右胁而卧的佛像（头部残失），其身后有9身作哀悼状的弟子像（2身存头部），佛坛两端各有一棵与窟顶相连的娑罗树，这一场景再现了佛陀涅槃时的画面（图8-28）。主尊佛卧像身着袒右肩式袈裟，双手贴在大腿两侧，左足微曲，这与一般常见的右手支颐、累足而卧不同。在佛头侧有一女人像（摩耶夫人）抚摩佛头部，后壁和右壁以壁画的形式展现了释迦涅槃前后的故事。同样表现涅槃的还有广元千佛崖第495窟唐涅槃窟，窟内场景与千佛崖第746窟造像大同小异，其中佛坛前有一双手抱着佛陀右手的人物比较特殊（头部及两肩残失），可能是佛母摩耶夫人，她自天宫而下，哀悼失去生命的儿子（图8-29）。

图8-28　广元千佛崖第746窟唐涅槃窟

图8-29　广元千佛崖第495窟涅槃窟

二、菩萨像

　　广元石窟中的菩萨多为窟龛主尊佛像两侧的胁侍像，皆为立姿，大多为初、盛唐实例。

　　广元千佛崖第726窟大佛洞北魏左胁侍菩萨立像是该石窟群中年代最早的菩萨像（图8-30）。菩萨跣足立于低矮的圆形台座上，头戴简洁的宝冠，面型丰圆，嘴角略带笑意，两耳上有饰物（耳铛）。菩萨左手持桃形符（菩萨修行的象征物），右手握莲蕾，胸部有简洁胸饰，僧祇支自左肩斜向右胁，披帛覆盖双肩并向两侧外翘，其两端下垂至腹部交叉后向对侧肘部披搭，下身着裙裳，下垂衣襟向两侧外侈。从衣饰上看，该像具有明显的北魏晚期菩萨造像特征，但身上衣褶较为光滑平复，与北魏主尊佛立像那种注重浮雕立体感的凸棱状衣褶大相径庭。菩萨像整体造型较为粗犷，缺乏中原地区北魏晚期菩萨像的温婉灵动。

　　广元皇泽寺第45窟中心柱窟右壁龛隋左胁侍菩萨立像是一尊与主尊佛坐像同期完成的造像（图8-31）。菩萨跣足立于圆形台座上，头戴三瓣椭圆形纹饰的宝冠，宝冠两侧有缯带垂下，发髻高束，有多缕发丝垂至两肩。菩萨面型丰腴圆润，弯眉修目，五

图8-30　广元千佛崖第726窟大佛洞左胁侍菩萨立像

图8-31　广元皇泽寺第45窟中心柱窟右壁龛隋左胁侍菩萨立像

官秀美。菩萨上半身裸露，胸部不见胸饰，右肩左肩斜向右肋的络腋，披帛左端在腹部右转披搭在右臂肘部，披帛右端则在大腿外左转被左手轻握，造型显得轻松惬意。菩萨下半身着裙裳，其中左腿膝盖略向前弯曲，右胯部略向右侧抬起，形成优雅惬意的人物动态。该像胸部相对饱满，腰部明显收缩，体型柔美。这种造型优美、女性化气息浓郁的菩萨像，其造像粉本应是受到南朝造像影响。

广元皇泽寺第28窟（大佛窟）唐左胁侍菩萨立像与同窟唐主尊佛立像同期完成（初唐），是一尊衣饰精美的菩萨像（图8-32）。菩萨头戴有三片椭圆形纹饰的宝冠，中有化佛，宝冠两侧有缯带垂下，发髻束起，多缕发丝披搭在两肩。该菩萨为椭圆形面型，眉毛高扬，双目半睁凝视前方，嘴角含笑，耳垂上有耳铛，颈部上有四道圆圈（与主尊佛立像一致）。菩萨裸露上身，有臂钏，胸部雕刻有极为精致的胸饰，璎珞的结构颇为复杂，其细节雕刻得令观者叹服。菩萨腰部明显收缩，下身着裙裳，衣装贴体，衣褶以阶梯形为主。该像的女性化特征同样鲜明，身上饰物和璎珞的雕刻尤为令人印象深刻，呈现出浓郁的世俗审美气息。

广元千佛崖第513窟韦抗造像唐左胁侍菩萨立像的整体造型特征与广元皇泽寺第28窟（大佛窟）唐左胁侍菩萨立像大体相似，皆右手持净瓶，但局部细节有变化（图8-33）。该像上的宝冠化佛被强调，宝冠两侧条状缯带很长，胸部胸饰作圆环状，其周边挂坠圆形饰物，与珠串状璎珞组合在一起。胸部络腋自左肩斜向右肋，披帛左端在大腿处右转披搭在右前臂上，披帛右端在腹部左转披搭在左手肘部。菩萨下身着裙裳，在膝盖下有内收的绳带（这一特征后来成为宋代菩萨造像的重要特征），衣褶作阶梯形表现。该像身躯略有弯曲，左腿抬起，动态自然惬意。与这尊盛唐较早时期菩萨像相似的实例很多，如广元千佛崖第214窟唐开元八年（720年）苏颋造唐左胁侍菩萨立像（图8-34）、广元千佛崖第689窟千佛洞唐左胁侍菩萨立像（图8-35）、广元千佛崖第421窟唐右胁侍菩萨立像（图8-36）等，这些造型优雅、雕刻精细的菩萨

图8-32　广元皇泽寺第28窟（大佛窟）唐左胁侍菩萨立像

图8-33　广元千佛崖第513窟韦抗造像左胁侍菩萨立像

图8-34　广元千佛崖第214窟唐开元八年苏颋造唐左胁侍菩萨立像

图8-35　广元千佛崖第689窟千佛洞唐左胁侍菩萨立像

图8-36　广元千佛崖第421窟唐右胁侍菩萨立像

像皆为盛唐时期完成，其整体特征与龙门唐代窟龛中的菩萨像并不完全统一，呈现出庄重又华美的地方特点。此外，还有在壁面中重复雕刻菩萨的窟龛，如广元千佛崖第512窟左右两壁上就雕刻了大量唐菩萨立像，其造型特征与上述盛唐时期菩萨像并无二致，如此庞大数量菩萨像出现，反映出信众们对于菩萨信仰的热忱和对于美好生活的祈愿（图8-37）。

图8-37　广元千佛崖第512窟右壁唐菩萨像

第二节
巴中石窟造像

巴中位处四川东北部，在地理位置上与广元比邻，巴中石窟，多为开凿于崖壁上的浅龛，少有如广元皇泽寺、千佛崖中那些高大和较深的洞窟。据考古调查，巴州区现存保护较好的石窟有61处，共566窟（龛），造像8828躯。❶巴中石窟主要窟龛集中在巴中市巴州区的南龛、北龛、西龛，以及水宁镇的水宁寺等地。

巴中南龛石窟位于巴中市城南5千米的南龛山上，现存大小窟龛176个，造像2553躯。❷此处洞窟（龛）主要密布在一处较平整的崖壁上，颇为壮观，窟龛内的造像多为唐代遗存，后世又有补刻。巴中北龛石窟位于巴中市城北1千米的苏山南麓，现存34个窟龛，造像351躯，年代多集中在盛唐，后世也有续凿。❸巴中西龛石窟位于巴中市城西约2千米凤谷山西龛村，包括龙日寺、流杯池、佛爷湾三个区域，现存91个窟龛，造像2123躯，年代多集中在唐代。❹巴中水宁寺石窟位于水宁镇，包括水宁寺、千佛崖、佛龛村和二郎庙四处，现存39窟龛，造像318躯，年代以唐代居多。❺

最早调查巴中石窟的是1914～1917年的法国人维克托·色伽兰等人（同时调查了广元皇泽寺、千佛崖），出版了三卷本的《中国考古调查图录》❻。20世纪50年代和80年代的文物普查工作中，代表性成果有50年代陈明达的《四川巴中、通江两县石窟介绍》❼，80年代丁明夷的《川北石窟札记——从广元到巴中》❽等一系列文章。胡文和多次调查了巴中石窟并发表相关成果，四川文管部门的研究者也有石窟调研简报面世。2000年以来的调查和研究成果，见上文广元石窟相关内容。

由于巴中与广元距离不远，两地石窟有相似特征，其造像都受到北方石窟龛像影响，但又有所区别，这是由当时入川的两条道所决定的，其一是经广元入川的金牛道，其二是经巴中入川的米仓道，这两条古道联系着四川与长安、洛阳。受当时政治背景和

❶ 程崇轩.巴中石窟[M].北京：文物出版社，2009：14.
❷ 程崇轩.巴中石窟[M].北京：文物出版社，2009：19.
❸ 程崇轩.巴中石窟[M].北京：文物出版社，2009：240.
❹ 程崇轩.巴中石窟[M].北京：文物出版社，2009：184.
❺ 程崇轩.巴中石窟[M].北京：文物出版社，2009：157.
❻ [法]维克托.色伽兰.中国西部考古记[M].冯承钧，译.上海：商务印书馆，1930.
❼ 陈明达.四川巴中、通江两县石窟介绍[J].文物，1955：2.
❽ 丁明夷.川北石窟札记[J].文物，1990：6.

历史发展影响，唐开元（713～741年）以后，米仓道的重要性大于金牛道，巴中的地位得以凸显，开窟造像获得显著发展。❶

根据造像题材、着衣类型、造像姿态的不同，笔者在下文分门别类讨论。

一、佛像

佛像包括佛坐像、菩提瑞像、佛立像。

（一）佛坐像

1.跏趺坐佛像

巴中石窟佛像的着衣形式、人物造型与广元石窟实例相近，其中较早佛像的着衣形式，也保留有北朝晚期佛像特征。巴中南龛第53龛唐造像，为佛、弟子、菩萨、天王、力士组合的造像龛，其中主尊佛坐像跏趺坐丁莲台上（图8-38）。该佛像为半球形肉髻，磨光发，面型饱满，眉毛舒展，双目半睁，表情内敛平和，颈部上有三道圆圈。佛像外披袒右肩式袈裟，袈裟右领襟自背后经右腰部在腹前向上披搭于左肩；中层佛衣左领襟自左肩斜向右胁，

图8-38　巴中南龛第53龛唐主尊佛坐像

右领襟沿右肩垂至腹部插入袈裟右领襟内再反折出来，披搭在右臂上并在右臂外侧继续下垂至右腿外侧；跏趺坐双腿被袈裟完全覆盖，其下有简短的覆座悬裳。佛像衣装宽松，质感较厚，衣褶为阶梯形，衣褶线规整并富于装饰意味，尤其是覆盖双腿的衣褶线如水波纹般像下扩散。从人物造型特征和人体比例上看，该像与广元千佛崖初唐佛坐像相近，应为同期所作。

巴中南龛第69龛唐开元二十三年（735年）造像的人物组合与巴中南龛第53龛一致，其中主尊佛坐像为半球形肉髻，面型方圆，五官表情平和内敛，颈部上同样有三道

❶ 雷玉华.米仓道与巴中石窟[J].敦煌研究,2005：1.

圆圈（图8-39），佛像的人物整体形态、着衣形式和领襟披搭结构和巴中南龛第53龛唐主尊佛坐像相近，不同的是，该像跏趺坐双腿上的衣褶并不对称，衣襟有了叠加的层次感，并且佛像的身高比例略有加长，视觉效果更为协调，与本地初唐那种相对粗壮的体态有所差异。巴中南龛第77龛唐造像中主尊佛坐像的人物形态和头部造型与巴中南龛第69龛唐开元二十三年（735年）主尊佛坐像一致，差异之处是该像袈裟右领襟披搭在左肩时以勾纽结构固定，覆座悬裳变得宽大起来，覆盖了束腰莲座的上半截（图8-40）。

图8-39　巴中南龛第69龛唐开元二十三年佛坐像

图8-40　巴中南龛第77龛唐造像

图8-41　巴中西龛第31、第32龛唐造像

　　巴中西龛第31、第32龛唐造像是两个同时开凿的组龛（图8-41）。第31龛（画面右侧龛）唐主尊佛坐像跏趺坐于莲台上，半球形肉髻，螺发，面型丰腴，五官漫漶，颈部上有三道圆圈。佛像身上的衣装与领襟披搭形式，与巴中南龛第69龛唐开元二十三年主尊佛坐像相同，变化之处是该像的覆座悬裳映衬出莲座的仰莲瓣轮廓，这是一种新的悬裳雕刻样式，其粉本显然是来自当时的都城。巴中西龛第32龛唐主尊佛坐像的头部造型与邻龛主尊佛坐像一致，覆座悬裳也完全相同，衣装则变成了通肩式袈裟，跏趺坐双腿中的右足掌心朝上。该像还有另外一个显著特征，那就是双手作转法轮印，与广元盛唐时期施转法轮印的佛坐像一致。

　　在巴中窟龛中，作转法轮印的佛坐像不在少数，实例如巴中南龛第67龛唐主尊佛

坐像（图8-42）、巴中水宁寺第8龛唐主尊佛坐像（图8-43）、巴中南龛第116龛唐开元二十八年（740年）阿弥陀佛三尊与五十闻法菩萨造像（西方净土变）主尊佛坐像（图8-44）、巴中南龛第62龛唐阿弥陀佛三尊与五十二闻法菩萨造像（西方净土变）主尊佛坐像（图8-45），四像发髻、覆座悬裳、衣褶样式有所区别，但皆着通肩式袈裟、作转法轮印，可见这种在印度佛教窟龛造像中常见的佛像造型，在巴中地区盛唐时期尤为流行，与广元窟龛同题材佛像呈呼应之势。

图8-42　巴中南龛第67龛唐主尊佛坐像　　图8-43　巴中水宁寺第8龛唐主尊佛坐像　　图8-44　巴中南龛第116龛唐开元二十八年阿弥陀佛三尊与五十闻法菩萨造像

巴中南龛第116龛唐开元二十八年造像龛与巴中南龛第62号造像龛的题材一致，主尊佛坐像及胁侍菩萨两侧共表现五十（五十二）身坐于莲台上的闻法菩萨，莲台下有莲径自虚空中生长出来，在窟门两侧有护法力士，整窟形成一个独立的佛教空间，这种造像题材是净土信仰的反映，学界将其称为阿弥陀佛与五十菩萨造像。❶值得注意的是，川北较早开窟造像的广元并没有出现阿弥陀佛三尊与五十（五十二）菩萨造像，却在米仓道入蜀的通道两边窟龛中多有发现，说明其传入路线有别，这也是巴中石窟与广元石窟存在差异的原因之一。据学者研究，阿弥陀佛三尊与五十菩萨造像是从南朝齐传入长安真寂寺后，再沿米仓道传入四川的。❷

图8-45　巴中南龛第62龛唐阿弥陀佛三尊与五十二闻法菩萨造像

❶ 孙明利.阿弥陀佛五十菩萨像文献疏证[J].大足学刊(辑刊),2020.
❷ 张同标.阿弥陀佛三尊五十菩萨像源流考[J].民族艺术,2012:3.

2.倚坐佛像

与广元石窟倚坐佛像一样，巴中石窟中倚坐佛像的尊格一般被认作弥勒佛。巴中西龛第5龛唐倚坐佛像的肉髻残损，磨光发，面型圆润（鼻子以下部分残损），颈部上有三道圆圈（图8-46）。佛像外着右肩半披式袈裟，内着中衣搭肘式佛衣，包括衣装领襟的披搭结构在内，该像的整体造型特征与前述广元千佛崖第211龛唐开元八年倚坐佛像基本相似，差异之处是该像胸部中衣上有绳带结构，下半身衣褶线较为疏朗，据此可以看出两像年代大致相近，皆为盛唐较早时期的造像遗存。

巴中北龛第13龛唐倚坐佛像为半球形肉髻，磨光发，面型圆润饱满，五官漫漶，颈部上有三道圆圈（图8-47）。该像同样为倚坐姿，外层袈裟的右领襟并不

图8-46 巴中西龛第5龛唐倚坐佛像（李静杰 摄）

半披右肩，而是自背部经右腰于腹部左转披搭在左肩上；中层佛衣右领襟下垂至右大腿后向上披搭在右前臂上，并没有插入袈裟右领襟内。可以看出，这尊倚坐佛像的衣装领襟表现是在巴中西龛第5龛唐倚坐佛像的基础上予以适当简化雕刻而成，并在此后的其他窟龛倚坐佛像中继承下来，如巴中南龛第82龛唐倚坐佛像（图8-48）、巴中南龛第118龛唐倚坐佛像（图8-49），皆作此表现。

图8-47 巴中北龛第13龛唐倚坐佛像

图8-48 巴中南龛第82龛唐倚坐佛像

图8-49 巴中南龛第118龛唐倚坐佛像

（二）菩提瑞像

巴中石窟中的菩提瑞像造型，与广元石窟中同题材造像的相似程度较高。巴中南龛第37龛唐菩提瑞像跏趺坐于莲台上，头戴中间高两侧低的宝冠，宝冠中间有化佛（化佛漫漶不清），宝冠两侧有缯带垂至胸前，面型长圆，弯眉修目，鼻子较长，嘴角内收，颈部上有三道圆圈（图8-50）。佛像身穿袒右肩式袈裟，有华美的胸饰和臂钏，右手施降魔印置于跏趺坐右膝盖上，双腿下有简短的覆座悬裳。佛像衣装相对贴体，衣褶雕刻以凸起的圆棱线为基本特征。该像除了面容较为清秀、身躯略显修长外，其他特征基本与广元千佛崖第366窟唐先天元年菩提瑞像相同。巴中西龛第44龛唐菩提瑞像中主尊佛坐像风化较为严重（图8-51），但从可辨识特征来看，其与巴中南龛第37龛菩提瑞像类同，显然是基于同样的造像粉本所作。

图8-50　巴中南龛第37龛唐菩提瑞像

图8-51　巴中西龛第44龛唐菩提瑞像（李静杰　摄）

巴中南龛第103龛唐乾符四年（877年）菩提瑞像的图像配置和造型特征较此前实例均有所改变（图8-52）。佛像跏趺坐于龛内台座上，头戴以卷草纹为主体编织的华美宝冠，宝冠两侧有缯带垂下，面型长圆，五官轮廓较圆润，肌肤的肉感在光线映衬下显得很生动，嘴角含笑，颈部上有三道圆圈。佛像身着袒右肩式袈裟，有华美的胸饰和臂钏，衣装贴体，衣褶作阶梯形表现。该像的胸饰细节较此前实例更为丰富。值得注意的是，这尊菩提瑞像独坐一窟，两臂紧贴躯体，形态拘谨，其背光也与此前实例存在明显差异，而带有一些密教造像的特征，这应该和晚唐以来密教造像的发展有关。

巴中南龛第83龛唐双头瑞像是一尊颇为特殊的

图8-52　巴中南龛第103龛唐乾符四年菩提瑞像

图8-53 巴中南龛第83龛唐双头瑞像

造像（图8-53）。该像跏趺坐于束腰方形台座上，有两头，均半球形内髻、螺发，面型方圆，五官较为清秀，嘴角内收，颈部上有三道圆圈。佛像胸部有连续的莲瓣形装饰，身披袒露左肩的袈裟，左手施降魔印（其他菩提瑞像皆右手施降魔印），衣褶以凸起圆棱线为基本特征。关于双头佛像的出处，在玄奘《大唐西域记》卷二中有详细记载：有一贫者请画工图写如来妙像，但酬金很少，画工感其诚，答应了下来。后米又有一信众以少金请同画工画像。像成后，二人俱来礼敬，画工同指一像示二人，言所用金皆为图写此像，俱含二人祈愿。言毕，佛像分身交影，显示出二头共用一身的奇迹。❶双头佛像并不是仅有巴中南龛孤例，在黑水城就出土了西夏时期完成的泥塑双头佛。❷

（三）佛立像

巴中石窟中的佛立像数量较少，现存实例的造型特征与广元石窟的佛立像相接近。

巴中南龛第102龛唐主尊佛立像为半球形肉髻，磨光发，面型饱满圆润，表情庄重，颈部上有三道圆圈，头部比例显大（图8-54）。佛像的着衣形式、衣装领襟披搭形式与前述广元皇泽寺第20窟唐佛立像高度相似，衣褶亦作阴线刻表现，只是该像肌体起伏感更为明确（胁侍菩萨的"三曲法"动态更明显），这是盛唐佛像的突出的特征之一。

巴中北龛第2龛唐主尊佛立像跣足立于莲台上，半球形肉髻，磨光发，面型圆润饱满，表情平和内敛，颈部上同样表现三道圈（图8-55）。佛像身着通肩式袈裟，袈裟衣褶分为三组，一是胸部自小而大纵向排列U字形衣褶，二是两大腿处倒U字形展开的衣褶，三是在阴部有垂下的条带状衣纹，使腹部与两大腿的结构显得颇为清晰，这种着装形式和衣褶样式，与前述广元千佛崖第512窟大云洞中心柱唐主尊佛立像高度一致，显然是在共同的造像规范（关中北周通肩式袈裟佛立像造型样式）下完成的。

---

❶ 大正藏·第51册：大唐西域记(卷二)[M/OL]. CBETA中文电子大藏经集，2014：880上.
❷ 郭海鹏，周胤君.俄藏黑水城双头佛造像探析[J].天津美术学院学报，2021：4.

图8-54　巴中南龛第102龛唐主尊佛立像

图8-55　巴中北龛第2龛唐主尊佛立像

二、菩萨像

　　巴中石窟中的菩萨像造型特征与广元石窟中的同题材造像并没有明显的差异，只存在一些个体间细节的不同。这些菩萨像中，观音题材造像较为多见，且存在多尊独立造像的窟龛（不是胁侍菩萨），显示出盛唐以来观音信仰的兴盛。

　　巴中西龛第42龛唐观音立像是独占一龛的观音造像，该像跣足立于莲台上，头戴华美宝冠，宝冠两侧有缯带垂下（图8-56）。菩萨像面型圆润饱满，弯眉修目，鼻子以下部分残损，颈部的特征与佛像相同。菩萨有精致的胸饰及珠串状的璎珞，披帛左端在腹部左转披搭在右前臂后并在外侧下垂，披帛右端在膝盖处左转后被左手轻握。观音下身着裙裳，衣装质感轻盈，衣褶以凸起圆棱线为基本特征。这尊观音像身躯修长，亭亭玉立，宛似人间美少女。

图8-56　巴中西龛第42龛唐观音立像（李静杰　摄）

　　同样以观音为主尊的造像龛还有多处，造型特征相近，实例如巴中南龛第87龛唐乾元二年（759年）观音立像（图8-57）、巴中南龛第60龛唐观音立像（图8-58）、巴中南龛第86龛唐观音立像（图8-59），这三尊立像皆跣足立于低矮的莲台上，头戴宝冠，面形饱满，五官女性化特征明显，颈部上有三道圆圈。三者皆表现项饰、璎珞，披帛的披搭形式与巴中西龛第42龛唐观音立像大同小异，下身裙裳也轻盈适身。三尊观音像中的前两例身躯皆作三曲法表现，动态甚至有妖娆之感，第三例观音的仪态端庄，在两侧胁侍菩萨和护法力士的映衬下显得尤为圣洁慈悲。

图8-57 巴中南龛第87龛唐乾元二年观音立像

图8-58 巴中南龛第60龛唐观音立像

图8-59 巴中南龛第86龛唐观音立像

图8-60 巴中南龛第53龛唐左胁侍菩萨立像

图8-61 巴中西龛第10龛唐开元三年左胁侍菩萨立像

除了单独开龛的菩萨像外，巴中石窟存在更多的胁侍菩萨像。巴中南龛第53龛唐左胁侍菩萨立像跣足立于莲台上，头戴宝冠，面型丰腴，弯眉修目，嘴唇小巧，女性化特征显著，颈部上也有三道圆圈（图8-60）。菩萨左手持拂尘（柳枝），右手提净瓶，身上的胸饰、璎珞、披帛、裙裳的造型，与前述巴中南龛第87龛唐乾元二年（759年）观音立像大同小异，相似的实例还包括巴中西龛第10龛唐开元三年（715年）左胁侍菩萨立像（图8-61）、巴中南龛第5龛唐左胁侍菩萨立像（图8-62）、巴中水宁寺第8龛唐右胁侍菩萨立像（图8-63）等。

巴中南龛第16龛唐如意轮观音是在巴中石窟群中仅见的如意轮观音造像（图8-64）。

  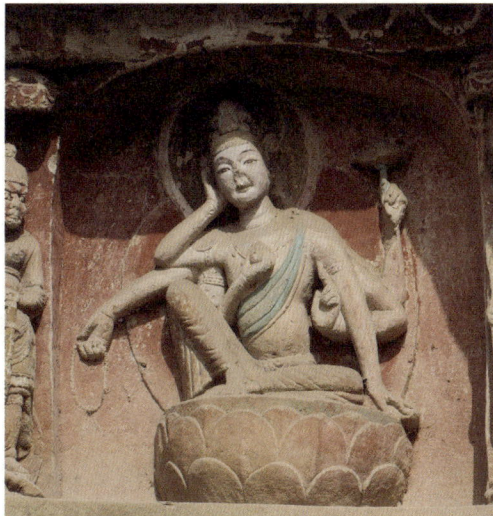

图8-62　巴中南龛第5龛　　图8-63　巴中水宁寺第　　图8-64　巴中南龛第16龛唐如意轮观
唐左胁侍菩萨立像　　　　8龛唐右胁侍菩萨立像　　音

该龛外有题记提到"如意轮""咸通"字样，因而该像的名号（如意轮）和完成时间（唐咸通年间，860～874年）的信息比较明了。如意轮观音坐于莲台上，为一头六臂，头戴化佛宝冠，宝冠两侧有缯带垂下，面型圆润，表情惬意自足，颈部上有三道圆圈。该像上半身裸露，颈部下有简洁项饰，络腋自左肩斜向右胁，六只手动态不一，其中左后方手持如意轮，右前方手抬起扶面。菩萨下半身着裙裳，衣装贴体。如意轮观音出自密教经典，巴中南龛第16龛唐如意轮观音是四川现存最早的密教造像，其开凿背景，应与密教在唐开元年间以后开始流布有关。❶

小结

　　广元位于四川北部，是西南文化圈、关中文化圈与中原文化圈交叉处，古代著名的"金牛道"也途经此地，这种地理上的独特性和交通的便利，使此地的石窟造像题材、造型样式与政治中心保持着紧密的联系，但又有自身的区域特征。广元石窟北朝晚期至初唐窟龛佛像，包括中衣搭肘式佛衣佛像、勾纽式袈裟佛像、通肩式袈裟佛像，其人物造型、着衣形式和衣褶雕刻样式，均与中原北方同时期实例相近，唐代弥勒尊格的倚坐佛像，也大多是武则天当政时期推动的结果。一些唐代敷搭左肩式袈裟佛像、通肩式袈

❶ 邓新航.巴中石窟唐宋密教造像探析[J].长江文明，2017：1.

装佛像的衣褶样式，呈现与关中北周以来通肩式佛像趋同的造型特征，这显然是受到后地的影响所致。广元石窟北朝后期菩萨造像的整体造型特征显然具备一些南朝造像特征，但衣饰表现又可与中原北方菩萨像类比，具有浓郁的世俗审美气息。

巴中与广元相邻，两地较早的窟龛造像具备诸多相似特征，其造像题材、人物造型、着衣形式、衣褶雕刻样式都是如此，其中值得注意的是，两地石窟均流行一种源于印度的说法印，大致是右手作转轮状或掐手指状，左手作拨动右手状，这种复杂的手印对雕刻技术有较高要求。说法印的出现与唐王朝开放的政策有关，在玄奘自印度归来后，印度的造像样式有更多实例传入中国，因此在盛唐以后的石窟造像中出现印度笈多朝造像的造型特征成为一种常见现象。相对于广元石窟而言，巴中石窟中的菩萨像得到了更多的重视，尤其是在巴中西龛、南龛有多个独成一龛（主尊）的观音像存世，其面相柔媚，衣饰华美，可以看出彼时菩萨信仰得到了更大程度的发展。

大足石刻

第九章

　　大足位于巴蜀文化交汇的川东要道，与潼南、安岳、合川等地相邻。大足于唐乾元元年（758年）建县，晚唐成为州（昌州）治所在，后经前、后蜀至两宋（907～1279年），其境内几乎没有发生过大规模战争，正是因为社会稳定，该地佛教、道教文化昌隆，开窟造像之风前后相承，最终形成闻名于世的大足石刻。大足石刻是重庆市大足区境内石窟和摩崖石刻的总称，现被公布的石窟有75处，造像5万余身，铭文10万余字。[1]大足石刻作为一个整体，于1999年列入世界文化遗产，其主要意义在于代表了中国石刻艺术最后的巅峰，并形成三教共处的现象。这些石刻中，以大足北山、宝顶山、石篆山、石门山、妙高山等处石窟最具代表性，且造像大多保存得相对完好，本章节内容也以这几处石窟造像为主展开阐述。

　　对于大足石刻的关注与研究，始于1935年刘蕴华摄影的《四川大足之古代石刻》[2]，1940年有梁思成、刘敦桢等人组成的四人考察团专程考察了大足北山、宝顶山、南山石窟，期间拍摄了大量珍贵图像资料。1945年，史学家杨家骆组织的"世界学院中国学典馆大足石刻考察团"首次对大足进行系统的科学考察，收获颇丰，考察成果收录于《民国重修大足县志（卷首卷）》[3]。1955年，陈习删撰《大足石刻志略》[4]，本书共有17万余字，是第一部资料翔实的大足石刻专著。1984年、1993年，四川省社会科学院及相关文物单位、大足石刻艺术博物馆先后对大足境内石刻进行较全面的考察，出版了《大足石刻研究》[5]《大足石刻铭文录》[6]等成果。在此基础上，有关大足石刻的研究获得了很大发展，各种相关出版物汗牛充栋，其中代表性著作有黎方银的《大足石刻艺术》[7]、胡文和的《安岳大足佛雕》[8]，大型画册有郭相颖、李书敏主编的《大足石刻雕塑全集》（4卷本）[9]、中国石窟雕塑全集编辑委员会编著的《中国石窟雕塑全集7·大足》[10]，

[1] 郭相颖, 李书敏. 大足石刻雕塑全集[M]. 重庆: 重庆出版社, 1999: 7.

[2] 刘蕴华. 四川大足之古代石刻[J]. 东方杂志(32), 1935.

[3] 高云从. 民国重修大足县志(卷首卷)[M]. 北京: 中国学典馆, 1945.

[4] 《大足石刻志略》于1985年经四川省社科院整理校注后收入《大足石刻研究》一书, 设为中篇.

[5] 刘长久, 胡文和, 李永旭. 大足石刻研究[M]. 成都: 四川省社会科学出版社, 1985.

[6] 重庆大足石刻艺术博物馆, 重庆市社会科学院大足石刻艺术研究所. 大足石刻铭文录[M]. 重庆: 重庆出版社, 1999.

[7] 黎方银. 大足石刻艺术[M]. 重庆: 重庆出版社, 1998.

[8] 胡文和. 安岳大足佛雕[M]. 北京: 文物出版社, 2008.

[9] 郭相颖, 李书敏. 大足石刻雕塑全集[M]. 重庆: 重庆出版社, 1999.

[10] 中国石窟雕塑全集编辑委员会. 中国石窟雕塑全集7·大足[M]. 重庆: 重庆出版社, 2000.

论文集有黎方银、重庆大足石刻艺术博物馆共同编写的《2005重庆大足石刻国际学术研讨论文集》❶《2009年中国重庆大足石刻国际学术研讨会论文集》❷《2014年大足学国际学术研讨会论文集》❸等。近年来，李小强❹也有大足石刻的论著出版。

第一节
大足北山造像

大足北山石刻位于大足龙岗镇龙岗村东南北山，距龙岗镇约1.5千米。北山造像的最早窟龛由昌州刺史韦君靖于唐景福元年（892年）主持开凿，其后又有多个晚唐造像风格的窟龛相继被开凿出来，这种开窟造像的热情持续发展至两宋，形成一处规模宏大的造像区域。北山造像分布在佛湾、佛耳崖、观音坡、营盘坡、北塔寺等地，其中绝大多数窟龛集中在佛湾由南至北长达数百米的崖壁上，现共有290个编号窟龛，造像4360余躯。❺这些造像题材多样，集中体现了当时民众的信仰面貌，是佛教世俗化和石刻艺术风格发展变化的集中体现。

大足北山石刻依据造像形式和题材的不同，分为佛像、菩萨、其他造像三个类别展开阐述。

一、佛像

大足北山佛湾第10窟晚唐主尊佛坐像跏趺坐于有三层仰莲瓣的莲座上，低肉髻，螺发，面型方圆，双目微睁，表情内敛，颈部较短（图9-1）。佛像外层袈裟左领襟下垂至腹部形成长弧形外翻结构，右领襟自背部经右腰左转披搭于左肩，内层佛衣左领襟自左肩斜向右胁，右领襟自肩部下垂至腹部插入外层右领襟内再反折出来披搭在右前臂

❶ 黎方银,重庆大足石刻艺术博物馆.2005重庆大足石刻国际学术研讨论文集[M].北京:文物出版社,2007.
❷ 黎方银.2009年中国重庆大足石刻国际学术研讨会论文集[M].重庆:重庆出版社,2013.
❸ 大足石刻研究院.2014年大足学国际学术研讨会论文集[M].重庆:重庆出版社,2016.
❹ 李小强.大足石刻史话[M].南京:江苏凤凰美术出版社,2019.
　 李小强.大足石刻十八讲[M].南京:江苏凤凰美术出版社,2022.
❺ 蒋晓春,等.嘉陵江流域石窟寺调查及研究[M].北京:科学出版社,2018:33.

图9-1 大足北山佛湾第10窟晚唐主尊佛坐像

上，其在插入袈裟右领襟前亦形成长弧形外翻结构，并与外层袈裟左领襟同样式外翻结构呈现镜像对称，这种领襟披搭形式的较早实例大约出现于中唐时期四川窟龛中（夹江千佛岩中有相关实例）。大足北山佛湾第10窟晚唐主尊佛像跏趺坐双腿为衣装所覆盖，并在莲座上形成一小片覆座衣襟。佛像衣褶以阴线刻为主，整体风格与川北地区唐代佛像并不一致。

大足北山佛湾第36窟十六罗汉窟前、后蜀主尊佛坐像整体延续了上述第10窟晚唐主尊佛坐像特征（图9-2）。该像跏趺坐于有三层仰莲瓣的莲台上，半球形肉髻，螺发，面型长圆，表情平和内敛，颈部上有三道圆圈。佛像外层袈裟和内层佛衣的披搭形式与大足北山第10窟唐主尊佛坐像颇为相似，不同之处是该像袈裟右领襟以勾纽结构固定在左肩。勾纽式袈裟出现于北朝晚期（北齐、北周），在隋代和初唐时期佛像中颇为流行。这尊十六罗汉窟主尊佛坐像跏趺坐双腿为衣装所覆盖，双腿下同样有小片衣襟覆座。佛像衣装较为宽松，在躯体与两上臂之间各形成一组U字形衣褶，该U字形衣褶样式在中原地区盛唐时期窟龛佛像中流行，典型实例如洛阳龙门潜溪寺正壁唐主尊佛坐像。

大足北山佛湾第112窟北宋二佛并坐像中的两像跏趺坐于长方形台座上，皆低肉髻，螺发，有髻珠（右侧佛坐像肉髻残损，髻珠是宋代佛像中典型特征之一），面型方圆，表情平和，颈部上有两道圆圈（图9-3）。两像的着衣形式与大足北山佛湾第36窟

图9-2 大足北山佛湾第36窟十六罗汉窟前、后蜀主尊佛坐像

图9-3 大足北山佛湾第112窟北宋二佛并坐像

十六罗汉窟主尊佛坐像相似，其中左侧佛坐像左肩有勾纽结构，内层佛衣右领襟插入外层袈裟右领襟后反折出来披搭在右前臂上；右侧佛像胸部衣襟也有对称的外翻长弧形结构，两像皆有较宽大的覆座悬裳。此外，两尊佛像躯体特征较为平板，与中原地区唐代那种躯体较为圆润并有肌体起伏关系的佛像特征相去甚远；衣褶样式为低浅阶梯形和阴线刻结合，衣褶线较为硬朗。可见，这两尊佛坐像只是部分延续了唐代佛像特征，其完工时间当在北宋时期。

　　大足北山佛湾第176龛北宋靖康元年（1126年）弥勒下生经变相主尊佛坐像跏趺坐于束腰并有三层仰莲瓣的莲座上，肉髻高大，螺发，有髻珠，面型长圆，双目微睁，嘴唇纤秀，颈部上有两道圆圈（图9-4）❶。佛像的外层袈裟颇为简单，领襟的披搭形式与前述北山佛湾第112窟左侧佛坐像相近，只是左肩没有表现勾纽式结构，并且胸部领襟围合呈较窄小的U字形，跏趺坐双腿下覆座悬裳的形态，与后述大足北山佛湾第245龛无量寿佛经变相主尊佛坐像相仿。可以看出，这尊佛坐像也部分继承了唐代佛像造型特征。

　　大足北山佛湾有一处大型经变相浮雕，那就是第245龛唐无量寿佛经变相（图9-5），这是大足北山石窟群中最为重要的造像龛。该龛高近5米，是依据《观

图9-4　大足北山佛湾第176龛北宋靖康元年弥勒下生经变相主尊佛坐像

图9-5　大足北山佛湾第245龛唐无量寿佛经变相整体与局部

---

❶ 郭相颖，李书敏.大足石刻雕塑全集[M].重庆：重庆出版社，1999：10.

无量寿经》雕刻而成，表现了西方极乐净土的庄严和美好。造像龛在正壁上方雕刻了西方三圣和所处的天宫楼阁，下方则表现城墙与栏楯结合的九品往生景象。在主尊佛坐像莲座两侧，雕刻了众多菩萨，寓意佛法的隆盛，宣赞净土的庄严。像龛两侧壁化生莲台上的众多佛、菩萨，应该就是十方诸佛净土的象征，也是佛陀说法时的神通显现。龛中主尊佛坐像跏趺坐于莲瓣形台座上，低肉髻，螺发，面型方圆，表情平和，颈部上有三道圆圈。佛像身着通肩式袈裟，袈裟右领襟在颈部下围合成圆形领口，两肩及以下皆为衣装所覆盖，双腿下还有覆座悬裳，悬裳衣襟清晰地映衬出莲座上的莲瓣

图9-6　大足北山佛湾第12龛晚唐菩提瑞像

结构。这尊佛像的人物形象和着衣形式具备晚唐佛像特征，与之组合的其他图像，也与敦煌唐代同题材经变画类似。

大足北山佛湾第12龛菩提瑞像是一尊破损严重的造像（图9-6）。菩提瑞像的基本造型特征是佛像结跏趺坐，头戴宝冠，颈饰宝石，着袒右肩式袈裟，右手施降魔印的佛像。菩提瑞像主要流行于唐代的四川地区，尤其是川北、巴中最为多见。北山佛湾的这尊菩提瑞像，头部、双手、腰部以下皆残损，可以看到佛像为螺发，面形方圆，胸部有华丽的胸饰，着袒右肩式袈裟，左上臂与躯干之间有一组短小的U字形衣褶，这些都是唐代佛像的造型特征。

二、菩萨像

大足北山佛湾第10窟左壁晚唐胁侍菩萨立像的造像特征与此前川北、巴中地区的实例存在明显差异（图9-7）。菩萨跣足立于圆形莲台上，头戴花鬘状宝冠，宝冠两侧有缯带垂下。面型丰腴，弯眉修目，嘴唇纤秀。脖颈下有胸饰，胸饰两侧和下方有垂至膝盖处的珠串状璎珞。菩萨双手持粗壮的莲茎，莲茎上端有一朵莲蕾和一片莲叶，两肩垂下的披帛垂至大腿后反折披搭在前臂外侧继续下垂，与下身裙裳贴合在一起。菩萨衣装贴体，衣褶以浅淡的阴线刻为主。这尊菩萨像的形态很僵硬，轻薄的衣装质感和浅淡的衣褶线加强了这种观感，这与追求人物曲线美和充满活力的盛唐菩萨造像形成鲜明对比。

大足北山佛湾第180窟开凿于北宋政和六年至宣和二年（1116～1120年）[1]，窟内主尊为水月观音，两侧各有六身观音像，这些观音像在人物形态上保留了北山佛湾第10窟晚唐左壁胁侍菩萨立像的基本特征，但在衣装形式和局部衣褶雕刻上有所变化（图9-8）。这些观音立像均跣足立于莲台上，皆戴有高大的帽冠，宝冠上的纹饰各有变化，其两侧有缯带垂下。观音的面部造型彼此一致，面型饱满，表情平和，手上持物则有所区别，表明其尊格有别，是其后大足地区十圣观音的一个蓝本。[2]菩萨像的胸部皆有胸饰、璎珞，但都外披袈裟，袈裟领襟在胸部围合成U字形，袈裟下缘衣边垂至膝盖处，部分菩萨膝盖以下还能看到珠串状璎珞，于华美中体现庄重。

图9-7　大足北山佛湾第10　　　　图9-8　大足北山佛湾第180窟北宋政和六年至宣和二年
窟左壁晚唐胁侍菩萨立像　　　　十三观音变相左壁造像

大足北山佛湾第136窟南宋绍兴十二年至十六年（1142～1146年）转轮经窟数珠手观音的造型是在上述十三观音变相窟菩萨造型基础上的继续发展（图9-9）。这尊南宋时期的观音像跣足立于圆形莲台上，头戴高大且雕饰精美的花鬘状宝冠，宝冠正中上端有化佛。菩萨面型方圆，弯眉修目，鼻直唇秀，气质端庄。菩萨胸部有精致的胸饰，并与璎珞组合在一起形成繁缛的纹饰。该像右手持一串佛珠，身披右肩半披式袈裟。其与十三观音变相窟实例不同的是，该像袈裟表面布满了精致且复杂的璎珞，世俗追求的那种珠光宝气在石刻的躯体上熠熠生辉。可以说，这尊数珠手观音将注重外在装饰的世

❶ 重庆大足石刻艺术博物馆,重庆市社会科学院大足石刻艺术研究所.大足石刻铭文录[M].重庆:重庆出版社,1999:
　　24-25.
❷ 李小强,姚淇淋.十圣观音叙说——以大足石刻为中心的考察[J].石窟寺研究(第9辑),2019:203-204.

图9-9 大足北山佛湾第
136窟南宋绍兴十二年至
十六年转轮经藏数珠手观音

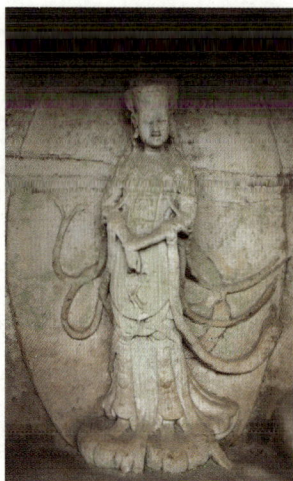

图9-10 大足北山佛湾第
125龛南宋数珠手观音

俗化审美趣味发展到了一种极致，但菩萨的躯体依然僵直，体态呆板，缺乏生气。

相较而言，大足北山佛湾第125龛南宋数珠手观音的造型更为世人所称颂（图9-10）。这尊菩萨像表面风化较为严重，模糊了衣装的诸多细节。菩萨跣足立于低矮的莲台上，头戴华美的宝冠，宝冠两侧有缯带垂下，并与身体两侧飘逸的披帛交织在一起。菩萨面型饱满圆润，胸部有胸饰和复杂的璎珞，右手持一串佛珠，以此得名数珠手观音。该像两肩垂下的披帛在膝盖处向对侧前臂披搭，并在两臂外侧飘舞，形成衣带风动的视觉观感。这尊菩萨像还有一个显著特征，那就是右胯部上提，头部也向右倾斜，使得身体有了动态变化。由于风化，菩萨躯体上原有繁缛的衣饰细节被一定程度弱化，这反而凸显了其柔美的身姿，并在两侧衣带的映衬下，形成了朦胧、飘逸、圣洁的美好氛围。

在大足北山佛湾菩萨造像中，水月观音是一个重要的题材。水月观音菩萨，就是世间所绘观水中月之观音，为三十三观音之一。学界一般认为水月观音菩萨图像初创于唐代大画家周昉，《历代名画记》卷三中提及周昉在西京长安的胜光寺画水月观音菩萨掩障❶，同书卷十又述及周昉妙创水月之体。晚唐时，水月观音像开始流行，敦煌莫高窟、安西榆林窟和东千佛洞，以及肃北寺庙壁画上，尚存五代、宋和西夏时期的二十七幅水月观音像。❷

大足北山佛湾第180窟北宋政和六年至宣和四年（1116～1120年）水月观音是大足北山佛湾龛像群中较早的实例（图9-11）。菩萨半跏趺坐（游戏坐）于束腰方形台座上，头戴高大的花鬘状宝冠，冠中有化佛，面

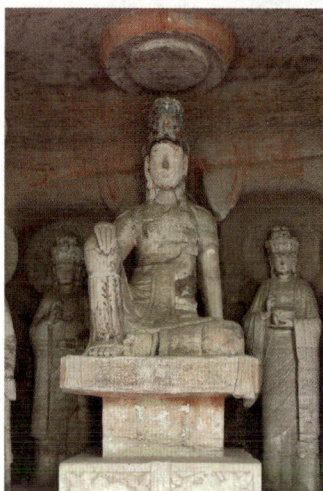

图9-11 大足北山佛湾第180窟
北宋政和六年至宣和四年水月观音

❶ 掩障，指影壁之类的建筑。
❷ 王惠民.敦煌水月观音像[J].敦煌研究,1987:1.

型长圆，五官略带笑意。菩萨胸部表面残损严重，可以看见自左肩斜向右胁的络腋。菩萨左手支在盘坐的左腿外侧，右手搭于曲起的右腿上，形成水月观音造型，但整个形态较为僵硬。大足北山佛湾第133龛南宋水月观音的人物形态与十三观音变相窟主尊水月观音高度相似，但衣装表面的装饰比后者精细得多（图9-12）。菩萨头戴使用透雕工艺的花鬘状宝冠（上半部残损），面型丰腴，眉毛上扬，双眼向下凝视，嘴角含笑。菩萨胸部大面积布满了胸饰和璎珞结合的繁缛纹饰，并且这种纹饰还覆盖了两臂和延及双腿膝盖下的裙裳上，繁琐、华美的装饰意味特别浓郁。

同样作为水月观音题材造像，大足北山佛湾第113龛南宋水月观音更为世人所知（图9-13）。这尊菩萨像表面有一定程度的风化，但也因此彰显了菩萨优雅惬意的身姿。菩萨头戴高大华美的花鬘状宝冠，宝冠两侧卷曲的花茎幻化成光束向上翻转扬起，使菩萨像更富于神秘性。菩萨头部宝冠两侧还有缯带垂下至两臂处，增

图9-12　大足北山佛湾第133龛南宋水月观音

图9-13　大足北山佛湾第113龛南宋水月观音

添了条带状细节。菩萨面型饱满圆润，胸部有相对简洁的胸饰和璎珞，两肩垂下的披帛，也如头部上方的光束般翻转和飘扬，只不过其方向是向下发展。菩萨左手置于左大腿外侧台座上，右手搁置在屈起的右腿膝盖上，手指间还轻握条带状披帛。这尊水月观音的璎珞装饰较大足北山佛湾第133窟水月观音简洁，更注重条带状造型的飘扬、翻转变化，营造了满壁风动的观感，其审美趣味与大足北山佛湾第125龛南宋数珠手观音相仿。

在大足北山佛湾中，还有一些多臂菩萨造像，其尊格以观音造像者居多，名为千手观音。千手观音出自密教经典，又名千手千眼观世音。在佛教造像中，千手观音造型多有变化，头的数量和手的数量也难有固定之数，其中手的数量以40或42只较为常见，每只手中都长有眼睛，故名千手千眼观音。

大足北山佛湾第9龛晚唐千手观音是此类题材造像中的代表。该像跣足倚坐于束腰方形台座上，头戴高大的流云纹宝冠，冠中有化佛（图9-14）。观音像面型方圆饱满，

眉毛舒展，双目微睁，嘴唇纤秀，颈部上还有三道圆圈，胸部有胸饰和璎珞组合的饰物，两肩以下部分并未完成雕刻，粗砺的凿痕清晰可见。该像上举两手于头顶上，千掌中间有眼睛，两手间有一尊跏趺坐于莲台上的化佛。观音像胸前有两只手合十，腹部两腿间双手结法印，其他的手臂分置于造像两侧，多有残损，其中还可以看到净瓶、宝印等法器，此外的背光近外缘处有一圈手掌，手掌间均雕刻眼睛。这尊千手观音下半身着裙裳，两腿间有下垂的腰带、披帛和璎珞等衣饰，整身衣装较为宽松，衣褶以阴线刻为主。该观音像体态庄重，手臂的安排和衣褶的表现均呈严格对称状，体现出一种尊崇的装饰意味和超然的神性意识。大足北山佛湾第273龛前、后蜀千手观音像的整体造型特征与大足北山佛湾第9龛晚唐千手观音像高度相似（图9-15）。除了宝冠上的化佛外，该像头顶也有一尊跏趺坐于莲台上的化佛，只是没有上举的双手，背光外缘也没有一圈手掌。整体来看，这尊千手观音像是大足北山佛湾第9龛晚唐千手观音像的简化版，但因为保存得相对较好，可以看到更多的造像细节。

图9-14 大足北山佛湾第9龛晚唐千手观音

图9-15 大足北山佛湾第273龛前、后蜀千手观音

图9-16 大足北山佛湾第119龛北宋不空羂索观音

大足北山佛湾第119龛北宋不空羂索观音像也属于多臂造像的观音，为观音诸多化身之一（图9-16）。密教多认为不空羂索观音是准提观音的化身。这尊一头六臂的观音造像跏足倚坐于束腰方形台座上，足踏双莲座（莲座自满瓶中化生出来），头戴团花状纹饰的宝冠，宝冠两侧有缯带垂下，面型方圆，五官清秀，表情平和。这尊观音像的胸部没有表现胸饰和璎珞，但出现了自左肩斜向右胁的僧祇支，并系缚束带。覆盖肩部的披帛在膝盖处向对侧手臂上披搭后垂于台座外侧，六只手上各有持物，其中上举双手间升腾的云气上各有化佛。观音像下身着裙裳，腰带下垂至两腿间，膝盖下系缚绳带并有华美的璎珞，衣装较

为宽松，衣褶以浅薄的阶梯状为主。

　　大足北山佛湾第136窟南宋绍兴十二年至十六年（1142~1146年）转轮经藏❶日月观音同样是一头六臂造像❷，但其造型样式与大足北山佛湾第119龛北宋不空羂索观音像大异其趣（图9-17）。该像跏趺坐于束腰方形台座上，头上的帽冠像是一个装满鲜花的花篮，宝冠两侧有缯带垂下，面型饱满圆润，五官娟秀，双目微睁，嘴角含笑，表情亲和柔美。该像胸部的胸饰和璎珞组合的饰品尤为精细、华丽，条带状披帛自两肩垂下至台座前，六只手多持法器，其中上举的双手分持日月。观音像下半身着裙裳，裙裳完全覆盖跏趺坐双腿。该像衣装较为板滞，衣褶线为阶梯形与阴线刻结合，其造型的显著特征是呈平面化发展，与圆润饱满的面庞形成对比。

图9-17　大足北山佛湾第136窟南宋绍兴十二年至十六年转轮经藏日月观音

　　大足北山佛湾第155窟北宋靖康元年（1126年）孔雀明王是一尊四臂造像（图9-18）。❸孔雀明王又名佛母大金曜孔雀明王，为菩萨形，骑乘孔雀，故名孔雀明王，其形象一般是一头四臂，手上持有吉祥果及孔雀尾等物。这尊孔雀明王跏趺坐于高大的莲座上，头戴花鬘状宝冠，有缯带、胸饰与璎珞结合的纹样、披帛等菩萨像的一般特征，面部亦为秀美慈悲的女性形象，其前左手执扇，前右手轻握孔雀尾，与经典描述的特征一致。明王座下的孔雀高大雄壮，头部作侧视表现，两翅膀向两侧张开，充满威严感。

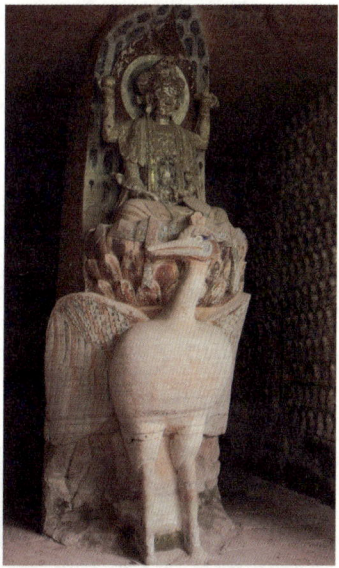

图9-18　大足北山佛湾第155窟北宋靖康元年孔雀明王

　　大足北山佛湾多臂菩萨造像还见于大足北山佛湾第130龛南宋摩利支天（图9-19）。摩利支天出自密教经典，具备自在通力，若念其名号，则可离一切之灾厄，摩利支天以此职能成为疆场武士的守护神。这尊摩利支天跣足立于莲座上，头戴花鬘状宝冠，有很长的缯带，项上表现三头，其正面为常人大小面孔，两耳后各有一较小的

---

❶ 所谓转轮经藏，是汇集经典并置于转动的轮子上之意，象征法轮常转。
❷ 造像年代参见：郭相颖，李书敏.大足石刻雕塑全集(北山石窟卷)[M].重庆：重庆出版社，1999：10.
❸ 造像年代参见：郭相颖，李书敏.大足石刻雕塑全集(北山石窟卷)[M].重庆：重庆出版社，1999：10.

图9-19 大足北山佛湾第130龛南宋摩利支天

头，该像面型方圆饱满，五官英武，嘴唇微张，充满肃杀之气。摩利支天身着菩萨装，胸部有胸饰和璎珞结合的饰物，条带状披帛与缯带相互交织，飘扬在身体各处，下半身还表现精致的璎珞，极具世俗的华美气质。这尊菩萨像有八臂，各臂多持有用于战斗的兵器，包括盾、弓、箭、剑、法轮等。在龛内两侧壁上还各雕刻有四位金刚力士，均手持武器，作凶悍状，为摩利支天眷属。整个造像龛充满了紧张的战斗气息，这种雄武和充斥着威慑力的氛围，顺应了武士们的祈愿，护佑他们在沙场上杀敌并平安归来，这与其他窟龛那种平和慈悲的文化氛围区别明显。

三、其他造像

大足北山佛湾窟龛造像包含有丰富的文化内涵和多样的造像样式，形成了鲜明的地域文化特征。

大足北山佛湾第10龛是该区域的晚唐造像龛，其中云端的供养菩萨与一般的飞天造像颇为相似（图9-20）。该菩萨单膝跪（胡跪）于云端，双手持物，背后飘扬的披帛与自上而下的流云融合在一起。需要提及的是，这尊供养菩萨所处的云团外形平整，为轮廓清晰的团块状造型，飘扬的天衣也融入这个团块之中，这与敦煌莫高窟壁画中满壁相互交融的构图区别明显。与此龛相同的造型理念在众多造像窟中也有所体现，如大足北山佛湾第9龛晚唐右壁浮雕，包括飞天、化佛、供养人在内的图像，皆处于团块状的云气纹中，这是北山窟龛内附属图像的显著特征（图9-21）。

大足北山佛湾第149窟南宋建炎二年（1128年）如意轮观音窟右壁造像中雕刻了三排护法诸神

图9-20 大足北山佛湾第10龛晚唐云端供养菩萨

图9-21 大足北山佛湾第9龛晚唐右壁浮雕

（图9-22）。❶这些神像均处于云团中，有男女及文臣武将之分，其中文臣作道教神祇装束，反映了这一时期佛、道造像融合的文化特征。

在大足北山佛湾窟龛中，除了一般的佛、菩萨以外，还有其他主尊造像值得提及，比如大足北山佛湾第177窟北宋靖康元年（1126年）泗州大圣像（图9-23）。❷泗州大圣即西域僧人僧伽，被认为是观音化身，其生前在泗州（今安徽省东北及边缘）一带传法，有神异事迹流传，被尊为泗州大圣。这种神僧信仰，实际上是佛教本土化的一种具现方式。大足北山佛湾的这尊泗州大圣像跏趺坐于方形台座上，头戴风帽，面型方圆，表情平和，身着交领僧装，双手笼于胸前，跏趺坐双腿为衣装覆盖，有覆座悬裳，身前表现三足凭几。这种人物造型不曾出现在此前造像中，是本土信众和工匠共同创作出来的人物形象，其中三足凭几多见于道教造像。在该窟左壁还有一名倚坐、头戴风帽的僧人也需要提及（图9-24）。该像面部作老年僧人样貌，名为宝志禅师（志公）。宝志禅师为南朝齐、梁时期高僧，一生也有不少神异事迹流传，曾受梁武帝敬重。宝志禅师的事迹在宋代颇为流行，是神僧和罗汉信仰的集中反映。❸这尊老年形象的僧像，面容悲苦，身披勾纽式袈裟，衣装质感厚实，衣褶线硬朗。

图9-22 大足北山佛湾第149窟南宋建炎二年如意轮观音窟右壁造像　　图9-23 大足北山佛湾第177窟北宋靖康元年泗州大圣　　图9-24 大足北山佛湾第177窟北宋靖康元年宝志禅师

❶ 造像年代参见：郭相颖，李书敏.大足石刻雕塑全集(北山石窟卷)[M].重庆：重庆出版社，1999：10.
❷ 造像年代参见：郭相颖，李书敏.大足石刻雕塑全集(北山石窟卷)[M].重庆：重庆出版社，1999：10.
❸ 徐隆.中古时期僧人宝志的文献书写及后世神僧身份之构建[D].南京：南京大学，2016.

第二节
大足宝顶山造像

大足宝顶山石刻位于宝顶山镇，距离城区约17千米。宝顶山石刻以大佛湾和小佛湾为中心，其周边有散处的倒塔坡、龙头山、佛祖岩、龙潭等多处小规模石刻。不同于北山摩崖造像，宝顶山石刻大佛湾的主体工程由南宋名僧赵智凤主持，于南宋淳熙至淳祐年间（1174~1252年），先后历时70余年才完成。[1]大足宝顶山窟龛造像有较为丰富的营造理念，重视图像间的组合关系，佛、菩萨及其他人物皆融入这种多元和谐的风俗画卷中。大足宝顶山大佛湾形如马蹄形，全长500余米，共有31个编号窟龛，年代主要集中在南宋淳熙六年至南宋淳祐九年（1179~1249年），其内容如大型立体画卷般展开，是佛教世俗化最具典型意义的造像集中地。大足宝顶山小佛湾（大宝楼阁）在宝顶山大佛湾东南方向150米处，有9个编号窟龛，现存龛像600余躯，造像题材与宝顶山大佛湾有诸多相似之处，可以说是后者的缩小版。

一、佛像

大足宝顶山大佛湾第14窟南宋毗卢道场窟主尊毗卢遮那佛占据了窟内的核心位置（图9-25）。毗卢遮那佛在密教中称为大日如来，是三身佛（法身佛、报身佛、应声佛）中的法身佛，意为法的本体佛性，十方三世一切佛皆由此出。这尊佛坐像跏趺坐于莲座上，头戴花鬘状菩萨宝冠，螺发，面型圆润饱满，双目微睁，表情平和，在嘴角向两侧放射毫光并融入背光中。佛像的袈裟两领襟围合成宽大的U字形，胸部大面积裸露，双乳以下有僧祇支。佛像双手上举于胸前作智拳印，这是毗卢遮那佛特有的法印；跏趺坐双腿为衣装覆盖，有简短悬裳，全身衣装质感较为厚重，衣褶作简洁粗大的圆棱起伏表现，与大足北山佛湾那种浅薄阶梯形和线刻的

图9-25　大足宝顶山大佛湾第14窟南宋毗卢道场窟主尊毗卢遮那佛

---

[1] 郭相颖,李书敏.大足石刻雕塑全集(宝顶山石窟卷)[M].重庆:重庆出版社,1999:1.

雕刻样式区别明显。

　　大足宝顶山大佛湾第5龛南宋三尊像，一般被称为华严三圣，其主尊佛立像高700厘米（含底座），造型高大奇伟（图9-26）。主尊佛立像跣足立于双莲座上，低肉髻，螺发，髻珠上放射两道毫光至龛顶，面型饱满厚实，双目半睁，高鼻深目，嘴角微翘。佛像身披勾纽式袈裟，胸部大面积裸露，有僧祇支，外层袈裟垂至膝盖以下，中层佛衣及地。佛像衣装质感厚重，衣褶样式与大足宝顶山大佛

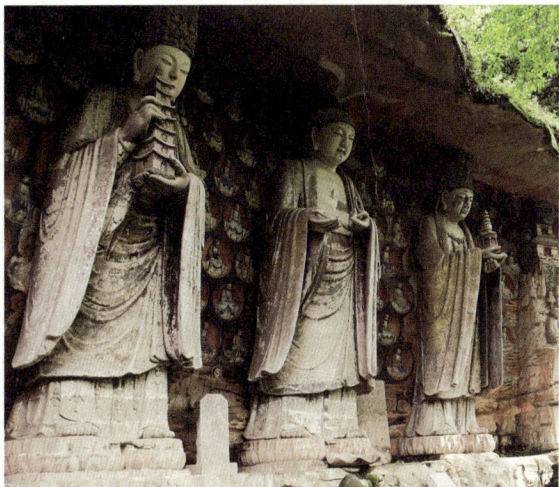

图9-26　大足宝顶山大佛湾第5龛南宋三尊像

湾第14窟南宋毗卢道场窟主尊毗卢遮那佛类同，皆简朴厚实。由于该像尺寸高大，加之观者只能在像前面较小空间中仰视，显得佛像尤为宏大并充满神圣意味。

　　大足宝顶山大佛湾第17龛南宋大方便佛报恩经变相主尊佛像仅表现上半身造像，低肉髻，螺发，髻珠上也有向上呈水波状衍射的毫光（图9-27）。除了手印和持物外，该像其他造型特征与大足宝顶山大佛湾第5龛南宋三尊像主尊佛立像高度相似，且同样着勾纽式袈裟。可以看出，这两尊高大佛像的造型程式化程度较高，衣装质感厚重、衣褶简洁有力。

　　大足宝顶山大佛湾第29窟圆觉道场正壁右侧南宋佛坐像跏趺坐于莲台上，肉髻低矮，螺形发髻很厚实，面型圆润，表情平和安静，嘴角略带笑意（图9-28）。佛像袈裟领襟围合的U字形很宽大，右领襟披搭在左肩时以勾纽式结构固定，双手捧钵，跏趺坐双腿被衣装完全覆盖，有相对宽大的覆座悬裳。该像衣装宽松，质感

图9-27　大足宝顶山大佛湾第17龛南宋大方便佛报恩经变相主尊佛像

图9-28　大足宝顶山大佛湾第29窟圆觉道场正壁右侧南宋佛坐像

图9-29　大足宝顶山大佛湾第21龛南宋柳本尊十炼主尊像

厚重，衣褶作粗大的圆棒状起伏，审美趣味与前述几尊宝顶山大佛湾佛像一致。

除了主尊佛像外，在大足宝顶山大佛湾造像中还有一处大型的造像区域，那就是宝顶山大佛湾第21龛南宋柳本尊十炼（图9-29）。龛中主尊像为活跃于晚唐五代时期四川地区的柳本尊，其人屡有神异事迹传世，其中最广为人知的莫过于石窟中雕刻的"柳本尊十炼"场景。在川蜀地区，以安岳石羊场毗卢洞、大足宝顶山大佛湾、大足宝顶山小佛湾三处"柳本尊十炼"最具代表性。柳本尊十炼，包括炼指、立雪、炼踝、剜眼、割耳、炼心、炼顶、舍臂、炼阴、炼膝的场面。过去有观点认为，柳本尊十炼是一种密教的修行方式，清华大学李静杰教授对这一造像题材做了深入的分析，认为这十炼中除去炼心外，其他九种皆是自我为自身布施、供养诸佛的行径，这是大乘菩萨修行六度、成就佛道的关键所在，其依据多与当时的社会背景（历史上的关联事件、感应事迹）和《华严经》教义关联。❶继而，李静杰教授进一步考察了毗卢遮那佛的宗教内涵，指出柳本尊为毗卢遮那佛的化身，或二者本为一体。宝顶山大佛湾第21龛柳本尊十炼主尊跏趺坐于莲座上，头戴四方平顶巾，顶上有作智拳印的化佛。柳本尊面型长圆，一副儒士形象，其中左耳、右目缺（对应"十炼"中的割耳、剜眼），身着交领长衫，左手不存（对应"十炼"中的舍臂）。该像的衣褶雕刻样式与前述大佛湾佛像类同，呈现出成熟的程式化特征。

二、菩萨像

大足宝顶山大佛湾的菩萨造像题材与大足北山佛湾相似，呈现多样化发展趋势。

大足宝顶山大佛湾第11龛南宋释迦佛涅槃变相是一处表现大型释迦佛涅槃场景的造像区域（图9-30）。龛中右胁而卧的释迦佛身长31米，其膝盖以下融入崖体中。在佛像身前共有15身造像，皆作半身像表现，其中有5躯头戴花鬘状高大宝冠的菩萨像，宝冠上皆有化佛，宝冠两侧有缯带垂下，都使用了透雕工艺，显得极为精细。菩萨面型圆润，弯眉修目，鼻子较短，嘴唇纤秀，表情平和。菩萨像胸部有较粗大的胸饰，不及

❶ 李静杰，黎方银.大足安岳宋代石窟柳本尊十炼图像解析 [C]// 黎方银，重庆大足石刻艺术博物馆.2005重庆大足石刻国际学术研讨论文集.北京：文物出版社，2007：190-223.

大足北山佛湾菩萨胸部的饰物精美。菩萨皆身着覆肩的佛衣，造型圆润，衣褶雕刻样式与前述佛像相同。

图9-30　大足宝顶山大佛湾第11龛南宋释迦佛涅槃变相整体与局部❶

大足宝顶山大佛湾第13龛南宋佛母孔雀明王跏趺坐于孔雀背的莲座上，头上花鬘状宝冠与其他窟龛中的菩萨宝冠高度相似，并有化佛，宝冠两侧有缯带垂下（图9-31）。菩萨面型方圆，弯眉修目，鼻子和嘴唇有修补痕迹。菩萨胸部表现有简洁的胸饰，两肩垂下的佛衣覆盖了四臂，这种衣饰与此前赤裸上身、表现胸饰和璎珞的菩萨像不同，并且该像的四臂皆集中于腹前，使得整个孔雀明王的造型疏密有致、主体突出，视觉观感更为协调。该像跏趺坐双腿为衣装覆盖，覆座悬裳隐约映衬出莲座上的仰莲瓣结构，体现出很高的雕刻技巧。这尊孔雀明王座下的孔雀头部作正视前方表现，颈部上有细微的羽毛纹饰，造型圆润厚实，粗中有细。

图9-31　大足宝顶山大佛湾第13龛南宋佛母孔雀明王

大足宝顶山大佛湾中第29窟圆觉道场中的南宋圆觉菩萨是该处石窟中菩萨造像的精华所在（图9-32）。窟内高、宽各有6米多，进深近11米，是大足地区最大的洞窟。窟内正壁中间雕刻毗卢遮那佛，其两侧分别为药师佛和阿弥陀佛。在毗卢遮那佛对面有一圆雕跪坐、双手合十的菩萨，该菩萨是窟内左、右壁十二尊菩萨的代表（化身），他

❶ 图片源自大足研究院网站。

正在向佛陀问法。这十二尊菩萨称为圆觉菩萨，他们与毗卢遮那佛的互动，构成了《圆觉经》的经典场面。大足宝顶山大佛湾第29窟圆觉道场中的南宋圆觉菩萨的整体造型特征与上述大足宝顶山大佛湾第13窟孔雀明王接近，头戴有多组卷曲花鬘的宝冠，花鬘间有化佛（图9-33）。菩萨脸型圆润，五官精致，呈现年轻女性的秀美气质。值得提及的是，这些菩萨造像的衣装表现气韵生动，衣褶的穿插和疏密关系张弛有致，其质感虽然颇为厚实，但衣纹圆润饱满，线条流畅舒展，丝毫没有任何生涩之处，使得菩萨整体呈现出一种真实又出尘脱俗的气质。

图9-32　大足宝顶山大佛湾第29窟圆觉道场左壁南宋圆觉菩萨

图9-33　大足宝顶山大佛湾第29窟圆觉道场南宋十二圆觉菩萨之一

图9-34　大足宝顶山大佛湾第8龛千手观音变相（刘雷　摄）

大足宝顶山大佛湾第8龛南宋千手观音头戴饰有多尊化佛的高大宝冠，通身黄金色，额头中部有一竖眼，胸前的手分别合十、结弥陀定印、施禅定印，身体及头部周边的手执各种法器和结不同的法印，每只手掌中均长有眼睛（图9-34）。据《千手千眼大悲心经》载，观自在菩萨（观音菩萨）于往昔闻广大圆满无碍大悲心陀罗尼，为利益一切众生，乃发具足千手千眼之愿，而即刻得其身。大佛湾的这处千手观音，在历经了八百多年的岁月后，早已经是各种"病害"缠身。2008年，"大足宝顶千手观音抢救加固保护项目"被列为国家石质文物保护一号工程，之后历时八年竣工。该工程是传统技艺与现代科技结合的产物，对此后石窟保护和修复工作积累了宝贵的经验，不过期间对于修复的权衡与取舍，却引发了更广大范围的讨论与思考。

三、其他造像

大足宝顶山大佛湾造像中有很多大型的经变浮雕图像，以通俗易懂的画面来宣讲佛教教义，形成教化世俗信众的生动画卷。

大足宝顶山大佛湾第15龛南宋父母恩重经变相，是一幅表现父母恩重的世俗图景。该龛上部浮雕了七尊半身佛像，下部表现父母含辛茹苦抚育子女的过程，以及子女长大后发生的一些生活画面。十幅画面中，有一组名为"远行忆念恩"的场景，雕刻了年迈的父母送年轻儿子远行，其中老父右手扶杖，母亲捉袖居中，儿子背着褡袋扛着伞，前两者有依依难舍之情，然而儿子却是踌躇满志的神态（图9-35）。画面下方碑文言"恐依门庭望，归来莫太迟"，这正是儒家思想中所言的"父母在，不远游，游必有方"的反映。浮雕画面中的人物动态特别生动，老父的步履蹒跚和儿子的志气昂扬形成鲜明对比。衣装的雕刻简单有力，衣褶线简单疏朗，后一特征可与同时期的人物绘画作品相互印证。

图9-35　大足宝顶山大佛湾第15龛南宋父母恩重经变相（局部）

大足宝顶山大佛湾第17龛南宋大方便佛报恩经变相，表现了释迦牟尼佛重孝道的事迹。此龛造像的依据主要是《大方便佛报恩经》，其经为南朝僧人依据多部经典辑录编纂而成，是外来佛教适应本土儒家思想和融入孝道思想的反映。该龛由12个场景组成，每一场景皆有相应的题记予以说明，有"看图说话"之意，教化的含义尤为直白，其中"释迦佛诣父王所看疾"画面，表现了释迦佛听闻净饭王（父亲）病危后亲自前往看望（图9-36）。画面中净饭王躺在床上，释迦佛于床头一手握住父亲的手，另一只手抚摸父亲的额头，面部充满了悲悯的温情。佛陀额头的髻珠上还生发出两道毫光，其中

图9-36 大足宝顶山大佛湾第17龛南宋大方便佛报恩经变相（局部）

图9-37 大足宝顶山大佛湾第18龛南宋观无量寿佛经变相

一道笼罩父亲，是父子连心的呈现方式，也是佛陀"放大光明"神通的体现。有意思的是，画面中除了佛陀外，其他人物的长相及衣装皆为本土特征，丝毫不见古印度造像特征。

在大足宝顶山大佛湾石窟中，最直观表现九品往生画面的是大足宝顶山大佛湾第18龛南宋观无量寿佛经变相（图9-37）。与北山佛湾石窟第245龛晚唐观无量寿佛经变相宏大的说法场面不同，大足宝顶山变相龛的画面更为通俗易懂。画面上部雕刻了近乎圆雕的西方三圣，下部在栏楯和拱桥间雕刻了九个往生场景，并附有相应的题记，此外还在龛两端崖壁上各雕刻了八幅图，对应经典中的十六观。西方三圣中的主尊阿弥陀佛（无量寿佛），其造型特征与前述佛像类同，双手施弥陀定印，其下方有四尊站立的菩萨，中间两尊菩萨手捧莲花灯，有接引众生去往西方净土世界之意。菩萨下方有三个童子，或礼拜或持物，像颜美好。童子是上品往生者往生到净土世界时的模样，他们获得了佛、菩萨及天人的隆重欢迎。实际上，在每一幅往生图景中都有童子出现，都是佛经中所说的往生者，他们或坐于莲台上双手合十，或骑跨在栏杆上玩耍。其中下品往生图景中还有几个童子坐于莲花中还未出世，这是因为他们前世有很大恶行，临终前幸得闻佛法或发愿而往生净土，但需要在莲花中经过很长时间的修行后，才能洗去罪孽而获得新生。龛内每个观无量寿佛经变相的画面都非常简单，还有相应的文字说明，使得原本复杂深奥的佛经教义，变得鲜活生动起来。

大足宝顶山大佛湾这些世俗化的佛教画卷中，最能反映教化和警醒世人的要数第

20龛南宋地狱变相。地狱变相内容可分为三层，最上层为十方诸佛，中层为地藏菩萨和地狱十王，最下层是十八地狱中的地狱变相（图9-38）。地狱为众生死后灵魂汇聚之所，生前作恶者皆要在地狱走一遭，接受审判。在地狱的左上方还刻有一面"业镜"，以示明镜高悬，量刑公平无私。地狱变相中的各种刑罚可谓触目惊

图9-38　大足宝顶山大佛湾第20龛南宋地狱变相（局部）

心，其中有表现截膝的场景，是由于受刑者生前饮酒而引起的罪行所致。不饮酒是佛教五戒之一，佛教认为饮酒、劝酒、卖酒均有罪，地狱变相龛通过雕刻饮酒后"夫不识妻、父不识子、姐不识妹、兄不识弟"的四组造像，让人们看到醉酒时的丑态，以此罪行入地狱受刑。这种生动和残酷的画面，比一般字面上的劝诫更有警醒世人的功用。

大足宝顶山大佛湾第22龛南宋十大明王，是该处石窟群中表现佛、菩萨教化众生时所化的愤怒之像，他们以大威力使众生信服（图9-39）。这些明王均为多面多臂造型，面相凶狠，但都只是雕刻了上半身，比如第五降三世明王，三面六臂，粗眉环眼，龇牙咧嘴，头发向上立起，束发冠饰上向上幻化出一尊施禅定印的菩萨像，根据题记可知该菩萨像为金刚手菩萨，也就是说降三世明王的本尊是金刚手菩萨，三面六臂像则是本尊的化身。该像右侧的明王同为三面六臂像，面部五官表现与降三世明王相同，立起的头发中有一个马首，马首下的额头上幻化出来一缕云气，其上跏趺坐一菩萨像，根据题记"第三马首明王观世音菩萨化"，可知该菩萨为观世音菩萨。

大足宝顶山大佛湾第3龛南宋六道轮回是宣讲佛教生死轮回的图像（图9-40）。浮雕中心是一个巨大的六道轮回轮，该六道轮回轮为一尊面目凶悍的无常鬼所持，在六道轮回轮的中间位置雕刻了一跏趺坐者，其胸部发射出六道毫光并穿过六道轮回轮，将后者划分为六部分，形成六界（六道），即天、人、阿修罗、地狱、恶鬼、畜生，这六界中的众生处于不间断的生死轮回之中，难以解脱。佛教使用这种视觉化的图像向信众传播因果轮回的教义，以达到劝人为善、勤加修行、摆脱生死轮回、达到解脱的目的。

图9-39　大足宝顶山大佛湾第22龛南宋十大明王（局部）

图9-40　大足宝顶山大佛湾第3龛南宋六道轮回轮

第三节
大足石门山石刻

　　大足石门山石刻位于大足区龙岗街道东向20千米处的石马镇新胜村，有12个编号窟龛，造像300余躯，造像题材为释、道两教，其中的道教造像为两宋时期最具代表性之作。❶该处造像多为宋代遗存。

图9-41　大足石门山第6窟正壁南宋造像

　　大足石门山第6窟表现西方三圣和十圣观音，是一处重点突出观音信仰的道场。该窟正壁南宋造像的题材应为西方三圣，其主尊佛坐像跏趺坐于束腰的莲座上，半球形肉髻，螺发，髻珠上幻化出四道毫光，翻转飘向窟顶（图9-41）。佛像面型长圆，眉毛上扬，双目微睁，五官平和内敛；双手置于胸前作虚转

❶ 蒋晓春，等.嘉陵江流域石窟寺调查及研究[M].北京：科学出版社，2018：34.

法轮状，身着通肩式袈裟，胸部衣褶自左肩向对侧发散，两臂与躯干间有短促的U字形衣褶；跏趺坐双腿为衣装覆盖，覆座悬裳紧贴莲座表现，映衬出莲瓣的轮廓。可以看出，这尊佛坐像的面部特征、着衣形式、衣褶和覆座悬裳的表现，较多地继承了唐代佛像特征。

窟内两壁下部各有五个净瓶，瓶中化生出莲叶和双茎莲花（莲台），每组双茎莲花上跣足站立着一尊观音，共有十尊，据题记可知其为十圣观音（图9-42）。这些观音均头戴花鬘状宝冠，表现缯带；面型长圆，表情庄重；胸部有胸饰与璎珞结合的纹饰，条带状披帛自肩上垂至大腿处交叉并披搭

图9-42　大足石门山第6窟右壁南宋十圣观音造像

向对侧前臂；下身着裙裳，膝盖下有珠串状璎珞。这些观音手上的持物各不相同，据此可辨识其尊格，其中就包括了广为人知的杨柳观音、数珠手观音、如意轮观音等，最为难得的是这些造像都有题记，从而使我们能够获取造像以外的文字信息。❶十圣观音题材主要流行于南宋的大足地区，有研究者认为这是千手观音演变出来的，不过从题记中可以看出，十圣观音之名在南宋时便已成为一种固定的说法。《法华经·观世音普门品》言："若有无量百千亿众生受诸苦恼，闻是观世音菩萨，一心称名，观世音菩萨即时观其音声，皆得解脱。"❷只要一心称念观世音（观音）的名号就能获得解脱，这对世俗的信众们来说具有莫大的吸引力。净土信仰与观音信仰相结合，再现了隋唐以来"家家阿弥陀，户户观世音"的民间佛教信仰盛况。

大足石门山第8窟南宋孔雀明王窟中心柱孔雀明王为一面四臂，跏趺坐于孔雀背的莲座上，头戴花鬘状宝冠，有缯带，面型长圆（图9-43）。其衣着饰物、手上所持法

图9-43　大足石门山第8窟中心柱南宋孔雀明王

❶ 李小强，姚淇淋.十圣观音——以大足石刻为中心的考察 [C]// 石窟寺研究(第9辑).2019.
❷ 大正藏·第9册：妙法莲华经(卷七)[M/OL].CBETA中文电子大藏经集，2014：56下.

器，皆与前述大足北山大佛湾第155号北宋靖康元年（1126年）孔雀明王窟中心柱孔雀明王高度相似，应该是甚于同一造像粉本所作，其主尊像的衣褶雕刻样式也高度一致，可以看出区域造像在题材和雕刻样式上的共同性。

图9-44　大足石门山第9窟南宋诃梨帝母龛像

大足石门山第9窟南宋诃梨帝母像，也是外来造像本土化的典型实例之一（图9-44）。诃梨帝母，即鬼子母，属二十（四）护法诸天之一。诃梨帝母不但护持佛法，也是妇女、儿童的保护神。窟中主像诃梨帝母作中年妇人装束，倚坐于台座上，头戴华美宝冠，面型圆润，五官纤秀，身着命服，有条带状披帛和腰带。在主像右腿前有一玩耍的童子，窟内后壁上也有好几个站立的儿童，以及照顾小孩的保姆和给小孩喂乳的妇人。在民间信仰中，诃梨帝母也担当着儿童保护神和送子娘娘的职能。

　　大足石门山第10窟南宋圣府洞是一个供奉道教诸神的洞窟（图9-45）。正壁主尊为紫薇大帝，两侧为天一神和太一神，两侧壁与正壁交角处有两尊护法，左壁中部尚存4身头戴帽冠（通天冠、朝天幞头），面型长圆、饱满，五官有仙风道骨气韵，手持笏板，身上着圆领长袖袍服的文官像（图9-46）。文官像的衣装宽松飘逸，质感厚重，衣褶为粗大的阴线刻和有起伏的阶梯形结合，衣褶线舒展流畅。相对佛教龛像而言，这些道教造像显得更为恭谨且富有神圣气息。

图9-45　大足石门山第10窟南宋圣府洞造像

图9-46　大足石门山第10窟南宋圣府洞文官像

大足石篆山石刻

　　大足石篆山石刻位于大足区龙岗街道西南方向22.5千米处的三驱镇石桌乡佛会村佛惠寺内，有9个编号窟龛，造像99躯，造像题材为儒道释三教。据寺内碑刻记载，该处造像开凿于北宋元丰五年（1082年）。

　　大足石篆山第2龛南宋宝志禅师的原型本是南朝齐、梁时期高僧，一生有不少事迹流传（图9-47）。与前述大足北山佛湾第177龛北宋靖康元年（1126年）泗州大圣窟左壁宝志禅师像的倚坐姿不同，该像为行走之像，头戴风帽，面带笑意，并与身后的徒弟有互动，富于生活气息。大足石篆山第5龛南宋普贤菩萨跏趺坐于象背莲座上，头戴花鬘状宝冠，面型方圆，身上有华美衣饰，造型特征与大足宝顶山菩萨造像类同（图9-48）。在大象边侧有一象奴，卷发，为胡人形象，生动传神。

图9-47　大足石篆山第2龛南宋宝志禅师（志公）

图9-48　大足石篆山第5龛南宋普贤菩萨

　　大足石篆山石窟最具特色的是儒、道造像窟，其中石篆山第6龛北宋元祐五年（1090年）孔子及十哲造像是少见的儒家造像龛（图9-49）。龛中主尊为至圣文宣王孔子（题记），该像倚坐于台座上，头饰软巾，额头宽大，面型长圆，表情威严。孔子身穿圆领斜襟的宽大长衫，衣领上雕刻外翻的圆形衣边，胸部有宽大的围带垂至双足间，左手扶膝盖，右手持羽扇。孔子像的衣装宽大，质感厚重，衣褶为阶梯形结合阴线刻，雕刻技法与同时期佛教造像并无二致。这尊孔子像与一般所见的恭谨状画像不同，充满了帝王般的威仪。孔子像两侧各有五名弟子侍立，共有十像（对应十哲），每像后壁上刻有姓名，为颜回、子路等人。弟子像均头戴进贤冠，面部特征相似，身穿与孔子同形式的衣装，手持笏板。该处孔子及十哲造像，显然是受到佛教造像的影响而出现，在窟右侧门柱上有题记"元祐戊辰岁孟冬七日，池水陌合庆赞讫……岳阳处士文惟简"，说明该造像龛与水陆法会存在关联。需要提及的是，孔子及十哲像造像龛的出现可能与北宋时理学的兴起有关。

　　大足石篆山第8龛北宋元丰六年（1083年）老君及弟子造像是一处与孔子及十哲像对应的道教造像龛（图9-50）。主尊老君像跏趺坐于束腰台座上，头戴莲花宝冠，面型长圆，下颌至耳鬓处有须苒，身穿斜襟的宽大长衫，胸部有宽大的围带垂下，左手扶凭几，右手持羽扇。该像的衣装质感也颇为厚重，衣褶样式近于孔子像。主尊两侧的真人像皆戴束发冠，面型多长圆，身穿圆领长袖衣装，双手持笏板，躯体较为板滞，神态恭谨。

图9-49　大足石篆山第6龛北宋元祐五年孔子及十哲造像

图9-50　大足石篆山第8龛北宋元丰六年老君及弟子造像

第五节
大足妙高山石刻

　　大足妙高山石刻也叫大足妙高山摩崖造像，位于大足城区西偏南方向37千米处的季家镇曙光村南，有8个编号窟龛，造像多为高浮雕，共有60余躯，除了三教合一造像外，其他皆为佛教造像。妙高山石窟为两宋遗存。

　　大足妙高山第2窟北宋绍兴十四年（1144年）三教造像是一处典型的三教合一洞窟（图9-51）。在石窟造像中，三教合一是指儒、释、道三教造像共处一窟，这是晚唐以来三教合一思想的直接体现，大足妙高山第2窟三教造像则是此中极为珍贵的实物资料。窟中正壁主尊释迦牟尼佛跏趺坐于仰莲瓣莲座上，低肉髻，螺发粗大，面型长圆，双目微睁，嘴角含笑。佛像身穿勾纽式袈裟，跏趺坐双腿为衣装覆盖，覆座悬裳呈半圆形下垂。佛像的衣装宽松，衣褶以浅薄的阶梯形为主。窟内左壁雕刻倚坐的老君像，头戴高大宝冠，面型饱满，下颌至耳鬓处有长苒，身穿对襟长袖衣衫，腰部系装饰性围带，衣装宽大，衣褶样式同于主尊佛坐像。窟内右壁为倚坐姿的文宣王孔子像，头戴冕旒，面型方圆，身着圆领斜襟的宽大长衫，双手持笏板。三尊像皆有胁侍，但多残损，衣装的雕刻样式同于主尊。

图9-51　大足妙高山第2窟北宋绍兴十四年三教造像（李静杰　摄）

图9-52　大足妙高山第4窟南宋西方三圣造像（李静杰　摄）

大足妙高山第4窟南宋西方三圣造像的正壁主尊佛像跏趺坐于仰莲瓣莲座上，头部缺失（图9-52）。该像袈裟两领襟在胸部围合成长大的U字形，表现自左肩斜向右胁的僧祇支，双手作弥陀定印（手指有残损），双腿被衣装覆盖，覆座悬裳紧贴莲座表现，映衬出仰莲瓣的基本结构。佛像衣装的质感颇为厚实，衣褶为较粗的阴刻与阶梯形相结合，视觉观感较为清雅。主尊两侧的菩萨像戴着华美的宝冠，宝冠两侧有缯带，面型饱满圆润，表现胸饰、璎珞、披帛等衣饰，整体特征与同时期大足其他窟龛菩萨像大同小异。

大足妙高山第5窟南宋水月观音像半跏趺坐（游戏坐）于束腰台座上，头戴高大花鬘状宝冠，宝冠两侧有垂下的缯带，面型饱满圆润，嘴角含笑（图9-53）。菩萨胸部有胸饰与璎珞结合的纹饰，络腋自左肩斜向右腰，肩

图9-53　大足妙高山第5窟南宋水月观音像（李静杰　摄）

部垂下的披帛与下半身裙裳贴合在一起，并垂于台座前成为悬裳的一部分。菩萨左手置于盘起的左腿外侧，右手置于支起的右腿膝盖上。这尊造型生动、雕刻精美的水月观音像，与大足北山佛湾第113龛水月观音颇为相似，皆为宋代窟龛水月观音的代表性作品。

第六节
大足南山、大足舒成岩石刻

　　大足南山、大足舒成岩石刻均以道教造像为主，是大足石窟中颇为重要的造像遗存。大足南山石刻位于大足城区东南方向2.5千米南山处，此地原为玉皇观，现有5个编号窟龛，有500余躯造像，为南宋遗存。大足舒成岩摩崖造像，位于中敖镇大屋村东，有13个编号窟龛，共计71躯造像，均为高浮雕的道教造像，是南宋时期所作。

图9-54　大足南山第5窟宋三清造像（孙明利　摄）

　　大足南山第5窟南宋主尊造像是三清（图9-54）。三清是道教最高神，即玉清元始天尊、上清灵宝天尊、太清道德天尊。《道德经》第四十二章曰："道生一，一生二，二生三，三生万物，万物负阴而抱阳，冲气以为和。"这句话实际上是"用则三分，本则常一"的意思，也是老子一气化三清之说的依据。南山第5窟宋三清造像窟中的主像风化较为严重，又有后人重新装銮和修饰痕迹，大体上能看出三像皆戴莲花宝冠，身着交领的宽大长衫，手上各持法器，皆有仙风道骨之神采。

　　大足舒成岩第5窟南宋绍兴十三年（1143年）造像中的玉皇大帝，为道教信仰中众神之王，居住在昊天金阙弥罗天宫，地位极高（图9-55）。窟内主尊玉皇大帝倚坐于高背的宝座上，头戴冕旒，面型长圆，身穿圆领的长袖大衣，腰部缚装饰性围带，手持笏板。玉皇大帝的衣装宽松飘逸，质感厚实，衣褶以有起伏变化的阶梯形为主。大足舒成岩第3龛紫薇大帝像倚坐于有龙首的椅子上，头戴通天冠，面型长圆，其着衣造型与舒成岩第2窟玉皇大帝大同小异，有一定程度风化（图9-56）。紫微大帝是道教信仰中的主神之一，不过其地位要低于玉皇大帝。整体来看，此地道教造像的人物形象较为呆板，有很高的程式化特征，造像水准较佛教造像略有逊色。

图9-55　大足舒成岩第5窟南宋绍兴十三年玉皇大帝像（孙明利　摄）

图9-56　大足舒成岩第3龛紫薇大帝像（孙明利　摄）

小结

　　大足石刻是由多处大小不同的石窟群组成的，各处石窟的年代、造像题材和造像风格既有区域共通性，又有不同程度的差异，其中大足北山佛湾自晚唐持续开凿至两宋，造像形式极为多样，几乎涵盖了当时所见的流行题材。北山佛湾年代偏早的窟龛佛像，大体在中原地区唐代佛像的基础上继续发展，新出现的菩提瑞像是川北、巴中地区唐代窟龛同题材造像的延续。大足北山佛湾第245龛无量寿佛经变相是一处表现净土信仰的大型经变相浮雕，这是唐代流行经变相画的立体化呈现，为北山石刻中的经典之作。大足北山佛湾的菩萨像得到了充分的发展，以观音为题材的龛像大量出现，比如十三观音、数珠手观音、水月观音、千手观音、不空胃索观音等，这些造型各异的观音像有一个共同的特征，那就是面部女性化特征明显、身上的璎珞衣饰比较烦琐华丽，其中有数珠手观音、水月观音体态婀娜、衣带满壁飘动。大足北山佛湾第136窟南宋绍兴十二年至十六年（1142～1146年）转轮经窟内的菩萨造像也令人印象深刻，皆为同期造像的代表性之作。

　　与北山那种较为多样的开窟不同，大足宝顶山大佛湾宋代的窟龛在造像理念上有内在的关联性。宝顶山大佛湾造像多以大型造像龛的形式呈现，李静杰教授对这些窟龛有过深入研究，认为其中有多处华严二圣及毗卢道场存在，这是华严经的象征性表现；又有柳本尊十炼造像龛，融合了法华经和华严经晚期信仰思想；川北乐佛湾第29窟圆觉洞将发菩提心、修菩萨行、成就法身结合在一起，据此可将整个宝顶山造像理解为以华严经思想统领全局，其余各种造像基本围绕这一主题表现，大乘菩萨行思想在其中得以充分体现。❶李静杰教授进一步指出，宝顶山大佛湾造像反映了唯心和孝道思想，这都是宋代流行思潮的反映。其中，唯心思想造像有六道轮回、六耗图、牧牛图、圆觉造像等，孝道思想造像则有释迦涅槃像、父母恩重经变相、大方便佛报恩经变相等。唯心思想认为心是本体，万事万物都是心的外在映射，心境的提升，是修行过程最为重要的手段，这点在牧牛图中反映得最深刻。在理学发展大背景下，孝道思想受到了空前重视，因此在大足宝顶山造像上也有相应的体现。在造像形式上，大足宝顶山石刻有很强的叙事性，社会教化目的特别明确，呈现出很强的世俗性，这与大足北山佛湾造像注重个体窟龛的教义明显不同。

大足北山、宝顶山以外的大足石刻窟龛造像中，菩萨造像、佛母孔雀明王也是常见的造像题材，其造型特征大体与北山、宝顶山实例相近，呈现共同的地域造像特征。两宋时期，道、儒二教造像开始明显兴盛。大足南山的三清造像、大足石门山的圣府洞、大足妙高山老君及弟子造像、大足舒成岩玉皇大帝像，皆是广为人知的道教造像；大足石篆山孔子及十哲像，是罕见的儒家造像龛，这也应该是理学大发展背景下的产物。此外，还有多处三教共处一室的窟龛存在，这是佛教本土化并与道儒合流的正面反映。

整体而言，大足石刻以两宋遗存为主，代表了公元9至13世纪石刻造像的最高水准，被誉为世界石窟艺术史上最后的丰碑。这些石刻造像承续唐代窟龛造像的一些元素，又有新发展出来的造型特征，承载了彼时世俗文化和经济发展背景下，人们就现世的祈愿和对来世更好归宿的憧憬。

❶ 李静杰.大足宝顶山南宋石刻造像组合分析[C]//大足石刻研究院.2014年大足学国际学术研讨会论文集.重庆:重庆出版社,2016:1-38.

第十章

安岳石窟造像

安岳隶属四川省资阳市，位于四川盆地东部，地处沱江和涪江之间，其开窟造像活动始于初唐，兴于盛唐至宋代。安岳石窟是安岳县境内洞窟和摩崖石刻造像艺术的总称，造像题材以佛教为主，兼及道、儒，以及三教合一造像。安岳石窟的主要遗存包括卧佛院、千佛寨、毗卢洞、圆觉洞、华严洞、茗山寺、孔雀洞等。

20世纪50年代，安岳石窟曾引起个别学者的注意并作专文介绍，但影响甚微。[1] 20世纪80年代中期，文物部门对县内的石窟遗址进行较全面的勘察，对安岳石窟有了初步的认识，此后该地石窟逐渐引起学界关注，并有王家祐[2]、员安志[3]、曾德仁[4]等人撰文研究或介绍安岳石窟造像，又有汪毅著《中国佛教与安岳石刻艺术》[5]、胡文和著《安岳大足佛雕》[6]等成果出版。21世纪以来，研究者先后在《四川文物》《文物》等刊物上发表相关文章；安岳县文物管理局编《安岳石刻导览》[7]、汪毅著《安岳石刻艺术》[8]较为详细地介绍了安岳石刻的基本情况和艺术特色。此外，还有部分高校硕士研究生的论文涉及安岳石窟相关内容，不再赘述。

第一节
安岳卧佛院造像

卧佛院位于安岳县城北偏东40千米处的八庙乡卧佛沟，窟龛所在地的卧佛沟长约1千米，共有139个编号窟龛，以唐代窟龛和摩崖刻经为主，大小造像有1613躯，其中

[1] 张圣奘.大足安岳的石窟艺术[J].西南文艺，1953：1.
　　吴觉非.四川安岳县的石刻[J].文物参考资料，1956：1.
[2] 王家祐.安岳石窟造像[J].敦煌研究，1989：1.
[3] 员安志.安岳石窟寺调查纪要[J].考古与文物，1986：6.
[4] 曾德仁.四川安岳石窟的年代与分期[J].四川文物，2001：2.
[5] 汪毅.中国佛教与安岳石刻艺术[M].北京：中国旅游出版社，1989.
[6] 胡文和.安岳大足佛雕[M].台北：艺术家出版社，1999.
[7] 安岳县文物管理局.安岳石刻导览[M].北京：中国文史出版社，2008.
[8] 汪毅.安岳石刻艺术[M].成都：巴蜀书社，2019.

最重要的是一尊卧佛，佛身长23米（释迦涅槃经变相）。❶

安岳卧佛院第82龛唐佛坐像跏趺坐于束腰方形台座上，肉髻残损，螺发，面型方圆，五官漫漶，颈部上有三道圆圈（图10-1）。佛像外披右肩半披式袈裟，袈裟右领襟半覆右肩后自肘下经腹部披搭在左肩上，内层佛衣左领襟自左肩斜向右胁，右领襟覆盖右肩后垂至腹部再插入外层袈裟右领襟内，接着反折出来披搭在右臂上，胸腹部内层佛衣还表现束带。佛像跏趺坐双腿被衣装覆盖，双腿下有衣褶呈三列弧线形展开的覆座悬裳。佛像衣装较为宽松，衣褶以浅显的阶梯形为主，左臂与躯干之间有一组短小的U字形衣褶。该像除了发髻样式外，其他造型特征与洛阳龙门潜溪寺正壁唐主尊佛坐像高度相似，这是都城造像对地方造像形成影响力的反映，据此推测卧佛院第82龛唐佛坐像的年代为初唐或盛唐前期。安岳卧佛院第70龛唐主尊佛坐像跏趺坐于束腰方形莲座上，头部残损，身上着衣形式及衣褶雕刻样式与卧佛院第82龛唐佛坐像相同，可视为同期遗存（图10-2）。

图10-1　安岳卧佛院第82龛唐佛坐像　　图10-2　安岳卧佛院第70龛唐佛造像

安岳卧佛院第30龛唐佛坐像跏趺坐于圆形束腰仰莲瓣莲座上，半球形肉髻，螺发，面型长圆，表情自信，略带笑意，颈部上有三道圆圈（图10-3）。佛像身着通肩式袈裟，两手作转法轮印。佛像衣褶以胸部为中心呈U字形展开，双腿处衣褶依循腿部结构而刻画，皆作阶梯形表现。这尊佛像的着衣造型和手印与广元千佛崖第400窟唐主尊佛坐像相近，两者应该拥有相同或近似的造像粉本。

安岳卧佛院唐接引佛的着衣形式有北朝佛像遗韵，但衣褶雕刻样式又有明显区别

---

❶ 安岳县文物管理局.安岳石刻导览[M].北京：中国文史出版社，2008：7.

图10-3　安岳卧佛院第30龛　图10-4　安岳卧佛院唐接引佛
唐佛坐像

图10-5　安岳卧佛院唐涅槃变相

（图10-4）。佛像跣足立于莲台上，半球形肉髻，螺发，面型特别丰腴，身着褒衣博带式袈裟。这种褒衣博带式袈裟本为北魏中晚期流行的佛像着衣形式，但该像一改此前实例的那种宽松舒展的特征，衣襟变得较为短促，衣褶为阶梯状结合凸棱线，但两种雕刻样式融合的并不协调。这些变化的特征，与中原北方盛唐以来流行的雕刻样式接近，时代特征明显。

安岳卧佛院唐涅槃变相是该处石窟群中最大的造像龛（龛长23米，高5.8米），也是唐代同题材造像中尺寸最大的实例（图10-5）。主尊释迦涅槃像横卧在窟龛之中，左胁着床，卧姿与经典所载右胁而卧不符（这种卧姿极为罕见，成因不明）。佛像头枕圆形枕头，半球形肉髻，螺发，有髻珠，面型方圆，双目微闭，五官轮廓硬朗，颈部上有线刻的三道圆圈。佛像身着袒右肩式袈裟，内层佛衣左领襟自左肩斜向右胁，右领襟自肩垂至腰部插入外层袈裟右领襟内，再反折出来沿大腿外侧下垂。佛像衣褶贴身表现，完全衬托出佛像几无肌体起伏感的躯体，衣褶整体特征为阶梯形结合阴线刻，腹部以下衣褶在阶梯形基础上出现条带状凸起造型。佛像上半身后壁上雕刻有以释迦佛说法像为中心的21身造像，这表现的是释迦佛涅槃前临终说法，出场的人物包括菩萨、弟子、天龙八部、金刚力士等人，这些人物大多面型丰腴，造型特征与盛唐时期同题材实例类同，相较之下，主尊卧佛显得清瘦、僵硬（图10-6）。

安岳卧佛院第61龛唐菩提瑞像跏趺坐于方形束腰台座上，头部残损，可以看到有缯带垂至肩部，由此推测佛像头戴宝冠；佛像胸部有雕饰华美的胸饰，身着袒右肩式袈裟，这些都是典型的唐代菩提瑞像特征（图10-7）。菩提瑞像在广元、巴中石窟中有多例存世，大足北山佛湾也有同样造型者，足见菩提瑞像在唐代四川是一种广为流传的造像题材。

图10-6　安岳卧佛院唐涅槃变相之临终说法（局部）

安岳卧佛院第7龛宋双菩萨像是两身跏趺坐于束腰方形台座上的菩萨像（图10-8）。台座下有云团托起，其中左侧菩萨像头戴宝冠，有胸饰、璎珞，外披两领襟围合成U字形的袈裟；右侧菩萨戴同样的宝冠，上半身有漩涡纹的胸甲，两臂上有袖口外翻的短衫，两肩有披帛垂下。这种菩萨衣饰不曾出现在唐代，应该是宋、辽、金时期的造像特征，尤其是右侧菩萨的上半身衣着，常见于晋北和陕北辽、金时期的菩萨造像，可知这两身菩萨像为后世补刻。

图10-7　安岳卧佛院第61龛唐菩提瑞像

图10-8　安岳卧佛院第7龛宋双菩萨像

第二节
安岳千佛寨造像

安岳千佛寨位于安岳县城西北2.5千米的大云山上，整个造像区域长约705

图10-9　安岳千佛寨第96龛唐药师经变相

图10-10　安岳千佛寨第96龛唐药师经变相左侧
菩萨群像

米，现存编号窟龛105个，大小造像共计3061躯。[1]

安岳千佛寨第96龛唐药师经变相是千佛寨石窟群中最具代表性造像龛，其中主尊佛坐像跏趺坐于束腰圆角方台上，半球形肉髻，螺发，面部残损（图10-9）。佛像外披右肩半披式袈裟，袈裟右领襟半披右肩后经肘部绕至腹部再披搭在左肩上，内层佛衣左领襟自左肩斜向右胁，右领襟则自肩部垂至腹部时插入外层袈裟右领襟内，再反折出来披搭在右臂上，其中值得注意的细节是，外层袈裟左领襟和内层佛衣右领襟，与腹部袈裟右领襟穿插形成对称的小结构，富于装饰意味，这种衣领披搭和穿插样式在大足北山晚唐佛像中出现过。佛像胸部内层佛衣上表现有向上凸起结节的束带。跏趺坐双腿为衣装覆盖，双腿下有覆座悬裳。佛像衣装宽松适中，衣褶为凸起圆棱和浅薄阶梯形结合。

安岳千佛寨第96龛唐药师经变相左侧菩萨群像是四身跣足立于莲台上的造像（图10-10）。这些菩萨像头戴帽冠，有宝缯，面相丰圆（四像头部有不同程度残损）。菩萨上身裸露，有胸饰和璎珞，其中璎珞如大网格般覆盖躯体并垂至两腿膝盖下。覆盖两肩的披帛垂至大腿根部和膝盖

时，分别向对侧手臂披搭，形成两个上下错位的U字形。菩萨下身着裙裳，衣装轻盈飘逸，衣褶线简洁舒展。这些菩萨的体态有小幅度的扭动，结构含蓄，身躯修长，衣饰华美，优雅与圣洁并存。这些菩萨的气质与龙门石窟肌体起伏明显的盛唐菩萨像区别明显。

[1] 安岳县文物管理局.安岳石刻导览[M].北京：中国文史出版社，2008：35.

安岳千佛寨第56龛唐阿弥陀佛与四菩萨
造像风化严重，中间主尊佛立像仅头部保留
有丰腴圆润的基本特征（图10-11）。四尊
菩萨像中，以左壁第一身和佛立像右侧胁侍
菩萨保存相对完整，皆头戴花鬘状宝冠，宝
冠使用了繁琐的透雕工艺，纹饰复杂华美，
宝冠两侧缯带垂至两臂（图10-12）。菩萨
面型方圆饱满，五官秀美似人间少女。菩萨
胸部有胸饰、璎珞，两肩垂下披帛，这些衣
饰造型特征与千佛寨第96龛药师经变相两侧
菩萨并无太大区别，只是璎珞比后者的细节
更丰富一些。另外，该龛造像的腿部均显得
较短，比例失衡。

安岳千佛寨第51龛唐主尊倚坐佛像为
半球形肉髻，螺发，面型方圆饱满，表情庄
重平和（图10-13）。佛像外披袒右肩式袈
裟，内层佛衣形态与前述千佛寨第96龛药
师经变相窟主尊佛像相同，外层袈裟与内层
佛衣胸部领襟的反折结构也与后者一致。佛
像两侧的胁侍菩萨，也呈现与其他窟龛胁侍
菩萨相同的类型化特征。安岳千佛寨第24
窟门口左壁上层唐造像中右侧的菩萨立像保
存得较为完整，该菩萨跣足立于莲台上，头
戴花鬘状宝冠，有缯带垂下，上半身裸露，
有胸饰和珠串状璎珞，其中璎珞连接胸饰

图10-11　安岳千佛寨第56龛唐阿弥陀佛与四菩萨

图10-12　安岳千佛寨第56龛唐左壁胁侍菩萨

两端，经腹部、大腿后垂至膝盖以下，呈现疏朗且有节制的装饰意味（图10-14）。菩
萨上臂有臂钏，前臂表现手镯，左手持物，右手提净瓶。披帛两端在腹部和大腿处向
对侧手臂披搭，形成两个上下错位的U字形。这些造型特征，与中原北方石窟、川北
石窟盛唐菩萨造像大同小异，共同呈现唐代造像中世俗审美与出尘气质相结合的造型
特征。

图10-13 安岳千佛寨第51龛唐主尊倚坐佛像

图10-14 安岳千佛寨第24窟门口左壁上层唐造像

第三节
安岳毗卢洞造像

毗卢洞位于安岳县东南34千米石羊场附近的毗卢山上，造像区域长约118米，共计编号窟龛20个，大小造像465躯，❶其中以"柳本尊十炼"和"水月观音"最为重要。

毗卢洞第8窟宋柳本尊十炼造像，是除大足宝顶山大佛湾外另一处表现柳本尊十炼的大型窟龛（图10-15）。如前所述，柳本尊十炼是柳本尊通过

图10-15 安岳毗卢洞第8窟宋柳本尊十炼造像

自身布施、供养诸佛的行径，实现大乘菩萨修行六度、成就佛道的行为，与《华严经》的教义相关联。❷因此，在窟龛造像中，柳本尊作为毗卢遮那佛的化身出现。该造像窟

❶ 安岳县文物管理局.安岳石刻导览[M].北京：中国文史出版社，2008：16.

❷ 李静杰，黎方银.大足安岳宋代石窟柳本尊十炼图像解析[C]//黎方银，重庆大足石刻艺术博物馆.2005重庆大足石刻国际学术研讨会论文集.北京：文物出版社，2007：190-223.

的中心位置雕刻了一尊结跏趺坐于莲台上的毗卢遮那佛（图10-16）。佛像头戴花鬘宝冠，宝冠下为螺形发髻，额顶上还有髻珠。佛像面型方圆，双目微闭，表情平和内敛。佛像的袈裟领襟在胸部围合成很大的U字形，露出胸部内层衣装，双手置于胸前施智拳印，双腿为衣装覆盖，有覆座悬裳。这尊毗卢遮那佛的衣装质感厚重，衣褶为凸起的圆棱线，双腿处不表现衣褶，整体显得简洁有力。

柳本尊十炼是指炼指、立雪、炼踝、剜眼、割耳、炼心、炼顶、舍臂、炼阴、炼膝的十个场景。安岳毗卢洞第8窟宋柳本尊十炼中的每个场景都有相应的题记，以及为这系列苦行作证的菩萨、神人（图10-17、图10-18）。窟中柳本尊头戴平顶东坡巾，面型长圆，面白无须，身穿交领长袖衣衫，衣装宽大，衣褶为粗大且有虚实变化的圆棱形，造型有力，呈现出成熟的程式化雕刻特征。

图10-16　安岳毗卢洞第8窟宋柳本尊十炼造像主尊毗卢遮那佛

图10-17　安岳毗卢洞第8窟宋柳本尊十炼造像之剜眼

图10-18　安岳毗卢洞第8窟宋柳本尊十炼造像之炼阴

安岳毗卢洞第10窟幽居洞正壁宋三尊像皆跏趺坐于莲台上，中间主尊头戴花鬘宝冠，宝冠下并不是螺发，而是一缕一缕的卷发（图10-19）。该像面型方圆，胸部有华美的胸饰和璎珞，肩上垂下披帛，双手向上举起（手掌残），双腿为衣装覆盖，有覆座悬裳。这种头戴宝冠、身着菩萨装的跏趺坐造像，粗看似毗卢遮那佛，但宝冠下的卷发和双手印均不是毗卢遮那佛的特征。该像左侧的跏趺坐者，头部有卷发，面部造型

图10-19　安岳毗卢洞第10窟幽居洞正壁宋三尊像

与中间坐像一致，身穿勾纽式袈裟，与多处柳本尊形象相似，可知该像尊格应为柳本尊，继而可推测中间主尊坐像为柳本尊成道像，其尊格对应毗卢遮那佛（法身）。正壁右侧坐像为螺发、着袈裟的佛像造型，但没有表现肉髻和髻珠，面部特征同于柳本尊，可能也是柳本尊成道像，其尊格可能对应卢舍那佛（报身），而柳本尊本人则应该对应在世间形化的应身佛。可见，该窟与柳本尊十炼存在内在关联，都是供奉柳本尊的道场。

　　安岳毗卢洞第18窟造像的正壁为一佛二胁侍菩萨组合，尊格可能为西方三圣（图10-20）。三像皆跏趺坐于莲台上，有覆座悬裳，其中主尊佛坐像未见明显凸起的肉髻，螺发，额顶有髻珠，面型长圆，眉毛作半圆弧形，双目微睁，嘴角含笑。佛像袈裟双领襟在胸部围合成U字形，跏趺坐右足掌心朝上（该地其他佛像双足被衣装覆盖）。佛像衣装质感较柔软，衣褶作圆棱状表现，简洁疏朗。佛像左侧菩萨头部残损，右侧菩萨头戴透雕的花鬘状宝冠，宝冠有化佛，面型长圆丰腴，弯眉修目，双目微睁，五官甜美。两身菩萨的胸部皆有胸饰，外披袈裟，双手施禅定印，双足被衣装覆盖，衣装的雕刻样式与主尊佛坐像一致，皆体现出很高的雕刻技巧。

图10-20　安岳毗卢洞第18窟正壁宋造像

图10-21　安岳毗卢洞第19窟宋水月观音

　　安岳毗卢洞第19窟宋水月观音又称紫竹观音（图10-21）。如前所述，水月观音菩萨就是观水中月之观音，一般认为其图像初创于唐代周昉，晚唐时，水月观音像开始流行，除了敦煌莫高窟、安西榆林窟等地五代及宋的水月实例外❶，在大足北山也有多尊水月观音造像存世。毗卢洞的

❶ 王惠民.敦煌水月观音像[J].敦煌研究,1987:1.

这尊水月观音游戏坐于竹林掩映的山石间，头戴高大的宝冠，宝冠上有化佛，条带状缯带在宝冠两侧垂下，其左侧缯带垂至背后，右侧缯带经肩部披搭在右前臂上。菩萨面型圆润饱满，弯眉修目，高鼻梁，嘴唇纤巧，五官甜美。该像裸露上身，胸部表现珠串状胸饰，连接胸饰两侧并垂至膝盖下方的璎珞如宽大网格般包裹身躯。披帛左端自然垂至左腿外侧翻转并延至山石形台座前，披帛右端垂至腹部后披搭在右臂上再延至岩石形台座前。自左胸斜向右腰的络腋，与僧祇支衣边重合在一起。水月观音下身着裙裳，左腿自岩石（台座）上垂下，左手支于大腿外侧，足底有莲花相托；右腿在岩石上支起，右臂搭于右腿膝盖上，一副怡然自得的姿态。值得注意的是，这身水月观音背后有自然山石和竹子的背景，其间有多幅观音救苦救难的故事，这就是有名的"观音救八难"（明代补刻），其大意是信众在遇到各种灾难（劫难）时口诵观音名号，观音就会现身前来解救。"观音救八难"反映了观音信仰在民间传播、盛行的强大力量。

第四节
安岳圆觉洞造像

　　圆觉洞位于安岳县城东南2千米处的云居山，窟龛造像分布在山南、北两面，共有编号窟龛103个，大小造像1931躯，[1]其中净瓶观音、释迦佛立像为代表性实例。

　　安岳圆觉洞第71龛唐开元二十年（732年）[2]天尊造像是一处道教造像龛，其主尊跏趺坐于底座为八角形的宝座上，头上宝冠残损，磨光发，面型方圆，五官漫漶（图10-22）。天尊身着对襟长衫，胸部衣领有束带联结，内着两层交领衣装，双手不存。主尊像衣装贴体，衣褶为圆棱线，呈现盛唐造像的雕刻样式。主尊像两侧有胁侍弟子，面部均残损，衣褶雕刻样式同于主尊。在此龛左壁上

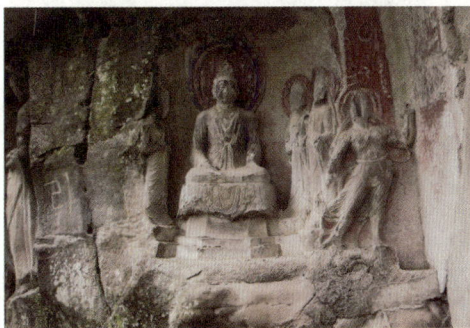

图10-22　安岳圆觉洞第71龛唐开元二十年天尊造像

❶ 安岳县文物管理局.安岳石刻导览[M].北京：中国文史出版社,2008：45.
❷ 安岳县文物管理局.安岳石刻导览[M].北京：中国文史出版社,2008：54-55.

部有唐开元二十年的题记，龛左壁外门楣上有金刚力士，亦是鲜明的盛唐造像样式。可以看出，该道教造像龛是模仿佛教造像窟龛而开凿的。

图10-23　安岳圆觉洞第23窟五代道佛合像

安岳圆觉洞第23窟五代道佛合像是一处以道教造像为主的合像窟（图10-23）。窟内正壁主尊为一天尊像，跏趺坐于方形台座上，头戴宝冠（漫漶），磨光发，面型方圆。天尊身着对襟长衫，长衫胸部领口有束带联结，内穿交领衣装。天尊双手上举于胸前，右手置于右小腿上，手印含义不明；跏趺坐双腿被衣装覆盖，有覆座悬裳。天尊像衣褶以凸起圆棱线状为主。可以看出，这尊天尊像大休上保留了唐代佛教造像的造型特征。窟内左壁雕刻一头戴宝冠、长髯、跏趺坐双腿前有三足凭几的道教造像，其尊格应为太上老君，该像整体漫漶严重，所见的衣装雕刻较为粗糙。窟内右壁雕刻跏趺坐于台座上的佛像，高肉髻，波纹发，有髻珠，面型长圆；外着交领式佛衣，衣装较为紧身，衣褶作阴线刻表现。在三尊主像两侧，有多身胁侍像及眷属，大多雕刻简略。很显然，安岳圆觉洞第23窟道佛合像是在佛教开窟造像之风影响下开凿的，为五代时期造像遗存。

图10-24　安岳圆觉洞第60龛五代十王经变相

安岳圆觉洞第60龛五代十王经变相的正壁主尊为半跏趺坐、头戴披帽的地藏菩萨（图10-24）。菩萨头部漫漶不清，身着交领式袈裟，左手持物，右手持锡杖，衣装颇为简略，衣褶为程式化的阴线刻。在地藏菩萨两侧各有五身地府阎王（左壁面残损两王），共计十王，十王下面是地狱审判和刑罚的场景。浮雕画面下部中间有一圆圈，圈内有两人在击杀一动物，这是反映人生前诸行的"业镜"，受审者以此杀生罪行当入阿鼻地狱。相对于大足宝顶山大佛湾地狱变相来说，此处的地狱场景显得简单粗糙，但年代要早于后者，为五代造像遗存。

安岳圆觉洞第59龛五代三尊造像中的主尊跏趺坐于莲台上，低肉髻，螺发，面型方圆，五官漫漶不清，颈部长而生硬（图10-25）。佛像衣装领襟围合成U字形，其披搭形式与大足北山佛湾第10窟主尊佛坐像相同，只是比后者的U字形要大很多。佛像跏趺坐双腿被衣装覆盖，覆座悬裳半覆盖仰莲瓣莲座。佛像的衣装质感轻柔，衣褶为

圆棱与阶梯形相结合。佛像两侧为倚坐姿菩
萨像，皆头戴高大宝冠，面型丰腴，脖子略
长，稍显生硬。菩萨胸部有胸饰，其中左胁
侍菩萨身披佛装，遮盖了胸腹部璎珞；右胁
侍菩萨胸部衣饰有一定程度漫漶，大致能看
到珠串状璎珞，两肩垂下的披帛在膝盖处向
对侧手臂披搭，膝盖以下还能看到垂下的璎
珞构件。两身菩萨像皆衣装贴体，衣褶以阴
线刻为主，清晰映衬出僵硬的躯体。

　　安岳圆觉洞第10窟宋佛立像高600厘
米，跣足立于莲座上，头部略向右转，肉髻
高大，螺发，额顶有髻珠，面型圆润，弯眉
修目，嘴角含笑（图10-26）。佛像外披袒
右肩式袈裟，袈裟右领襟自右胁下经腹部左
转披搭于左肩，被勾纽式结构固定，佛像内
层佛衣右领襟自右肩垂下至腹部插入外层袈
裟右领襟内，再反折出来披搭在右臂上。佛
像左手上抬、掌心朝上作捧物状，右手置于
胸前，食指、中指与拇指捏合，似在拈花
（后壁有彩花浮雕），该佛像也因此称为"拈
花微笑佛像"。该像的衣装质感厚重，衣褶
以显著的阶梯形表现，显得硬朗有力，其整
体造型为北宋造像特征。在石窟右壁上层有
一身被云团环绕的飞天，该飞天头戴团花状
宝冠，面型丰腴，嘴角含笑，赤裸上身，披
帛穿过两臂在身后飘舞（图10-27）。飞天
双手持花篮，下身着裙裳，裙裳衣褶如水波
纹般与云团交织在一起。有意思的是，飞天
周边并无其他浮雕内容，在平整壁面的衬托
下，团块状的飞天图像越发醒目，似自天外
而至。这种团块状构图的飞天，可在大足北

图10-25　安岳圆觉洞第59龛五代造像

图10-26　安岳圆觉洞第10窟宋佛立像

图10-27　安岳圆觉洞第10窟右壁上层宋飞天

图10-28　安岳圆觉洞第14窟北宋大观二年莲花手观音

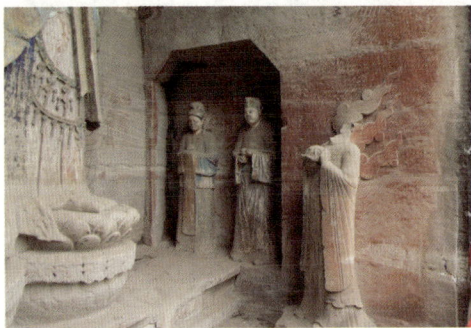

图10-29　安岳圆觉洞第14窟北宋大观二年莲花手观音左侧供养人

山晚唐造像中见到，为人足晚唐至北宋时期浮雕造像的艺术特色。

安岳圆觉洞第14窟北宋大观二年（1108年）莲花手观音高550厘米，跣足立于莲座上，头戴有透雕工艺的高大宝冠，宝冠上有化佛，两端有缯带垂下至胸前（图10-28）。观音面型方圆，弯眉修目，嘴唇纤秀，表情平和慈祥。菩萨胸部有华美的网状璎珞，并有自左肩斜向右胁的络腋，外披与圆觉洞第10窟宋佛立像相似的袈裟，但袈裟右领襟没有以勾纽式结构固定，袈裟下缘垂至膝盖下。菩萨左手轻握右手背，右手置于胸前持莲蕾。该像下身着裙裳，裙裳外层包裹网格状璎珞，将世俗的华美体现得淋漓尽致。该像外层袈裟的雕刻样式与圆觉洞第10窟宋佛立像相同。在圆觉洞第14窟左壁下方与正壁交界处的小龛内，雕刻了该窟的供养人，为一男一女侍立在佛侧（图10-29）。男像头戴平顶东坡巾，面白无须，身穿圆领长袖袍服，双手持一长柄香炉；女像头梳包髻，面型丰腴，身穿对襟衣衫，双手持物（已残损）。这两身世俗人物被认为是该窟功德主当时已故的叔父母。❶

安岳圆觉洞第7窟宋宝瓶观音身高620厘米，整体造型特征与圆觉洞第14窟北宋大观二年莲花手观音高度相似，显然是同期所作（图10-30）。这尊观音像头戴高大宝冠，有缯带，面型方圆，眉眼皆以圆弧形弧线雕刻，嘴唇纤巧，表情庄重。菩萨左手持净瓶，右手持柳枝，衣装的雕刻样式也与圆觉洞第10号窟佛立像相近。在该窟右壁中层的宋浮雕善财像与左壁中层宋献珠龙女相对应（头部已残损）。在一般的佛教美术中，作为观音的侍者之一，善财大多作童子像，称善财童子，不过依据《华严经·入法界品》

❶ 安岳县文物管理局.安岳石刻导览[M].北京：中国文史出版社，2008：53.

所言，善财童子参访53位善知识，得以实现行愿，获得道果，故在此窟中以获得道果的老者形象出现（图10-31）。善财胡跪于云团中，头戴宝冠，长眉，有胡须，上身赤裸，双手合十作礼拜状，有披帛在周匝飘舞。与圆觉洞第10窟右壁上层的飞天一样，善财也处于云团中，自虚空中现身礼拜观音。

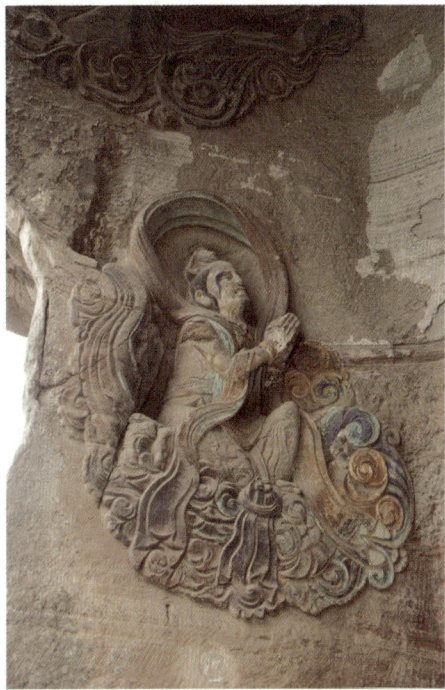

图10-30　安岳圆觉洞第7窟宋宝瓶观音　　　　图10-31　安岳圆觉洞第7窟右壁中层宋善财浮雕

第五节

安岳华严洞造像

华严洞位于安岳县城东南56千米处的石羊镇华严洞村箱盖山上，距石羊镇6千米，开凿有大小两个洞窟，共有大小造像159躯，其中大洞窟华严洞造像为宋代造像中的精品之作。❶

---

❶ 安岳县文物管理局.安岳石刻导览 [M].北京：中国文史出版社，2008：59.

安岳华严洞因洞窟正壁主尊造像为华严三圣而得名，其开凿年代应为北宋后期至南宋前期。华严洞正壁主尊佛像为毗卢遮那佛，左右胁侍分别为骑象的普贤菩萨与骑狮的文殊菩萨，洞窟两侧的仿木石供台上，分别雕刻了5身菩萨，合为10身菩萨，加之正壁文殊、普贤二菩萨，共计有12身菩萨，形成了十二圆觉菩萨。因此，华严洞内的主体人物的图像构成与大足宝顶山圆觉道场十二圆觉菩萨相近，但年代要早于后者。

安岳华严洞正壁宋主尊毗卢遮那佛跏趺坐于高大的莲座上，头戴镂空的花鬘形高大宝冠，宝冠上有一身自额顶髻珠上幻化出的一尊化身，宝冠两侧有缯带垂下（图10-32）。需要注意的是，宝冠中的化身头戴平顶东坡巾，左手空，右手上举，其造型特征与毗卢洞柳本尊十炼中的柳本尊高度相似。佛像面型圆润饱满，眉毛舒展，双眼微睁，嘴角略带笑意。佛像袈裟领襟在胸部围合成宽大的U字形，双手上举置于胸前施智拳印，跏趺坐双腿被衣装覆盖，悬裳沿两膝盖向下覆盖莲座。佛像的衣装宽松适宜，质感轻柔，衣褶的起伏变化和穿插关系恰到好处，较此前实例的造型技巧和写实程度要高。从毗卢遮那佛宝冠上的化身看，该窟的开凿营建与流行于本地的柳本尊信仰关联密切。

图10-32 安岳华严洞正壁宋主尊毗卢遮那佛

图10-33 安岳华严洞宋左胁侍普贤菩萨

安岳华严洞宋左胁侍普贤菩萨的雕刻水准与主尊毗卢遮那佛等齐（图10-33）。普贤菩萨半跏趺坐于象背莲座上，头戴镂空的花鬘形高大宝冠，冠中有化佛。宝冠两侧有缯带沿两肩垂下，菩萨面型饱满圆润，眉毛舒展，五官精致，嘴角略带笑意。菩萨胸部有珠串网格状璎珞，外披与主尊佛像相同形式的袈裟，其左腿垂于莲座前，足底有盛开的莲花托起；右腿盘起于莲座上，右手抚膝。菩萨的手、足圆润饱满，手指柔弱无骨。这尊菩萨像的衣装质感同样轻柔，尤其是两腿处的衣褶表现极富视觉愉悦感。安岳华严洞宋右胁侍文殊菩萨除了座下为狮子外，其他造型特征与普贤菩萨高度相似（图10-34）。其半跏趺坐姿也与后者呈镜像对称，显示出整体统一、局部又有变化的造像组合。

安岳华严洞左壁宋五身菩萨除了中间菩萨为跏趺坐姿，其他4尊菩萨皆为半跏趺坐姿，相邻的两身半跏趺坐菩萨双腿姿态呈镜像对称，图像组合规律与洞内的文殊、普贤菩萨相同（图10-35）。这些菩萨像皆头戴宝冠，宝冠以花鬘形为基本特征，有高低和简繁的变化，宝冠上皆有化佛。菩萨面型圆润，五官雕刻得含蓄细腻，胸部表现珠串网格状璎珞，外披宽大的佛装。五身菩萨除了中间的菩萨施禅定印外，其他菩萨手上各有持物，手指似柔弱无骨，足部饱满若有弹性。这些菩萨像的衣装质感轻柔，上半身衣褶较为简洁，双腿部分衣褶随两腿的形态而作相应组合变化。五身菩萨的覆座悬裳首尾连接在一起，彼此间有穿插和叠加的层次感，取得

图10-34　安岳华严洞宋右胁侍文殊菩萨

了令人信服的视觉真实感。值得注意的是，中间跏趺坐菩萨头上披着的风帽与衣装连接在一起，呈现一种出尘脱俗的气质，这是白衣观音的一种造型（图10-36）。白衣观音自晚唐、五代时开始流行，在江南地区形成典型造型特征后，在两宋时期广为流行，并流布到中原北方地区，对后世同题材绘画形成深远影响。

图10-35　安岳华严洞左壁宋五身菩萨

图10-36　安岳华严洞左壁宋菩萨之一

安岳华严洞右壁宋五身菩萨的人物组合关系和形态变化与同窟左壁五身菩萨一致（图10-37）但与后者不同的是，这些菩萨头戴的透雕高大花鬘形宝冠差异不大，冠中均有化佛，缯带垂至两肩。菩萨像面型圆润饱满，眼睛微睁，五官雕刻精细，眼睛、嘴

唇的线性轮廓尤为清晰（图10-38）。五身菩萨胸部皆有网格状璎珞，外披宽松的佛衣，整体与左壁五身菩萨形成统一特征。不过，左、右壁菩萨造像的面部特征存在较大差异，其中左壁菩萨像头部宝冠有明显变化，五官的刻画较为含蓄；右壁菩萨像宝冠较为统一，五官的线性结构特征较为突出。这种差异，显示出两壁菩萨造像的面部雕刻应出自不同的匠师之手，其审美趣味各有所重。

图10-37　安岳华严洞右壁宋五身菩萨

图10-38　安岳华严洞右壁宋菩萨之一

　　安岳华严洞左壁宋立像为俗家人士装束，有学者考证其原型为柳本尊弟子杨直京（图10-39）。杨直京左手持经箧，嘴角边各有一道毫光放出，显示出其有神通和较高的地位（被赐以紫授金鱼）。华严洞正壁主尊毗卢遮那佛宝冠上化生出来的人应是柳本尊，说明该窟与唐末流行于该地的柳本尊信仰存在密切关联，而作为柳本尊弟子的杨直京，既具神通又有地位，出现在崇尚柳本尊信仰的道场中就显得理所当然了。

　　需要提及的是，该洞窟左右壁上部浮雕宋善财童子五十三参图像（图10-40）。善财童子五十三参图像出自华严经（东晋佛陀跋陀罗译《六十华严·入法界品》），讲述善财童子践行菩萨行思想，先后参访五十五位善知识，其中有四参同为两人，故合成为五十三参。善财参拜的对象包括菩萨、四部弟子、世俗大众、佛妻、佛母、众神等人，这些人身份不同，地位不同，但法却无此区别，说明行菩萨行要深入世间。善财童子五十三参蕴含着丰富的佛教思想，多用雕塑、绘画表现，是民间喜闻乐见的艺术表现题材。限于空间所制，安岳华严洞左右壁上部的浮雕只有部分参拜场面，仅象征性地表现五十三参内容。此外，在大足宝顶山大佛湾圆觉洞左右壁上部也是象征性地表现善财童子五十三参的内容。

图 10-39　安岳华严洞左壁宋立像

图 10-40　安岳华严洞宋善财童子五十三参浮雕（局部）

安岳大般若洞在华严洞右侧 15 米处，窟门额上有"大般若洞"四字，上题款是"庚子嘉熙"，即南宋嘉熙四年（1140年）。大般若洞是释、道、儒三教合一的造像窟（图 10-41）。窟内正壁主尊佛坐像跏趺坐于莲座上，肉髻低矮，螺发，有髻珠，面型丰腴，五官雕刻得较为板滞。佛像衣装领襟在胸部围合成 U 字形，双手施禅定印，跏趺坐双腿被衣装覆盖，覆座悬裳

图 10-41　安岳大般若洞南宋嘉熙四年造像 ❶

较为短小。这尊佛像的头部比例偏大，与他处窟龛造像有明显区别。正壁两侧的菩萨造像，整体造型特征与华严洞菩萨像相近，只是头部比例略大，五官雕刻风格与主尊佛像相同，有一种稚拙的观感。

安岳大般若洞左壁南宋嘉熙四年（1140年）造像分三层，各层间以云层相隔，其中上层为赤裸上身的神人，中层是二十诸天，下层雕刻十八罗汉，其造型特征均与正

---

❶ 胡文和，胡文成.巴蜀佛教雕刻艺术史(下)[M].成都：巴蜀书社，2016：图94.

壁十尊佛像、胁侍菩萨像相同，有一种浑圆稚拙的风格（图10-42）。遗憾的是，十八罗汉头部于1997年7月被人盗窃。

图10-42　安岳大般若洞南宋嘉熙四年左壁造像（李静杰　摄）

第六节
安岳茗山寺造像

　　安岳茗山寺位于安岳县城东南60千米的鼎新乡民乐村虎头山，共13窟龛，现存造像94躯，其中有些造像不在窟龛中。造像多依山雕凿，尺寸高大，5～7米高者有8躯，1～4米的50躯，多为宋代遗存。❶

　　安岳茗山寺第8窟宋双菩萨立像自左至右身高（不含底座）分别为510厘米、520厘米，形象高大华美（图10-43）。两像造型特征类同，以左侧菩萨立像为例，其跣足立于低矮的莲座上，头戴透雕的花鬘形高大宝冠，宝冠中间有跏趺坐于莲台上的化佛，两侧有缯带垂至两肩。菩萨面部长圆，眉毛舒展，双目

图10-43　安岳茗山寺第8窟宋双菩萨立像（刘雷　摄）

微睁看向前下方，嘴唇纤秀。得益于工匠的良好经验，菩萨脸部造型在仰望视角中极富立体感。菩萨像胸部有珠串网格形璎珞，外披袒右肩式袈裟，袈裟右领襟经右胯部左转披搭于左肩；内层衣装右领襟覆盖右肩后沿右胯部外侧下垂，两领襟围合成很大的U字形，露出大片的胸部和腹部。菩萨左手向前抬起托布帛覆盖的物品，右手轻握衣襟，手指圆润纤秀，柔弱无骨。菩萨衣装宽松，衣褶为富于变化的圆棱形，衣褶线的疏密和穿插关系富于条理性。右侧菩萨立像除了手中持物不同外，人物形象和衣装造型皆与左

❶ 安岳县文物管理局.安岳石刻导览[M].北京：中国文史出版社，2008：72.

侧菩萨立像高度类同。有意思的是，右侧菩萨像的面部风化明显，露出了一层一层如书册般的岩石纹理，使造像与石窟融为一体，颇为别致。不过，这种风化对造像造成的伤害是毁灭性的，需对其加强保护。

安岳茗山寺第3龛宋文殊菩萨的龛的上方有"现师利法身"题记，故知该菩萨为文殊师利菩萨，即文殊菩萨（图10-44）。菩萨头戴高大的花鬘宝冠，宝冠上有五身化佛，这些化佛和纹饰叠加在一起，使宝冠显得尤为厚重。宝冠两侧有缯带垂至两肩后面。菩萨胸部有简洁的网格状璎珞，外穿宽大的佛装，其着衣形式与茗山寺第8窟右侧菩萨立像相同。该像左手向前抬起持经函，手臂垂下的衣襟一直垂至地面，这显然是有意加长了衣襟比例，以支撑向前抬起的左手不致断裂。菩萨的衣装较为宽松，质感颇为厚实，衣褶较茗山寺第8窟双菩萨立像生硬。这尊菩萨立像的头部造型复杂，加之双足风化不存，观之有头重脚轻的感觉。

图10-44　安岳茗山寺第3龛宋文殊菩萨（刘雷　摄）

安岳茗山寺第5龛宋毗卢遮那佛依山开凿，佛像身高有600厘米，跣足立于低矮莲台上，头戴花鬘宝冠，冠上有一头戴东坡平顶巾的化身，化身的造型特征与柳本尊形象相符（图10-45）。宝冠两侧有缯带，宝冠下是螺发。佛像面型丰腴饱满，眉毛舒展，双目微睁俯视前方，鼻梁高挺，嘴唇小巧并富于肉感。该像的面部整体造型与茗山寺第8窟菩萨像相近，有很强烈的立体感。佛像外穿佛衣，其衣领披搭形式与上述菩萨像相同。衣装质感较厚实，但圆棱形的衣褶造型流畅舒展，尤其是两臂外侧下垂衣襟衣褶几乎呈直线下垂，在视觉上取得了简洁有力的艺术效果。

图10-45　安岳茗山寺第5龛毗卢遮那佛（刘雷　摄）

第七节
安岳孔雀洞造像

孔雀洞位于安岳县城东55千米的汉龙街乡孔雀山麓，距茗山寺造像区不足3千米，现存10个编号窟龛，造像70余躯，❶其中以孔雀明王造像最具代表性。

安岳孔雀洞孔雀明王窟主尊宋造像跏趺坐于孔雀背莲座上，头戴卷曲的花鬘纹宝冠，冠上有化佛，冠两侧有缯带垂下（图10-46）。孔雀明王面型饱满，弯眉修目，嘴唇小巧，胸部有简洁的胸饰。该像有四臂，各有持物，身穿佛装，包括人物形象、衣装雕刻样式和孔雀造型在内，均与大足宝顶山大佛湾第13窟宋孔雀明王高度相似，应为同一时期（南宋）产物。

图10-46　安岳孔雀洞孔雀明王窟宋主尊造像❷

安岳孔雀洞孔雀明王窟正壁左上部宋孔雀明王眷属为四人立于云端，穿甲胄，表面多有风化（图10-47）。孔雀明王窟右壁上部有一组战斗的神人，皆穿甲胄，其中一人双手举石作投掷状，一人在弯弓射箭，还有一人持矛朝向前方（图10-48）。这个场景应该是帝释天与阿修罗战的场面，这种战斗场面也在大足石门山第8窟孔雀明王窟后壁上出现过。

图10-47　安岳孔雀洞孔雀明王窟正壁左上部宋孔雀明王眷属　　图10-48　安岳孔雀洞孔雀明王窟右上部宋阿修罗与帝释天战斗

❶ 安岳县文物管理局.安岳石刻导览[M].北京：中国文史出版社，2008：77.
❷ 汪毅.安岳石刻艺术[M].成都：巴蜀书社，2019：29.

小结

安岳石窟是由县城内多处窟龛造像群组成的，较早造像可追溯至盛唐时期，其开凿过程一直延续至清代，题材以佛教造像为主，兼有道教、三教合一窟龛。安岳石窟的开凿，是在中原造像和川北、巴中龛像影响下的继续发展，因此其龛像造型特征一定程度地带有中原和川北、巴中龛像特征，但又有区域造像艺术风格。

安岳卧佛院是一处兴起于盛唐时期的造像区域，其中的释迦涅槃像以庞大的体量和左胁而卧的姿态引人关注，卧佛上方的高浮雕造像具备浓郁的唐风，其他窟龛内佛像的造型特征，也与中原地区同时期佛像相近。安岳千佛寨内的药师经变相龛，是该石窟群中的经典之作，主尊佛坐像仪态庄重，衣褶样式为典型的盛唐样式，两侧的八尊胁侍菩萨身躯修长，身体结构含蓄，风姿绰约，于华美中又不失圣洁气息，整体造像风格与洛阳龙门盛唐窟龛造像有较明显区别。该石窟群中还有大量菩萨造像，显示出唐宋时期该地菩萨信仰之盛，这是大乘菩萨行信仰盛行的正面反映。安岳毗卢洞是一处柳本尊信仰的重要道场，柳本尊十炼窟、幽居洞都是围绕这一信仰而开凿的，这是川蜀地区民间信仰的直接体现。此外的水月观音（紫竹观音），是该石窟中的代表性作品，其背后镌刻的"观音救八难"浮雕图像，体现出浓郁的世俗化特征。安岳圆觉洞中高大的佛陀、观音造像，是该石窟群中宋代造像最高水准的体现，其中的观音造像极为注重宝冠、璎珞的装饰化表现，窟内附属的飞天、善财、供养人雕刻的构图简约，造型精练。安岳石窟中，雕刻水准最高的应属华严洞华严三圣及圆觉菩萨，人物面部五官刻画精致，宝冠剔透华美，衣饰轻柔，质感真实自然，衣褶的表现极富视觉愉悦感。值得注意的是，华严洞也是一处崇尚柳本尊的道场。安岳茗山寺造像多依山雕刻，尺寸高大，其中的毗卢遮那佛、菩萨造像是重点所在。安岳孔雀洞孔雀明王的造型特征与大足石刻中的多例孔雀明王相近，呈现造像区域化发展态势。

安岳石窟分布于安岳境内各处，单个窟龛群规模不及大足北山、宝顶山石窟，也比较分散，但每处窟龛群都有其亮点之处，造像题材多与大足石刻相近，雕刻水准也和后者比肩，共同构成中国古代石窟发展晚期的盛况。

第十一章

陕北石窟造像

陕北位于陕西北部，包括延安、榆林二市，属黄土高原地带。陕北位于中原北方，与少数民族地区接壤，匈奴王赫连勃勃曾在统万城（今陕西省榆林市下辖靖边县红墩界乡）建立大夏国，后为北魏所灭；北宋时，该地是北宋与西夏对峙的前沿阵地，绥州（今陕西省绥德县）是双方攻防争夺的要地；北宋末，该地沦为金所有。陕北的佛教发展与历史沿革密切关联。北魏大兴佛教，开窟造像事业扩展到北魏全域，陕北现存最早的石窟就是此时完成的，此后又有零散开凿，但基本为民间所为，规模不大，窟内造像雕刻粗糙，造型水准不高。北宋时期是开窟造像大发展时期，数量多，规模大，雕刻水准也很高；金代据有陕北之地后，承续北宋继续开凿窟龛，数量和规模也较为可观；此后的元、明、清时期，散见开凿和续修活动，其规模已远不如宋、金时期。

陕北北朝时期的石窟主要集中于延安地区（今延安市），比如安塞区云山品寺石窟、安塞区大佛寺石窟、志丹县埝坪摩崖造像、志丹县骆驼脖子摩崖造像、富县川庄石窟、黄陵县寺湾石窟等多处石窟；榆林地区榆林县、神木县（今神木市）等地有北周时期小龛。隋唐时期石窟有富县石泓寺石窟第6窟左壁造像、志丹县秦家沟石窟、宝塔区狄青牢石窟、洛川县寺家河石窟等。延安地区宋代石窟主要分布在延安地区西部各县的交通要道附近，地理位置分散，石窟形制和造像风格具有明显的地方特色。宋、金石窟重要者有富县石泓寺石窟、子长县钟山石窟、宝塔区清凉山万佛洞石窟、富县柳园石窟、安塞区樊庄石窟、宝塔区石窑石窟、安塞区黑泉驿石窟、安塞区石寺河石窟、富县赵家沟观音洞石窟、黄陵县万安禅院石窟、富县马渠寺罗汉堂石窟、志丹县城台石窟等，此外还有多处小型石窟，但大多保存欠佳。

陕北石窟分布零散，小型洞窟占多数，其中被人为破坏和风化者为数不少，因此所受关注有限。对于陕北石窟的调查始于20世纪50年代[1]，但调查结果并不深入。70年代后期，靳之林等人在陕北发现了一批北朝时期洞窟和摩崖造像[2]，姬乃军随之对陕北清凉山万佛洞石窟、子长县钟山石窟等几处宋、金时期石窟做了一些研究工作[3]。此

---

[1] 20世纪50年代对陕北石窟的调查有两次，一次是1956年，另一次是1959年。陕西省博物馆，陕西省文管会.富县石泓寺、阁子头寺石窟调查简报[J].文物，1959：12.张智.黄陵万佛寺、延安万佛洞石窟寺调查记[J].文物，1965：5.

[2] 靳之林.陕北发现一批北朝石窟和摩崖造像[J].文物，1989：4.

[3] 姬乃军.延安地区的石窟寺[J].考古与文物，1982：1.

后，地方文物部门和部分学者陆续公布了一些调查报告，学界对陕北石窟的认识逐步深入，期间靳之林的《延安石窟艺术》❶出版。21世纪初，西北大学文博学院、陕西省考古研究所等单位对陕北部分石窟做了具有针对性的深入调查，提出了一些新的看法。近年来，出版了一些陕北石窟的大型考古报告（图录）和相关专著，前者如《延安石窟菁华》❷《陕西石窟内容总录·延安卷》❸《陕西石窟内容总录·榆林卷》❹，后者如石建刚著《延安宋金石窟调查与研究》❺等。清华大学李静杰教授就陕北石窟宋金造像组合、造像题记、图像内涵等问题提出新见解❻，推动了人们对陕北石窟造像的进一步理解。此外，部分高校也公布了一些研究陕北石窟的硕博士论文。

下文按照佛像、菩萨像、其他造像三个大的类别来讲述陕北石窟造像。

第一节
陕北石窟佛像

按照佛像的形态和所处场景的不同，笔者将陕北石窟不同时期各地窟龛有代表性佛像分为跏趺坐佛像、倚坐佛像、佛立像、佛传故事四个部分，分别阐述。

一、跏趺坐佛像

富县川庄石窟位于富县张家湾镇川庄村，有2窟，其中第1窟后壁北魏佛坐像是一尊北魏中期的造像遗存（图11-1）。佛像跏趺坐于低矮的方形台座上，头胸部残损，双手施禅定印。该像身着右肩半披式袈裟，袈裟右领襟半覆右肩后垂至肘部再左转披搭于左肩（胸部右领襟残损），其中右领襟衣边保存得较好，可以看出有之字形内外翻转结构。另外，该像躯体壮实，两臂与身躯的空间分离关系很清晰，这些都是北魏中期云冈

❶ 靳之林.延安石窟艺术[M].北京：人民美术出版社，1982.
❷ 延安文物研究所.延安石窟菁华[M].西安：陕西人民出版社，2016.
❸ 陕西石窟内容总录编纂委员会.陕西石窟内容总录·延安卷（全三册）[M].西安：陕西新华出版传媒集团，2017.
❹ 陕西石窟内容总录编纂委员会.陕西石窟内容总录·榆林卷（全三册）[M].西安：陕西新华出版传媒集团，2017.
❺ 史建刚.延安宋金石窟调查与研究[M].兰州：甘肃教育出版社，2020.
❻ 李静杰.陕北宋金石窟佛教图像的类型与组合分析[J].故宫学刊，2014：1.

图11-1　富县川庄石窟第1窟后壁北魏佛坐像❶

窟龛造像的典型特征，只是富县川庄石窟第1窟后壁北魏佛坐像远较后者雕刻粗糙、造型稚拙，是地方造像对中央造像样式的模仿。

安塞区云山品寺石窟位于安塞区镰刀湾镇杨石寺村，共有7座编号窟。❷其中第3窟正壁北魏佛坐像跏趺坐于方形台座上，肉髻低矮，其上残存有右旋螺发，面型方圆，五官风化严重（图11-2）。佛像外着交领式袈裟，中层佛装也为交领，不过其领襟叠压次序与外层袈裟相反，内层僧祇支覆盖胸部，未表现束带。佛像袈裟衣褶表现为较密集的阶梯形。这种交领式袈裟多见于关中及陕北地区北魏晚期以来的佛像，低肉髻及螺发造型则是西魏以来的佛像特征。综合来看，该像受关中和平城北魏晚期佛像双重影响，同时还保留一定的地域特征，其完成时间应在西魏。

洛川寺家河石窟位于洛川县槐北乡寺家河村，开凿于晚唐。❸窟内正壁雕刻有三佛，中间佛坐像和右侧佛坐像皆跏趺坐于束腰六边形台座上，头部残损，外着右肩半披式袈裟，内层佛衣右领襟下垂至大腿处时反折披搭在右前臂上，双腿下有覆座悬裳，衣褶以凸起圆棱线为主（图11-3）。这些衣装造型均是中原地区唐代佛像的典型特征。

图11-2　云山品寺第3窟正　　图11-3　洛川寺家河石窟唐造像
壁北魏佛坐像

❶ 延安文物研究所.延安石窟菁华[M].西安：陕西人民出版社，2016：52.
❷ 冉万里.陕西安塞云山品寺石窟调查报告[J].考古与文物，2005：4.
❸ 刘合心，段双印.洛川县寺家河唐代佛教密宗造像石窟[J].文博，1992：5.

陕北石窟中规模最大、雕刻最精美的是子长钟山石窟。钟山石窟位于子长县安定镇城东钟山脚下，共有13个编号窟，其中第10窟是该石窟群中最具代表者（图11-4）。该窟开凿于北宋治平四年（1067年）[1]，平面为长方形，东西长1643厘米，进深978厘米，通高560厘米[2]，窟中央设长方形佛坛，佛坛上矗立两

图11-4　子长钟山石窟第10窟内景

行四列八根石柱，均直通窟顶。八根柱子将佛坛分割成三个相对独立小空间，每个小空间里设置一佛、二弟子、二供养菩萨，中间主尊佛坐像为跏趺坐施说法印的释迦佛，左侧为跏趺坐施弥陀印的阿弥陀佛，右侧是倚坐施说法印的弥勒佛。三尊主佛的两侧分别侍立年老弟子和年轻弟子，弟子前面是供养菩萨。佛坛前方安置骑狮文殊与乘象普贤，两像呈对称表现。八根石柱上满布浮雕的佛、菩萨，主次分明。窟内四壁雕刻有众多的佛、菩萨、弟子像，还有佛传故事、十六罗汉、万菩萨等造像，人物数量极多，雕刻精美。

子长钟山石窟第10窟佛坛中间宋佛坐像跏趺坐于六边形束腰莲座上，低肉髻，螺发，有髻珠，面型长圆，眉毛舒展，双目微睁，鼻梁高挺，表情内敛庄重，颈部上有三道圆圈（图11-5）。佛像外披右肩半披式袈裟，袈裟右领襟半覆右肩后，自右臂肘下左转经腹部披搭于左肩，内层佛衣左领襟自左胸斜向右腰，露出大面积胸部，右领襟自右肩垂下至右胯部插入外层袈裟右领襟内，再反折出来披搭在右臂上。佛像跏趺坐双腿下有简短的覆座悬裳，悬裳清晰地映衬出莲座的外形。这种领襟披覆形式与中原北方唐代佛像并无二致，只是衣装不及后者贴身，且衣褶的起伏形态较为粗大。佛像胸部的裸露部分较多，可以看到胸大肌与腹部交接处的结构线。与子长钟山石窟第10窟佛坛中间佛坐像相似的实例在同窟其他造像龛中较为多见，如同窟左壁造像龛宋主尊佛坐像就是如此，只是尺寸小了很多，但人物形象和衣褶表现均与钟山石窟第10窟佛坛中间佛坐像类同，两侧的弟子像也与中央佛坛上的弟子像高度相似（图11-6）。

----

[1] 该窟佛坛上方正中题记："治平四年六月二十六日，□州界安定堡百姓张行者发型打万菩萨堂……皇帝万岁，重臣千秋，国泰民安，合家安乐。□□神虎书人雷泽，刊字人李温立记。"
[2] 胡同庆.山西钟山石窟3号窟的内容与艺术特色[J].文博，2010：1.

图 11-5　子长钟山石窟第 10 窟佛坛中间宋佛坐像　　图 11-6　子长钟山石窟第 10 窟左壁宋造像龛

　　黄陵万安禅院（双龙万佛寺石窟）位于黄陵县双龙镇峪村，共有 5 个编号窟龛，为鄜州介氏家族开凿，开凿时间为北宋绍圣二年至政和五年（1095~1115 年），先后经二十年时间完成。[1] 黄陵万安禅院石窟第 1 窟中央佛坛宋佛坐像跏趺坐于束腰方形台座上，低肉髻，螺发，有髻珠，面型丰腴，表情庄重（图 11-7）。佛像外披袒右肩式袈裟，袈裟右领襟自背部绕右胁经腹部披搭于左肩，内层佛衣披搭形式同于子长钟山石窟第 10 窟佛坛中间佛坐像，双腿下未表现覆座悬裳。与该像高度相似的实例有同窟右屏壁外壁宋造像，这四尊佛坐像中有三尊着衣形式与中央佛坛佛坐像相同，手印（持物）和发髻（沟垄状发髻）则有所区别（图 11-8）。

图 11-7　黄陵县万安禅院石窟第 1 窟中央佛坛宋佛坐像[2]

图 11-8　黄陵县万安禅院石窟第 1 窟佛坛右屏壁外壁宋造像[3]

❶ 史建刚.延安宋金石窟调查与研究 [M].兰州：甘肃教育出版社，2020：95-106.
❷ 延安文物研究所.延安石窟菁华 [M].西安：陕西人民出版社，2016：318.
❸ 延安文物研究所.延安石窟菁华 [M].西安：陕西人民出版社，2016：319.

　　宝塔区清凉山万佛洞石窟位于宝塔区清凉山西麓，共有32个编号窟，2处摩崖造像。[1]清凉山万佛洞石窟第11窟左屏柱左壁宋佛坐像除了发髻为磨光发外，其他造型特征与黄陵万安禅院石窟中央佛坛佛坐像类同（图11-9）。可见，这几尊佛坐像整体特征与子长钟山石窟第10窟佛坛中间宋佛坐像相似，显示出相近时间段内佛像造型的区域特征，只是万安禅院石窟实例的躯体更为丰腴，子长钟山石窟佛像则明显清瘦一些。

　　佳县佛堂寺石窟位于佳县城北40千米处朱家圪乡崖畔村东1.5千米寺庙梁的东石壁上，共有4个编号窟，其中第1窟造像为宋代遗存（图11-10）。该窟正壁为三世佛造像，中间者为法身佛，即毗卢遮那佛，该像两手上抬置于胸前施智拳印（不同于密教金刚界大日如来的智拳印）。这尊佛像跏趺坐于高大华美的台座上，头部残缺（后世补修），身上衣装披搭形式与子长钟山石窟第10窟佛坛中间宋佛坐像相同，只是该像内层佛衣遮盖的胸部面积较大（图11-11）。

图11-9　宝塔区清凉山万佛洞第11窟左屏柱左壁宋佛坐像

图11-10　佳县佛堂寺石窟第1窟宋造像[2]

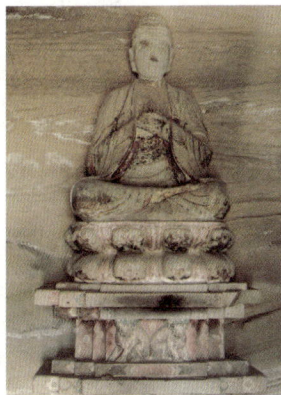

图11-11　佳县佛堂寺石窟第1窟中间宋佛坐像[3]

　　富县石泓寺石窟位于富县直罗镇川子河北岸，共有10个编号窟，其中第7窟是主窟，为金代开凿。[4]窟内中央佛坛为一佛二弟子二菩萨造像，佛坛四角的四边形方

❶ 史建刚.延安宋金石窟调查与研究[M].兰州：读者出版传媒股份有限公司 甘肃教育出版社,2020：118.

❷ 王富春.中国佳县古代石窟艺术[M].西安：陕西出版集团,2009：30.

❸ 王富春.中国佳县古代石窟艺术[M].西安：陕西出版集团,2009：31.

❹ 史建刚.延安宋金石窟调查与研究[M].兰州：甘肃教育出版社,2020：50-51.

柱以及窟内四壁刻满了佛、弟子、水月观音及其他各种菩萨、罗汉、地藏、十佛的浮雕造像，窟顶还有藻井和花饰，完整地反映了该时期佛教造像流行的题材和装饰纹样（图11-12）。

图11-12　富县石泓寺石窟内景

石泓寺第7窟佛坛中间金主尊佛坐像跏趺坐于束腰六边形台座上，低肉髻，沟垄状发髻，有髻珠，面型方圆，弯眉高鼻，双目微睁看向前下方，嘴唇纤小，脖子上有三道圆圈（图11-13）。佛像外着右肩半披式袈裟，其领襟披搭形式与子长钟山石窟第10窟佛坛中间宋佛坐像一致，内层佛衣的披搭形式也与后者相似，并有束带。该像跏趺坐双腿为衣装所覆盖，没有表现覆座悬裳。佛像衣褶以凸起的圆棱和方棱结合为主。石泓寺石窟主窟右壁右侧金佛坐像与同窟佛坛中间主尊佛坐像高度相似，只是其为依附于壁面的高浮雕，且体量也要小（图11-14）。整体而言，这两尊佛坐像的着衣形式继承了唐代实例的基本特征，也与北宋时期佛像相近，其发髻样式、面部特征上则有了新的

图11-13　富县石泓寺石窟第7窟佛坛中间金主尊佛坐像

图11-14　富县石泓寺石窟第7窟右壁右侧金佛坐像

变化。

富县石泓寺石窟第7窟左壁左侧金佛坐像的着衣形式、头部造型均与同窟佛坛中间主尊佛坐像高度相似，但手印和莲座有别（图11-15）。佛像右手握左手食指置胸前，这种手印被认为是密教金刚界大日如来的智拳印。大日如来实际上也是毗卢遮那佛的另译，金刚界大日如来，象征摧毁众生烦恼，把降伏烦恼的智慧比喻为"金刚"，表示其坚固不坏，代表着如来智慧的世界。该像莲座密布39片仰莲瓣，每片莲瓣上浅浮雕一尊佛像，寓意本尊法身佛，密宗所有佛和菩萨皆自大日如来所出。

佳县龙泉寺石窟位于佳县刘国具乡白家下坬村南，共有4个编号窟，其中第4窟是金代开凿的洞窟（图11-16）。

图11-15 富县石泓寺石窟第7窟左壁左侧金佛坐像

该窟为天然石窟经人工雕凿而成，现已坍塌过半，窟内造像也风化得较为严重，主尊佛坐像头不存，双腿漫漶不清，不过可以看到佛像的衣装与富县石泓寺石窟主窟佛坛中间金主尊佛坐像非常相似，显然是基于相近粉本制作的。

图11-16 佳县龙泉寺石窟第4窟金造像

上述唐至宋、金时期跏趺坐佛像的着衣形式相对统一，皆为外披右肩半披式袈裟或袒右肩式袈裟，内着右领襟披搭右臂的着衣形式，这是自唐以来的主流着衣形式。此外还有一些右肩半披式袈裟佛像，造型特征也高度相似，如子长钟山石窟第10窟佛坛左侧宋主尊佛坐像（图11-17）。该佛坐像跏趺坐于六边形束腰莲座上，低肉髻，螺发，有髻珠，面型长圆，颈部上有三道圆圈，造型特征与前述同窟佛坛中间主尊佛坐像相近，但该像仅披覆右肩半披式袈裟，并后内层右领襟披搭右臂的佛衣。右肩半披式袈裟源自西北印度犍陀罗佛像，是中国早期佛像中与通肩式袈裟并行的着衣形式，并在北魏中期的云冈窟龛中占据主流地位。子长钟山石窟第10窟佛坛左侧宋主尊佛坐像的双腿形态和衣褶表现，皆与同窟佛坛中间主尊佛坐像类同。该像还有一个显著特征，那就是双手置于跏趺坐双腿上施弥陀定印，这种手印在大足石窟中颇为常见，是西方净土世界教主阿弥陀佛的专用手印。

宝塔区清凉山万佛洞第12窟后壁宋佛坐像（图11-18）与富县石泓寺主窟前左柱前壁金佛坐像（图11-19），包括莲座造型和所处空间在内，两像与子长钟山石窟第10窟佛坛左侧宋主尊佛坐像高度相似，显然是基于同样的造像粉本而制作，其尊格为阿弥陀佛无疑，反映了陕北地区净土信仰的流行广度。

图11-17　子长钟山石窟第10窟佛坛左侧宋主尊佛坐像　　图11-18　宝塔区清凉山万佛洞第12窟后壁宋佛坐像　　图11-19　富县石泓寺石窟主窟前左柱前壁金佛坐像

二、倚坐佛像

在陕北窟龛造像中，弥勒佛多与释迦佛、阿弥陀佛组合，是净土信仰的反映。

子长钟山石窟第10窟佛坛右侧主尊宋倚坐佛像为低肉髻，发髻作有棱的沟垄状，头顶雕刻髻珠，面型长圆丰润，弯眉高鼻，双目微眕，嘴唇纤秀，五官丰神俊朗，颈部上有三道圆圈（图11-20）。这尊倚坐佛像的着衣形式与同窟佛坛中间宋主尊佛坐像并无二致，只是由于双腿倚坐于台座使下半身衣装形态不同。佛像的衣装质感颇为厚重，衣褶凸起的线棱较为粗大，其露出的胸腹部造型特征也与佛坛中间主尊宋佛坐像相同。宝塔区清凉山万佛洞第12窟后壁宋倚坐佛像（图11-21）与宝塔区清凉山万佛洞第11

窟左屏柱前壁宋倚坐佛像（图11-22），除了头部发髻样式不同外，着衣形式均与子长钟山石窟第10窟佛坛右侧宋主尊倚坐佛像相似，只是由于尊像尺寸不同和所处空间有别而导致雕刻细节有繁简之分。

图11-20　子长钟山石窟第10窟佛坛右侧宋倚坐佛像

图11-21　宝塔区清凉山万佛洞第12窟后壁宋倚坐佛像

图11-22　宝塔区清凉山万佛洞第11窟左屏柱前壁宋倚坐佛像

图11-23　安塞石寺河石窟第1窟右屏柱右壁宋倚坐佛像[2]

安塞石寺河石窟位于安塞区招安镇王窑社区王台行政村石子河村，共有4个编号窟和1小龛。[1]其中第1窟为北宋遗存，窟内右屏柱右壁宋倚坐佛像除了头部和右手残损外，其他部位保存如新（图11-23）。该像外披袒右肩式袈裟，内层佛衣的披搭形式则与前述三尊倚坐佛像类同，右领襟插入外层袈裟右领襟后反折出来再披搭在右臂上。

富县石泓寺石窟主窟左壁左侧金造像中的倚坐佛像为低肉髻，沟垄状发髻，有髻珠，面型极为丰圆，双目微睁，鼻子肥

❶ 延安文物研究所.延安石窟菁华[M].西安：陕西人民出版社，2016：282.
❷ 延安文物研究所.延安石窟菁华[M].西安：陕西人民出版社，2016：285.

人，嘴唇较小（图11-24、图11-35）。佛像外着右肩半披式袈裟，内层佛衣右领襟自左肩斜向右胁，右领襟下垂直腹部外侧后插入外层袈裟右领襟内，再反折出来披搭在右前臂上，腹部下垂袈裟衣襟下缘呈扇形在两膝盖间下垂，内层佛衣下缘垂至双足。佛像的衣装质感极为厚实，凸起的衣褶线棱也较为粗大。这些造型特征，均与上述宋倚坐佛像基本类同，只是尺寸更大一些，雕刻技法更为成熟，堪称代表性作品。

图11-24 富县石泓寺石窟主窟左壁金造像

图11-25 富县石泓寺石窟主窟左壁金倚坐佛像

三、佛立像

陕北石窟中，黄陵县万安禅院中的佛立像尺寸高大且占据窟内重要位置，其他窟龛则较为少见。

黄陵县万安禅院左壁前侧宋佛立像跣足立于两朵莲花上，低肉髻，波纹发，有髻珠，面型丰腴，眉毛扬起，双目看向左前方，高鼻梁，表情庄重（图11-26）。佛像外披右肩半披式袈裟，内穿右领襟披搭在右前臂上的佛衣，衣领披搭形式与前述万安禅院宋佛坐像相同。腹部以下袈裟下垂至两腿膝盖下，内层佛装则垂至双足弓处，衣装质感厚实，衣褶以有起伏变化的片形阶梯状为主。这尊佛立像的躯体极为壮实，腹部向前挺起，有北魏晚期佛立像的

图11-26 黄陵县万安禅院左壁前侧宋佛立像[1]

[1] 延安文物研究所.延安石窟菁华[M].西安：陕西人民出版社，2016：323.

遗韵。佛立像左手托起一个较大的钵盂，其左腿前方有两小孩，其中一小孩双手合十作礼拜状；另一小孩左手持物，右手扶小伙伴右肩，头部仰望佛立像，造型准确、生动。这一场景表现的是阿育王施土因缘，讲述阿育王前世小时候与小伙伴玩耍，以沙土堆砌宫殿房舍，遇释迦佛后，心生欢喜，便以房舍中的沙土作为谷子奉佛，佛陀接受了供养，以此寓言该小孩来世应作转轮圣王（阿育王）。画面中仰望佛像的小孩应该是阿育王前世。这则因缘故事旨在劝诫世人诚心奉佛，以此必获福报。

　　黄陵县万安禅院右壁前侧宋佛立像是与同窟对侧呼应的因缘故事（图11-27）。这尊佛立像跣足立于两朵莲花上，低肉髻，波纹发，有髻珠，面型丰腴，造型特征与同窟对侧佛立像相似。佛像身上衣装大部分风化严重，但着衣形式应与同窟对侧佛立像类同，只是佛像的躯体较为单薄，明显不及后者那般壮实。佛像右手抬起，似在抚摸他面前年幼的修行者，后者同样拥有肉髻和髻珠，意味着能成就佛果，这是广为人知的"罗睺罗授记"。罗睺罗是佛陀为释迦太子时所生的儿子，后皈依佛教追随佛陀修行，佛陀抚摸罗睺罗头顶为其授记，这一感人场面频繁出现于石窟中，其中最广为人知的实例是麦积山第133窟的"罗睺罗授记"，后者也同样是宋代的造像遗存。

　　同样表现"罗睺罗授记"因缘故事的还有安塞区石寺河石窟第1窟右屏柱左壁浮雕造像（图11-28）。该组造像中佛陀跣足立于莲座上，头部残损，但可看到其残存的下半截面部颇为丰腴；身着通肩式袈裟，衣装宽大遮覆全身，其右手抬起抚摸前方孩童的头部，后者头部残损，双手合十。与万安禅院右壁前侧"罗睺罗授记"中罗睺罗作小一号的佛陀形象相比，石寺河石窟中的罗睺罗完全是小孩的人体比例，其在佛陀的抚摸下更富于父子温情的表达。

图11-27　黄陵县万安禅院石窟右壁前侧宋佛立像❶

图11-28　安塞区石寺河石窟第1窟右屏柱左壁浮雕造像❷

---

❶ 延安文物研究所.延安石窟菁华[M].西安:陕西人民出版社,2016:324.
❷ 延安文物研究所.延安石窟菁华[M].西安:陕西人民出版社,2016:286.

四、佛传故事

佛传故事就是表现佛陀生平的故事。在陕北石窟中，北朝时期的佛传故事并不多见，但宋、金时围绕佛陀涅槃前后的画面却颇为流行。

安塞区大佛寺第4窟前壁右侧北魏释迦诞生的主体人物摩耶夫人立于一棵大树下，头戴低矮帽冠，高鼻深目，嘴角含笑，身着汉式的交领式长袖衣装，左手被后面一女子搀扶，右手上抬抓着一根树枝，自右臂下垂袖子中伸出一带头光的孩童（图11-29）。人物衣装作贴身表现，衣褶以阴刻线为主，线条简洁有力，柔中带刚，体现出很高的造型水准。这个场景是佛传故事中的"太子诞生"，故事讲的是释迦太子的母亲摩耶夫人梦见六牙白象投胎受孕后，临近分娩时按照当地习俗要回娘家生产，路经蓝毗尼园时于无忧树下自右胁中生出释迦太子。画面中搀扶摩耶夫人的是其妹妹摩诃波阇波提夫人，她是释迦太子的养母。

图11-29　大佛寺石窟第4窟前壁右侧北魏释迦诞生（孙国志　摄）

安塞区大佛寺第4窟前壁北魏九龙浴太子的主体人物是画面中间站立的孩童（释迦太子），其面部残损，全身仅穿着一条短裤，人体造型简洁，有莲瓣形背光（图11-30）。在孩童两侧雕刻有九龙，这些龙的造型皆遒劲有力，线条柔中带刚。在画面左侧有一孩童左手指地右手上举，

图11-30　大佛寺石窟第4窟前壁北魏九龙浴太子

这与九龙围绕的孩童是同一个人，为释迦太子"步步生莲"的场景。整个画面表现的是佛传故事中太子诞生后发生的神奇场景，讲的是释迦太子自摩耶夫人右胁诞生后，向东南西北四个方向各走七步，步步生莲，期间一手指天一手指地，言说"天上地下，唯我独尊"，然后大地震动，出现九条神龙为太子喷水沐浴。

安塞区大佛寺第4窟右壁北魏释迦佛降魔成道中的主尊佛坐像跏趺坐于佛龛内（图11-31）。龛眉上方是手持武器向释迦进攻的魔兵魔将；佛龛右侧上方方格内一人作

拔刀状，被另一人阻止，这是魔王波旬父子；佛龛右侧下方方格内有三个手持莲花的人物，可能是洞窟的供养人。整个"降魔成道"场面风化严重，细节几不可辨，但仍可以清晰地感受到和理解这一佛传故事的内涵。

图11-31　大佛寺石窟第4窟北魏释迦佛降魔成道

黄陵县万安禅院石窟后壁左侧宋释迦佛涅槃表现的是释迦佛于娑罗树间涅槃的场景（图11-32）。释迦佛右胁而卧，低肉髻，沟垄状发髻，面型丰圆，双目微闭；身着与同窟佛坐像同样的衣装；左手置于左胯部，右手曲起枕于脸颊右侧，这种卧姿与其他地区洞窟大多数涅槃像相同。围绕释迦佛周边有很多弟子、罗汉，以及护法金刚，他们大多数呈现出悲痛不已的情状。黄陵县万安禅院石窟甬道右壁宋释迦佛金棺说法是涅槃场面中又一感人场面（图11-33）。画面中释迦佛自金棺中跏趺坐于莲座上，棺盖向上飞起，其上还悬搭着布匹，围绕金棺周匝还有多位闻法之人，在金棺前方有一双手抱胸的妇人（头部残损），这是释迦佛的母亲摩耶夫人，在摩耶夫人前面还有两个侍女。故事讲的是释迦佛涅槃后，佛母摩耶夫人得知这一消息悲痛不已，自天宫降下，此时金棺自开，并放射光芒，佛陀合掌坐起，安慰母亲，为之说法。这一场面充满了满满的温情和不可思议的神迹。

图11-32　黄陵县万安禅院石窟后壁左侧宋释迦佛涅槃 ❶

图11-33　黄陵县万安禅院石窟甬道右壁宋释迦佛金棺说法

在陕北石窟中，有多处表现佛陀说法的场面，听众多为罗汉，尤其是五百罗汉题材

❶ 延安文物研究所.延安石窟菁华[M].西安：陕西人民出版社，2016：321.

者居多，实例如安塞樊庄石窟第2窟宋释迦佛说法（图11-34）、富县石佛堂石窟第6窟后壁左侧宋释迦说法（图11-35），其共同特征是释迦佛居于画面中间，跏趺坐于束腰莲座上，人物形象与衣装形式与前述同期佛像相同，佛陀两侧布满了闻法的罗汉。不同的是，两处说法图中前者听众均匀分布，后者罗汉居于自天而降的云团上，团块状构图的特征很明显。在宋、金石窟寺造像中，罗汉题材常作为石窟整体图像中的重要组成部分出现，包括五百罗汉和十六罗汉（十八罗汉）。五百罗汉现存较早实例见于黄陵万佛寺石窟，这是晚唐以来罗汉信仰流行的正面反映，也是在末法言论背景下佛教传法和护法思潮的体现。

图11-34　安塞樊庄石窟第2窟宋释迦佛说法

图11-35　富县石佛堂石窟第6窟后壁左侧宋释迦说法 ❶

第二节
陕北石窟菩萨像

陕北地区菩萨造像实例众多，尤其是宋代以来的菩萨造像得到最大程度的重视（以子长钟山石窟为代表，该地区单独在下节阐述），这是大乘佛教菩萨行思想的真实反映。

一、北朝菩萨像

安塞区大佛寺第4窟左壁西魏菩萨立像是陕北石窟西魏造像遗存（图11-36）。这

❶ 延安文物研究所.延安石窟菁华[M].西安:陕西人民出版社,2016:367.

尊菩萨为浮雕造像，跣足立于莲台上，头上有低矮的宝冠，缯带呈直角状垂下，头部侧面作椭圆形表现，下颌短小，颈部粗壮。菩萨上身裸露，有桃尖状胸饰，两肩上有圆形饰物，披帛两端在腹部交叉穿壁后下垂至膝盖处再向对侧肘部披搭，其末端在身体外侧飘扬。菩萨左手持物不明，右手上扬似持拂尘。该像的衣装与躯体呈一体化表现，衣褶以阴线刻为主，身高比例修长，腹部略向前倾，休态有玉树临风之感。这尊菩萨像继承了中原北方北魏晚期菩萨造像的基本特征，但在造型样式上与后者又有明显不同。菩萨像的浮雕起位并不高，其侧面构图的形式展现了修长的身躯、飘逸的线条，加之使用汉画像石中的减地平雕技法，成为北朝石窟菩萨造像中的特例。

图 11-36　大佛寺石窟第4窟左壁西魏菩萨立像

黄陵县寺湾石窟位于黄陵县店头镇崖窑山上，有2个编号窟和1小龛，寺湾石窟第2窟雕刻有一倚坐菩萨像，为北周遗存（图11-37）。菩萨像头戴高大华美的宝冠，宝冠两侧缯带呈直角状垂下，其造型宽大并有转折翻转细节。菩萨面型近国字形，五官雕刻得较粗犷。菩萨胸部有胸饰，两肩上表现圆形饰物，

图 11-37　黄陵县寺湾石窟北周倚坐菩萨像 ❶

两肩垂下的披帛在腹前相交（穿壁情况不明）后垂至膝盖下，再向对侧肘部披搭。在披帛表面表现粗大的珠串状璎珞，视觉效果并不协调。菩萨像头部比例明显偏大，显得有点头重脚轻，衣装雕刻也较为简略，衣褶以阴线刻为主。这尊具有北魏晚期菩萨造型特征的倚坐像雕刻相对粗糙，是陕北较早菩萨造像的代表之一。

二、宋、金菩萨像

安塞区黑泉驿石窟位于安塞区化子坪镇黑泉驿村，为宋代造像遗存。石窟中部有两

❶ 延安文物研究所.延安石窟菁华[M].西安：陕西人民出版社，2016：76.

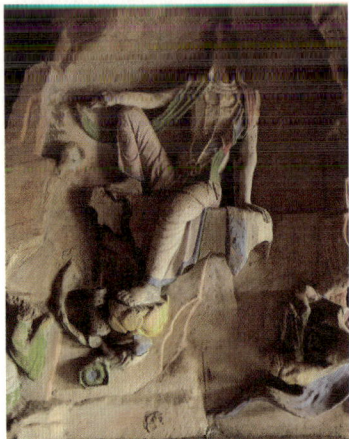

图11-38　安塞区黑泉驿石窟左柱
右壁宋水月观音[1]

方通顶石柱，石柱四面皆雕刻佛、菩萨造像，后壁（正壁）造像不存，左、右壁各雕刻6身近乎圆雕的菩萨像，共12身，为十二圆觉菩萨。窟内左柱右壁宋水月观音除头部残损外，其他部位保存相对完好（图11-38）。这尊菩萨像游戏坐于石台上，身体向左倾斜，左手支于石台上，右手置于曲起的右腿膝盖上。水月观音裸露上身，有项饰，珠串状璎珞与项饰组合在一起垂于胸腹部，络腋自左肩斜向右腰，披帛左端在胸前与络腋缠绕后垂于石台前，披帛右端被右手轻握，这一造型颇为新颖。观音像下身着裙裳，衣装贴体，质感轻盈，肌肤似乎有弹性，是宋代水月观音中的精品。

安塞区黑泉驿石窟右壁宋六身菩萨像造型各异（图11-39）。这些菩萨像皆坐于高大的莲座上，头部不存，身上也有不同程度风化和破损，但可以看出其衣装形式，其中三身菩萨外披袈裟，与此前所述佛像类同，另三身菩萨则身着与窟内左柱右壁自在观音基本一致的衣饰，并呈现出很高的造型水准（图11-40）。

图11-39　安塞区黑泉驿石窟右壁宋菩萨像

图11-40　安塞区黑泉驿石窟
右壁宋菩萨像之一

宝塔区清凉山万佛洞第12窟右壁宋水月观音游戏坐于石台上，头戴宝冠，面型长圆，五官漫漶，身体向左倾斜，其形态、衣饰皆与安塞区黑泉驿石窟左柱右壁水月观音

[1] 延安文物研究所.延安石窟菁华[M].西安:陕西人民出版社,2016:249.

相仿，显然是基于近似的粉本而制作的（图11-41）。相对而言，清凉山万佛洞第12窟右壁宋水月观音衣装雕刻的主次和空间穿插关系更为协调，肌肤的起伏关系很微妙，身体似流水般柔软。

志丹县何家圪石窟位于志丹县旦八镇何家圪村，为宋代遗存，石窟前壁上部左侧宋水月观音的头部残损，上身裸露，有项饰，络腋自左肩斜向右腰，披帛自两肩自然垂下，左手支于方形台座上，右手上台置于右腿膝盖上，下身着裙裳（图11-42）。比较有意思的是，这尊水月观音的坐姿与上述身体略左倾斜、半侧面表现的实例不同，而是作正面雕刻，双腿形态犹如倚坐像中右腿曲起置于台座上，显得有些呆板僵硬。另外，这尊菩萨像裸露的上身较为丰腴，但肌体的起伏关系并不自然。

图11-41　宝塔区清凉山万佛洞第12窟右壁宋水月观音

图11-42　志丹县何家圪石窟前壁上部左侧宋水月观音❶

志丹城台石窟位于志丹县旦八镇城台村，共有4窟2龛组成，窟内造像为宋、金时期遗存。城台石窟第2窟为主窟，由前廊和后室组成，空间宽大，窟内造像为宋、金时期遗存（图11-43）。城台石窟第2窟后室左壁前龛菩萨跏趺坐于莲台上，头部残损，胸部有衣装、胸饰和璎珞，整体特征与子长钟山第10窟中间佛坛右侧主尊佛像右前方胁侍菩萨相近，应为金代造像遗存（图11-44）。

安塞区石寺河石窟前壁右侧宋菩萨立像是一尊身着佛装的菩萨立像（图11-45）。菩萨跣足立于莲台山，头部及双手残损；身着通肩式袈裟，袈裟下缘垂至两膝盖间，两腿以下为裙裳。菩萨右胯部向上提，右腿稍弯曲，使身体形态变得自然生动，其间可依

❶ 延安文物研究所.延安石窟菁华[M].西安：陕西人民出版社，2016：303.

图11-43　志丹县城台石窟第2窟窟廊宋、金造像❶

图11-44　志丹县城台石窟第2窟后室左壁前龛宋金菩萨坐像❷

图11-45　安塞区石寺河石窟前壁右侧宋菩萨立像❸

图11-46　宝塔区清凉山万佛洞第11窟左壁宋千手观音

稀看见中原北方盛唐时期菩萨造像的"三曲法"造型。

宝塔区清凉山万佛洞第11窟左壁宋千手观音是陕北地区不多见的十一面千手观音像（图11-46）。该像跣足立于莲台上，头部上方还雕刻有十个小头，共有十一头；身体两侧各有九只手，共十八只手，其中两手上举头顶托起一座小型佛塔，又有两手于胸前合十，其他手中各持法器；两肩处有披帛垂下，下身着裙裳。十一面千手观音出自密教经典，据《佛说十一面观音神咒经》所言，十一面千手观音有广大的神威之力，能消除众生的种种灾难和障碍，只要称念其名号，能免一切夭死灾横。

❶ 延安文物研究所.延安石窟青华[M].西安：陕西人民出版社，2016：358.
❷ 延安文物研究所.延安石窟青华[M].西安：陕西人民出版社，2016：353.
❸ 延安文物研究所.延安石窟青华[M].西安：陕西人民出版社，2016：291.

第三节

子长钟山石窟菩萨像

陕北石窟宋、金时期的菩萨造像数量众多，反映了当时大乘佛教菩萨行信仰的繁盛。在陕北众多石窟中，子长钟山石窟第10窟规模最大、造像数量多且保存较为完好，尤其是窟内菩萨造像多样，是宋、金时期菩萨造像的集中地。

按照菩萨的尊格和属性的不同，子长钟山第10窟菩萨像可分四个部分展开阐述。

一、水月观音菩萨

钟山石窟第10窟体量较大的菩萨造像中，以水月观音菩萨数量最多，且分布于立柱和四壁的重要位置，足见这一造像题材在当时受到的重视程度。

钟山石窟第10窟水月观音菩萨造像的代表性实例有佛坛前排第1柱（自东向西排序，下同）南面水月观音菩萨（图11-47）、佛坛后排第2柱南面水月观音菩萨（图11-48）、佛坛前排第3柱南面水月观音菩萨（图11-49）、南壁中段水月观音菩萨（图11-50）。四尊造像呈现高度相似的

图11-47 子长钟山石窟第10窟佛坛前排第1柱南面宋水月观音菩萨

图11-48 子长钟山石窟第10窟佛坛后排第2柱南面宋水月观音菩萨

造型特征，其中前两者游戏坐于山石上，头高挽发髻，戴卷草纹宝冠，裸上身。两尊菩萨像皆胸饰璎珞，两肩垂下的披帛在两臂周边飘动，络腋自左肩斜插入右胁下，左手轻握络腋的一端支于左膝盖上，右手支于山石上；下身着裙，左腿支起，右腿沿山石垂下，脚底下有莲花。后两尊水月观音的人物造型特征和着衣形式与前两者并无明显不同，差异之处在于坐姿呈镜像的对称表现。这种变化，应是匠师在同一建筑空间中追求构图的变化而为。

图11-49　子长钟山石窟第10窟佛坛前排第3柱南面宋水月观音菩萨

图11-50　子长钟山第10窟南壁中段水月观音菩萨

　　上述钟山石窟四尊菩萨的人物造型和着衣，均带有明显的唐代造像因素，尤其是高挽的发髻和身上的璎珞、披帛造型，均是唐代菩萨像的典型特征，如西安碑林博物馆藏唐太和二年（828年）造像碑唐胁侍菩萨（图11-51），只是该胁侍菩萨作立姿，而不是钟山石窟实例的游戏坐。钟山石窟的水月观音处于有自然景观的山石背景中，相似的宋代实例还有天水麦积山第58窟彩塑水月观音菩萨（图11-52）。相对颜色遭风化和被烟火熏黑的钟山石窟而言，麦积山水月观音背后窟壁上残存的悬塑山石，还残留部分比较鲜亮的色彩，可以想象水月观音初创时那种宛如山水仙境的场景。关于水月观音背景中的自然景观，东晋佛驮跋陀罗译《华严经》言："渐渐游行，至光明山，登彼山上，周遍推求，见观世音菩萨住山西阿，处处皆有流泉、浴池，林木郁茂，地草柔软，结跏趺坐金刚宝座，无量菩萨恭敬围绕，而为演说大慈悲经，普摄众生。"❶ 又如唐玄奘《大唐西

图11-51　唐太和二年造像碑唐胁侍菩萨立像　西安碑林博物馆藏

图11-52　天水麦积山第58窟宋彩塑水月观音（化雷　摄）

---

❶ 大正藏·第9册：大方广华严经(卷三第五十一)[M/OL]. CBEA中文电子大藏经集，2014：718上.

域记》曰："秣剌耶山东有布呾洛迦山，山径危险，岩谷欹倾，山顶有池，其水澄镜，流出大河，周流绕山二十匝，入南海。池侧有石天宫，观自在菩萨往来游舍。"❶ 这些经文的描述，都点明了观音菩萨所在的自然环境。可以想象，观音菩萨在山石水畔之间，悠然而坐，呈现出清明澄澈的超然境界，这与当时宋、西夏边疆战场的苦痛形成鲜明对比。

二、文殊菩萨与普贤菩萨

文殊菩萨、普贤菩萨为四大菩萨中的其二（另两大菩萨为观音菩萨和地藏菩萨），也是佛教造像中经常出现的菩萨形象。在《华严经》中，这两尊菩萨与毗卢遮那佛组合成华严三圣。子长钟山石窟第10窟佛坛中间主尊佛坐像的窟顶上，墨书"大方广华严经"，指明该窟的造像内涵应与《华严经》思想有关，但在佛坛上未见文殊菩萨、普贤菩萨与毗卢遮那佛直接组合的场景。钟山石窟文殊菩萨端坐于狮子上，普贤菩萨则骑白象，两尊坐骑的出现是辨别菩萨尊格的关键依据。钟山石窟第10窟多处出现了文殊菩萨、普贤菩萨的组合，显示了这一题材在该窟中是仅次于水月观音菩萨的存在。

子长钟山石窟第10窟佛坛前宋骑狮文殊菩萨和宋骑象普贤菩萨是该窟中一对圆雕造像，也是这一题材造像体量最大者（图11-53、图11-54）。文殊菩萨跏趺坐于狮子背的莲座上，头戴筒形冠，面型方圆，五官造型较为硬朗。菩萨上身有护甲，胸部有两圈呈对称表现的线型漩涡纹；左手置于右足上，右手残损（现存右手为后补）；两臂着短衫，自左肩斜向右胯部饰有络腋；腰部系短裙，下半身着长裙。在宋辽金时期，菩萨头上的筒形冠多见于辽代实例，如大同华严寺薄伽教藏殿燃灯佛左侧菩萨

图11-53　子长钟山石窟第10窟佛坛前宋骑狮文殊菩萨

图11-54　子长钟山石窟第10窟佛坛前宋骑象普贤菩萨

---

❶ 大正藏.第51册:大唐西域记(卷十)[M/OL].CBETA中文电子大藏经集,2014:932上.

像；胸甲上漩涡状的图案和腰部系短裙的着衣形式，在麦积山第4窟第6龛的宋代菩萨[1]中可以看到。子长钟山第10窟佛坛右侧宋骑象普贤菩萨半跏趺坐于白象背上的莲座上，头戴筒形冠，面型方圆，五官带有英武之气。该像胸部亦穿护甲，护甲上的璎珞挂坠有一个漩涡形图案。菩萨左手上抬持物，右手置于右膝上；两臂同样着短衫，饰络腋；左腿垂下，右腿盘曲。该菩萨腰部及下身着装，与文殊菩萨保持一致，对称表现的意味明显。普贤菩萨的筒形冠外形与文殊菩萨的高度一致，不过局部图案存在差异，护甲上的圆形漩涡纹也与文殊菩萨胸上的两大圈漩涡纹呼应，但这种由五条曲线围绕中心点旋转的图案早在彩陶时代至商周青铜器上就已经出现。云肩的造型同样多见于辽代实例，如天津蓟县独东寺胁侍菩萨立像[2]，又如大同华严寺普贤菩萨坐像[3]。多种造型元素并存，显示出此地不同民族文化融合的面貌。

　　子长钟山第10窟佛坛前排第4柱南面中段宋骑狮文殊菩萨及同窟佛坛前排第1柱南面中段宋骑象普贤菩萨是一对雕刻于石柱上的菩萨（图11-55、图11-56）。这对菩萨的着衣配饰与佛坛前的宋骑狮文殊菩萨、宋骑象普贤菩萨相似，都带有辽代菩萨的造型特征，明显不同之处在于这两尊菩萨为高浮雕，体量相对较小，且所处东西位置也倒转过来了。此外，子钟山石窟其他石柱或窟壁上也有相同题材的浮雕造像，均以成对的形式出现，造型特征彼此相近。

图11-55　子长钟山石窟第10窟佛坛前排第4柱南面中段宋骑狮文殊菩萨

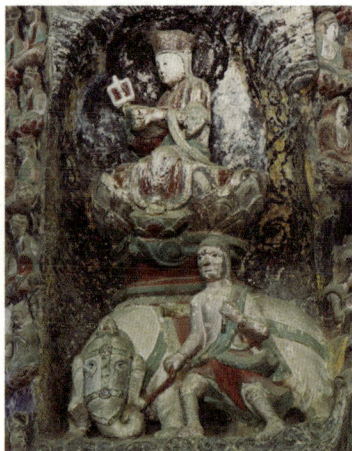

图11-56　子长钟山石窟第10窟佛坛前排第1柱南面中段宋骑象普贤菩萨

---

[1] 天水麦积山石窟艺术研究所.中国石窟·天水麦积山[M].北京：文物出版社，1998：图版247.

[2] 中国寺观雕塑全集编辑委员会.中国寺观雕塑全集·宋金元寺观造像[M].哈尔滨：黑龙江美术出版社，2005：3.

[3] 中国寺观雕塑全集编辑委员会.中国寺观雕塑全集·宋金元寺观造像[M].哈尔滨：黑龙江美术出版社，2005：10.

菩萨身披铠甲的造型，或是与中晚唐以来佛教经典中流行将菩萨修行比喻为身披精进铠甲有关。[1]大乘佛教经典中记载的菩萨六度行精进思想，是菩萨身披精进铠甲的内在要求，如唐玄奘译《般若波罗蜜多经·初分法涌菩萨品》载："大士乃能披被如是坚固弘誓铠甲，为欲利乐一切有情，以淳净心不顾身命，求于无上正等菩提。"唐沙门智周撰《大乘入道次第（卷一）》载："发起勇悍于行不退，如入阵者披铠甲，故即无怯退故，故名甲精进。"这种造型，在此后的辽代菩萨中较为常见，除了寓意修行精进的思想外，也可能与游牧民族的尚武精神有关。钟山石窟位处北宋防御西夏的边疆地带，窟中所见题记施主多为驻守此地的军兵和平民，题记内容包括祈求天下太平、亡者升天、消灾得福等。[2]可以看出，钟山石窟中的文殊菩萨、普贤菩萨造像，与中原地区同题材造像相比，明显被赋予了边疆尚武精神和保平安的宗教内涵。

三、胁侍菩萨

所谓胁侍菩萨，就是协助佛陀弘扬佛法，教化众生的菩萨。胁侍菩萨自身的修行层次仅次于佛陀或等同于佛陀。胁侍菩萨与主尊佛陀的组合如华严三圣，其中文殊、普贤是作为毗卢遮那佛的胁侍菩萨存在的；又如西方三圣，则由观音、大势至胁侍主尊阿弥陀佛组合而成。

子长钟山第10窟佛坛中间释迦佛前宋左胁侍菩萨坐像（图11-57）、宋右胁侍菩萨坐像（图11-58），是钟山石窟胁侍菩萨中代表性作品。两菩萨皆盘坐于莲座上，人物造型相似。左胁侍菩萨头挽高发髻，戴卷草纹宝冠，面部残损；胸部有璎珞，璎珞靠近肩部的两端结节并装饰两条绸带；两上臂有臂钏，披帛两端在腹部相互缠绕后再披搭向对侧上臂后下垂。右胁侍菩萨发髻低平，完整衬托出卷草纹宝冠形态结构；面部饱满圆润，五官清秀，眉心白毫处为半圆形凹槽，原应镶嵌琉璃宝石之类饰物。此外，右胁侍菩萨的其他部位衣装饰物均与左胁侍菩萨相同。两菩萨的着衣及饰物与上述几尊水月观音菩萨高度相似，不同之处在于披帛、络腋的披搭和缠绕方式有别，可看作同一造像题材局部雕塑手法的差异。右胁侍菩萨的雕刻细节极为清晰，匠师将复杂的发髻盘绕和相互穿插关系雕刻得特别精细，体现出鲜活的古代生活气息（图11-59）。

---

❶ 齐庆媛.中国北方地区辽代与北宋菩萨造像造型分析[C]//艺术史研究(第十二辑).广州:中山大学出版社,2010.
❷ 李静杰.陕北宋金石窟题记内容分析[J].敦煌研究,2013;3.

图 11-57　子长钟山第 10 窟佛坛中间释迦佛前宋左胁侍菩萨坐像

图 11-58　子长钟山第 10 窟佛坛中间释迦佛前宋右胁侍菩萨坐像

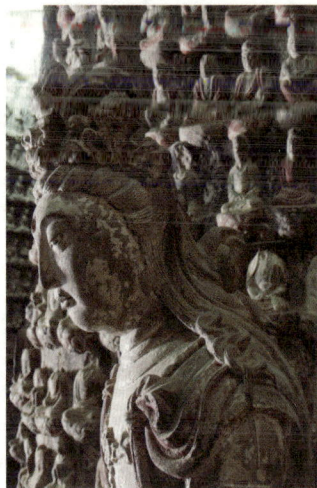

图 11-59　子长钟山第 10 窟佛坛中间释迦佛前宋右胁侍菩萨坐像（局部）

图 11-60　子长钟山第 10 窟佛坛左侧阿弥陀佛左前方宋胁侍菩萨立像

图 11-61　子长钟山第 10 窟佛坛右侧弥勒佛（倚坐佛像）右前方宋胁侍菩萨立像

子长钟山第 10 窟佛坛左侧阿弥陀佛左前方宋胁侍菩萨立像（图 11-60）与第 10 窟佛坛右侧弥勒佛（倚坐佛像）右前方宋胁侍菩萨立像（图 11-61），虽说不是同一主尊的胁侍菩萨，但两者位处佛坛的两侧，呈遥相呼应之势，且造型特征相近，应是作为一对菩萨来表现的。左胁侍菩萨的胯部略向右前侧倾斜，头挽高发髻，戴卷草纹宝冠，面部饱满圆润，五官秀美，眉心处有圆形凸起的白毫；有云肩，胸部同样表现璎珞，璎珞近两肩处系有向外飘逸的绸带；双臂抬起，左手捏法印，右手残。菩萨自左肩斜向右胯部表现络腋，下身着两层裙，外层短裙上系缚腰带。右胁侍菩萨的着衣配饰几乎与左胁侍菩萨相同，差异之处在于该像胯部略向左前倾斜，发髻低平，卷草纹宝冠也非常的低矮简洁，双手残毁严重，显示出两尊菩萨于统一中求变化的造型规律。可以看出，两尊胁侍菩萨是

以继承唐代菩萨造型特征
为主的，而云肩又是辽代
菩萨造像元素，这种融合，
体现了边疆战场佛教造像
内涵的多元性。

在子长钟山第10窟佛
坛上，除了上述四尊胁侍
菩萨外，还有两尊体量相
对较小菩萨立像分别位于
佛坛左侧阿弥陀佛右前方
和佛坛右侧弥勒佛右前方
（图11-62、图11-63）。
阿弥陀佛右前方胁侍菩萨
的着衣配饰，和上述两尊

图11-62　子长钟山第10窟佛
坛左侧阿弥陀佛右前方金胁侍菩
萨立像

图11-63　子长钟山第10窟佛坛
右侧弥勒佛右前方金胁侍菩萨

站立胁侍菩萨有些许不同，但整体相似度很高，显然是基于同样的造像粉本雕刻出来
的。其明显的不同之处在于阿弥陀佛右前方金胁侍菩萨非常壮实，与上述两尊胁侍菩萨
立像的那种溜肩细腰、身材苗条的人物形象区别明显，后者造型特征与同为宋代的其他
地区实例相仿。宋、辽、金时期，中原北方菩萨造像虽然存在诸多关联又同受唐代造像
的影响，但彼此间的造型特征还是有一些可见的差异，其中就人物躯体特征而言，金代
菩萨明显要壮实很多，实例如故宫博物院藏金代木雕彩绘贴金大势至菩萨。这种厚重的
人物特征，或与游牧民族自身的审美趣味有关。因此，这尊躯体壮实的胁侍菩萨，有可
能是北宋灭亡后金代据有该地时补刻的。弥勒佛右前方金胁侍菩萨（小）的造型特征，
与阿弥陀佛右前方金胁侍菩萨颇为相似，只是头部已残失，璎珞也有所区别，但总体而
言应为同一时期所作。

这几尊胁侍菩萨虽说是作为主尊佛陀的辅助而存在，但都是独立造像，在体量上与
主尊佛像两侧的弟子相仿。并且，两尊盘坐于莲座上的胁侍菩萨位处石窟入口处的佛坛
正中间，距离礼拜者的距离最近，在人物造型和雕刻细节上凝聚了匠师极大的创作热
情，现场的观感也印证了这种观感。六尊胁侍菩萨在着衣配饰上，主要是延续了唐代造
像特征，云肩的加入，则体现了辽代菩萨造像元素的融合。值得注意的是，这六尊胁侍
菩萨并不是和佛坛一体雕刻，而是在佛坛和石柱雕好以后再放置上去的，所以佛坛上的
这些造像的底座及所处位置高低不一，而且尺寸较小的两尊胁侍菩萨并不是安置在对称

的位置上，其壮实的躯体特征，显示该像应该是宋代以后补刻。

四、其他菩萨

子长钟山第10窟除了上述的主要菩萨造像外，还有其他形式和尊格的菩萨存在。这些菩萨分别位于不同的石柱或壁面中，并与其他图像组合。

子长钟山第10窟佛坛前排第3柱南面中段宋禅定观音在这些菩萨造像中相对有些特殊（图11-64）。该菩萨像跏趺坐于莲座上，施禅定印，头戴筒形冠，冠上有化佛，面型长圆，五官清秀；胸部璎珞及系于其上的绸带，与前述水月观音一致，衣饰不同之处在于该像着双领下垂的袈裟，且胸腹部表现有僧祇支，这是佛像的着衣形式。与这尊菩萨相对应的是前排第2柱南面中段壁面宋水月观音像，两者的差异打破了这一空间中单一的对称构图。

子长钟山第10窟佛坛前排第1柱东面中段宋说法菩萨（图11-65）与佛坛后排第1柱东面中段宋说法菩萨（图11-66）均位处东侧的两石柱同一方位的相同位置，对称表现意图明显，并呈现高度一致的特征。两像跏趺坐于莲座上，双手施说法印，身穿护甲，有璎珞、络腋，整体造型与前述文殊、普贤菩萨相似，只是在雕刻细节上更为简洁。

图11-64 子长钟山第10窟佛坛前排第3柱南面中段宋禅定观音

图11-65 子长钟山第10窟佛坛前排第1柱东面中段宋说法菩萨

图11-66 子长钟山第10窟佛坛后排第1柱东面中段宋说法菩萨

在子长钟山第10窟南壁中段雕刻有宋地藏菩萨（图11-67）。地藏菩萨因其"安忍不动，犹如大地，静虑深密，犹如秘藏"而得名。地藏菩萨自唐代起就开始广为流行，一般作僧人装束，身披田相格袈裟。钟山石窟南壁中段的这尊宋地藏菩萨跏趺坐于台座上，双手施禅定印，掌中托宝珠；头戴六面低矮宝冠，面型饱满，双目低垂，内着交领僧装，外披勾纽式袈裟，其座下有一形似狮子的怪兽，应为地藏菩萨随行的谛听兽。这尊菩萨像的发髻和面部特征与前述同一壁面中上段的水月观音菩萨相仿，或出自同一匠师之手。

　　子长钟山第10窟佛坛前排第1柱东面中段云端宋菩萨众在着衣配饰上出现了三种形式，一为类同了前述立于莲台上的胁侍菩萨，二为身着通肩式袈裟的佛装菩萨，三为披风帽的江南式观音菩萨（图11-68）。三种着衣形式的菩萨中，后两者并未在钟山石窟重要的位置出现，也缺乏大尺寸实例。值得注意的是，披风帽的江南式观音菩萨，在南方地区五代以来是观音菩萨题材中的主流形式[1]，

图11-67　子长钟山第10窟南壁中段宋地藏菩萨

但在该石窟中仅以次要形式点缀其中，可见该时期北方与南方的造像理念还是有一定差异性。此外，子长钟山第10窟内还存在万菩萨造像的壁面，如佛坛前排第4柱南面下段宋万菩萨造像（图11-69）。这些菩萨的体量均较小，姿态各异，着装衣饰也多样化，涵盖了前述的各种类型菩萨。

图11-68　子长钟山第10窟佛坛前排第1柱东面中段云端宋菩萨众

图11-69　子长钟山第10窟佛坛前排第4柱南面下段宋万菩萨造像

---

[1] 披风帽的白衣观音的早期实例见于杭州烟霞洞，为五代时期作品，该种观音菩萨造型在两宋时期四川和江南地区获得极大发展，元明清时期则波及大江南北。（齐庆媛.江南式白衣观音造型分析[J].故宫博物院院刊，2014；4.）

　　总体而言，子长钟山石窟第10窟的菩萨造像，题材形式多样，其中以水月观音菩萨最为重要。这种题材的流行，一方面与《华严经》的造像思想有关，另一方面菩萨自身清净自在的品格，或与宋代风行的禅宗思想契合。骑狮文殊菩萨、骑象普贤菩萨成对出现于盛唐以后，多表现在以释迦佛为主体的造像两侧，或与毗卢遮那佛组合成华严三圣，钟山石窟中大量出现此两尊菩萨造像，应是为了表现各自所代表的大智、大愿的大乘菩萨行思想。钟山石窟佛坛上的胁侍菩萨，作为佛、弟子、胁侍菩萨的组合而出现，是协助佛陀弘法的大菩萨，虽说难以确认这六尊胁侍菩萨名号，但其较大的体量和高水准造型，显示出其在这一佛教空间中的重要性。这些菩萨造像，在着衣形式上，是以继承唐代造型特征为主，但在躯体表现上又不似后者那般丰腴和重视肌肤表现，整体追求面相清秀、动态含蓄的造型特征，代表性实例集中在水月观音菩萨和胁侍菩萨造像中。头戴筒形冠、身披云肩的菩萨像也占据了重要位置，该类型菩萨的肌体为衣装所覆盖，整体显示出一股英武之气，其气质或与边疆战场尚武和祈愿保平安有关，其代表性实例集中在文殊菩萨、普贤菩萨，也见于石柱和壁面的说法菩萨中。此外的菩萨众和万菩萨壁面，综合了不同造型类型菩萨的造型特征。一定意义上说，子长钟山石窟第10窟的菩萨造像，是宋、辽、金时期不同地区菩萨造像的大合照。

小结

　　相对于中原地区而言，陕北属于较偏远之地，在北朝时期，其开窟造像事业远不及中原地区繁盛，但每一时期散见的窟龛造像，都能找到相应时期的中原地区造像样式，后者往往体现出明显的先进性和有更高的造型水准，这是地方造像模仿中央造像样式的反映。不过，延安大佛寺第4窟的佛传故事浮雕，其构图与雕刻手法明显吸收了当地画像石的造型样式，风格独特并富于张力。唐代以后，中国佛教开窟造像的进程已远不及北朝，造像程式化程度高，大多呈现规模偏小、水平低的面貌。在陕北地区，由于宋、西夏、金政权之间的对峙，该地成为战争前沿阵地，大量人力和资源汇集于此，加之世人对于这种动荡生活的不满和对佛国世界的向往，为他们在当地开窟造像、祈福求安提供了必要的物质和思想基础，创造了除大足、安岳石窟以外的辉煌石窟群。

　　陕北宋、金石窟群中，以子长钟山石窟最为重要，其中编号第10窟规模宏大，窟内中央佛坛上的主尊释迦佛、阿弥陀佛、弥勒佛，是在唐代佛像造型基础上的再发展，衣装特别写实，造型水准为当时的代表之作，与同时期的大足、安岳石刻佛像呈南北呼应之势。子长钟山石窟窟内还有众多的佛、菩萨、弟子像，以及佛传故事、十六罗汉、万菩萨等造像，其中菩萨造像最为重要，造型样式多样，内涵丰富，是宋、金时期菩萨造像的集大成之地。黄陵万安禅院、宝塔区清凉山万佛洞、富县石泓寺石窟也是宋、金时期陕北的重要石窟，窟内造像呈现出较高的造型水准。此外的众多小型石窟中也多有精彩制作呈现，如佳县佛堂寺石窟、安塞区石河寺石窟、安塞区黑泉驿石窟、志丹县城台石窟等，就彰显出成熟的造像技巧。

公元1038年，李元昊建立西夏国，其后遣使入宋，谋求宋朝的承认，被拒后，李元昊随即下令对宋朝开战，战线自山西、陕西的黄河一带绵延至陇右、河西，其中战场最为激烈的是陕北一线。宋、夏的陕北战争持续了近百年，双方互有胜负，期间宋方多采取守势，广设城寨等防御措施。战争期间，这些军人多参与石窟的营建工作，成为重要施主。清华大学美术学院李静杰教授系统地考察过陕北的宋、金石窟，他就石窟题记内容做了深入分析，指出陕北宋、金石窟的施主身份包括家族施主、结社施主、军人施主、平民施主等，其中的钟山石窟就出现诸多军人施主和平民施主，军人施主中有禁军、乡兵、番兵、弓手。❶军人长期作战在前线，他们对天下太平、亡者升天、消灾得福等祈愿有着更深刻的理解与期盼，也希望能够在战场上获得菩萨护佑。这些现实的状况，都会影响到石窟开凿的文化内涵，上述文殊菩萨、普贤菩萨身着披甲，就可能与此存在关联。更重要的是，人们在战乱中，体验着现实生活的苦难，因而更向往佛国世界的种种美好，其中水月观音菩萨那种空明澄澈的禅观世界，更是为人们所憧憬。

❶ 李静杰.陕北宋金石窟题记内容分析 [J].敦煌研究，2013：3.

附录

全国主要石窟（造像）分布一览表

石窟（造像）名称	石窟所在地		始凿朝代	保护级别
房山万佛堂孔水洞石窟	北京市	房山区西北云蒙山南麓	隋	国
北响堂石窟	河北省	邯郸市峰峰矿区鼓山西腰	东魏	国
南响堂石窟		邯郸市峰峰矿区鼓山下	北齐	国
水浴寺石窟		邯郸峰峰矿区大社镇	北齐	国
涉县中皇山石窟		邯郸市涉县索堡镇中皇山	北齐	国
太原天龙山石窟	山西省	太原市西南40千米天龙山腰	东魏	国
太原姑姑洞石窟		太原市晋祠镇西北龙山南坡山腰	北齐	国
太原瓦窑村石窟		太原市晋祠镇西北明仙沟瓦窑村	北齐	国
太原龙山童子寺石窟		太原市西南约20千米龙山北峰	北齐	国
蒙山开化寺遗址（石窟）		太原市晋源区罗城街道小事处寺底村	北齐	国
太原龙山石窟		太原市晋源区的龙山山顶	元	国
大同云冈石窟		大同市城西约16千米的武州山南麓	北魏	国
大同鹿野苑石窟		大同市正北略偏东8千米处	北魏	—
大同焦山寺石窟		大同城西30千米处高山镇北十里河北岸	北魏	省
大同吴官屯石窟		大同市云冈区云冈镇吴官屯村西	北魏	省
左权县石佛寺石窟		左权县城西3.5千米井沟村西南山坡上	东魏	—
巴林左旗后召庙石窟	内蒙古自治区	巴林左旗林东镇西南20余千米山谷中	辽	国
阿尔寨石窟		鄂托克旗公卡汉乡西南30千米处	明	国
义县万佛堂石窟	辽宁省	锦州市义县万佛堂村	北魏	国
南京栖霞山石窟（千佛岩石窟）	江苏省	南京市栖霞区栖霞山麓	南朝	国
连云港孔望山摩崖造像		连云港市南3千米的孔望山西侧	东汉	国
杭州飞来峰石窟	浙江省	杭州市灵隐寺前的飞来峰上	吴越	国
杭州西湖南山造像		杭州西湖南山中的玉皇（育王）山慈云岭南坡	吴越	国
余杭南山摩崖石刻		杭州余杭区瓶窑镇南山南侧山腰石壁上	元	省
杭州宝成寺摩崖造像		杭州市上城区丁衙巷西湖风景区	元	省
杭州通玄观摩崖造像		杭州市西湖景区吴山紫阳山东麓	南宋	省

续表

石窟（造像）名称	石窟所在地		始凿朝代	保护级别
永春县魁星岩摩崖造像	福建省	泉州市永春县石鼓镇桃场社区魁星山	南宋	国
泉州瑞像岩造像		泉州市丰泽区清源山	北宋	省
泉州碧霄岩造像		泉州市丰泽区清源山	元	省
泉州弥陀岩阿弥陀佛立像		泉州市丰泽区清源山	宋	省
永泰名山室石窟		福州市永泰县大洋镇棋杆村	北宋	国
福清瑞岩寺弥勒造像		福清市海口镇瑞岩山麓	元	国
晋江西资岩寺摩崖造像		晋江市金井镇卓望山	南宋	省
南天寺石刻造像		晋江市东石岱峰山	南宋	国
赣州通天岩石窟	江西省	赣州市章贡区西北郊6.8千米处	唐	国
济南千佛崖摩崖造像	山东省	济南市东南40千米四门塔西北	唐	国
济南东佛峪摩崖造像		济南市历下区姚家镇龙洞村南	东魏	省
济南千佛山摩崖佛龛		济南市历下区千佛山	隋	省
济南黄石崖摩崖造像		济南市历下区千佛山东南	北魏	省
济南龙洞造像		济南历城区港沟镇龙洞山	东魏	省
青州驼山石窟		青州市西南驼山主峰东南崖壁上	北周	国
曲阜九龙山摩崖造像		曲阜市小雪街道武家村东	唐	省
鹤壁五岩寺石窟	河南省	鹤壁鹤山区五岩山南麓崖壁	东魏	省
淇县青岩石窟		淇县庙口乡贺家村	宋	省
淇县前嘴石窟		淇县城西北18千米前嘴村	东魏	省
淇县朝阳寺石窟		淇县城西5千米朝阳山半山腰处	东魏	省
浚县浮丘山千佛寺石窟		浚县浮丘山碧霞宫后门外西北角	唐	国
浚县大伾山大佛		浚县大伾山东部的天宁寺院内	北齐	国
洛阳龙门石窟		洛阳市洛龙区龙门镇龙门大道	北魏	国
孟津谢家庄石窟		洛阳市孟津区城黄河公园	唐	省
孟津万佛山石窟		洛阳孟津区吉利乡柴河村北部的山岭上	北魏	国
偃师水泉石窟		偃师市寇店乡水泉村	北魏	国
新安西沃石窟		新安县西沃村东	北魏	省
嵩县铺沟石窟		洛阳市嵩县田湖镇铺沟村	北魏	省
宜阳虎头寺石窟		洛阳市宜阳县苗村南虎头山脚下	北魏	省
灵泉寺石窟		安阳市龙安区善应镇南坪村南	东魏	国

续表

石窟（造像）名称	石窟所在地		始凿朝代	保护级别
小南海石窟	安阳市龙安区小南海古庙附近	河南省	北齐	国
汤阴赵窑石窟	安阳市汤阴县宜沟镇赵窑村北		宋	省
林州洪谷寺塔与千佛洞石窟	安阳市林州市合涧镇西部洪谷山中		北齐	国
巩义石窟	郑州市巩义市巩义石窟寺		北魏	国
渑池鸿庆寺石窟	三门峡市义马市东郊石佛村		北魏	国
桂林西山摩崖造像	桂林市区西山公园内	广西壮族自治区	唐	省
伏波山还珠洞摩崖造像	桂林市伏波山麓还珠洞		唐	省
叠彩山风洞摩崖造像	桂林市叠彩山风洞		宋	省
龙隐岩、龙隐洞摩崖石刻	桂林市七星公园龙隐洞与龙隐岩		唐	省
大足北山石窟	大足区城北约2.5千米的北山上	重庆市	唐	省
大足宝顶山石窟	大足城区东北17千米的宝顶山		南宋	国
大足南山石窟	大足城区东约2.5千米南山		宋	国
大足石篆山石窟	大足区三驱镇石桌乡佛会村		宋	国
大足石门山石窟	大足区石马镇新胜村		宋	国
大足妙高山石窟	大足区季家镇曙光村南		宋	国
合川涞滩摩崖造像	合川区涞滩乡渠江边		南宋	省
潼南大佛寺摩崖造像	潼南区城西1千米处定明山		唐	国
内江翔龙山摩崖造像	内江市市中区翔龙路3号	四川省	唐	国
内江圣水寺摩崖造像	内江市市中区圣江路151号		唐	国
资中重龙山摩崖造像	资中城东北隅山麓		唐	省
安岳卧佛院石窟	安岳县八庙乡卧佛镇		唐	国
安岳华严洞石窟	资阳市安岳县石羊镇箱盖山上		宋	国
安岳毗卢洞石窟	安岳县石羊场附近毗卢山		宋	国
安岳千佛寨石窟	安岳县城西北2.5千米大云山		唐	国
安岳茗山寺摩崖造像	安岳县鼎新乡民乐村虎头山		北宋	国
安岳圆觉洞石窟	安岳县城东南2千米云居山		五代	国
安岳孔雀洞石窟	安岳县汉龙街乡孔雀山麓		宋	国
安岳玄妙观摩崖造像	安岳县鸳大镇黄桷片区集胜山腰		唐	国

石窟（造像）名称	石窟所在地		始凿朝代	保护级别
邛崃石窟（包含大同乡石笋山摩崖造像、临邛镇磐陀寺摩崖造像、花置寺摩崖造像）	四川省	石笋山摩崖造像位于大同乡景沟村，磐陀寺摩崖造像位于临邛镇磐陀村，花置寺摩崖造像位于临邛镇柏树村竹溪湖景区	唐	国
浦江飞仙阁摩崖造像		成都市蒲江县蒲江河和临溪河岸岩壁上	唐	国
通江千佛崖石窟		通江县诺江镇千佛村	唐	国
巴中南龛摩崖造像		巴中市巴州区城南1千米化成山	唐	国
巴中北龛石窟		巴中市区城北1千米的苏山南麓	唐	省
巴中西龛石窟		巴中县城西2千米之西华山中	唐	省
巴中水宁寺石窟		巴中县城东37千米的清江、斯连、花溪三乡交界处	唐	国
广元千佛崖石窟		广元城北4千米，嘉陵江东岸	北魏	国
广元皇泽寺石窟		广元城西南嘉陵江西岸乌龙山麓	北魏	国
梓潼卧龙山千佛崖石窟		绵阳市梓潼县卧龙镇五一村北卧龙山	唐	国
阆中大像山摩崖造像		阆中东南嘉陵江对岸大像山麓	唐	国
南部禹迹山摩崖造像		南充市南部县碑院镇禹迹山风景区	唐	国
乐山大佛		乐山市南岷江东岸凌云寺侧	唐	国
夹江千佛岩石窟		夹江县漹城镇千佛村大观山	隋	国
荣县大佛石窟		荣县东郊宋家冲村真如岩	唐	国
仁寿牛角寨石窟		仁寿县高家镇鹰头村	唐	国
剑川石钟山石窟	云南省	大理白族自治州剑川县西南宝山山脉	南诏	国
清凉山万佛洞石窟	陕西省	延安市宝塔区清凉山	北宋	国
黄陵万安禅院石窟		黄陵县双龙乡峪村西	北宋	国
富县阁子头寺石窟		延安城南富县洛阳乡段家庄村洛河西岸	北宋	省
富县石泓寺石窟		延安城南富县直罗镇川子河北岸	金	国
子长钟山石窟		子长县钟山南麓	北宋	国
黄龙小寺庄石窟		延安黄龙县小寺庄东	北宋	省
洛川仙宫寺石窟		延安市洛川县槐柏镇史家河村	唐	省
铜川宜君石窟群		宜君县内各处	北朝	国
耀州区药王山摩崖造像		铜川市耀县城东1.5千米处	北宋	省
安塞石寺河石窟		安塞区招安镇王窑社区王台行政村石子河村	北宋	省
安塞黑泉驿石窟		安塞区化子坪镇黑泉驿村	北宋	省

续表

石窟（造像）名称	石窟所在地		始凿朝代	保护级别
麟游慈善寺石窟	陕西省	麟游县城东6千米的漆水河畔	唐	国
麟游石鼓峡石窟		麟游县县北村附近的澄水河西岸	唐	省
麟游麟溪桥摩崖造像		麟游县城城东北端山崖间	唐	省
横山区接引寺摩崖造像		横山市城东波罗镇	唐	省
神木虎头峁伏智寺石窟		神木市乔岔滩乡凉水井村东秃尾河东岸崖壁上	北周	省
神木高家堡万佛洞石窟		神木市高家堡村村东	明	省
佳县龙泉寺石窟		佳县刘国具乡白家下坬村南	隋	省
彬县大佛寺石窟		咸阳市彬州市城40千米西兰公路旁清凉山脚下	唐	国
淳化金川湾石窟		淳化县石桥镇金川湾村西侧	唐	省
旬邑马家河石窟		咸阳市旬邑县排厦乡胡罗沟口村	唐	省
酒泉文殊山石窟	甘肃省	肃南裕固族自治县祈丰藏族乡	北凉	国
瓜州榆林窟		酒泉市瓜州县城南70千米处榆林河峡谷两岸	唐	国
瓜州东千佛洞		酒泉市瓜州县桥子乡南35千米峡谷两岸	西夏	国
玉门昌马石窟		玉门市昌马乡水峡村西面	五代	国
敦煌西千佛洞		敦煌市西35千米南湖店附近党河北岸	北魏	国
敦煌莫高窟		酒泉市敦煌市217省道	北凉	国
肃北五个庙石窟		肃北蒙古族自治县县城西北20千米的党河西岸峭壁上	北魏	省
庆阳北石窟寺		庆阳市西峰镇西南25千米覆钟山西麓	北魏	国
庆阳石空寺石窟		庆阳市镇原县城关镇金龙自然村茹河南岸	宋	国
合水莲花寺石窟		庆阳市合水县平定川口葫芦河北岸	唐	省
合水张家沟门石窟		庆阳市合水县太白镇平定川河西岸	北魏	省
合水保全寺石窟		庆阳市合水县太白镇葫芦河马家老庄	北魏	省
合水李家庄石窟		庆阳市合水县太白镇平定川内距川口1千米处	金	省
合水安定寺石窟		庆阳市合水县平定川龙王庙沟小溪南岸	金	省
镇原玉山寺石窟		庆阳市镇原县彭阳乡刘大夫村南	宋、金	省

续表

石窟（造像）名称	石窟所在地		始凿朝代	保护级别
泾川南石窟寺	甘肃省	泾川县城东泾河北岸的蓄家村	北魏	国
泾川王母宫石窟		平凉市泾川县沪霍线王母宫山	北魏	国
华亭石拱寺石窟		华亭市上关镇半川村	北魏	省
庄浪云崖寺石窟		平凉市庄浪县韩店乡黄草村东南	北魏	国
天水麦积山石窟		天水市麦积区麦积山风景区	北魏	国
武山水帘洞石窟群		天水市武山县城东北25千米处的钟楼山峡谷	北周	国
甘谷华盖寺石窟		甘谷县城西10千米的二十铺村	元	省
肃南金塔寺石窟		张掖市肃南裕固族自治县马蹄乡大都麻村	北凉	国
肃南马蹄寺石窟		张掖市肃南裕固族自治县马蹄河西岸的马蹄山	北魏	国
靖远法泉寺石窟		靖远县城东7.5千米的扬梢沟口	北魏	省
靖远寺儿湾石窟		靖远县北湾镇寺儿湾	唐	省
武威天梯山石窟		武威市城南50千米的张义镇灯山村	北凉	国
永靖炳灵寺石窟		临夏回族自治州永靖县大寺沟村	后秦	国
固原须弥山石窟	宁夏回族自治区	固原城西北六盘山北垂须弥山上	北魏	国
鄯善吐峪沟石窟	新疆维吾尔自治区	吐鲁番市鄯善县吐峪沟乡吐峪沟村	北朝	国
柏孜克里克石窟		吐鲁番市区东北约40千米的火焰山峡谷木头沟河西岸	北朝	国
吐鲁番胜金口石窟		吐鲁番市二堡乡巴达木村北部	唐	国
库车库木吐喇石窟		库车县城西南约30千米渭干河出山口东岸崖壁	南北朝	国
库车克孜尔尕哈石窟		库车县西北14千米的山沟中	北朝	国
库车玛扎伯哈石窟		库车县城东北30千米处的沙土原上	唐	国
库车森姆塞姆石窟		库车县城东北约40千米的哈尔克山的崖壁上	晋	国
拜城克孜尔石窟		拜城县克孜尔乡东南约7千米处的明屋依塔格山	晋	国

石窟（造像）名称	石窟所在地		始凿朝代	保护级别
拜城台台尔石窟	新疆维吾尔自治区	拜城县克孜尔乡东北约6十米处的戈壁断崖上	唐	国
焉耆七个星石窟		焉耆县七个星镇西南部的一道低矮的山梁和坡地上	南北朝	国

注　本表参照常青著《中国石窟简史》（漓江古籍出版社，2021年）"主要石窟（造像）分布表"改绘而成，内容有增删，石窟所在地多来自网络。国家级保护单位简称"国"，省（自治区）级保护单位简称"省"；西藏自治区石窟多为藏传佛教洞窟，不是本书涉及内容，故不收录。